T0099727

Franz Josef Jung

Martin Grosch

Franz Josef Jung

Stationen einer politischen Karriere

Mit einem Geleitwort von Angela Merkel

Martin Grosch
Eltville, Deutschland

ISBN 978-3-658-16405-8 ISBN 978-3-658-16406-5 (eBook)
DOI 10.1007/978-3-658-16406-5

Die Deutsche Nationalbibliothek verzeichnet diese Publikation in der Deutschen Nationalbibliografie; detaillierte bibliografische Daten sind im Internet über http://dnb.d-nb.de abrufbar.

Lektorat: Frank Schindler
Umschlagbild: © Patrick Seeger / dpa / picture alliance

Gedruckt auf säurefreiem und chlorfrei gebleichtem Papier

Springer ist Teil von Springer Nature
Die eingetragene Gesellschaft ist Springer Fachmedien Wiesbaden GmbH
Die Anschrift der Gesellschaft ist: Abraham-Lincoln-Str. 46, 65189 Wiesbaden, Germany

Vorwort

Franz Josef Jung hatte bereits eine beachtliche politische Karriere in Hessen hinter sich, als er 2005 Mitglied des Deutschen Bundestags wurde und wir Gelegenheit hatten, uns näher kennenzulernen. Durch seine Ämter als Generalsekretär und stellvertretender Landesvorsitzender der hessischen CDU, als langjähriges Mitglied des Landtags und schließlich Vorsitzender seiner Fraktion, als ehemaliger Minister für Bundes- und Europaangelegenheiten sowie Chef der hessischen Staatskanzlei verfügte er über vielfältige politische Erfahrungen. So wurde er auf der politischen Bühne in Berlin in kürzester Zeit gefragter Gesprächspartner und geschätzter Ratgeber.

Franz Josef Jung war bereit, in der von mir geführten Bundesregierung die Aufgaben des Verteidigungsministers zu übernehmen. Schon damals hatte die Bundeswehr internationale Verantwortung bei der Bewältigung von Konflikten übernommen, unter anderem in Afghanistan. Gleichzeitig wurden die Streitkräfte reformiert. Franz Josef Jung gelang es, sowohl die erforderliche Modernisierung voranzutreiben als auch die Sicherheit unserer Soldatinnen und Soldaten in den Auslandseinsätzen erheblich zu verbessern. Wir haben ihm zu verdanken, dass wir inzwischen mit dem Ehrenmal in Berlin einen würdigen Ort haben, um jener Soldaten und Soldatinnen sowie der zivilen Angestellten der Bundeswehr zu gedenken, die im Dienst für unser Land ihr Leben verloren haben.

In welchen politischen Ämtern und Funktionen auch immer – Franz Josef Jung war und bleibt seiner Heimatregion eng verbunden. Das mag nicht nur an der Idylle des Rheingaus liegen, sondern wohl auch an seinen Wurzeln in einer Winzerfamilie. Im elterlichen Betrieb hat er von klein auf mitgeholfen. Und geradezu selbstverständlich hält Franz Josef Jung dem Traditionsclub Eintracht Frankfurt die Treue. Auch Jahre nach seinem Ausscheiden aus dem Verwaltungs- und dem Aufsichtsrat machte er kein Hehl aus seiner Fußballleidenschaft.

Wann immer wir über die Zeit der deutschen Einheit sprechen, beeindruckt mich das zupackende Engagement von Franz Josef Jung während der Zeit des politischen Umbruchs in der DDR. Er und seine Landespartei hatten frühzeitig Kontakte zu Reformern in der Ost-CDU geknüpft und diese aktiv unterstützt. So entwickelten sich Beziehungen zu ostdeutschen Persönlichkeiten, die damals nur wenige im Westen unseres Landes kannten, aber wenig später an maßgebenden Stellen politische Verantwortung übernahmen – wie etwa Lothar de Maizière oder Christine Lieberknecht.

Damals wie heute war und ist Franz Josef Jung Parlamentarier mit Leib und Seele, ein Politiker, der mit vollem Einsatz für seine Ideale kämpft und damit unserem Gemeinwesen dient. Ich wünsche mir, dass er seine Erfahrung, sein Wissen und Können noch lange zum Wohle unseres Landes einbringt.

Angela Merkel

Inhalt

Einleitung

Wenn ein Politiker, der seine politische Karriere auf Landesebene zu verzeichnen hatte, einen zentralen Posten im Bundeskabinett, wie z. B. den des Verteidigungsministers, einnimmt, muss dies gewichtige Gründe haben. Welche Leistungen, Wertvorstellungen und Kontakte zeichnen einen solchen Menschen aus und prädestinieren ihn für eine derartige Position? Solche und ähnliche Fragen gilt es im weiteren Verlauf bezogen auf die Person von Franz Josef Jung zu beantworten. Jung begann seine politische Laufbahn in Reihen der Jungen Union und der CDU Hessens. Zeit seines Lebens eng mit seiner Heimat, dem Rheingau, verbunden stieg er vom einfachen Landtagsabgeordneten zum Mitglied in der hessischen Landesregierung auf. 2005 wurde er im Kabinett Merkel Bundesverteidigungsminister. Inwiefern diese Entwicklung geradlinig verlief oder von Brüchen und Rückschlägen gekennzeichnet war, wie Jung sich im politischen Alltag behauptete und positionierte und auf welche Bilanz er zurückblicken kann, soll in den folgenden Kapiteln näher beleuchtet werden.

Um sich gleich schon zu Beginn ein erstes Bild über diesen Politiker machen zu können, werden zunächst einige grundlegende Positionen von Franz Josef Jung skizziert. Auf seiner Homepage[1] plädiert er u. a. für „solide Finanzen, Investitionen in die Zukunft und die Stärkung des gesellschaftlichen Zusammenhalts." Das „Herzstück für unsere Gesellschaft", betont Jung hier, bleibe die Familie. Grundlage all dieser Überlegungen bildet für ihn die Soziale Marktwirtschaft. Ein „strukturell ausgeglichener Haushalt" ohne Nettoneuverschuldung und darauf basierend keine Steuererhöhungen ergänzen das Bild eines bürgerlich-liberalen Marktwirtschaftlers, für den „Solidarität und Eigenverantwortung" zwei Seiten einer Medaille sind. Zudem spricht er sich für eine „sinnvolle und effektive Regulierung der Finanzmärkte" aus. Diese Grundsätze stellen für Jung auch

1 http://www.franz-josef-jung.de/.

wesentliche Leitlinien seiner Europapolitik dar, in deren Rahmen er als leidenschaftlicher Europäer und deutscher Patriot eine Vergemeinschaftung der Schulden in Europa ablehnt. Auf außen- und sicherheitspolitischer Ebene befürwortet Jung auch zukünftig ein intensives Engagement Deutschlands sowohl in Europa als auch global, allerdings nicht in militärischen Alleingängen. Vielmehr brauche es „stets die Vernetzung von zivilen und militärischen Mitteln." Ebenso bleiben in seine Augen die „deutsch-amerikanischen Beziehungen [...] für Deutschland von überragender Bedeutung." Mit diesen wenigen Worten werden schon wesentliche politische und auch persönliche Grundzüge und Leitbilder des Rheingauers deutlich.

Wie kam er zu derartigen Haltungen und Einstellungen, wie setzte er sie auch schon in jungen Jahren und dann später in höheren Funktionen um? Mit welchen Rahmenbedingungen, ja auch mit welchen Widerständen musste er sich auseinandersetzen? Wo verfolgte Jung eine geradlinige und konsequente Politik und wo gab es möglicherweise Brüche und Rückschläge? Wichtige Fragen, bedenkt man das doch oft recht einseitige Medienecho ihm gegenüber, insbesondere während seiner Zeit als Verteidigungsminister in den Jahren 2005 bis 2009. Der überforderte Minister, ein entscheidungsschwacher, zögernder und zaudernder Charakter und das mitten im Afghanistan-Krieg der Bundeswehr. Derartige pauschale und verletzende Aussagen waren in dieser Zeit häufig zu lesen und hören. Konkret schrieb beispielsweise die „Süddeutsche Zeitung": „Seit jeher gilt Jung auf bundespolitischer Ebene als Verlegenheitslösung. [...] Er wurde 2005 nur deshalb Verteidigungsminister, weil Roland Koch in Hessen bleiben wollte. In seiner neuen Rolle blieb Jung blass und wirkte manchmal überfordert."[2] Oder der „Spiegel" titulierte: „Kochs Intimus Franz Josef Jung, ein weiterer „Tankstellen"-Mann, versagte im Bundeskabinett als Verteidigungsminister."[3] In diesem kurzen Satz kulminieren, wie eben schon angedeutet, zwei häufig von Medienvertretern erhobene Unterstellungen: Jung als vermeintlicher Mann von Roland Kochs Gnaden, der dann selbst, als er politische Verantwortung übernahm, nur wenig zu Stande gebracht haben soll. Was ist dran an solchen Mutmaßungen, ja Vorwürfen? Gab es dafür Gründe, waren diese Urteile gerechtfertigt oder verbergen sich hinter dem von der Presse gezeichneten Bild eines vermeintlichen Provinzpolitikers nicht doch ganz andere Potenziale und Charaktereigenschaften? Sicher, Jung gilt nicht als brillanter Rhetoriker oder Charismatiker und ist kein Mensch für die heute so kurzlebige und hektische Politikunterhaltungsindustrie. Auch beherrscht

2 Süddeutsche Zeitung vom 26.9.2009: http://www.sueddeutsche.de/politik/franz-josef-jung-der-ueberforderte-minister-1.36862-4, abgerufen am 23.6.2015.

3 http://www.spiegel.de/politik/deutschland/hessen-kronprinz-bouffier-der-mann-von-der-tankstelle-a-696632.html. Abgerufen am 1.4.2015.

er sicher kein brillantes Oxford-Englisch. Aber sind das immer notwendige und zentrale Voraussetzungen für eine erfolgreiche Politik? Zählen nicht auch andere Werte und Grundeinstellungen wie Disziplin, Durchhaltevermögen, Loyalität und Authentizität – also ehrliche politische Arbeit, statt Blendertum?

Somit stellt sich natürlich gleich zu Beginn die Frage, um welchen Charakter, um was für eine Persönlichkeit es sich bei Franz Josef Jung in Wahrheit handelt. Jung, geprägt von seinem katholischen Elternhaus, musste schon in jungen Jahren nach dem Tod seines Vaters Verantwortung für das elterliche Weingut und seinen jüngeren Bruder übernehmen. Parallel dazu Studium, erste politische Schritte in der JU, dann Landtagsabgeordneter. Dazu benötigt man schon eine gehörige Portion Durchsetzungsvermögen, Leistungswillen und Motivation. Es ging dann auf der politischen und beruflichen Leiter auch rasch bergauf. Generalsekretär der hessischen CDU und parlamentarischer Geschäftsführer der Fraktion bis hin zu einem ersten Höhepunkt der politischen Laufbahn, der Leitung der hessischen Staatskanzlei und des Ministeriums für Bundes- und Europaangelegenheiten.

Schon Jungs parlamentarische Arbeit, seine politischen Leistungen innerhalb der Hessen-CDU, sowie sein Einsatz im Rahmen des deutschen Wiedervereinigungsprozesses lohnen eine nähere Betrachtung. Insbesondere aber seine vierjährige Tätigkeit als Verteidigungsminister, ein Amt, das gemeinhin von Journalisten und Politikern als „Schleudersitz" bezeichnet wird, ist ein Anlass, diesen wichtigen Politiker in Form einer biographischen Darstellung entsprechend wissenschaftlich zu würdigen. So kann auch einerseits ein Beitrag zur Geschichte der Hessen-CDU geleistet werden, andererseits sollen vor allem aber in sachlicher und kritisch-konstruktiver Form die Leistungen Franz Josef Jungs vor allem als Bundesminister der Verteidigung gewürdigt werden. Dabei möchte sich die Darstellung bewusst von politisch einseitigen, ja zum Teil auch polemischen und ironisierenden Beiträgen über die CDU bzw. einige ihrer führenden Persönlichkeiten abheben, wofür beispielhaft das sogenannte „Koch-Buch" von Thomas Wieczorek stehen mag.[4] In diesem Werk, einer Mischung aus Biographie und doch eher polemischer Streitschrift, lässt der Autor den Versuch einer ausgewogenen Darstellung sowie den Willen zur Objektivität vermissen. Ein wissenschaftlicher Anspruch ist in einer derartigen Publikation nur schwer zu erkennen. Die hier vorliegende biographische Skizze über Franz Josef Jung stellt somit bewusst einen Gegenentwurf dar. Der Verfasser macht jedoch keinen Hehl aus seiner Empathie gegenüber dem Biographierten. Um mit Hans-Peter Schwarz zu sprechen kommt der Autor in dieser verstehend-kritischen Biographie dem Porträtierten mit „jener Sympathie entgegen, die ein bedeutender" Mensch auszulösen vermag. Gleichzeitig ist aber

4 WIECZOREK, T.: Das Koch-Buch. Die unglaubliche Karriere des Roland Koch. München 2005.

auch eine respektvolle und an den Stellen kritische Distanz erforderlich, wo „politische Kunstfehler" zu erwähnen sind oder sich das eine oder andere Ziel und Motiv nicht immer schlüssig erkennen lässt.[5] Aber insbesondere angesichts der eingangs erwähnten, über Jahre hinweg meist negativen Presse, meist zu Unrecht und häufig in überzogener Darstellungsform, ist in den Augen des Autors hier ein Korrektiv geradezu angebracht.

> „Jung hat sich in die Pflicht nehmen lassen, wo die jeweiligen Vorsitzenden ihn brauchten. Und er hat in bewundernswerter Disziplin mehrfach den Weg frei gemacht, um andere zu schützen. Sowohl in der hessischen Staatskanzlei als auch im Bundeskabinett. Selten stand er auf großer Bühne ganz vorn. Da standen und stehen Walter Wallmann, Roland Koch, Helmut Kohl und Angela Merkel. Umso mehr hat Franz Josef Jung im Blick auf sein politisches Werk ein Buch in der ersten Reihe verdient."[6]

5 SCHWARZ, H.-P.: Helmut Kohl. Eine politische Biographie. München ^{3}2012, S. 944.
6 E-Mail-Interview mit Christine Lieberknecht vom 10. 2. 2016.

1 Herkunft und berufliche Entwicklung

1.1 Ein Kind des Rheingaus – Jugendjahre und beruflicher Werdegang

Der Rheingau, eine schon seit Karolingerzeiten dicht besiedelte und landwirtschaftlich intensiv genutzte Kulturlandschaft zwischen Walluf und Lorch, abgeschirmt vom Taunuskamm im Norden und dem Rhein im Süden, begünstigt durch ein Klima mit trocken-warmen Sommer und milden Wintern, bildet als Landschaft den Kern des gleichnamigen Weinbaugebietes mit seinem berühmten Riesling. Bereits seit karolingischer Zeit stand der Rheingau unter Einfluss und Herrschaft der Erzbischöfe von Mainz, die bis 1803 währen sollte.

In dieser katholisch geprägten, idyllischen Region kommt am 5. März 1949 in Erbach Franz Josef Jung als ältester Sohn von Jakob und Elisabeth Jung zur Welt. Schon früh war er im väterlichen Weingut eingebunden und kümmerte sich als Ältester auch um seinen jüngeren Bruder Ludwig und seine Schwester Karin. Der mit drei Hektar relativ kleine Betrieb umfasste zunächst auch noch eine klassische Landwirtschaft mit Tieren aller Art. Erst später konzentrierte sich die Familie Jung ganz auf ihre Weinberge und den Weinbau. Der junge Franz Josef erfuhr hier als Ältester früh, was harte körperliche Arbeit bedeutet: Weinlese, Keltern, Etikettieren; ein Weingut ist ein anspruchsvoller und anstrengender Ganzjahresbetrieb, der viel körperliche Kraft erfordert. Dennoch blieb ihm auch für andere Dinge Zeit. So engagierte er sich in der katholischen Jugend. Schon recht bald stieg er zum Gruppenführer auf und wurde mit sechs Jahren Messdiener. Geprägt wurde Jung auf kirchlich-religiöser Ebene während seiner Jugend- und Ausbildungsjahren neben seinen Eltern v. a. von seine Großmutter. Sie formte sein christliches Menschenbild entscheidend mit[1], hoffte jedoch vergeblich auf eine Karriere Jungs

1 Interview mit Jung vom 26. 5. 2015.

Franz Josef Jung mit seinem Vater und seinen Geschwistern, Franz Josef Jung mit seiner Schwester, Franz Josef Jung mit seinem Kinderwagen

Der erste Schultag August 1955

Die erste heilige Kommunion

als katholischer Priester. Seine kirchliche Jugendarbeit führte aber zu einer frühen Verankerung im christlichen Glauben, der ein wesentliches Fundament für seine weitere Entwicklung bilden sollte. Trotz – oder vielleicht sogar wegen – dieser zahlreichen außerschulischen Aktivitäten zählte Franz Josef insgesamt zu den guten und fleißigen Schülern. Die Schule machte ihm Spaß und er war mit seinen Noten zufrieden. Nur Kunst lag ihm nicht so recht. Lag es daran oder schon an seinem damals ausgeprägten Interesse an Fußball, dass er in diesem Fach seine erste Strafarbeit bekam? Eines Tages dozierte Franz Josefs Kunstlehrer über kunsthistorische Fragestellungen, ein ihn in diesem Moment weniger interessierendes Thema, so dass er sich von einem zur gleichen Zeit stattfindenden Fußballspiel ablenken ließ. Der Kunstsaal des Rheingau-Gymnasiums bot nämlich einen direkten Fensterblick auf den damaligen Sportplatz von Geisenheim. Wie es der Zufall wollte, spielte auch die Rheingauer Fußballgröße, der spätere Nationalspieler und HSV-Profi Franz-Josef „Bubi" Hönig, mit. Als der dann ein Traumtor schoss, rief Franz Josef mitten im Unterricht voller Begeisterung und lautstark „Tor!!" Dafür hatte sein Lehrer natürlich kein Verständnis und verpasste ihm dann die besagte Strafarbeit. Jungs Fußballleidenschaft war also frühzeitig geweckt worden. Aber auch andere Stärken kristallisierten sich schnell heraus, so z. B. sein Talent, Dinge in verantwortlicher Position voranzutreiben und Führungsverantwortung zu übernehmen. Dies zeigte sich nicht nur in seiner langjährigen Funktion als Klassensprecher am Rheingau-Gymnasium in Geisenheim, sondern auch sehr deutlich mit der Gründung eines Jugendclubs. Mit 16 Jahren hob Franz Josef Jung den ersten freien Club im Rheingau, den sogenannten „Club 16", der für katholische wie auch evangelische Jugendliche ein politisches Diskussionsforum bieten sollte, aus der Taufe. In diesem Kreis wurden in den 60er Jahren die deutsche Öffentlichkeit mobilisierende, aber auch polarisierende Themen wie Abtreibung kontrovers diskutiert. Natürlich kam an manchen Discoabenden auch der Spaß nicht zu kurz. Im Sommer 1968, ein Jahr des Umbruchs, das zahlreiche Spuren in der Geschichte hinterlassen hatte, legte er mit einem Schnitt von 2,0 das beste Abitur aller drei Klassen am Rheingau-Gymnasium ab. Seine Lieblingsfächer waren in diesen Jahren Mathematik und Physik. Die mündlichen Prüfungen erfolgten in Englisch und in einem weiteren Lieblingsfach Gemeinschaftskunde zum Thema „Notstandsgesetze". Schon früh wird also Jungs ausgeprägtes politisch-gesellschaftliches Interesse deutlich.

Vor einem intensiveren politischen Engagement stand jedoch zunächst die Bundeswehr. Am Samstag bekam der junge Franz Josef sein Abiturzeugnis überreicht und war der strahlende Held, aber schon am Montag hieß es als Wehrpflichtiger (W18) wieder ganz klein anzufangen: Die dreimonatige allgemeine Grundausbildung beim Pionierbataillon 5, den Flusspionieren in Niederlahnstein, erforderte alle Kräfte. Anschließend wurde er als Luftraumbeobachter zum Flug-

Franz Josef Jung als Wehrpflichtiger

Bei einem 120km-Marsch im Münsterland

abwehrbataillon 5 nach Lorch versetzt. Doch Jung wollte mehr. Die Bundeswehr machte ihm Spaß. Das Kameradschaftsgefühl, der Zusammenhalt, die gegenseitige Unterstützung von Menschen unterschiedlichster Herkunft motivierten ihn, die Offizierslaufbahn einzuschlagen. Die hierfür notwendige Unteroffiziersausbildung absolvierte er als Gefreiter (OA) des Flugabwehrbataillons 7 an der Unteroffizierschule des Heeres im westfälischen Münster-Handorf. Hier wurden den jungen Männern in Einzelkämpferlehrgängen oft ihre Grenzen aufgezeigt. 120-Kilometer-Märsche mit voller Ausrüstung holten das Letzte aus ihnen heraus. Aber man lernte sich und andere durch derartige Grenzerfahrungen erst richtig kennen, wie Jung später bestätigte.[2] In solchen Situationen war Führen durch Vorbild gefordert, für ihn aufgrund seiner Tätigkeit im elterlichen Betrieb und in der katholischen Jugend nichts Neues. Somit war er durchaus prädestiniert, als Wehrpflichtiger den Weg der Offiziersausbildung einzuschlagen. Deren ersten Teil absolvierte Jung noch in Rendsburg, anschließend stand er mit 20 Jahren als Geschützführer eines Flugabwehrpanzers M42 in Lorch in Verantwortung.

Als sein Vater im August 1969 einem Krebsleiden erlag, stellte Jung seine persönlichen Interessen hintenan und kehrte in den elterlichen Betrieb zurück, nachdem er bei der Bundeswehr einen Härtefallantrag gestellt hatte. Das Wohl des Weinguts war ihm wichtiger als eine mögliche Karriere bei der Bundeswehr, die somit nach nur 15 Monaten ihr Ende fand. Dennoch spricht er auch rückblickend nur positiv über diese Zeit, die „ihm viel gebracht" habe.[3] Er habe durch die Bundeswehr seine Bodenhaftung beibehalten, seine Leistungsfähigkeit kennenlernen können und früh Führungsverantwortung übernommen. „Wer mit 20 Jahren drei Panzer von Todendorf nach Rendsburg zu führen hatte, trug ein hohes Maß an Verantwortung."[4] Auch beeindruckte ihn der damalige Generalinspekteur Ulrich de Maiziere, der Vater des heutigen Bundesinnenministers. Er war einer der Begründer des Prinzips der „Inneren Führung", das sich am Leitbild des „Staatsbürgers in Uniform" orientiert und innerhalb der Bundeswehr bis heute „ein Markenzeichen"[5] darstellt. Die „Bundeswehr hat niemandem geschadet", betont Jung noch heute. „Viele wären sonst nie bei der Bundeswehr geblieben, so sind von manchen Jahrgängen über 50 % dabeigeblieben."[6] Nicht nur aufgrund des Leitbilds des Staatbürgers in Uniform, sondern eben auch aufgrund dieser persönlichen positiven Erlebnisse hätte er die Wehrpflicht nie ausgesetzt,[7] wie das am

2 Interview mit Jung vom 30. 3. 2015
3 Ebda.
4 Ebda.
5 Interview mit Jung vom 26. 5. 2015.
6 Interview mit Jung vom 30. 3. 2015.
7 Ebda.

15. Dezember 2010 durch den damaligen Verteidigungsminister Karl Theodor zu Guttenberg beschlossen worden war.

Nach seiner kurzen 15-monatigen Bundeswehrlaufbahn kümmerte sich Franz Josef Jung also wieder um das Weingut, da sein Bruder noch in der Ausbildung war. Aufgrund dieser Aufgabe fiel ihm die Wahl des Studienortes auch nicht allzu schwer. Die Johannes-Gutenberg-Universität in Mainz bot sich für sein 1970 aufgenommenes Jurastudium aufgrund ihrer räumlichen Nähe und den somit kurzen Wegen an, die Doppelbelastung eines Jurastudiums und der heimischen Betriebsführung auf sich zu nehmen.

1.2 Junge Union und Anfänge in der CDU

Wie nun der junge Student den Weg in die Politik fand, wie er sich erste Meriten in der Jungen Union erwarb und welche Rolle der sogenannte „Andenpakt" in seiner politischen Karriere spielte bis hin zum erstmaligen Einzug 1983 in den Hessischen Landtag, beleuchten die folgenden Seiten.

In Mainz erlebte Jung am 18. November 1969 als noch parteiunabhängiger Gast nach dem Machtverlust der CDU bei den Bundestagswahlen vom 28. September seinen ersten CDU-Parteitag[8], ein Schulfreund hatte ihn mitgenommen. Dort wurde Kurt Georg Kiesinger noch einmal für zwei Jahre als Parteivorsitzender bestätigt. Vor allem aber sollte dieser Parteitag den Wandel von einer Kanzler- zu einer Mitgliederpartei beschleunigen. Diskussions-Parteitage wurden die Regel und lösten die bisherigen Rede-Parteitage ab. Eine in diesen Tagen geforderte Anpassung an den „permanenten Wandel im Industriezeitalter" sowie eine beschlossene Reformkommission verdeutlichten ebenfalls den notwendigen Modernisierungsprozess innerhalb der CDU; für einen Zwanzigjährigen, der schon seit seiner Schulzeit politisch interessiert war, natürlich eine verlockende Aussicht. Ausschlaggebend für das künftige Engagement Jungs in der CDU bzw. in der Jungen Union (JU) war hier aber seine Begegnung mit Altkanzler Ludwig Erhard, mit dem er ein paar Worte wechselte und dessen Persönlichkeit ihn enorm beeindruckte. Erhards wirtschaftspolitische Grundüberzeugungen wie z. B. die Verantwortung des Einzelnen für sein Handeln oder das Leistungsprinzip kombiniert mit einer sozialen Verantwortungskultur überzeugten ihn. Sicher ein wegweisendes Zusammentreffen, hatte sich Jung doch bis dato auch noch auf anderen Podiumsdiskussionen und Veranstaltungen nicht nur in Richtung JU orientiert, sondern auch Kontakte zu den Jungdemokraten und sogar den Jung-

8 Vgl. hierzu Kleine Geschichte der CDU, hg. von der Konrad-Adenauer-Stiftung. Stuttgart 1995, S. 98 f.

sozialisten aufgenommen. Seine christliche Einstellung und die Erfahrungen auf dem Mainzer CDU-Parteitag bewogen ihn aber dann im November 1969, in die JU einzutreten. Allerdings bedurfte es dazu aber auch einer gewissen Hartnäckigkeit und Überzeugungskraft des damaligen Kreisvorsitzenden Eberhard Weidt.[9] Nach einer Wahlveranstaltung in Eltville mit dem damaligen CDU-Bundestagsabgeordneten Benno Erhard gelang es ihm, Jung – noch in Uniform, da er gerade von der Bundeswehr kam, um zuhause Urlaub zu machen – „weichzuklopfen". Vor Jungs Elternhaus in Erbach diskutierten die beiden von Mitternacht bis 2:00 Uhr nachts. Nachdem Jung dann Weidt noch durch seine Schwester Karin, die dieser in Mathematik unterrichtete, zwei Briefe mit vielen Fragen übergeben ließ, trat er schließlich der JU bei. Ihn überzeugten vor allem ihre Modernisierungskonzepte, so auch auf personeller Ebene, sprach sich die JU, wie auch der RCDS, doch sehr frühzeitig gegen eine erneute Kanzlerkandidatur Kiesingers aus.[10] Mitglied des RCDS wurde Jung allerdings nicht, obwohl zahlreiche Kommilitonen ihn zum Eintritt bewegen wollten. Da er aber neben dem Studium ja auch das Weingut führen musste und er schon Mitglied der JU war, galt für ihn der Wahlspruch „Ganz oder gar nicht."[11] Jung konzentrierte sich somit mit voller Kraft auf die JU, die Ende der 60er, Anfang der 70er Jahre überwiegend von reformorientierten 30jährigen dominiert wurde. Hier sollte er eine rasche und steile Karriere absolvieren. Kaum Mitglied, organisierte er den JU-Neujahrsball. Auf seiner ersten Jahreshauptversammlung in Preßberg lernte er dann den CDU-Landrat des damaligen Rheingaukreises kennen, beteiligte sich sehr rasch und intensiv an inhaltlichen Diskussionen und wurde schon im Februar 1970 zum stellvertretenden Kreisvorsitzenden der JU im Rheingaukreis gewählt. Am 25. April desselben Jahres vertrat er die heimische JU als einer von acht hessischen Delegierten auf ihrem Deutschlandtag, 1971 stieg er zum Kreisvorsitzenden der JU auf und trat auch in die CDU ein. Schon ein Jahr später wurde er hessenweit mit 23 Jahren einer der jüngsten Abgeordneten im Kreistag, dem er bis 1987 angehören sollte. Vor allem sein Organisationstalent fiel in diesen Funktionen und Gremien seinen Parteifreunden immer wieder auf. 1972 nahm der ambitionierte Nachwuchspolitiker als Delegierter am Landestag der JU-Hessen in Hanau teil. Hier stand vor allem das Thema „Radikale im öffentlichen Dienst" im Mittelpunkt. Schon im Vorfeld hatte sich Jung im Rahmen seines Jurastudiums mit seinem Professor und spä-

9 http://www.ju-rheingau-taunus.de/inhalte/1021277/aktuelles/29780/die-junge-union-in-den-sechziger-jahren/index.html, abgerufen am 11. 10. 2016.

10 Vgl. BÖSCH, F.: Macht und Machtverlust. Die Geschichte der CDU. Stuttgart, München 2002, S. 99.

11 Interview mit Jung vom 26. 5. 2015.

teren Doktorvater Hans Heinrich Rupp dazu inhaltlich auseinandergesetzt und verfügte somit über entsprechend fundierte Hintergrundinformationen. In einer breiten und intensiven Diskussion sprach er sich dann argumentativ überzeugend gegen eine Beschäftigung nicht nur von Rechtsradikalen, sondern auch von Mitgliedern linksradikaler Organisationen und Parteien im öffentlichen Dienst aus. Dies musste entsprechenden Eindruck gemacht haben. Jung, der sich entschlossen hatte, für den JU-Deutschlandtag in Braunschweig als Delegierter zu kandieren, wurde nämlich dann für ihn überraschend nicht nur auf Platz 8 gewählt, sondern auch zum neuen Bildungsreferenten der JU-Hessen.[12]

Und Jung machte weiter auf sich aufmerksam. Brisante Themen wie Wehrgerechtigkeit, Bodenrechtsreform sowie generell Eigentumsfragen weckten ebenfalls sein Interesse und er scheute sich nicht, hier auch gegen die im Bund und in Hessen regierenden Sozialdemokraten Position zu beziehen. Wie zuvor schon angedeutet, sollten die 70er Jahre auf verschiedenen Ebenen zu einem reformorientierten Jahrzehnt für die JU werden. Sie erneuerte sich programmatisch, was sich dann im 1973 verabschiedeten, neuen Grundsatzprogramm „Für eine humane Gesellschaft" niederschlug. Themenschwerpunkte waren hier unter anderem der demokratische Staat und die offene Gesellschaft, die Bildungspolitik als eine wesentliche zukunftsorientierte Gesellschaftspolitik sowie eine Politik für den Frieden; alles Punkte, die Jung faszinierten. Vor allem aus seinem christlichen Menschenbild heraus trat er vehement für eine gesellschaftliche Modernisierung ein, die von nun an ein Schwerpunkt seiner Arbeit in der JU werden sollte. Hier haben auch seine intensiven Kontakte zu den beiden großen christlichen Kirchen sowie der ökumenische Gedanke ihren Ursprung. Was lag da näher, als eine Mitarbeit in der Grundsatzkommission der JU für ein neues Programm. In diesem Gremium machte er die Bekanntschaft mit dem Sohn von Claus Schenk Graf von Stauffenberg, Franz Ludwig. Unter anderem wurde debattiert, welche Position die JU hinsichtlich des in Art. 20, Abs. 4 GG verfassungsrechtlich garantierten Widerstandsrechts einnehmen sollte. Jung, der diesen Passus für überflüssig hielt, da er von der Stabilität der Demokratie zu diesem Zeitpunkt absolut überzeugt war, ließ sich von Stauffenberg Junior von der Notwendigkeit eines derartigen Rechts für jeden Einzelnen überzeugen. Ein prägendes Erlebnis, diese Begegnung und Auseinandersetzung, machte sie doch dem jungen Studenten bewusst, dass auch moderne, stabile und wirtschaftlich erfolgreiche Demokratien wie die Bundesrepublik Deutschland nicht vor Extremisten gefeit sind. Sicherlich hatten zunächst auch die Provokationen und Eskalationen seitens radikaler Studenten und Vertreter der sogenannten 68er-Bewegung als vermeintliche Bewahrer und Verteidiger der De-

12 Interview mit Jung vom 7. 10. 2016.

Hochzeit mit Frau Beate

Im Kreise der Familie

mokratie, die somit ein für sich definiertes Widerstandsrecht gegen „neofaschistische Tendenzen" in der Bundesrepublik legitimiert hatten, abschreckend auf Jung gewirkt.

Schon im Juli 1970 hatte Jung seine künftige Frau Beate kennengelernt, die er dann im September 1972 heiratete und die ihm drei Kinder schenken sollte. Ein zügiges und erfolgreiches Voranschreiten im Studium war somit unerlässlich. Von Vorteil war dabei natürlich, dass Jung zu dieser Zeit als einer von 20 ausgewählten Stipendiaten (bei 200 Bewerbern) der Konrad-Adenauer-Stiftung eine weitere finanzielle Basis erhielt.

In seiner Funktion als Bildungsreferent, ja seit 1972 Mitglied des Landesvorstands der JU Hessen, sollte Jung 1973 den JU-Bundesvorsitzenden Jürgen Echternach bei den ersten Römerberggesprächen im Frankfurter Schauspielhaus vertreten. Bei diesen Expertengesprächen für eine interessierte städtische Öffentlichkeit werden von Politikern, Wissenschaftlern und Künstlern in Vorträgen und Diskussionsrunden zentrale und jeweils aktuelle politische, kulturelle und intellektuelle Themen der Gesellschaft erörtert. Sie präsentieren dabei wichtige Forschungsergebnisse und geben Ausblicke in künftige Prozesse.[13] Thema der Premierenveranstaltung war: „Ist die Stadt im Kapitalismus noch bewohnbar?" Jung recherchierte dazu in der Mainzer Universitätsbibliothek und stieß dabei auf grundlegende Ausführungen des Züricher Professors Goetz. Entsprechend mit dessen Argumenten präpariert, nahm er auf dem Podium des mit rund 700 Personen vollbesetzten Schauspielhauses Platz. Seine Kontrahenten, u. a. der Frankfurter Oberbürgermeister Rudi Arndt (SPD) sowie der damalige Juso-Vorsitzende Wolfgang Roth, waren „begeistert, dass mit Jung statt des JU-Bundesvorsitzenden ein No-Name aus Hessen vorgestellt wurde"; eine vermeintlich leichte Aufgabe. Jung war jedoch zuversichtlich, stellte aber dann zu seinem Schrecken fest, dass auch Professor Goetz, dessen Erkenntnisse er hier in die Debatte werfen wollte, Podiumsteilnehmer war. Dennoch schlug er sich achtbar, führte spontan auch eigene Ideen und Stichworte ins Feld und bestand so seine erste Bewährungsprobe.[14]

Fast logisch, dass er, wenn „man so ins kalte Wasser geworfen wurde",[15] im gleichen Jahr als 24-jähriger Mitglied des Bundesvorstands der JU wurde, zu deren neuem Vorsitzenden der spätere Bundesverkehrsminister Matthias Wissmann gewählt wurde. Gemeinsam hatten sie die Idee, die JU zu reformieren bzw. zu erneuern und programmatisch auf die Höhe der Zeit zu bringen. Sie versuchten dies in den folgenden Jahren in den verschiedensten Funktionen, wobei Jung sich im-

13 http://www.roemerberggespraeche-ffm.de/, abgerufen am 11. 10. 2016.
14 Interview mit Jung vom 7. 10. 2016.
15 Ebda.

mer als ein ausgesprochen kluger Wegbegleiter erwies, dessen Stärke schon damals seine außerordentliche Loyalität war.[16] Jung gehörte dem Bundesvorstand dann für 10 Jahre an, 1981 wurde er zudem noch stellvertretender Bundesvorsitzender, was damals keine Selbstverständlichkeit war; gab es doch nur zwei Stellvertreterposten, von denen einer für Bayern reserviert war und der andere meist vom Vertreter Nordrhein-Westfalens als bevölkerungsreichstes Bundesland besetzt wurde. Roland Koch, den er kurz zuvor bei einem Bezirkstag der JU zufällig kennengelernt hatte, wurde auf seine Idee hin ab 1983 in dieser Funktion übrigens sein Nachfolger. Vor allem der Vorstand der hessischen JU wurde bald eine verschworene Gemeinschaft, die, ohne damals auf Redenschreiber oder andere Mitarbeiter bauen zu können, beschlossen hatte: „Zuerst verändern wir die Partei, dann das Land."[17] Das kam dann schon fast einer kleinen Revolution im konservativen hessischen CDU-Landesverband unter Alfred Dregger gleich. Für Jung und seine Mitstreiter wie beispielsweise Volker Bouffier, Karl-Heinz Weimar, Clemens Reif, Roland Koch oder Karin Wolff waren die frühen 70er Jahre mit ihren großen und aufwühlenden gesellschaftspolitischen Themen aber eine spannende und schöne Zeit. Sie „fuhren durch jedes Dorf und schauten, ob man dort einen JU-Ortsverband gründen konnte."[18] Munter, wie sie waren, „haben wir viel in die Partei hineingebracht." Und das nicht ohne späteren persönlichen Erfolg: Die meisten wurden Abgeordnete, behielten aber den Beruf bei, um nicht von der Politik abhängig zu sein. Aus dieser „gemeinsamen Kampfzeit"[19] sollten später dann zahlreiche enge und vertrauensvolle Freundschaften entstehen.

Ende 1973 galt es für Jung jedoch erst einmal, an der Universität Mainz sein erstes juristisches Staatsexamen abzulegen. Im Frühjahr folgte die erfolgreich abgelegte mündliche Prüfung und 1974 begann für den leidenschaftlichen Jungpolitiker die zweijährige Referendarausbildung u. a. am Amtsgericht Eltville, am Landgericht Wiesbaden, der Staatsanwaltschaft Wiesbaden und beim Landrat des Rheingaukreises, dort u. a. auf der Führerscheinstelle, wo er MPU-Gutachten auswertete und entsprechende Empfehlungen abgab.[20] Zwischendurch galt es immer wieder, JU und CDU auf vielfältige Art und Weise zu unterstützen, und wenn es sich nur um das Kleben von Plakaten handelte. Jung war und ist nicht nur hier ein Schaffer.[21] Er war der erste, der am Arbeitsplatz gewesen ist und ging als letzter. Und wenn die JU im Anschluss an ihre Treffen in Presberg den Abend noch gemütlich ausklingen ließ, ging Jung nach Hause, um sich um seinen Betrieb zu

16 Interview mit Matthias Wissmann vom 16. 3. 2016.
17 Interview mit Volker Bouffier vom 12. 2. 2016.
18 Ebda.
19 Ebda.
20 Interview mit Jochen Weckel vom 7. 10. 2015.
21 Interview mit MdL Petra Müller-Klepper vom 31. 8. 2015.

kümmern.[22] Somit galt er vielen schon in jungen Jahren als ein großes Vorbild hinsichtlich Disziplin und Eigenverantwortung.

Eine weitere „Bewährungsprobe" inhaltlicher Natur bestand der Nachwuchspolitiker, der damals für die Verhältnisse des bürgerlichen Establishments langhaarig[23] und fast schon als zu modern galt, dann mit Bravour. Die JU diskutierte Reformmöglichkeiten innerhalb der Arbeitswelt, Franz Josef Jung wurde 1973 beauftragt, ein Papier für eine „humane Arbeitswelt" zu entwickeln. Nachdem er sich dafür dann „sechs Wochen ins Seminar gesetzt" hatte[24], legte er ein Konzept vor, das moderne, wegweisende, heute verwirklichte Maßnahmen wie eine Abkehr von einer reinen Fließbandarbeit und einem stupiden Arbeitsprozess beinhaltete. Arbeit sollte nicht als serielle Industriearbeit zu betrachten, sondern mehr am eigenen Produkt orientiert sein, was auch die Identifikation der Beschäftigten mit ihrer Tätigkeit erhöht. 1974 auf dem Deutschlandtag der JU in Lahnstein wurde sein Konzept dann auch offiziell beschlossen.

Auch bei Veranstaltungen des politischen Gegners stand Jung „seinen Mann", so beispielsweise im gleichen Jahr beim Kongress der Jungdemokraten in Kassel.[25] Dort sollte er an einem Sonntag an einer Podiumsdiskussion mit dem damals brisanten Thema „Radikale im öffentlichen Dienst" mitwirken. Jung konnte „sagen, was er wollte", er erfuhr immer nur Buh-Rufe und Kritik u. a. von Ottmar Schreiner, damals stellvertretender Bundesvorsitzender der Jusos. Jungs Frau, die ihn begleitete, fragte ihn anschließend, ob es denn klug sei, so den Sonntag zu verbringen, Augenscheinlich nicht, aber als Jung ein Jahr später mit dem JU-Bundesvorstand in Washington im State Department zu einem Empfang eingeladen war, wollte Matthias Wissmann dem Staatssekretär die Gruppe vorstellen. Als dieser dann plötzlich sagte, „den Jung kenne ich", fiel „allen fast die Kinnlade runter."[26] Nun, besagter Staatssekretär war beim Kongress in Kassel als amerikanischer Beobachter anwesend und von Jungs Beiträgen wohl sehr beeindruckt, schließlich sei er der einzige gewesen, der „die Fahne der Freiheit hochgehalten habe."[27]

Ebenso erwarb er sich auf regionaler Ebene erste Meriten. Jung war vom Kreistag des Rheingaukreises in die Regionale Planungsgemeinschaft der Rhein-Main-Taunus-Region abgeordnet worden und bekleidete hier den Vorsitz des Haupt- und Kulturausschusses. Aus seinen gewonnen Erfahrungen nahm er den Impetus für seine Promotion mit. Jung gingen nämlich die Eingriffe der Regionalen Planungsgemeinschaft in die kommunale Verantwortung zu weit. Diese Fragestel-

---

22 Ebda.

23 Interview mit Roland Koch vom 15. 2. 2016.

24 Interview mit Jung vom 1. 2. 2016; Interview mit Matthias Wissmann vom 16. 3. 2016.

25 Interview mit Jung vom 7. 10. 2016.

26 Ebda.

27 Ebda.

lung bildete somit die Grundlage für seine Dissertation. Nach deren Veröffentlichung kam es dann auch zu diesbezüglichen Veränderungen in der Regionalen Planungsgemeinschaft. Kommunale Eigenständigkeit und insbesondere die Selbständigkeit des Rheingaukreises[28] blieben für Jung zentrale Themen, die er auch später nie aus den Augen verlieren sollte. Eines seiner Markenzeichen kristallisierte sich schon damals heraus. Er konnte nationale und internationale Themen mit Weitsicht bearbeiten, betrachtete dabei aber zentrale Aspekte auch aus regionaler Perspektive. Jungs Grundsatz lautete, Politik global zu denken, aber lokal zu handeln.[29] Seine hier deutlich werdende Bodenständigkeit zieht sich durch sein ganzes Leben: Die enge Verwurzelung mit der Landschaft und der Region des Rheingaus sollten Jungs Politikstil positiv prägen. So blieb er auch immer im Rheingau, der für ihn Heimat bedeutet, wohnen, besuchte dort regelmäßig die lokalen Feste, so z. B. das Erdbeerfest in seinem Heimatort Erbach. Über diese Schiene pflegte er einen engen Kontakt zu den Bürgern, griff Ideen auf und trug sie in die politische Auseinandersetzung. Dabei pflegte er durchaus einen rustikalen Diskussionsstil, war aber schon damals jemand, „von dem man wusste, worüber er sprach."[30] Jungs Talente erkannte auch Matthias Wissmann sehr schnell, der sich dann wie auch die JU in ihrer von einem Modernisierungswillen geprägten Aufbruchszeit den klaren politischen Verstand und den Führungsstil des frischgebackenen Juristen zu Nutze machen sollte. Jung, so Roland Koch rückblickend, „war lange Zeit das Arbeitstier von Wissmann."[31] Ihm gelang es, dessen Ideen in ein überzeugendes Programm umzusetzen. So wurde er ein wesentlicher Teil der JU, denn Jung war schon früh in der Lage, Konflikte zu minimieren und eine gemeinsame Motivation zu schaffen.[32] Diese Stärke verschaffte ihm rasch Anerkennung in der JU, später dann in der Landtags- und heute in der Bundestagsfraktion. Das bestätigen die fast einstimmigen Wahlergebnisse in der Fraktion eindrucksvoll, pflegt er doch einen sehr integrativen persönlichen Führungsstil. Das Gespür dafür bzw. die Fähigkeit, für Mehrheiten zu sorgen, begleiteten Jung mehr als ein einzelnes politisches Programm.[33] Dass die JU, die zu dieser Zeit eine politische Jugendorganisation war, die sich gegen die damalige Dominanz linker Prägung wandte, ihre Mitgliederzahl in den 70er Jahren von 130 000 auf 260 000 enorm steigern konnte, ist auch zu großen Teilen Franz Josef Jung zu verdanken.[34]

28 Interview mit MdL Petra Müller-Klepper vom 31. 8. 2015.
29 Ebda. Siehe auch das Interview mit Volker Bouffier vom 12. 2. 2016.
30 Interview mit Roland Koch vom 15. 2. 2016.
31 Ebda.
32 Ebda.
33 Ebda. Siehe auch das Interview mit Matthias Wissmann vom 16. 3. 2016.
34 Interview mit Matthias Wissmann vom 16. 3. 2016.

Neben dem Eintreten für die Beibehaltung des dualen Ausbildungssystems, welches die Jusos abschaffen wollten, und für eine Reform des öffentlichen Dienstes war vor allem, wie schon angedeutet, der Radikalenerlass ein weiteres Thema in der JU, wo sich Jung besonders engagierte. So hatte er sich ja schon auf dem JU-Landestag 1972 vehement gegen Extremisten im öffentlichen Dienst ausgesprochen. Angesichts der vielfach radikalisierten Nachfolger der 68er-Bewegung, die das Ziel eines „Marsches durch die Institutionen" verfolgten, oft organisiert in zahlreichen sogenannten K-Gruppen, und der zunehmenden Bedrohung durch den RAF-Terrorismus war hier für die Politik Handlungsbedarf geboten. In dieser Frage herrschte zwischen der SPD/FDP-Bundesregierung und der CDU-Opposition Konsens. Am 28. Januar 1972 hatten dann Bundesregierung und die Ministerpräsidenten „Grundsätze zur Frage der verfassungsfeindlichen Kräfte im öffentlichen Dienst" beschlossen, im Volksmund vereinfacht Radikalenerlass genannt. Demnach wurden nicht nur Linksextremisten und Kommunisten die Einstellung in den öffentlichen Dienst verweigert, sondern auch Personen, die anderen oder keiner Partei angehörten, aber in einer Organisation aktiv waren, in der Kommunisten eine führende Rolle spielten. Dazu gehörten u. a. die „Vereinigung der Verfolgten des Naziregimes/Bund der Antifaschisten" (VVN/BdA), die „Deutsche Friedensgesellschaft/Vereinigte Kriegsdienstgegner" (DFG-VK) oder die „Vereinigung Demokratischer Juristinnen und Juristen" (VDJ). Der Radikalenerlass galt ebenso auch für Rechtsextremisten. Das Prinzip der „Wehrhaften Demokratie" war für diese Maßnahme die entsprechende Legitimationsgrundlage. Der nordrhein-westfälische Ministerpräsident Heinz Kühn (SPD) argumentierte beispielsweise, auch im Hinblick auf die Bedrohung durch den RAF-Terrorismus, folgerichtig: „Ulrike Meinhof als Lehrerin oder Andreas Baader bei der Polizei beschäftigt, das geht nicht."[35] Es wurden folgende Grundsätze beschlossen:

> „1. Nach den Beamtengesetzen in Bund und Ländern darf in das Beamtenverhältnis nur berufen werden, wer die Gewähr dafür bietet, dass er jederzeit für die freiheitliche demokratische Grundordnung im Sinne des Grundgesetzes eintritt; Beamte sind verpflichtet, sich aktiv innerhalb und außerhalb des Dienstes für die Erhaltung dieser Grundordnung einzusetzen. Es handelt sich hierbei um zwingende Vorschriften.
>
> 2. Jeder Einzelfall muss für sich geprüft und entschieden werden. Von folgenden Grundsätzen ist dabei auszugehen: Bewerber: Ein Bewerber, der verfassungsfeindliche Aktivitäten entwickelt, wird nicht in den öffentlichen Dienst eingestellt. Gehört ein Bewerber einer Organisation an, die verfassungsfeindliche Ziele verfolgt, so begründet diese Mitgliedschaft Zweifel daran, ob er jederzeit für die freiheitliche und demokrati-

35 Zit. nach: http://autox.nadir.org/archiv/chrono/rf_chro.html, abgerufen am 1. 4. 2015.

sche Grundordnung eintreten wird. Diese Zweifel rechtfertigen in der Regel eine Ablehnung des Einstellungsantrages. Beamte: Erfüllt ein Beamter durch Handlungen oder wegen seiner Mitgliedschaft in einer Organisation verfassungsfeindlicher Zielsetzung die Anforderungen des § 35 Beamtenrechtsrahmengesetz nicht, aufgrund derer er verpflichtet ist, sich durch sein gesamtes Verhalten zu der freiheitlichen und demokratischen Grundordnung im Sinne des Grundgesetzes zu bekennen und für deren Erhaltung einzutreten, so hat der Dienstherr aufgrund des jeweils ermittelten Sachverhaltes die gebotenen Konsequenzen zu ziehen und insbesondere zu prüfen, ob die Entfernung des Beamten aus dem Dienst anzustreben ist. 3. Für Arbeiter und Angestellte im öffentlichen Dienst gelten entsprechend den jeweiligen tarifvertraglichen Bestimmungen dieselben Grundsätze."[36]

Bis zu seiner 1976 wieder von der sozial-liberalen Bundesregierung erfolgten einseitigen Aufkündigung waren rund 1,4 Millionen Personen überprüft und ca. 1100 davon der Eintritt in den bzw. das Verbleiben im öffentlichen Dienst verwehrt worden.[37] Insgesamt wurden 11 000 Verfahren eingeleitet. Allein bei den Lehrern gab es 2200 Disziplinarverfahren und 136 Entlassungen. Der Radikalenerlass wurde vielfach als demokratiefeindlich kritisiert, wobei das Bundesverfassungsgericht ihn jedoch 1975 gebilligt hat. Auch wenn Willy Brandt ihn später als schweren Fehler seiner Regierung bezeichnete[38], war er zur damaligen Zeit ein, so Jung, notwendiges und legitimes Mittel des Staates zur Verteidigung der Demokratie;[39] eine Argumentationslinie, die er entschlossen innerhalb der JU und in der Öffentlichkeit vertrat. Freiheit und Sicherheit der Bürger galten für ihn als fundamentale Grundsätze einer funktionierenden Demokratie. Somit war es dann beinahe eine Zwangsläufigkeit, den engagierten und scharfsinnigen analysierenden angehenden Juristen zum innenpolitischen Sprecher der JU zu berufen, der auch in dieser Funktion zunehmend an Profil gewann.[40] Seine Durchsetzungs- und Führungsqualitäten hatte er schon des Öfteren, wie dargelegt, unter Beweis gestellt. Letzt-

36 Ministerialblatt von Nordrhein-Westfalen, 1972, S. 324.

37 Siehe SEIM, R.: Zwischen Medienfreiheit und Zensureingriffen – Eine medien- und rechtssoziologische Untersuchung zensorischer Einflußmaßnahmen auf bundesdeutsche Populärkultur, Diss. Münster, Münster 1997, S. 205.

38 https://www.historisches-lexikon-bayerns.de/Lexikon/Radikalenerlass. Abgerufen am 31. 3. 2015; http://www.zeit.de/2013/29/berufsverbote-radikalenerlass-1972. Abgerufen am 31. 3. 2015. BRAUNTHAL, G.: Politische Loyalität und Öffentlicher Dienst: der Radikalenerlass von 1972 und die Folgen. Marburg 1992, HISTOR, M.: Willy Brandts vergessene Opfer. Geschichte und Statistik der politisch-motivierten Berufsverbote in Westdeutschland 1971–1988. Freiburg 1992, SCHÖNBOHM, W.: Verfassungsfeinde als Beamte? Die Kontroverse um die streitbare Demokratie. München 1979.

39 Interview mit Jung vom 7. 10. 2016.

40 Interview mit MdL Petra Müller-Klepper vom 31. 8. 2015.

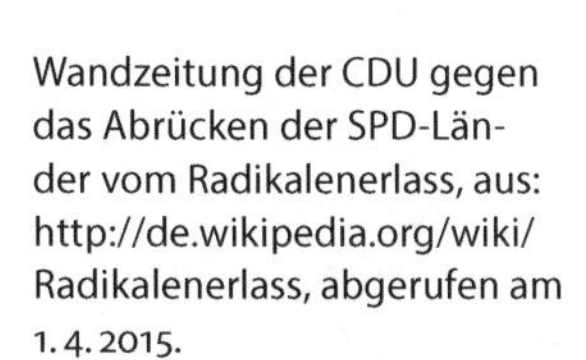

Wandzeitung der CDU gegen das Abrücken der SPD-Länder vom Radikalenerlass, aus: http://de.wikipedia.org/wiki/Radikalenerlass, abgerufen am 1.4.2015.

lich fühlte sich Jung auf Kreisebene unterfordert und strebte nach einem größeren politischen Betätigungsfeld. Sein Aufstieg innerhalb der JU warf hier die Schatten eines zukünftigen landespolitischen Engagements voraus.

Nach Absolvierung des 2. Staatsexamens 1976 erfolgte Ende des Jahres die Eröffnung einer Kanzlei mit seinem Partner aus Studienzeiten, dem ebenfalls auch Erbach stammenden Joachim Weckel. Beide hatten gemeinsam ihr Examen abgelegt. Da Weckel die Anwaltskarriere anstrebte – „mein Lebenstraum ist es, in Eltville als Rechtsanwalt zu arbeiten, um nicht jeden Morgen nach Wiesbaden oder Frankfurt fahren zu müssen" – und Jung unbedingt seine Promotion fertigstellen wollte, bewarb er sich nicht auf eine Stelle im öffentlichen Dienst. Da er ja damals schon über entsprechende politische Kontakte verfügte, gelang es ihm, im Sommer 1976 zwei Büroräume in der Schwalbacher Straße anzumieten, für mehr war zu dieser Zeit noch kein Geld vorhanden.[41]

Zunächst sollte in dieser Phase auf politischer Ebene die kommunale Gebietsreform, die in Hessen zwischen 1970 und 1977 durchgeführt wurde, eine zentrale Rolle spielen. Die Neuordnung hatte in erster Linie zum Ziel, die Verwaltungskraft der Gemeinden und Kreise zu stärken und ihre Leistungsfähigkeit zu verbessern. Vor allem Kleinstgemeinden unter 300 Einwohnern, die keine hauptamtlichen Verwaltungsbeamten hatten, sollten in größere Einheiten zusammengefasst werden. Nach den Vorstellungen der SPD-geführten Landesregierung unter Ministerpräsident Albert Oswald sollte sich die Gebietsreform in mehreren Phasen allmählich und insbesondere durch freiwillige Entschließungen der Gemeinden vollziehen. Die Bereitschaft dazu – nicht zuletzt gefördert durch Vergünstigun-

41 Interview mit Joachim Weckel vom 7.10.2015.

gen im Finanzausgleich – war außerordentlich hoch. So verringerte sich zunächst die Zahl der Gemeinden von 2 642 in 1969 auf 1 233 in 1971. Hessen war somit das Land mit der höchsten „Freiwilligenrate". Diesem Zeitraum folgte die Phase der dann auch zwangsweisen gesetzlichen Neugliederung auf der Gemeinde- und Kreisebene von 1972 bis 1977. Der Rheingaukreis war nach 110jährigem Bestehen als sehr kleine Gebietseinheit logischerweise von diesen Plänen betroffen. Es gab in der Bevölkerung erhebliche Widerstände gegen eine Zusammenlegung mit dem Untertaunuskreis. Fragen, wo die Kreisverwaltung ihren zukünftigen Sitz haben oder welchen Namen der neue Großkreis tragen sollte, beschäftigte Lokalpolitiker wie die Bürger und führten des Öfteren zu erhitzten Gemütern bei den Rheingauern. Sie wollten gegenüber dem Taunus ihre jahrhundertelang betonte Eigenständigkeit und Abgrenzung – nicht zuletzt dokumentiert durch das Rheingauer Gebück, eine Grenzbefestigung, die den Rheingau rund 600 Jahre lang bis zum Ende des 18. Jahrhundert umschloss – soweit möglich gerne bewahren. Im Zuge dieser emotional aufgeheizten Lage machte sich Jung auf der Ebene der Symbolik für den Erhalt des Autokennzeichens RÜD stark, wenn schon Rüdesheim den Sitz der Kreisverwaltung an Bad Schwalbach verlieren sollte. Der damalige hessische Wirtschaftsminister Heinz-Herbert Karry (FDP) erklärte ihm gegenüber in der damaligen HR-Sendung „Stadtgespräch", sich für RÜD auch als zukünftiges Kennzeichen einzusetzen, wenn es Jung gelänge, den Kreistag zu überzeugen. Mit Erfolg: Karry, und somit auch indirekt Franz Josef Jung, haben sich durchgesetzt, so dass RÜD bis zur Wiedereinführung der ausgelaufenen Kennzeichen vor einiger Zeit das einzige Kfz-Kennzeichen dieser Art in Deutschland darstellte. Auch das ist ein gutes Beispiel dafür, dass Jung schon frühzeitig politische Kontroversen und Inhalte geschickt auszutarieren wusste. Auf der einen Seite gelang es ihm, sie bis zu einem gewissen Grade zuzuspitzen, auf der anderen Seite wiederum nicht zu überziehen, und das z. B. in „maximal acht Worten als Wahlkampslogan."[42] Diese ausgeprägte Fähigkeit bildete eine wesentliche Grundlage für den sich abzeichnenden talentierten Wahlkämpfer und „Organisator mit Bauchgefühl", der weiß, was richtig und falsch ist und sich auf die eigene Einschätzung, die ihn nur selten trog, verlässt.[43] Ein weiterer Konflikt im Rheingau war die geplante Ortsumgehung von Eltville.[44] Die Notwendigkeit einer Entlastung Eltvilles mit seinen engen Hauptstraßen vom täglichen und zunehmenden Durchgangsverkehr war unumgänglich. Allerdings herrschte kein Konsens

42 Interview mit Roland Koch vom 15. 2. 2016.

43 Ebda.

44 Siehe hierzu „Der Fall Eltville". Eine Dokumentation zur jüngeren Geschichte des Rheingaus. Hg. vom „Verein zur Erhaltung des Eltviller Stadtbildes und der Eltviller Rheinuferlandschaft e. V." Eltville 2014.

über den möglichen Verlauf der neuen Trassenführung der B 42. Die damals noch selbständige Gemeinde Martinsthal und insbesondere ihre Winzer, die um ihre Existenz fürchteten, lehnten eine Umgehungsstraße durch die Weinberge vehement ab. Die hessische Landesregierung plante – ganz im Sinne der betroffenen Winzer – eine Verlängerung der A 66 am Rheinufer entlang bis nach Rüdesheim. Jung sprach sich klar und eindeutig gegen die autobahnähnliche Schnellstraße am Rhein aus und befürwortete die dann verwirklichte Umgehung durch die Weinberge. Er fand aber auch aus der Perspektive des Winzersohnes Verständnis für die Belange der Weinbauern und versuchte, diese auch – wo es ging – zu unterstützen bzw. nahm erfolgreich eine deeskalierende Vermittlerrolle ein. Vorteilhaft wirkte sich für Jungs Argumentation der Konkurs des Weinguts Graf Elz aus. Dessen Weinberge standen somit zum Verkauf an. Jung, der viele betroffene Winzer bei Entschädigungsfragen und -regelungen beriet, sah hier eine Chance. Er schlug dem Land Hessen vor, die Weinberge zu kaufen und den Winzern als adäquaten Ersatz anzubieten, womit sie letztlich auch einverstanden waren.[45]

Beruflich, privat und familiär verliefen die nächsten Jahre für Franz Josef Jung äußerst glücklich und zufriedenstellend. 1977 wurde Tochter Meike geboren, im Juni 1978 schloss er mit der mündlichen Prüfung erfolgreich mit „cum laude" seine Promotion mit dem Thema „Die Regionalplanung in Hessen, dargestellt am Beispiel der Regionalen Planungsgemeinschaft Rhein-Main-Taunus" ab, dann erfolgte der Einzug in das neue Haus in Erbach und die Geburt von Tochter Anika, und alle drei Ereignisse innerhalb einer Woche! Der Sport als Hobby und zunehmend ausgleichendes Element ließ ihn aber auch nicht mehr los: 1979 wurde er für sechs Jahre Vorsitzender vom Eltviller Tennisclub „Rot Weiß" und das, obwohl Fußball schon früh die große Leidenschaft des Juristen war und bis heute geblieben ist. Vor allem der Teamgedanke bzw. die Mannschaftsbezogenheit imponierte ihm bei diesem Sport. In Erbach bei der A-Jugend aktiv gewesen, wurde er während seiner Zeit als hessischer Landtagsabgeordneter Spielführer der Parlamentself. Heute ist er logischerweise Mitglied des „FC Bundestag" und Ehrenspielführer der deutschen Weinelf. Zudem ist Jung Fan von Eintracht Frankfurt. 1959 verfolgte er als 10jähriger bei seinem Onkel, der einen der damals wenigen Fernseher besaß, das Endspiel um die deutsche Meisterschaft zwischen Eintracht Frankfurt und Kickers Offenbach, das die Eintracht 5:3 n. V. gewann. Seitdem ist er nicht nur leidenschaftlicher Anhänger, sondern war von August 2000 bis zum 12. Dezember 2005 im Verwaltungsrat sowie von Mai 2003 bis 21. November 2005 im Aufsichtsrat der Eintracht vertreten. Heute fungiert er als Mitglied im Beirat des Clubs. Wenn es die Zeit zulässt, ist er immer wieder gerne zu Heimspielen im Sta-

45 Interview mit Jung vom 7. 10. 2016.

Franz Josef Jung mit der Hessischen Landtagself

dion. Auch die Vermittlung einer Landesbürgschaft im Jahr 2002 für den damals finanziell angeschlagenen Verein erfolgte auf Initiative Jungs und sicherte dem Club in der 2. Liga das sportliche Überleben, eine rückblickend für die Rhein-Main-Region natürlich bedeutsame Maßnahme.

Ein anderes wichtiges, bis heute von der Presse aufgegriffenes Ereignis in der noch jungen politischen Karriere Jungs war die Entstehung des „Pacto Andino", des sogenannten „Andenpaktes". Worum handelte es sich bei dieser von den Medien oft mit zahlreichen Gerüchten und Mutmaßungen in Verbindung gebrachten Abmachung?

Dem Andenpakt wurde gezielte Einflussnahme auf politische und personelle Entscheidungen in der CDU zugeschrieben, insbesondere habe man die Kanzlerkandidatur von Angela Merkel im Jahr 2002 verhindert. Erstmals berichtete der Spiegel 2003[46] von diesem „Männerbund", der eine „Seilschaft ehrgeiziger Parteifürsten" darstelle. Es sei ein „konspiratives Netzwerk" innerhalb der CDU neben den offiziellen Parteigremien, „das regelmäßig vor Parteitagen zusammenkommt, um Personalfragen und andere Entscheidungen zu besprechen."[47] Weiter habe der Pakt „einen Generalsekretär, ein eigenes Konto und reist einmal im Jahr zu Gesprächen ins Ausland. Das Netzwerk zeichnet sich durch einen großen Korpsgeist und strenge Geheimhaltung aus. Intern haben sich seine Mitglieder auf eine Art Nichtangriffspakt verständigt. Zu den ungeschriebenen Regeln des Bundes gehört, dass ein Mitglied niemals öffentlich den Rücktritt eines anderen fordern würde."[48] In der CDU galt der Andenpakt als „Partei in der Partei",[49] hieß es in einer weiteren Spiegelausgabe. Der ehemalige Bundesarbeitsminister Norbert Blüm bezeichnete den Andenpakt gar einmal in einem Interview mit dem Cicero als abgekapselten Geheimbund. Wie sind aber die Fakten?

Die JU hatte damals zahlreiche politische Themen im Blick, eben auch das, was „Weltpolitik" genannt wird. So zeigten unter anderem Volker Bouffier und Franz Josef Jung großes Interesse an der Entwicklung christdemokratischer Parteien in aller Welt, so auch in Lateinamerika. Hessen hatte z. B. junge Chilenen aufgenommen, die vor der Pinochet-Diktatur geflohen waren. Es lag somit nahe, Lateinamerika einen Besuch abzustatten. Im Juli 1979 befand sich dann eine 12-köpfige Delegation der JU Deutschlands auf ihrer ersten größeren Auslandsreise, die von

46 Spiegel Nr. 27/30. 6. 2003
47 http://www.spiegel.de/politik/deutschland/andenpakt-das-konspirative-netzwerk-in-der-cdu-a-255039.html, abgerufen am 1. 4. 2015.
48 Ebda.
49 Spiegel 17/23. 4. 2007.

der Konrad-Adenauer-Stiftung betreut wurde. Neben den Stationen Argentinien, Brasilien und Chile stand auch ein Besuch in Venezuela auf dem Programm. Drei Tage lang hatte die Gruppe Termine ohne Ende, war sie von morgens bis abends von Empfang zu Empfang gehetzt, hatte allerdings vom Land so gut wie gar nichts gesehen, keine Stadtbesichtigung, nichts, es gab nur politische Gespräche. Nach einem abschließenden Frühstückstreffen mit dem venezolanischen Jugendminister und zahlreichen sich anschließenden Gesprächen mit verschiedenen Partei- und Generalsekretären bis weit in die Nacht hinein war zum Ende des letzten Besuchstages in Venezuela die Stimmung der Nachwuchspolitiker dann fast auf den Nullpunkt gesunken. „So waren wir alle auf Wissmann ziemlich stinkig“, betont auch Bouffier,[50] aber auch auf Bruno Heck, damaliger Vorsitzender der Konrad-Adenauer-Stiftung. „Wir skandierten: Heck muss weg!“[51]

Auf dem anschließenden Nachtflug von Caracas nach Santiago de Chile beschloss die Gruppe am 25. Juli, ein Manifest zu verfassen. Auf einem Briefbogen der venezolanischen Fluggesellschaft Viasa hielten sie fest: „In Sorge um die hochkarätig besetzte Delegation und zum Schutze der Gesundheit schließen wir uns hiermit zum Pacto Andino Segundo zusammen.“ Eine Kernforderung des Bündnisses lautet: „Mehr Ambiente in der Politik“.[52] Jung unterschrieb damals im Scherz als „Generalsecratio oppositione wissmanno“.[53] Von einem echten Generalsekretär, wie der „Spiegel“ ja mutmaßte, kann also gar nicht die Rede sein. Es handelt sich somit vielmehr um einen aus einer Laune und mit dem Sinn für den in der Politik notwendigen Spaß- und Erholungsfaktor heraus begründeten Freundeskreis, der bis heute Bestand hat und sich jährlich ein- bis zweimal in zwangloser Runde trifft, um den gemeinsamen Horizont zu erweitern. Gründungsmitglieder wie Franz Josef Jung, Volker Bouffier, Friedbert Pflüger, Matthias Wissmann oder Bernd Huck „sind bis heute Freunde geblieben“, betont Jung.[54] Ähnlich äußert sich Volker Bouffier: „Wir haben es damals nicht gemacht mit dem heiligen Schwur, jeder unterstützt jeden und irgendwann übernehmen wir die Republik, das ist alles Quatsch.“[55] Übrigens wurden viele weitere Mitglieder, auch aus der Wirtschaft, erst später in einem strengen Aufnahmeverfahren aufgenommen, so Christian Wulff, Günther Oettinger, Peter Müller oder auch Roland Koch, den Jung innerhalb des JU-Bezirksverbands Westhessen als „hochintelligenten,

50 Interview mit Volker Bouffier vom 12. 2. 2016.

51 Ebda.

52 http://www.spiegel.de/politik/deutschland/andenpakt-das-konspirative-netzwerk-in-der-cdu-a-255039.html, abgerufen am 1. 4. 2015; Interview mit Jung vom 30. 3. 2015.

53 Interview mit Jung vom 26. 5. 2015.

54 Interview mit Jung vom 30. 3. 2015.

55 Interview mit Volker Bouffier vom 12. 2. 2016.

politischen jungen Mann" kennengelernt und somit konsequenterweise für diesen Kreis dann vorgeschlagen hatte.[56]

Wie sehr auch die Ablenkung vom politischen Alltag innerhalb der Gruppe eine Rolle spielt(e), mag exemplarisch folgende Anekdote verdeutlichen. Einmal über Ostern war Jung mit Teilen der JU-Truppe, u.a. Matthias Wissmann und Günther Oettinger, wieder einmal zum Skifahren in Zürs am Arlberg. Letztere waren zwar technisch gesehen die besseren Skifahrer, aber in Abfahrtsläufen war Jung – wie in der Politik – nur schwer zu bremsen und somit meist der Schnellere. Auf einer Abfahrtsrennstrecke konnte er seine Geschwindigkeit stoppen. Jung gab hier im Wettstreit mit seinen Kollegen alles; er gewann, fuhr aber in Zielnähe in einen Schneehaufen und schaute nur noch mit dem Kopf heraus. Seine erste Frage an den verdutzten Matthias Wissmann lautete: „Bin ich schneller? Habe ich gewonnen?"[57] Diese Szene kennzeichnet auch sehr gut den Charakter Jungs: Ein positiver Ehrgeiz, dennoch gepaart mit Humor und ohne ausgeprägte Verbissenheit. Ähnlich in der Politik: Hart in der Sache, aber soweit möglich fair gegenüber dem politischen Gegner und diesen nie persönlich verletzend. Offenheit, Loyalität und Freundschaften standen schon zu Beginn von Jungs Karriere im Mittelpunkt seiner politischen Praxis.

Die oben ausschnittsweise dargestellten, in den Medien kursierenden Vorstellungen über den „Andenpakt" verweist nicht nur Jung nachvollziehbar in das Reich der Legenden und Mythen. Es sei hier von Seiten der Medien viel mehr hineininterpretiert und „hineingeheimnist" worden, da eine derartige enge freundschaftliche Basis sehr ungewöhnlich in der Politik ist.[58] „Wenn über Jahrzehnte so eine Gemeinschaft entsteht, ist das natürlich viel mehr als ein Zweckbündnis zur Absicherung der eigenen politischen Karriere", so auch Volker Bouffier.[59] Natürlich wurden und werden in diesem Kreis auch politische Fragen diskutiert, aktuell z.B. die Themen NSA und BND oder die Griechenland-Problematik. Auch beschäftigte man sich mit der eigenen Partei. „Wie es unter Freunden üblich ist, unterstützte man sich, das ist doch klar."[60] „Es ist aber Unfug, dass man meint, Menschen könnten hier wie Schachfiguren hin und hergeschoben werden."[61] Vielmehr war und ist der Andenpakt ein Kreis von Menschen, die über den Tellerrand der eigenen nationalen Politik hinausschauen wollten, die ihre gemeinsamen Reisen

56 Interview mit Jung vom 30.3.2015.
57 Interview mit Jung vom 1.2.2016.
58 Interview mit Jung vom 26.5.2015. So auch Volker Bouffier und Roland Koch im Interview.
59 Interview mit Volker Bouffier vom 12.2.2016. Ähnlich auch Matthias Wissmann im Interview vom 16.3.2016.
60 Interview mit Volker Bouffier vom 12.2.2016.
61 Interview mit Roland Koch vom 15.2.2016.

von Beginn an selbst bezahlten[62] und vor allem christdemokratische Partner, die im Untergrund agieren mussten, auch finanziell unterstützten; so z. B. die Gruppe um Eduardo Frei, dem späteren chilenischen Präsidenten.[63] Untereinander wurde immer offen diskutiert und auch heute sind längst nicht immer alle einer Meinung. „Aber man wurde schon dadurch ernst genommen, dass man dabei war. Dieser Nimbus öffnete uns alle Türen, so dass dann natürlich niemand dies zerstören bzw. aufs Spiel setzen wollte."[64] Natürlich gab es gewisse Animositäten innerhalb der Bundes-CDU, so z. B. von dem einen oder anderen CDU-Landesverband, auch wurde es mit Merkel, die den „Andenpakt" am Anfang ihrer Karriere durchaus als eine Gefahr sah, nicht einfacher. Dennoch, so Koch, ist in Wahrheit auch da der Punkt der Gegnerschaft übertrieben.[65]

Inwieweit der „Andenpakt" unter Federführung Roland Kochs 2000/2001 Angela Merkel die Kanzlerkandidatur zugunsten Edmund Stoibers mit entsprechendem Druck „ausgeredet" haben soll[66], ist somit mehr als fraglich. Kolportiert wird in diesem Zusammenhang beispielsweise ein „lautstarke[s] Telefonat" zwischen Roland Koch und Angela Merkel im Beisein Franz Josef Jungs aus deren Skiurlaub. Dabei habe Koch Merkel die „Berechtigung zur Kandidatur" abgesprochen.[67] Jung selbst bestätigt[68], dass Roland Koch 2002 während dieses besagten Skiurlaubs in Obergurgl mit Merkel telefonierte und ihr deutlich gemacht habe, dass er und Jung der Auffassung seien, dass Edmund Stoiber und nicht sie Kanzlerkandidat werden solle. Dies sei, so Jung, in einer klaren und deutlichen Ansprache erfolgt. Beide brachen anschließend ihren Urlaub wegen einer diesbezüglich anstehenden Klausurtagung ab, gönnten ihren Frauen noch einen schönen Resturlaub und bewirkten auf der Tagung, dass Stoiber Kanzlerkandidat der Union wurde. Allerdings hatte das alles aber, so Koch, nichts mit dem Andenpakt zu tun.[69] Vielmehr waren er und Jung damals der festen Überzeugung, dass die CDU mit Merkel zu diesem Zeitpunkt nicht den Hauch einer Chance gehabt hätte, jedoch aber mit Stoiber; eine Analyse, die Koch auch heute noch für richtig hält. Dennoch hat diese Auseinandersetzung keine großen Spuren hinterlassen. Koch und Merkel reden heute ganz entspannt darüber, wenn Koch scherzhaft zu ihr sagt: „Hätte ich dich damals nicht von der Kandidatur abgehalten, wärst Du nie

62 Interview mit Volker Bouffier vom 12. 2. 2016.

63 Interview mit Jung vom 7. 10. 2016.

64 Interview mit Roland Koch vom 15. 2. 2016.

65 Ebda.

66 Vgl. WIECZOREK, T.: Das Koch-Buch. Die unglaubliche Karriere des Roland Koch. München 2005, S. 117 f.

67 Ebda., S. 118.

68 Interview mit Jung vom 21. 7. 2015.

69 Interview mit Roland Koch vom 15. 2. 2016.

Kanzlerin geworden.“[70] Stoiber wurde jedoch von verschiedenen CDU-Vertretern ausgeredet, Jung zu seinem Wahlkampfberater und -manager zu ernennen.[71] Stattdessen übernahm der Medienberater Michael Spreng diesen Job. Ob Franz Josef Jung die äußerst knappe Niederlage Stoibers hätte verhindern können, muss zwangsläufig offen bleiben. Stoiber äußerte sich später gegenüber Jung, dass er ihn als Wahlkampfmanager hätte installieren sollen.[72] Roland Koch vertrat rückblickend die Position, dass Jung den Kandidaten Stoiber sicher nicht anders verkauft hätte als Spreng, „allerdings hätte ein politischer Berater womöglich die Reaktionszeiten verkürzt, die nach neuen Ereignissen und Wendungen im Wahlkampf doch recht lang waren.“[73] Letztlich verloren Stoiber und die Union die Wahl aufgrund der beherrschenden Themen Irakkrieg und der Flut in Ostdeutschland, wo Bundeskanzler Schröder sich als rasch handelnder und zupackender „Macher“ präsentierte.

Auch bezüglich der sogenannten „Tankstellen-Connection“[74] weist Jung viele Aussagen und Mutmaßungen in das Reich der Legende. Vielmehr und vor allem ging es um politische Nachfolgeüberlegungen der Hessen-CDU. Der heutige hessische Ministerpräsident und damalige Vorsitzende der JU Hessen, Volker Bouffier, führte Mitte der 80er Jahre einen Kreis von sehr engagierten JU-Mitgliedern zusammen, der sich immer wieder an den Autobahnrasthöfen „Wetterau“ und „Reinhardshain“ traf. „Wir haben uns in der Tat mit der Frage beschäftigt, wie wir unsere Sicht in der CDU, bezogen auf Inhalte und Personal, besser zum Tragen bringen können und suchten einen Ort, der für alle leicht erreichbar war.“[75]

Jüngere Parteifreunde in der hessischen Politik informierten dadurch die älteren über für Hessen relevante politische Themen. Bezugspunkt war somit auch hier die JU, aber wiederum spielten die freundschaftlichen Beziehungen die zentrale Rolle. Laut Jung war die „Tankstellen-Connection“, der neben ihm u.a. Volker Hoff, Jürgen Banzer, Roland Koch, Karlheinz Weimar und Karin Wolff angehörten, sozusagen die hessische Nachfolgeorganisation des „Andenpakts“.[76] Der Zusammenhalt dieser Gruppe basierte nicht, wie gerne von Medien und Autoren kolportiert, auf dem Ziel, „eines Tages Ämter und damit die Macht zu

70 Ebda.

71 Interview mit Jung vom 21. 7. 2015.

72 Ebda.

73 MÜLLER-VOGG, H.: Beim Wort genommen. Roland Koch im Gespräch mit Hugo Müller-Vogg. Frankfurt 2002, S. 194.

74 Siehe dazu NEUMANN; A./SCHMID, J.: Die Hessen-CDU: Kampfverband und Regierungspartei, in: W. Schroeder (Hg.): Parteien und Parteiensystem in Hessen. Vom Vier- zum Fünfparteiensystem? Wiesbaden 2008, S. 107–141, hier S. 112 f.

75 Interview mit Volker Bouffier vom 12. 2. 2016.

76 Interview mit Jung vom 26. 5. 2015.

übernehmen."[77] Stellvertretend sei dazu ein Auszug aus einem Artikel des Journalisten Hajo Schumacher zitiert:

> „Seit fast 30 Jahren eint die Gruppe um Koch und Jung das Ziel, die Macht zu übernehmen. Sie wollten nicht enden wie Alfred Dregger, der in vier Wahlen nicht ankam gegen SPD und FDP. [...] Um das Modell Hessen bundesweit zu etablieren, gründete Jung mit Koch den „Andenpakt", eine bundesweite Bande von CDU-Talenten, zu der Christian Wulff, Friedbert Pflüger, Peter Müller oder Friedrich Merz gehörten. Der Plan war klar: Eines Tages würden sie nicht nur Hessen, sondern ganz Deutschland regieren, mit dem Segen Helmut Kohls, der Koch als seinen Nachfolger ausersehen hatte, und Jung als großem Bruder, der auf den Jüngeren, aber Talentierteren aufpassen sollte."[78]

Diese Absichten, von Schumacher als detaillierten, lang angelegten und entsprechend vorbereiteten Plan charakterisiert, gab es nicht. Jung und Koch betonen – analog zum Andenpakt – vielmehr die persönlichen Bindungen und Freundschaften.[79] Koch weist auch den Begriff „Koch-Seilschaft" für diese Verbindung klar zurück: „Anfangs hatte es da vielleicht manche Sorge gegeben. Heute denkt das niemand ernsthaft. Jeder weiß, dass ich bei Personalentscheidungen darauf achte, dass sich jede Gruppe, die in der Union eine eigene Identität hat, auch in den Gremien wiederfindet."[80] „Wir besprachen vieles in Freundschaft, dies machte die Einigkeit der hessischen CDU für diese Generation aus, was ein großer Vorteil war, da die Geschlossenheit eben nicht aus Zwangsmechanismen, wie Außenstehenden denken, resultierte."[81]

Ob die Mitglieder der „Tankstellen-Connection" als linker „Klüngelkreis"[82] zu charakterisieren sind, deren „Weltbild nicht mehr mit dem eines Alfred Dregger übereinstimmte"[83], sei dahingestellt. Natürlich wirkte und agierte die hessische JU, wie schon angedeutet, als Reformmotor. Beispielhaft sei ihre Position zum Verfahren bezüglich der Kriegsdienstverweigerung genannt, das sie nicht in Ordnung fand. Für Jung, der die Gewissensprüfung abschaffen wollte, handelte es sich damals um ein äußerst bürokratisches Verfahren. Kriegsdienstverweigerer mussten darlegen, in welcher Situation auch immer sie nicht bereit zur Verteidigung wa-

77 NEUMANN/SCHMID, Hessen-CDU, S. 113.

78 http://www.welt.de/politik/article5362603/Den-Herren-von-der-Tankstelle-geht-der-Sprit-aus.html, abgerufen am 1. 4. 2015.

79 Vgl. dazu MÜLLER-VOGG, Beim Wort genommen, S. 47.

80 Ebda., S. 48.

81 Interview mit Roland Koch vom 15. 2. 2016.

82 NEUMANN/SCHMID, Hessen-CDU, S. 113.

83 Ebda.

ren (auch im Bezug z. B. auf die eigene Mutter oder Freundin). „Der eine oder andere", so Jung „hatte sich gut vorbereitet und entsprechend beantwortet, andere waren weniger gewieft"[84] und fielen durch die Gewissensprüfung. Somit war es für den Nachwuchspolitiker ein Verfahren, das aus seiner Sicht nicht sachgerecht war, denn er war damals der Meinung, dass wer der inneren Überzeugung ist, keinen Wehrdienst leisten zu können, die Chance haben müsse, dies sachlich zu dokumentieren und sich nicht einem „gerichtsähnlichen Verfahren"[85] unterziehen zu müssen. Hier setzte sich die JU auf einem CDU-Bundesparteitag dann auch durch, obwohl Manfred Wörner zu Kohl, der die Position der JU unterstützte, sagte: „Helmut, das kannst du doch nicht machen."[86] Dennoch war ihre – und somit auch Jungs – Loyalität gegenüber dem Landesvorsitzenden ungebrochen, auch wenn er im Pullover in den Kreistag kam. Jung als damals engagierter und v. a. reformorientierter Nachwuchspolitiker betont auch heute noch rückblickend sein gutes Verhältnis zum deutlich konservativeren Alfred Dregger, der diesen kurz vor seinem Tod als „treuen Freund" bezeichnet hatte.[87] Von daher sind derartige Charakterisierungen der „Tankstellen-Connection" für Jung lediglich „dummes Zeug, das jeglicher Grundlage entbehrt."[88]

Die Hessen-CDU konnte sich ab Ende der 60er und dann in den 70er Jahren unter ihrem Vorsitzenden Alfred Dregger (von 1967 bis 1982) als große Volkspartei und als ernstzunehmende Konkurrenz zur SPD nämlich nur dann etablieren, wenn sie nicht nur als die „härteste Opposition in der Bundesrepublik"[89] galt. Auf der Grundlage des christlichen Menschenbildes, kombiniert mit konservativen, nationalen, aber auch sozialen und modernen liberalen Positionen wurde die CDU unter Dregger ab 1974 zur stärksten Partei (47,3 %). Jedoch blieb ihm, v. a. weil die FDP an der Koalition mit der SPD festhielt, das Amt des Ministerpräsidenten verwehrt; auch 1982, wo alle Umfragen die Union als klaren Wahlsieger auswiesen, diese aber aufgrund der „Wende" am 1. Oktober in Bonn – die SPD sprach in ihrer Kampagne während des Landtagswahlkampfes von „Verrat in Bonn" – den schon sicheren Sieg verpasste. Personell trat die Hessen-CDU in diesen Jahren äußerst geschlossen und als Einheit auf. Programmatisch öffnete Dregger sie für eine liberale Erneuerung, so dass sie sich z. B. 1978 mit den „Zehn

84 Interview mit Jung vom 8. 12. 2015.
85 Ebda.
86 Interview mit Jung vom 21. 7. 2015.
87 Ebda.
88 Ebda.
89 KLEINMANN, H.-O.: Geschichte der CDU 1945–1982. Stuttgart 1993, S. 230. Zur Ära Dregger siehe auch WOLF, W. (Hg.): CDU Hessen 1945–1985. Politische Mitgestaltung und Kampf um die Mehrheit. Köln 1986, S. 59–97.

liberalen Leitsätzen“ auch als liberale Partei präsentierte.[90] Die JU und somit auch Jung trugen hier mit ihren frischen Ideen einen nicht unerheblichen Teil dazu bei. Dennoch besaß Dregger in weiten Teilen der Öffentlichkeit, v.a. kolportiert von den Medien, das Image eines „strammen Konservativen“[91], wenn nicht gar „Rechtsaußen“. Zu Unrecht, vertrat die CDU damals doch klare bürgerliche Positionen, wie z.B. pro Startbahn West am Frankfurter Flughafen, die Betonung der inneren Sicherheit, die Ablehnung der Zwangsförderstufen und eines einheitlichen Gesamtschulsystems für Hessen. Ebenso sprach sie sich für die Kernenergie aus und befürwortete mit dem Argument, die Bundesrepublik Deutschland sei kein Einwanderungsland, in der Ausländerpolitik strengere Maßnahmen, um einem zunehmenden Asylantenstrom Herr zu werden.[92] Polemik, wie sie Hajo Schumacher in seiner „Biographie“ über Roland Koch verbreitet, ist in diesem Zusammenhang wenig hilfreich. Für Dregger war die Politik eben nicht „die Fortsetzung des Zweiten Weltkriegs, und die Hessen-CDU seine Wolfsschanze, nur dass die Russen jetzt Sozialdemokraten hießen.“[93] Eine derartige Rhetorik dürften wohl nur diejenigen politischen Kräfte und Gruppierungen gebrauchen, die bürgerlich-konservative Werte damals wie heute mit rechtsextremem Gedankengut gleichsetzen. Dregger, von linken Kreisen als „Sozialistenfresser“[94] diffamiert, jedenfalls war ein wertkonservativer, tief gläubiger und geradliniger Politiker[95], der gleichzeitig für eine liberale Erneuerung in Hessen, v.a. auf der Ebene der Schul-und Bildungspolitik, wie auch für den Schutz der demokratischen Ordnung im Innern und nach außen eintrat. Parallel dazu vollzog die Hessen-CDU die Entwicklung von einer konfessionell geprägten Honoratiorenpartei zu einer modernen und politisch offenen Mitgliederpartei.[96] Nach der verlorenen Landtagswahl 1982 trat er als Landesvorsitzender zurück. Der Frankfurter Oberbürgermeister Walter Wallmann wurde auf dem Landesparteitag am 18. Dezember 1982 zum neuen Vorsitzenden gewählt[97] – eine richtungsweisende Entscheidung nicht nur für die CDU, sondern auch für Franz Josef Jung, der bald zu einem Vertrauten des neuen Chefs werden sollte. Für Jung spielte Wallmann, neben Helmut Kohl, als Vorbild in der Politik von nun an eine wichtige Rolle[98]

90 KLEINMANN, Geschichte der CDU, S. 385.

91 Ebda.

92 Ebda.

93 SCHUMACHER, H.: Roland Koch. Verehrt und verachtet. Frankfurt ²2004, S. 87.

94 Vgl. NEUMANN/SCHMID, Die Hessen-CDU, S. 109.

95 Siehe dazu u.a. auch DREGGER, A.: Der Vernunft eine Gasse. Politik für Deutschland. Reden und Aufsätze zusammengestellt von K. Hoff. München 1987.

96 KLEINMANN, Geschichte der CDU, S. 299, vgl. auch WOLF, CDU Hessen, S. 86 f., WALLMANN, W.: Im Licht der Paulskirche. Memoiren eines Politischen. Potsdam 2002, S. 60.

97 KLEINMANN; Geschichte der CDU., S. 386.

98 Interview mit Jung vom 26.5.2015.

Sein dargelegtes Engagement in der JU begann sich auszahlen, nicht nur aufgrund mancher in dieser Zeit geknüpften Kontakte, sondern insbesondere weil „man Dinge bewirken konnte".[99] Motivierende Diskussionen und nicht nur dazu innerhalb der JU erarbeitete Reformvorschläge förderten seine Freude an der Politik und weckten bei ihm den Wunsch, ein politisches Mandat zu erhalten. Aber eine berufliche Grundlage mit entsprechender Erfahrung erachtete Jung als wesentliche Voraussetzung für eine weitere Tätigkeit in der Politik. „Lebenserfahrung ist extrem wichtig für Politik", betont er auch noch rückblickend.[100] Dem war auch so: 1983 wurde Jung Notar, die gemeinsame Kanzlei lief erfolgreich, so dass aufgrund der Expansion ein Umzug in ein größeres Büro am Kiliansring erforderlich war.[101] 1987 stellten Jung und Weckel, die quasi bei Null angefangen hatten, mehrere Mitarbeiter ein und 2003 erfolgte dann der Bezug des gegenwärtigen Domizils am Rheinufer.

Im September 1983 gewann er dann erstmals für den Wahlkreis Rheingau-Taunus I, der heute den ehemaligen Rheingaukreis sowie die beiden Staatsbäder Schlangenbad und Bad Schwalbach umfasst, das Direktmandat und wurde somit in den hessischen Landtag gewählt. Zuvor musste er sich allerdings noch gegen seine CDU-Mitbewerberin Frau Dr. Belz aus Bad Schwalbach durchsetzen, was ihm aber mit rund 65 % der Delegiertenstimmen des Kreisparteitags problemlos gelang. Gewann er bei dieser Wahl[102] das Direktmandat mit 44 % (der SPD-Kandidat erhielt 41 %) noch vergleichsweise knapp, so baute er vor allem aufgrund seines sehr heimat- und regionalbezogenen Engagements im Landtag seinen Stimmenanteil von Wahl zu Wahl kontinuierlich aus und gewann so bei jeder Landtagswahl sein Direktmandat. Am Schluss gewann er den Wahlkreis mit 57 % der Stimmen. Damit begann seine Berufspolitikerkarriere, allerdings verbunden mit einem zwangsläufig deutlich geringeren Einsatz für die Kanzlei.

Dennoch verlor Jung nie die Bodenhaftung und Orientierung. Er hielt immer enge Verbindung zum elterlichen Betrieb und lebte weiterhin im Rheingau. Seine Familie, die Rheingauer Freunde, die Nähe zu Weingütern sowie die Lage des eigenen Weinbergs und der von dort aus traumhafte Blick in eines der „schönsten Gebiete Deutschlands"[103], alles das bedeutete (und bedeutet auch noch heute) für Jung Heimat. Dieses Umfeld gab und gibt ihm auch jetzt noch in schwierigen Stunden Kraft und Halt und bildet einen Rückzugsort vom turbulenten

99 Interview mit Jung vom 30. 3. 2015.

100 Ebda.

101 Interview mit Joachim Weckel vom 7. 10. 2015.

102 Zu den Wahlergebnissen siehe z. B. BERG-SCHLOSSER, D./NOETZEL, T.: Parteien und Wahlen in Hessen 1946–1994, Marburg. 1994; HEIDENREICH, B./SCHACHT, K. (Hg.): Hessen. Eine politische Landeskunde. Stuttgart, Berlin, Köln 1993.

103 Interview mit Jung vom 30. 3. 2015.

politischen Alltag. Jungs ausgeprägter Familiensinn und seine Verankerung im christlichen Glauben waren somit schon zu Beginn seiner politischen Karriere ein wichtiger Stützpfeiler für sein politisches Leben; eine Konstante, die viele Mitstreiter wie Kontrahenten beeindruckt(e). Auch in schwierigen Situationen verlor er so nur selten die Übersicht, wozu auch seine immer vorhandene lebensbejahende Grundhaltung beitrug. Nicht umsonst charakterisiert ihn heute noch Volker Bouffier entsprechend sympathisch als Kind seiner Heimat: „Franz Josef kommt manchmal daher wie der Rheingauer Bub: fröhlich, immer wieder optimistisch; bereit, an das Gute im Menschen zu glauben, ein völlig ungebremster Werber für den Rheingau und den Rheingauer Wein."[104] So ist Jung auch nicht unwesentlich daran beteiligt gewesen, dass Roland Koch ein anderes Verhältnis zum Wein und zum Rheingau gefunden hat. Er machte ihm seine Heimatregion im wahrsten Sinne des Wortes schmackhaft, die jedes Jahr durchgeführte gemeinsame Weinlese war hierbei prägend und wichtig für die persönliche Bindung von beiden. Diese positive Heimatverbundenheit Jungs machte Koch von Beginn ihrer politischen Zusammenarbeit „viel Spaß", so dass er immer noch voller Respekt feststellt, dass „Jung ohne mit der Wimper zu zucken in der Lage ist, auch in Australien noch den letzten Rheingauer Wein zu trinken und diesen einem guten australischen Wein vorzuziehen."[105] Jung gelang es dann sogar später in seiner Funktion als Parlamentarischer Geschäftsführer, als Abgeordneter offiziell unter „Jung-Rheingau" zu firmieren (ein regionaler Zusatz ist eigentlich nur möglich, wenn mehrere gleichnamige Abgeordnete in einem Parlament vertreten sind). Auch dies zeichnet ihn als hervorragenden und unerschrockenen Werber für den Rheingau aus.[106]

104 Interview mit Volker Bouffier vom 12. 2. 2016.
105 Interview mit Roland Koch vom 15. 2. 2016.
106 Interview mit Volker Bouffier vom 12. 2. 2016.

Die Hessen-CDU

2

2.1 Landtagsabgeordneter, Generalsekretär und Parlamentarischer Geschäftsführer

Als stolzer Gewinner des Direktmandats des Wahlkreises Rheingau-Taunus I wagte Franz Josef Jung mit 34 Jahren den Sprung in die Landespolitik, die er bis 2005 als CDU-Abgeordneter im hessischen Landtag mit prägen sollte. Hier war er von 1987 bis 1999 Parlamentarischer Geschäftsführer der CDU-Fraktion und von 1987 bis 1991 CDU-Generalsekretär. Von April 1999 bis September 2000 fungierte er als Minister für Bundes- und Europaangelegenheiten und Chef der Hessischen Staatskanzlei sowie vom 5. April 2003 bis November 2005 als CDU-Fraktionsvorsitzender, seit 1998 auch als stellvertretender Landesvorsitzender. Wie er in diesen Funktionen zum einen die Partei prägte, zum anderen in der Regierung agierte, gilt es im Folgenden darzustellen.

Noch vor Beginn seiner parlamentarischen Karriere fand am 17. Oktober 1982 ein für Jung besonderer Deutschlandtag der JU in Eltville in der Rheingauhalle statt: Gut 14 Tage nach seiner Wahl (durch ein konstruktives Misstrauensvotum) zum Bundeskanzler am 1. Oktober war es für Kohl der erste Auftritt als Bundeskanzler auf einem Deutschlandtag der JU. Von der JU entsprechend gefeiert, hatte auch Kohl nicht nur an dieser Veranstaltung, sondern auch an der reizvollen Atmosphäre Eltvilles Gefallen gefunden, so dass er am Ende Jung beiseite nahm und ihn fragte: „Wohin gehen wir denn noch?“ Jung schlug das Lokal „Weinpump“ vor, was die Sicherheitskräfte dann vor größere Herausforderungen stellen sollte. So musste die Polizei die damals noch durch Eltville führende B42 komplett sperren, was natürlich zu verkehrstechnischen Problemen führte.

Nach Jungs Einzug in den Hessischen Landtag 1983 schied er im Zuge des Deutschlandtages am 11. November in München aus dem JU-Vorstand aus. Eine Woche später erblickte mit Sohn Marco sein drittes Kind das Licht der Welt. Der frischgebackene Abgeordnete suchte von Beginn an einen engen Kontakt zu den Bürgern seines Wahlkreises. Ihm war es wichtig, die Wünsche, Anregung und auch Sorgen der Menschen zu erfahren. So erweiterte er sukzessive seine obligatorischen Sprechstunden zu Bürgergesprächen in öffentlichen Lokalen, wo speziell Vereinsvertretern die Möglichkeit des Meinungsaustauschs angeboten wurde, und zu Familiensprechstunden für jung und alt. Die Kinder wurden dabei u.a. durch Puppentheater bestens betreut.[1] Transparenz und Offenheit prägten von Beginn an Jungs Stil als Parlamentarier. Innerhalb der CDU-Fraktion gehörte er zunächst fast zwangsläufig zu den Hinterbänklern. Bald jedoch konnte er im Rechtsausschuss erste Meriten sammeln. Die Grünen wollten damals gemeinsam mit der SPD die Einführung des äußerst liberalen skandinavischen Justizvollzugssystem, dem Jung kritisch gegenüberstand, in Hessen durchsetzen. Jung lehnte beispielsweise einen auch gegenüber Schwerverbrechern praktizierten offenen Strafvollzug ab. Um sich aber ein genaueres Bild machen zu können, fuhr er mit dem damaligen Justizminister Herbert Günther nach Bergen, Oslo und Stockholm. Wie es der Zufall wollte, entdeckte er im Bergener Gefängnis in einem Zellentrakt eine Flasche alkoholfreien Weines „Jung“, allerdings stammte sie vom Weingut Jung in Rüdesheim. Dennoch änderte dies nichts an seiner weiterhin bestehenden Ablehnung. Eine solche Art von „Kuscheljustiz“[2] sei für Hessen der falsche Weg.

Dem 33. CDU-Bundesparteitag 1985 in Essen begegnete Jung dann sehr aufgeschlossen, obwohl oder gerade weil diese Versammlung in gewisser Hinsicht ein Novum darstellte. Unter der Federführung von Generalsekretär Heiner Geißler wurde vom CDU-Bundesvorstand beschlossen, „die Frauenpolitik in den Mittelpunkt der politischen Beratungen des Bundesparteitages zu stellen und am 21. März einen ‚Frauentag‘ zu veranstalten, zu dem Frauen aus allen Bereichen der Gesellschaft als sachverständige Diskussionsteilnehmerinnen eingeladen werden sollen.“[3] Aus Sicht der CDU-Frauenvereinigung war die CDU angesichts der zunehmenden Konkurrenz auch durch die Grünen „wenig attraktiv“ für junge Frauen.[4] Für Geißler war die „nach wie vor praktizierte Diskriminierung und Benachteiligung der Frauen in einer von Männern dominierten Gesellschaft“[5] einer der wesentlichen Gründe für eine solche Schwerpunktsetzung des Parteitags. Ihm war wichtig, dass den Frauen „in der Arbeitswelt, in der Familie und im gesell-

1 Vgl. Briefe von Jung vom 28.11.1989 an die CDU Rüdesheim und die Eltviller Vereinsvorsitzenden vom 23.5.1989; siehe dazu auch die Pressemitteilung vom 20.6.1989. Privatarchiv Linda Kreckel.

2 Interview mit Jung vom 21.7.2015.

3 Zit. nach http://www.kas.de/wf/de/191.552/, abgerufen am 27.5.2015.

4 Ebda.

5 Ebda.

schaftlichen Leben die gleichen Möglichkeiten zur Gestaltung ihres Lebens wie den Männern offenstehen".[6] Auch Jungs Position zufolge musste sich die CDU diesen Themen nicht nur stellen, sondern auch öffnen, um sich nicht zu einer „reinen Männerpartei zu entwickeln."[7] Auf dem Parteitag wirkte er dann nicht nur als Delegierter mit und unterstützte mit einem eigenen Redeparteitag die Ideen Geißlers, sondern war als Mitglied der Antragskommission auch bei Vorbereitung beteiligt gewesen. Für die Hessen-CDU Hessen hatte er dabei noch einen zusätzlichen Antrag erarbeitet, der Geißlers Anliegen nochmals untermauerte. Innerhalb der CDU führten derartige Ideen zu manch kontroverser Diskussion, so kritisierten zahlreiche Delegierte, die „Partei konzentriere sich zu einseitig auf Frauenthemen"[8] Jung selbst widersprach dem. Die CDU müsse auch hier moderner und aufgeschlossener agieren, um in Zukunft für breite Wählerschichten attraktiv zu bleiben.[9] Hier wird also nicht nur der schon in der JU als Modernisierer aufgefallene Politiker deutlich, sondern ebenso der Pragmatiker, der den Erfolg und somit auch Machterhalt seiner Partei im Blick hat. Zum Parteitag war ein breites Spektrum von Frauen aus allen gesellschaftlichen Gruppierungen eingeladen worden, um eine möglichst umfassende Diskussionsgrundlage zu schaffen. 150 Teilnehmerinnen kamen aus Verbänden – ohne Berücksichtigung der Parteizugehörigkeit; weitere 100 Teilnehmerinnen aus Vereinigungen der CDU. Die andere Hälfte der insgesamt 500 Teilnehmerinnen stammte aus der CDU-Basis, so dass Frauen aus allen gesellschaftlichen Sparten und Altersgruppen vor Ort waren.[10] Insgesamt beschloss die CDU in ihren Leitsätzen „für eine neue Partnerschaft zwischen Mann und Frau" 44 Thesen, die ein umfangreiches gesellschaftliches Spektrum aufgriffen. U.a. trat die CDU nicht nur „für die Gleichberechtigung von Mann und Frau im Erwerbsleben ein", die Einführung eines Erziehungsgeldes und die Anerkennung von Erziehungszeiten, sondern setzte sich „ebenso für die Gleichberechtigung zwischen der nicht erwerbstätigen und der erwerbstätigen Frau und Mutter" ein.[11] Eine verbindliche Frauenquote lehnte aber auch die Mehrheit der CDU-Frauen ab.[12] Unter anderem anerkannte „Die Zeit", dass die CDU einen Lernprozess durchlaufen habe: „Die Entschlossenheit, die Partei zur Beschäftigung mit der Rolle der Frau in unserer Gesellschaft zu drängen, bezeugt […] ein

6 Ebda.
7 Interview mit Jung vom 21.7.2015.
8 Interview mit Jung vom 7.10.2016.
9 Ebda.
10 Vgl. http://www.kas.de/wf/de/191.552/, abgerufen am 27.5.2015
11 Ebda.
12 Vgl. BÖSCH, F.: Macht und Machtverlust. Die Geschichte der CDU. Stuttgart/München 2002, S. 250.

Problembewußtsein, das die CDU nicht immer ausgezeichnet hat."[13] Für Helmut Kohl zählten rückblickend die letztlich mit großer Mehrheit verabschiedeten Leitsätze „zu den wichtigsten programmatischen Errungenschaften in der Geschichte der Partei."[14]1986 wurden dann in der Bundesrepublik Deutschland Erziehungsgeld und Erziehungsurlaub gesetzlich eingeführt, Erziehungszeiten bei der Rente angerechnet und Hilfen für Alleinerziehende ausgebaut. Im gleichen Jahr wurde zudem das Bundesministerium für Jugend, Familie und Gesundheit um den Bereich „Frauen" ergänzt.

In der hessischen Landespolitik sollte Jung rasch reüssieren, galt dabei aber in der Fraktion und der Partei immer als einer der ihren und nicht als „einer, der oben rumschwirrt."[15] Auch hier zahlten sich Jungs Natürlichkeit und Offenheit aus. Ab 1986 fungierte er zunächst als wohnungsbaupolitischer Sprecher der CDU-Fraktion, wobei es ihm gelang, sich in dieser Funktion – Jungs damaliger Schwerpunkt – weiter zu profilieren. Vor allem der Skandal um den gewerkschaftseigenen Wohnungsbaukonzern „Neue Heimat" bot ihm ein ideales Forum, um innerhalb heftiger Auseinandersetzungen gezielte verbale Angriffe gegen Finanzminister Hans Krollmann und Ministerpräsident Holger Börner, diesem gegenüber v.a. auch in seiner Eigenschaft als ehemaliger Gewerkschafter (IG Bau, Steine, Erden), zu führen. 1982 war u.a. durch den Spiegel aufgedeckt worden, dass sich mehrere Vorstandsmitglieder der „Neuen Heimat" (NH) unter der Führung von Albert Vietor persönlich, teilweise auch direkt an den Mietern, bereichert hatten. Die Beschuldigten wurden dann kurze Zeit später durch den Aufsichtsrat unter dem DGB-Vorsitzenden Heinz-Oskar Vetter entlassen. Jung warf Krollmann als verantwortlichem Minister vor, dass Gewerkschafter, die unter sozialen Aspekten Wohnungsbauprojekte entwickelt hatten, im Gegensatz zu den Mietern nicht nur über ein hohes Einkommen verfügten, sondern noch in die eigenen Tasche wirtschafteten und somit ihrer sozialen Verantwortung überhaupt nicht gerecht geworden seien.[16] In den folgenden Untersuchungen stellte sich eine erhebliche Verschuldung des Konzerns heraus. Er hatte einen Verlust von 193 Mio. DM zu verzeichnen, das Tochterunternehmen „Neue Heimat Städtebau" 562 Mio. DM. Albert Vietor hatte allein durch Privatgeschäfte dem Unternehmen einen Verlust von 105 Mio. DM beschert. Am 18. September 1986 verkaufte der DGB dann das Unternehmen nach mehrwöchiger Verhandlung zum symbolischen Preis von einer Mark an den Berliner Brotfabrikanten Horst Schiesser. Ursprünglich war ein Kaufpreis von 360 Mio. DM vorgesehen, der bis 2006 gestundet werden sollte. Die

13 Die Zeit vom 22.3.1985, zit. nach http://www.kas.de/wf/de/191.552/.
14 Zit. nach http://www.kas.de/wf/de/191.552/, abgerufen am 27.5.2015.
15 Interview mit Volker Bouffier vom 12.2.2016.
16 Interview mit Jung vom 21.7.2015.

Verbindlichkeiten der übernommenen „Neuen Heimat" betrugen insgesamt rund 16 Mrd. DM. Der Verkauf stieß in der Öffentlichkeit und innerhalb des DGB auf heftige Kritik. Insbesondere die Mieter der NH-Immobilien befürchteten Mietsteigerungen und den Verlust der Sozialbindung. Die Presse hielt einen mittelständischen Unternehmer mit dem milliardenschweren Wohnungsunternehmen für überfordert. Schiessers Sanierungsplan wurde von den Banken letztlich nicht akzeptiert, womit der Vertrag hinfällig war. In den folgenden Jahren wurden dann zunächst alle Wohnungsbestände verkauft, anschließend dann auch die Regionalgesellschaften der „Neuen Heimat" an die Bundesländer oder private Investoren; für Jung auch heute noch ein unglaublicher Skandal, dass Gewerkschafter hier eine extreme Selbstbedienungsmentalität an den Tag gelegt hatten. Durch seine z.T. scharfen verbalen Attacken gegen die Landesregierung und Gewerkschaftsvertreter fiel er der hessischen CDU-Führung auf, nicht ganz unwichtig im Hinblick auf die nähere Zukunft.

1987 war nämlich sowohl für Jung wie für die CDU ein wichtiges Jahr. Erstmals gelang es der Partei, in Hessen mit Walter Wallmann den Ministerpräsidenten zu stellen und die jahrzehntelange Vorherrschaft der SPD zu brechen. Nach ihrem Wahlsieg, der zur abendlichen Zitterpartie werden sollte - die CDU gewann gemeinsam mit der FDP mit einem hauchdünnen Vorsprung vor SPD und Grünen[17] - war Jung bei der Wahl Wallmanns zum hessischen Ministerpräsidenten Mitglied der Stimmzählungskommission. 56 Stimmen waren für eine erfolgreiche Wahl notwendig. Jung hatte mit seinen CDU-Kollegen vereinbart, dass er bei Erreichen der 56 Stimmen als Geheimzeichen den Daumen unauffällig am Gürtel nach oben strecken werde, da Wallmann aber sogar 57 Stimmen erhielt, änderte Jung das verabredete Zeichen mit dem Zeigefinger in ein V und sorgte für ein Raunen innerhalb der CDU-Fraktion. Der Beginn dieser neuen Ära führte zu auch einem Generationswechsel innerhalb der hessischen CDU. Franz Josef Jung, der sich als wohnungsbaupolitischer Sprecher profiliert und somit die Aufmerksamkeit Wallmanns erlangt hatte, wurde neuer Generalsekretär in Verbindung mit dem Amt des parlamentarischen Geschäftsführers und damit Nachfolger von Manfred Kanther, der in der neuen Landesregierung zum Finanzminister ernannt worden war. Damit hielt er zwei parteiinterne Schlüsselstellungen inne, mit Hilfe derer er nach 36 Jahren CDU-Opposition manches bewegen konnte und sollte. „Von der letzten Bank in die erste Reihe" titelte damals die Presse. Gleichzeitig schied er aus dem Kreistag des Rheingau-Taunus-Kreises aus, dem er seit 1972 angehört hatte. Allerdings dauerte es einige Wochen, bis Jung, wie er selbst

17 CDU 42,,1 %, SPD 40,2 %, FDP 7,8 %, Grüne 9,4 %. Sitzverteilung: CDU 47, SPD 44, FDP 9, Grüne 10.

rückblickend zugab, die großen Fußstapfen von Kanther ausfüllen konnte. Aber er nahm seine neue Aufgabe mit sehr viel Elan und Dynamik an. Dabei suchte er immer den engen Kontakt zu Walter Wallmann und versuchte die CDU als Partei auch als Unterstützung der Landesregierung zu installieren.[18]

Die außerordentlich knappe parlamentarische Mehrheit stellte die schwarz-gelbe Koalition jedoch immer wieder vor Herausforderungen. Schon im selben Jahr stand eine erste große Bewährungsprobe für neue Regierung an: Der Parlamentarische Geschäftsführer der FDP, Eberhard Weghorn, war als Beifahrer bei einem Autorennen schwer verunglückt, lag anschließend im Koma und war nicht mehr handlungsfähig. Somit verfügte die Koalition nur über 55 Stimmen. Dieser Umstand führte dazu, dass die Opposition aus SPD und Grünen die Verabschiedung des „Gesetzes zur Wiederherstellung der freien Schulwahl im Lande Hessen", das sogenannte „Schulfreiheitsgesetz"[19], verzögern konnte. Die CDU beabsichtigte hierdurch die Abschaffung der von ihr schon im Wahlkampf klar abgelehnten Zwangsförderstufe in den Klassen fünf und sechs und sprach sich unter dem Motto „Schulfreiheit" für eine liberale Schulpolitik sowie dem Wahlrecht der Eltern zwischen Gesamtschule und gegliedertem Schulsystem aus.[20] Schon in seiner Regierungserklärung vom 23. April 1987 hatte sich Wallmann für ein „gegliedertes Schulsystem einschließlich der Gesamtschulen und der Förderstufe" ausgesprochen, allerdings eben ohne „Zwang zur Gleichheit."[21] Durch den Auszug aus dem Landtag machten die Oppositionsfraktionen den Landtag allerdings beschlussunfähig. In fünf Sitzungen gelang es daher der CDU nicht, dieses Gesetz zu verabschieden. Allerdings kam der Boykott der SPD in der Öffentlichkeit so schlecht an, dass die Oppositionsparteien aufgrund des öffentlichen Drucks ihr Taktieren beenden mussten und das Gesetz auf der Folgesitzung am 27. Mai dann passieren konnte. Im Rahmen seines bildungspolitischen Engagements setzte sich Jung auch intensiv und erfolgreich für eine ausreichende Lehrerversorgung vor allem auch im Grundschulbereich seines Wahlkreises ein.[22]

Im gleichen Jahr wurde als eine private Initiative des Kultur- und Musikmanagers Michael Herrmann und anderer Musikliebhaber, die daran interessiert waren, das musikalische Leben im Rhein-Main-Gebiet zu beleben, beschlossen, das

18 Interview mit Bernd Heidenreich vom 9. 2. 2016.

19 Siehe dazu MÜLLER-KINET, H.: Der schulpolitische Beitrag zur Profilbildung der Union in Hessen, in: B. Heidenreich/W. Wolf (Hg.): Der Weg zur stärksten Partei 1945–1995. 50 Jahre CDU Hessen. Köln 1995, S. 177–201, hier S. 193 ff.

20 Zur Schulpolitik in Hessen siehe: RUDLOFF, W.: Schulpolitik und Schulkämpfe in Hessen, in: W. Schroeder (Hg.): Parteien und Parteiensystem in Hessen. Wiesbaden 2008, S. 332–360.

21 WALLMANN, W.: Für die Zukunft einer freiheitlichen Gesellschaft. Regierungserklärung vom 23. April 1987 vor dem Hessischen Landtag, S. 8, siehe auch S. 20 f.

22 Siehe dazu eine Pressemitteilung vom 31. 7. 1989. Privatarchiv Linda Kreckel.

Rheingau Musik Festival ins Leben zu rufen.[23] Neben Sponsoren aus der Privatwirtschaft sicherte auch das Land Hessen dieses Vorhaben mit einer Bürgschaft von 200 000 DM sowie 60 000 DM direkter finanzieller Hilfe ab; rückblickend, so Jung, der das Projekt von Beginn an massiv unterstützte, eine weise Entscheidung. Standen im ersten Jahr (1988) nur 19 Konzerte auf dem Programm, so wuchs im Laufe der Jahre die Anzahl der Veranstaltungen und auch der Spielorte über Kloster Eberbach hinaus stetig an. Mittlerweile zählt das Rheingau Musik Festival zu den führenden Musikfestivals Deutschlands und verwandelt jedes Jahr im Sommer zwischen Juni und September mit über 170 Konzerten an 50 verschiedenen Veranstaltungsorten den Rheingau in eine große Konzertbühne. Dies ist nur ein Beispiel, wie Jung als Landtagsabgeordneter sein Abgeordnetenmandat auch immer im Sinne des Rheingaus interpretierte. Er leistete hier energische Wahlkreisarbeit für seine Heimatregion und „kümmerte sich dabei auch immer um die kleinen Dinge."[24]

Neben dem fordernden politischen Alltag kam es auch auf internationaler Ebene immer wieder zu abwechslungsreichen Begegnungen. 1987 kam es zu einem Treffen mit der „Jungen Kuomintang", also der Nachwuchsorganisation der Kuomintang in Taiwan. Ihr damaliger Vorsitzender Dr. Ma Ying-jeou, der jetzige Staatspräsident von Taiwan, war Gast im Hause Jung. Eine freundschaftliche Beziehung zwischen Franz Josef Jung und ihm, die bis heute andauert, nahm hierdurch ihren Anfang. Allerdings erfolgte erst 2012 auf eine Einladung durch den nunmehrigen Staatspräsidenten Taiwans hin quasi der Gegenbesuch in Taipeh. Ma Ying-jeou konnte sich an das damalige Treffen von vor 25 Jahren noch sehr gut erinnern. So wusste er noch, was Jungs Frau damals gekocht hatte. Jung war von der „tollen Entwicklung in Taiwan" u. a. auf dem Sektor der Computertechnik begeistert.[25]

Die schon erwähnte Leidenschaft Jungs für den Fußball fand durch seine Mitgliedschaft als Spielführer der Landtagsmannschaft ein passendes Betätigungsfeld. Trotz aller politischen Auseinandersetzung harmonierte er hier mit dem damaligen Fraktionsvorsitzenden der Grünen, Joschka Fischer, sehr gut. Fischer profitierte als Stürmer vor allem von Jungs Vorlagen. Bei einem Spiel der Landtagsmannschaft gegen die Bundestagsmannschaft 1987, als Vorspiel des Spiels Eintracht Frankfurt gegen den MSV Duisburg im Waldstadion, war es diese Mal allerdings umgekehrt: Fischer legte auf Jung auf, der ins Dreieck zum 1:0 einschoss (Endstand 2:2). Auf der großen Anzeigentafel leuchtete dann „1:0 Jung" auf. Nach dem Spiel wusste Fischer dann, „welchen Fehler er gemacht hat." Natürlich hät-

23 Siehe dazu diverse Briefe von Michael Herrmann. Privatarchiv Linda Kreckel.

24 Interview mit Bernd Heidenreich vom 9. 2. 2016.

25 Interview mit Jung vom 8. 12. 2015.

te er gerne seinen Namen auf der Anzeigentafel gelesen. Die Landtagsmannschaft trat – oft auf Initiative von Jung – immer wieder zu Benefizspielen an, so auch beispielsweise 1989 gegen die Prominentenmannschaft von Kickers Offenbach.[26] Neben einer solchen sozialen Bedeutung besaß für Jung die Landtagsmannschaft vor allem auch die Funktion, dass über parteipolitische Grenzen das persönliche Gespräch zwischen den Abgeordneten gesucht wurde und durch „Diskussionen auf dem Sportplatz manche parteipolitische Frontlinie aufgebrochen werden konnte."[27]

Ebenfalls 1987 kam es dann, so Jung, zur „Gründung einer echten Seilschaft" (im Gegensatz zum Andenpakt) zwischen der CDU-Fraktionsführung und Journalisten.[28] Zusammen mit dem CDU-Fraktionsvorsitzenden Hartmut Nassauer regte Jung eine gemeinsame Bergtour in der Schweiz an, in deren Verlauf u. a. der Similaun (3600m) bestiegen wurde. Als sie auf den Gipfel kamen, trafen sie dort eine weitere Bergsteigergruppe. Einer ihrer Mitglieder erkannte Jung und Nassauer. Er erzählte, dass er aus Hanau sei, dort mit der CDU Probleme habe und von daher aus der Partei ausgetreten sei. Hier auf dem Gipfel könne er sich aber vorstellen, wieder einzutreten. Da zögerte Jung nicht lange, holte aus seiner Tasche einen Mitgliedsantrag heraus und gab ihn dem Urlauber, der dann auch wieder in die CDU eintrat. In der FAZ war daraufhin zu lesen: Franz Josef Jung auf Mitgliederwerbung zu Lande, zu Wasser und in der Luft.[29] Ein Jahr später wurde auf Initiative Jungs eine bis heute andauernde Tradition eingeführt: Die Landespressekonferenz traf und trifft sich jedes Jahr auf dem Jungschen Weingut zur Weinlese. Insgesamt war das Verhältnis zu Medienvertretern von Seiten Jungs sehr auf Offenheit und Vertrauen ausgerichtet.

Im Frühjahr 1988 galt es aber wieder sich mit voller Kraft auf ein landespolitisches Thema zu konzentrieren. Der Hessische Landtag hatte auf Anregung des Landtagsvizepräsidenten Erwin Lang (SPD) mit den Stimmen von CDU, SPD und FDP eine Neuregelung der Abgeordnetenentschädigungen, volkstümlich Diäten genannt, beschlossen. Lediglich die Grünen votierten gegen das Gesetz. Die Neuregelung sah eine erhebliche Erhöhung der Diäten und der Altersrenten vor, nachdem diese einige Jahre nicht angepasst worden waren. So sollten die Grund-Diäten nun 6500 DM betragen. Für den Rest der Legislaturperiode war eine jährliche Steigerung um 8 % vorgesehen. Die steuerfreie Kostenpauschale wurde auf maximal 5400 DM angehoben. Im Auftrag des Bundes der Steuerzahler veröffentlichte der Verfassungsrechtler und als Parteienkritiker bekannte Hans Herbert

26 Pressemitteilung vom 19. 5. 1989. Privatarchiv Linda Kreckel.
27 Interview mit Jung vom 7. 10. 2016.
28 Interview mit Jung vom 26. 5. 2015.
29 Interview mit Jung vom 1. 2. 2016.

Bei der Weinlese im Rheingau

Mit dem hessischen Ministerpräsidenten Walter Wallmann bei der Weinlese

von Arnim daraufhin eine Studie, in der er eine Reihe von Kritikpunkten äußerte. So kritisierte er die fehlende Transparenz des Gesetzgebungsverfahrens, die vorgesehene automatische Steigerung der Diäten und die Erhöhung selbst. Teilaspekte bewertete er als verfassungsrechtlich bedenklich. Dies galt insbesondere für mögliche Doppelversorgungen von Abgeordneten, die im Laufe ihrer politischen Karriere als Bürgermeister oder Landräte Versorgungsanwartschaften erworben hatten. Von Arnim sprach insgesamt von einem manipulativen Gesetzgebungsverfahren und rückblickend von einem politischen Schockerlebnis:[30]

> „Der hessische Fall hat die Aufmerksamkeit auf ein Grundproblem gelenkt: Wenn die Abgeordneten über ihre Bezahlung entscheiden, dann handeln sie in eigener Sache und sind deshalb nicht unbefangen. Es besteht die Gefahr, daß gemauschelt wird, daß überzogene, verfassungswidrige Regelungen getroffen werden und daß, wenn sich dies alles später herausstellt, das Parlament möglichst lange daran festhält. Der Kontrolleur Parlament bedarf hier selbst der Kontrolle"[31]

In der Folge kam es zu einer intensiven politischen Debatte in der Öffentlichkeit, die die Diätenanhebung als Skandal bewertete, und in den Parteien. Die Grünen drohten mit einer Verfassungsklage, die Berichterstattung in den Medien war durchweg kritisch. Auch in den Fraktionen reagierte man nun auf die heftige Kritik. Ministerpräsident Wallmann, der an der Abstimmung über die Diäten nicht teilgenommen hatte, und Jung traten in der CDU-Fraktion dafür ein, die Diäten auf dem alten Stand festzuschreiben. Am 19. Juli 1988 trat schließlich Erwin Lang von seinem Amt zurück und legte zum Ende des Monats auch sein Landtagsmandat nieder. Kurz darauf trat dann ebenfalls Landtagspräsident Jochen Lengemann zurück. Am 28. Juli 1988 hob der Hessische Landtag die im Februar 1988 verabschiedete Diätenerhöhung wieder auf. Jung war während dieser Auseinandersetzungen innerhalb einer unabhängigen Kommission, bestehend aus dem Landtagspräsidenten Karl Starzacher und den parlamentarischen Geschäftsführen der Fraktionen, in seiner Funktion entsprechend gefordert gewesen. Als deren Vorsitzender hatte er dafür gesorgt, dass sein Mainzer Doktorvater Hans Heinrich Rupp als Berater und Gutachter dieses Gremiums fungierte und die bis heute gültigen rechtlichen Regelungen erarbeiten sollte. Ergebnis war, den zu versteuernden Teil der Diäten höher anzusetzen, den nicht zu verteuernden Teil dagegen zu reduzieren. Somit wurde als reine Aufwandsentschädigung der nicht zu versteuernde Teil berücksichtigt, ansonsten wurde alles andere der Steuer unterwor-

30 Hans Herbert von Arnim in: Hehttp://www.zeit.de/1989/07/ein-vorteil-kommt-zum-aderen, abgerufen am 27. 5. 2015.

31 Ebda.

fen. Ebenso wurden von nun an Fahrtkosten nach gefahrenen Kilometern erstattet und nicht, wie bis dato, in Form einer von Jung kritisierten Pauschale, die eine zusätzliche Einnahmemöglichkeit darstellte. Eine Kumulierung von Ansprüchen aus verschiedenen politischen Funktionen (z. B. als Bürgermeister, Abgeordneter, Minister), was Jung für äußerst problematisch gehalten hatte, war nun ebenfalls nicht mehr möglich.[32]

Anschließend reiste Jung auf Einladung der US-Regierung in die Staaten. Deutschen Nachwuchspolitikern wurde dabei ein mehrwöchiges Programm, bestehend aus Besuchen und politischen Gespräche im Senat und Repräsentantenhaus, geboten. Daneben gab es genügend Gelegenheit, die USA als Land kennenzulernen: Stationen waren u. a. San Francisco, Denver, El Paso, New York etc. Für Jung war eine derartige Reise eine wichtige und interessante Erfahrung. Das Verständnis für die USA, ihre Politik und die Mentalität ihrer Menschen sei deutlich gewachsen. Durch derartige Programme, die sich, so Jung, bewährt haben, seien die transatlantischen Beziehungen weiter gefestigt worden.[33] Ebenfalls 1988 kam es für Jung als Mitglied einer Delegation ehemaliger JUler (u. a. mit Matthias Wissmann) in Rom zu einer für ihn als Christ wichtigen persönlichen Begegnung mit Papst Johannes Paul II., dem Franz Josef Jung als „aus Hessen" vorgestellt wurde. Die Antwort des Papstes beeindruckt Jung auch heute noch: „Aus Hessen? Da regiert doch Rot-Grün!", äußerte der Papst leicht irritiert. Seine Position als überzeugter Antikommunist, der sich für die Freiheit seines Heimatlandes Polens engagierte, schwang vielleicht hier in übertriebenem Maß ein wenig mit.

Für den Rheingau und Eltville bedeutsam war die Restaurierung des Schlosses Reinhartshausen. Durch Vermittlung von Jungs Cousin erwarb der Unternehmer Willi Leibbrand das heruntergekommene Ensemble und ließ es bis 1991 als Hotel und Weingut grundlegend sanieren. Mit seiner privaten Hilfe in Höhe von 120 Mio. DM wurde das Schloss somit wieder auf Vordermann gebracht.

Die hessischen Kommunalwahlen am 12. März 1989 führten zu herben Verlusten bei der CDU: 34,3 % (nach 41,1 % 1985 und sogar 47,6 % 1981) lagen damals zwar im Bundestrend, wurden aber auch als Warnung an die Landespolitik kommentiert. Vor allem der Verlust von 13 % in Frankfurt war deprimierend. In der allgemeinen Stimmungslage war 1989 Kohls Ansehen deutlich gesunken.[34] Für Jung war klar, dass wenn der Bundestrend nicht stimme, sich dies dann auch auf den Landes- und Kommunaltrend auswirken würde.

32 Interview mit Jung vom 21. 7. 2015 und vom 7. 10. 2016.

33 Interview mit Jung vom 26. 5. 2015.

34 Vgl. SCHWARZ, H.-P.: Helmut Kohl. Eine politische Biographie. München [3]2012, S. 491 f.

2.2 1989/90 – Das historische Jahr: Revolution und Mauerfall in der DDR – Die Rolle Jungs

1989 sollte für das deutsche Volk und somit auch für Franz Josef Jung zu einem historischen und zentralen Ereignis werden. Die friedliche Revolution in der DDR, der damit verbundene Fall der Mauer und die anschließende Wiedervereinigung betrafen auch in einem besonderen Maße die Hessen-CDU und somit Franz Josef Jung als deren damaliger Generalsekretär. Inwieweit Jung in diesem Prozess Initiativen ergriff, wie er die Zusammenarbeit mit der Ost-CDU beurteilte und Reformkräfte unterstützte – kurz, welchen Einfluss und welche Verdienste ihm in dieser geschichtsträchtigen Phase zukommen, wird im Folgenden anhand zahlreicher Schlüsselereignisse verdeutlicht. Diverse Treffen mit ostdeutschen Politikern wie Christine Lieberknecht und Lothar de Maiziere, Großveranstaltungen an der innerdeutschen Grenze und die Gründung der „Allianz für Deutschland" sind hier exemplarisch zu nennen.

Nur wenige Menschen ahnten zu Beginn des Jahres, dass am 9. November die Mauer fallen und knapp ein Jahr später Deutschland wiedervereinigt sein sollte. Im Gegenteil, viele Bürger der Bundesrepublik Deutschland hatten die Wiedervereinigung schon lange abgeschrieben, sich mit der Existenz zweier deutscher Staaten abgefunden und die DDR höchstens als fernes Ausland wahrgenommen. Vor allem die SPD hatte das im Grundgesetz verankerte Ziel der Wiedervereinigung längst aufgegeben. Sie übernahm die „Geraer Forderungen" von Erich Honecker aus dem Jahr 1980, in der er die Auflösung der zentralen Erfassungsstelle Salzgitter für Staatsverbrechen in der DDR, die Umwandlung der ständigen Vertretungen in Botschaften und die Anerkennung einer eigenen DDR-Staatsbürgerschaft gefordert hatte. Für viele SPD- und Grünen-Politiker war das Festhalten an der Einheit der deutschen Nation die „Lebenslüge der zweiten deutschen Republik." Gerhard Schröder beispielsweise äußerte noch im Juni 1989, dass man nach 40 Jahren Bundesrepublik „eine Generation in Deutschland nicht über die Chancen der Wiedervereinigung belügen [sollte]. Es gibt sie nicht."[35] Vor allem die hessische CDU nahm hier in den 80er Jahren eine gänzlich andere Position ein. Unter Alfred Dregger und dann unter Walter Wallmann[36] hielt sie immer an der Offenheit der deutschen Frage fest. Regelmäßig besuchte die CDU-Fraktion oder einige ihrer Mitglieder die DDR mit dem Ziel, den Kontakt zu den ostdeutschen

35 Zit. nach: JUNG, F.J.: Eine bewegte und bewegende Zeit, in: N. Kartmann/D. Schipanski (Hg.): Hessen und Thüringen. Umbruch und Neuanfang 1989/90. Frankfurt 2007, S. 103–110, hier S. 109.

36 Siehe dazu JUNG, Franz Josef: Die letzten Tage der Teilung. Wie die deutsche Einheit gelang, Freiburg 2010, S. 28 f., WALLMANN, Memoiren, S. 185.

Landsleuten nicht abreißen zu lassen, ihn vielmehr durch Gespräche zu intensivieren und den Bürgern zu signalisieren, dass wir nach wie vor ein Volk sind, allen Unkenrufen aus Medien und anderen Parteien zum Trotz. So besuchte auch Jung als Mitglied der hessischen CDU-Delegation 1984 u. a. Eisenach, Erfurt, Weimar, Magdeburg und Quedlinburg. 1986 erfolgte nochmals ein Besuch in der DDR. Neben Erfurt standen dieses Mal Naumburg, Merseburg, Magdeburg, Leipzig und Halle auf dem Programm. Insbesondere bei Gesprächen mit Kirchenvertretern spürte Jung, wie sich die Stimmungslage innerhalb weiter Teile der Bevölkerung wandelte und wie wichtig die Kirchen als Refugium oppositioneller Kräfte waren. Auch ein enger Kontakt zur Region Thüringen, der später noch von Bedeutung sein sollte, zeichnete sich damals schon ab.

Auf parteiinterner Ebene sollte aber 1989 zunächst der CDU-Bundesparteitag am 10. September in Bremen für die CDU und ihren Vorsitzenden ein wichtiges Ereignis darstellen.[37] Helmut Kohl war angesichts sinkender Umfrage- und Beliebtheitswerte in den eigenen Reihen z. T. in die Kritik geraten. Gerüchte machten die Runde, dass die Kohl-Kritiker Rita Süssmuth, Kurt Biedenkopf, Lothar Späth und der Generalsekretär Heiner Geißler eine Ablösung des Kanzlers als CDU-Vorsitzender auf dem Parteitag anstrebten. Insbesondere das Verhältnis zwischen Kohl und Geißler war seit einiger Zeit schwer belastet, v. a. aufgrund von Differenzen in Fragen der Außen- und Deutschlandpolitik.[38] Kohl beabsichtigte daraufhin, Geißler nicht mehr zum Generalsekretär vorzuschlagen.[39] Zuvor hatte Geißler bei zahlreichen Unionspolitikern Sondierungsgespräche geführt, um Verbündete für seine Umsturzpläne gegenüber Kohl gewinnen zu können. Somit wollte er auch, dass die Hessen-CDU ihren Beitrag zur Ablösung Kohls leisten sollte. Walter Wallmann und Franz Josef Jung lehnten dies allerdings kategorisch ab.[40] Letztlich scheiterte der Putschversuch: Kohl wurde mit 571 Jastimmen gegen 147 Neinstimmen bei 20 Enthaltungen wieder zum CDU-Bundesvorsitzenden gewählt, während Späth nicht mehr in das Parteipräsidium gewählt wurde.[41] Rückblickend betont Jung, dass der Putsch vermutlich Erfolg gehabt hätte, wenn Hessen umgefallen wäre.[42] Angesichts der Geschlossenheit der Hessen-CDU hinsichtlich der Unterstützung Kohls blieb dieser Parteivorsitzender und somit auch Bundeskanzler, ein wesentlicher Faktor hinsichtlich der sich nun bald überschla-

37 Siehe dazu: KOHL, H.: Erinnerungen 1982–1990, München 2005, S. 924–940. SCHWARZ, H.-P.: Helmut Kohl. Eine politische Biographie. München [3]2012, S. 520–527.

38 KOHL, Erinnerungen, S. 294.

39 Ebda., S. 925 f. (Schreiben Kohls an Geißler), S. 929.

40 Siehe WALLMANN, Memoiren, S. 180.

41 KOHL, Erinnerungen, S. 938.

42 Interview mit Jung vom 26. 5. 2015.

genden Ereignisse in der DDR und bezüglich der deutschen Frage. Hierzu hatte Franz Josef Jung schon in seiner Rede zum Tag der deutschen Einheit am 17. Juni 1989 klar Stellung bezogen, indem er betonte, dass wir es den Ostdeutschen schuldig seien, den Einheitsgedanken „wach und lebendig" zu halten. Die deutsche Einheit sei mehr als eine „nostalgische Formel."[43] Somit war die Hessen-CDU aufgrund ihrer geschlossenen und eindeutigen deutschlandpolitischen Position gut gerüstet für die bald vor ihr liegenden Aufgaben.

Überspringen wir an dieser Stelle die bekannten Ereignisse und Szenen der massenhaften Fluchtbewegung aus der DDR ab August/September nach Ungarn oder in die deutschen Botschaften in Warschau und vor allem Prag sowie die sich anbahnenden Montagsdemonstrationen in Leipzig und anderen ostdeutschen Städten. Allerdings musste natürlich auch der Rheingau-Taunus-Kreis, wie so viele andere Regionen, Ideen entwickeln, wie die ostdeutschen Landsleute zügig und problemlos integriert werden können. Jung appellierte dabei an die Bürger seines Wahlkreises, die „DDR-Übersiedler mit offenen Armen aufzunehmen" und „Familienpatenschaften zu übernehmen."[44] „Die Übersiedler", so Jung weiter, „wollen keine Almosen. Was sie brauchen, sind Tipps, Informationen und Kontakte, damit sie möglichst schnell ein normales Leben führen können. Diese zwischenmenschliche Aufgabe könnten die Bürger im Rheingau-Taunus-Kreis übernehmen."[45] Weiterhin regte er an, freie Wohnungen breitzustellen, um sie an Übersiedler-Familien zu vermieten, und beschloss für die CDU im Rheingau-Taunus-Kreis das Amt eines Übersiedler-Beauftragten als Kontaktperson einzurichten. Gemeinsam mit seinem Kollegen Roland Rösler entwarf er unter dem Titel „Willkommen in Hessen – ein Übersiedler ABC" zudem noch einen äußerst nützlichen Ratgeber für die ostdeutschen Mitbürger.[46] „Für die zu uns kommenden Deutschen aus der DDR haben wir eine ganz besondere Verpflichtung. Hier stellt sich uns eine nationale Aufgabe, der wir nicht aus dem Weg gehen dürfen", betonte Jung völlig zu Recht und stellte klar, dass angesichts der politischen und wirtschaftlichen Perspektivlosigkeit „im anderen Teil Deutschlands" es niemandem zustehe, Kritik am Verhalten derjenigen zu üben, die die DDR verlassen.[47] Ein unmissverständlicher Seitenhieb auf manche Vertreter der Grünen und der SPD, die sich der historischen und politischen Bedeutung dieser Ereignisse nicht bewusst waren und in kleinkarierter Form Aufrechnungen und Zahlenspielereien betrieben.

43 JUNG, Letzte Tage der Teilung, S. 38.
44 Pressemitteilung vom 13.9.1989.
45 Ebda.
46 „Rheingau-Echo" vom 12.10.1989.
47 Pressemitteilung der CDU Hessen Nr. 294/89. Privatarchiv Linda Kreckel.

Franz Josef Jungs eigentlicher „Einstieg" in den Prozess der deutschen Wiedervereinigung, der hier natürlich nur kursorisch und in skizzenhafter Form dargestellt werden kann[48], begann dann am 20. September 1989. Er las, wie gewohnt, morgens beim Frühstück die FAZ. Dabei fiel sein Blick auf einen veröffentlichten Brief von vier Mitgliedern der Ost-CDU und der evangelischen Kirche. In diesem bereits am 17. September verfassten „Brief aus Weimar"[49] forderten seine Autoren Reformen in der DDR. Oberkirchenrat Martin Kirchner (der spätere Generalsekretär der Ost-CDU), die Pfarrerin Christine Lieberknecht (die spätere Ministerpräsidentin von Thüringen), Kirchenrat Dr. Gottfried Müller, (der spätere Landtagspräsident von Thüringen), und die Rechtsanwältin Martina Huhn wandten sich in ihrem Schreiben an die Mitglieder und den Vorstand ihrer Partei – damals noch eine der Blockparteien unter SED-Vorherrschaft, um „die Ost-CDU zu reformieren und diese für die Reform der Gesellschaft tauglich zu machen." Zahlreiche Freiheits- und weitere Grundrechte wurden hier artikuliert, so u. a. die Forderung nach Reise-, Meinungs- und Pressefreiheit. Mit einer klaren Absage an die Propagandaformel vom „demokratischen Zentralismus" wurde das unbedingte Führungsprinzip innerhalb der Partei in Frage gestellt.[50] Jung faszinierte dieses Schreiben, da bisher von Seiten der West-CDU konsequenterweise keinerlei Kontakt zur Ost-CDU als Blockpartei bestand. Für ihn stellte dieser ihn „geradezu elektrisierende"[51] Brief „erstmals ein[en] seriösen Impuls für Freiheit" dar.[52] Für ihn war sofort klar, „diesen Faden aufgreifen" zu müssen.[53] Dies ist ein schönes Beispiel für Jungs Bauchpolitik, für sein Talent und sein Gefühl, rechtzeitig zu erkennen, wie sich Dinge entwickeln. Schnell hatte er Walter Wallmann, der ebenfalls eine feine Nase für grundlegende Entwicklungen hatte, von seiner Idee

---

48 Ausführlich ist dieser Prozess unter Beteiligung der Hessen-CDU und somit auch Jungs in seinem Buch „Die letzten Tage der Teilung" dargestellt. Siehe dazu auch HEIDENREICH, B.: CDU Hessen – Vorreiter der Deutschen Einheit, in: B. Heidenreich/W. Wolf (Hg.): Der Weg zur stärksten Partei 1945–1995. 50 Jahre CDU Hessen. Köln 1995, S. 155–176. In knapper Form ist die Entwicklung der Beziehungen von Hessen und Thüringen zwischen 1989 und 1990 auch dargestellt in: Hessisches Hauptstaatsarchiv (Hg.): Hessen und Thüringen – Nachbarn und Partner. Begleitheft. Ergänzender Beitrag zur Ausstellung „20 Jahre friedliche Revolution und deutsche Einheit." Wiesbaden ^{2}2009, S. 35–61.

49 Abgedruckt in JUNG, Letzte Tage der Teilung, S. 189–196. Sieh dazu auch JÄGER, W./WALTER, M.: Die Allianz für Deutschland. CDU, Demokratischer Aufbruch und Deutsche Soziale Union 1989/90. Köln 1998, S. 3–6.

50 Zit. nach JUNG, Eine bewegte und bewegende Zeit, S. 103. Siehe JUNG, F. J.: 25 Jahre deutsche Einheit. Eine beispiellose Erfolgsgeschichte, in: Hessenkurier vom Oktober 2015, S. 16–20, hier S. 18.

51 JUNG, 25 Jahre deutsche Einheit, S. 18.

52 JUNG, Letzte Tage der Teilung, S. 54.

53 Interview mit Bernd Heidenreich vom 9. 2. 2016.

überzeugt und beide beschlossen, die Reformer innerhalb der Ost-CDU zu unterstützen, in der Hoffnung, dass diese sich aus der Vormundschaft der SED lösen könne und es zu einer Ablösung des bisherigen SED- und moskautreuen Parteichefs Gerald Götting komme. Diese Ideen der Hessen-CDU stießen in der Bundes-CDU nicht überall auf Gegenliebe. Jung lud dann die vier Unterzeichner zu einem für zunächst Ende Oktober geplanten, dann auf den 11. November terminierten deutschlandpolitischen Kongress der Hessen-CDU ein und erklärte am 19. September auf der Landespressekonferenz:

> „Ich bin sicher, daß es innerhalb der Ost-CDU neben zahlreichen SED-Hörigen auch viele vernünftige Köpfe gibt, die auf Freiheit, Menschenrechte, auf Abschaffung des Wahlbetrugs und der Pressezensur im anderen Teil Deutschlands drängen. Mit der Gleichschaltung der Parteien in der DDR muss Schluß sein, Christdemokraten sollten sich endlich auch in der DDR frei entfalten können. [...] Wir müssen im Interesse von Freiheit und Menschenrechten diese vielleicht einmalige Chance nutzen."[54]

Eine rückblickend weitsichtige und konsequente Haltung und Entscheidung, die seinem christlichen Menschenbild und Werteverständnis ebenso entsprach wie seiner Solidarität mit den ostdeutschen Landsleuten. Natürlich war mit der Einladung keine Einmischung in die inneren Angelegenheiten der DDR beabsichtigt, denn zu diesem Zeitpunkt war im Traum nicht daran zu denken, eine Distanzierung der Ost-CDU von der SED zu forcieren – der Ost-CDU-Vorsitzende Götting lehnte diese Einladung dann ja logischerweise auch ab und die vier Reformer erhielten keine Ausreisegenehmigung. Dennoch betonte Jung in seinem Einladungsschreiben vom 20. September in seiner Funktion als Generalsekretär:

> „Die CDU Hessen will alles in ihrer Möglichkeit Stehende tun, um reformerische Kräfte innerhalb der Ost-CDU in der DDR ihre Unterstützung zukommen zu lassen. Daher erlaube ich mir, Sie und Ihre Freunde in der CDU, die mit ihrem Schreiben in der Öffentlichkeit in Erscheinung getreten sind, zu einem deutschlandpolitischen Kongreß unserer Landespartei Ende Oktober einzuladen. Wir sind sicher, daß es innerhalb der Ost-CDU mit Ihnen viele Menschen gibt, die auf die Einleitung eines Reformprozesses im anderen Teil Deutschlands drängen und Freiheit und Menschenrecht für ihre Mitbürger einfordern. Vielleicht könnte Ihre Teilnahme an unserem Kongreß ein erster Schritt in diese Richtung sein."[55]

54 JUNG, Letzte Tage der Teilung, S. 59.
55 Ebda., S. 61.

In der am gleichen Tag stattgefunden Landtagsdebatte entwickelte sich als Folge einer Regierungserklärung Walter Wallmanns zum Flüchtlingsstrom aus der DDR eine deutschlandpolitische Grundsatzdebatte. Für SPD und Grüne stellte sich die deutsche Frage nicht neu. Joschka Fischer sprach von „Wiedervereinigungsillusionen" und erklärte:

> „Vergessen wir die Wiedervereinigung! Sie glauben daran, ich glaube nicht daran. Warum halten wir nicht für die nächsten 20 Jahre die Schnauze darüber? [...] Denn diese Wiedervereinigung will außer den deutschen Konservativen [...] in Europa und der Welt niemand."[56]

Doch schon am 29. September fasste der Landesvorstand der CDU Hessen folgenden Beschluss: „Einigkeit und Recht und Freiheit – die deutsche Frage ist aktueller denn je", in dem die wesentlichen Forderungen der DDR-Opposition aufgegriffen wurden.[57]

Damit war die hessische CDU der erste Landesverband der West-CDU, der bereits unmittelbar nach Erscheinen des „Briefes aus Weimar" auf diesen Reformaufruf reagierte und den Kontakt zu den Autoren des Briefes suchte. Sie selbst hatten mit ihrem Brief diese Dimension eines Interesses westlicher Landesverbände eigentlich gar nicht im Blick gehabt, nahmen das signalisierte Interesse aber gern auf.[58]

Die Montagsdemonstrationen gewannen immer mehr an Intensität, v. a. in Leipzig. Dort war erstmals am 2. Oktober der Ruf „Wir sind das Volk" zu hören und eine Woche später forderten 90 000 Menschen auf den Straßen Leipzigs Freiheit, Selbstbestimmung und das Ende der SED-Diktatur. Bis zum 6. November stieg die Zahl der Montagsdemonstranten dort auf eine halbe Million. Am 4. November demonstrierten rund eine Million Menschen in Ostberlin und forderten Presse-, Reise-, Meinungs- und Versammlungsfreiheit sowie insbesondere freie Wahlen.[59] Am 18. Oktober wurde Erich Honecker entmachtet, sein Nachfolger als Generalsekretär der SED und Staatsratsvorsitzender wurde Egon Krenz. Zuvor feierte Honecker am 7. Oktober allerdings noch den 40. Jahrestag der DDR, den Helmut Kohl zum „Tag der nationalen Betroffenheit" erklärt hatte.[60] Die Hes-

---

56 Ebda., S. 64.

57 JUNG, Eine bewegte und bewegende Zeit, S. 103.

58 E-Mail-Interview mit Christine Lieberknecht vom 10. 2. 2016.

59 Siehe dazu und zum weiteren Verlauf der Revolution in der DDR: WEBER, H.: DDR. Grundriß der Geschichte 1945–1990. Hannover 1991, S. 211–243, hier S. 219; MÄHLERT, U.: Kleine Geschichte der DDR. München, 7. Aufl. 2010, S. 153–185.

60 Vgl. JUNG, Letzte Tage der Teilung, S. 69.

sen-CDU wollte demgegenüber ein deutliches Zeichen setzen: Die JU des Kreisverbandes Wiesbaden organisierte eine Protestkundgebung, womit den Demonstranten in Ostberlin die nationale Solidarität bekundet werden sollte. Jung, der mit seiner Frau und seinen Kindern an dieser Veranstaltung teilnahm, betonte in seiner Rede:

> „40 Jahre DDR sind kein Anlass zum Feiern. Sie bedeuten: 40 Jahre Unterdrückung der Freiheit, 40 Jahre Verweigerung der Menschenrechte, 40 Jahre Herrschaft einer verknöcherten Stalinistenkaste über einen Teil unseres Vaterlands. [...] Die Ereignisse der letzten Wochen, Monate und Tage zeigen, dass die Forderung nach Wiedervereinigung aktueller denn je ist, dass die deutsche Frage auf der Tagesordnung steht. [...] Die Idee der Freiheit wird den Marxismus und Sozialismus überwinden. Dann werden die Deutschen in Freiheit über ihre Einheit entscheiden können.“[61]

Was die Ost-CDU betraf, kam es in diesen Tagen ebenfalls zu einem wesentlichen Wandel. Den Reformkräften gelang es, Götting am 2. November zum Rücktritt zu bewegen.[62] Martin Kirchner informierte Jung in einem Telefonat darüber und vereinbarte mit ihm, da er selbst nach wie vor keine Ausreisegenehmigung erhielt, ein Treffen in Ostberlin. Jung informierte darüber Kohl und CDU-Generalsekretär Volker Rühe. Am 6. November vereinbarten Jung und Kirchner Ort und Zeitpunkt für ihr konspiratives Treffen: Der 9. November im Konsistorium der evangelischen Kirche von Berlin-Brandenburg in Ostberlin.[63] Jung besorgte sich ein Tagesvisum und flog mit einer kleinen Delegation der Hessen-CDU und einigen Medienvertretern, darunter auch ein Kamerateam mit dem damaligen HR- und späteren ZDF-Journalisten Dietmar Ossenberg nach Ostberlin. Die Gruppe war gut vorbereitet: Während der Reise führten Jung und die anderen Mitglieder gut versteckt unter ihren Pullovern eine Taschenausgabe des Grundgesetzes, Statuten der hessischen CDU und die Verfassung von Hessen mit sich.[64] Die DDR-Grenzer waren wohl nicht fit, sonst wäre ihnen an diesem nebeligen und nasskalten Herbsttag sicher aufgefallen, dass es bei den scheinbar harmlosen Tagesgästen um eine Delegation der Hessen-CDU handelte.[65]

Als sie im Konsistorium den Besprechungsraum betraten, fiel Bernd Heidenreich, damaliger Grundsatzreferent der CDU-Landtagsfraktion und Mitglied der

61 Ebda., S. 70.

62 Vgl. JÄGER/WALTER, Allianz für Deutschland, S. 15 f.

63 Siehe dazu HEIDENREICH, B.: Start in die Einheit. Der 9. November 1989 und der Beitrag der hessischen CDU, in: Frankfurt Magazin, Nr. 3, Oktober 2015, S. 6 f. Ders., CDU Hessen – Vorreiter der Deutschen Einheit, S. 157–160.

64 Vgl. JUNG, 25 Jahre deutsche Einheit, S. 18; Interview mit Bernd Heidenreich vom 9. 2. 2016.

65 Vgl. HEIDENREICH, Start in die Einheit, S. 6.

Delegation, Martin Kirchner als erstes auf, denn einen Oberkirchenrat hatte er sich eigentlich ganz anders vorgestellt:[66] Ein junger dynamischer Mann mit Bart und moderner grüner Designerbrille empfing die Hessen. Ferner nahm Gottfried Müller teil, damals in seiner Funktion als Chefredakteur der Zeitschrift „Glaube und Heimat". Auch wurde ihnen ein zu diesem Zeitpunkt noch unbekannter Herr als Lothar de Maiziere, stellvertretender Präses der evangelischen Kirche der DDR und möglicher Kandidat für den Vorsitz der Ost-CDU vorgestellt. Zudem nahm mit Kersten Radzimanowski, Abteilungsleiter beim Hauptvorstand der Ost-CDU, noch eine „merkwürdige Figur" teil, vermutlich der obligatorische Stasispitzel.[67] Christine Lieberknecht konnte diesem Treffen jedoch nicht beiwohnen, weil sie zur gleichen Zeit mithalf, die JU der Ost-CDU zu organisieren. Das Gespräch verlief sehr offen in einer recht angenehmen und positiven Atmosphäre. Jung und de Maiziere tauschten sich über christliche Werte und andere Gemeinsamkeiten beider CDU-Teile aus.[68] Neben dem CDU-Grundsatzprogramm hatte Jung den Gastgebern dafür auch noch einige weitere programmatische Papiere der West-CDU mitgebracht.[69] Zwar betonte de Maiziere, dass „man sich aus den Zähnen und Klauen des Sozialismus befreien müsse"[70], dennoch lehnte er diesen nicht entschieden ab, sondern meinte nur, dass er „neu buchstabiert werden müsse."[71] Auch sei es „nicht hilfreich, von der deutschen Einheit zu reden."[72] Ihm war wichtig, dass die Reformer einen eigenen Weg gehen und sich nicht bevormunden lassen sollten.[73]

Für das Konzept der Sozialen Marktwirtschaft zeigte de Maiziere allerdings Interesse. Insgesamt sollten die christlichen Grundwerte die Basis für ein gemeinsames Vorgehen bilden.

Franz Josef Jung hatte in dieser Runde keine leichte Aufgabe. Auf der einen Seite galt es, die Ernsthaftigkeit des demokratischen Reformwillens seiner Gesprächspartner herauszufinden[74], andererseits war es wichtig im Auftrag der Hessen-CDU seine Hilfe und Unterstützung anzubieten, ohne gleich „mit der Tür ins Haus zu fallen."[75] Er vollzog diesen Spagat mit großem Geschick. Jung deutete die Frage der deutschen Einheit an, hütete sich aber, den Reformern das Gefühl zu

66 Interview mit Bernd Heidenreich vom 9. 2. 2016.
67 Ebda.
68 Interview mit Jung vom 26. 5. 2015.
69 Vgl. JÄGER/WALTER, Allianz für Deutschland, S. 28.
70 Interview mit Bernd Heidenreich vom 9. 2. 2016.
71 WALLMANN, Memoiren, S. 189.
72 Ebda.
73 Interview mit Bernd Heidenreich vom 9. 2. 2016.
74 Vgl. HEIDENREICH, CDU-Hessen – Vorreiter der deutschen Einheit, S. 158.
75 Interview mit Bernd Heidenreich vom 9. 2. 2016, vgl. JUNG, 25 Jahre deutsche Einheit, S. 18.

vermitteln, sie würden vom Westen vereinnahmt oder überwältigt werden. Vielmehr nahm er die Reformer der Ost-CDU ernst und respektierte sie als gleichberechtigte Partner auf Augenhöhe.

Auch Kirchner und Müller wollten den Kontakt zwischen Hessen und Thüringen vertiefen, Wirtschaftsgespräche wurden vereinbart, Kreis- und Städtepartnerschaften waren geplant. In diesem rund vierstündigen Gespräch, das gegen 16.00 endete, kam auch die Diskussion auf, wann wohl die Mauer fallen könne. Wenige Stunden später, Jung war schon nach Hause geflogen, war es dann soweit: Am Abend des 9. November wurden die Grenzen in Berlin geöffnet, die Mauer war gefallen und das Ende der DDR besiegelt, auch wenn es viele an diesem Tag immer noch nicht wahrhaben wollten oder glauben konnten. Jung lief es, wie er auch heute noch betont, „eiskalt über den Rücken", als er die Bilder von Schabowskis Pressekonferenz in den Nachrichten verfolgte.[76] Er war sich schon zu diesem Zeitpunkt sicher, dass die deutsche Einheit kommen würde und er stieß mit seiner Familie auf dieses für ihn heute noch bewegende Ereignis mit einem Glas Wein an. Am nächsten Tag berichtete er Walter Wallmann von den Ergebnissen des Treffens in Ostberlin. Daraus sollte sich nun all das im Rahmen des deutschen Einigungsprozesses entwickeln, was in Hessen eingeleitet wurde. Hierbei war eine ganz wichtige Leistung von Franz Josef Jung, dass er „das Eisen geschmiedet hat, solange es heiß war."[77] Er knüpfte ein Netz von Aktivitäten und entscheidenden Kontakten für die weitere Arbeit mit Kirchner und de Maiziere, der am 10. November zum neuen Vorsitzenden der Ost-CDU gewählt worden war. Daraus entwickelte sich ein parteiinternes Aktionsprogramm, bestehend aus Begegnungen auf CDU-Ebenen wie Tagungen, Verabschiedungen von 10-Punkte-Programmen und gemeinsamem Arbeitssitzungen.

Drei Tage nach dem Fall der Mauer erfolgte die Öffnung der hessischen Grenze zur DDR. Jung flog mit Wallmann im Hubschrauber zur innerdeutschen Grenze. Die Freude und Begeisterung der Menschen waren für ihn unbeschreiblich und ein hochemotionales Erlebnis. Die Hessen-CDU wurde ja hinsichtlich ihrer Position zur deutschen Frage völlig zu Unrecht oft als „Ewiggestrige" verteufelt, auch bei ihren früheren deutschlandpolitischen Kundgebungen wie z.B. in Philippsthal.

Nun folgten zahlreiche Treffen mit Vertretern der sich reformierenden Ost-CDU, der Anfang Oktober gegründeten Reformpartei „Demokratischer Aufbruch" (DA) und der ebenfalls neu gegründeten „Deutschen Sozialen Union" (DSU). Im Folgenden kann hier nur auf die wichtigsten Begegnungen, Ereignisse und Maßnahmen eingegangen werden.

---

76 Interview mit Jung vom 26.5.2015.
77 Interview mit Bernd Heidenreich vom 9.2.2016.

Franz Josef Jung und Ministerpräsident Walter Wallmann am Grenzübergang Herleshausen am 12. November 1989

So reisten Walter Wallmann und Franz Josef Jung am 24. November zu einem Informationsbesuch in die Ständige Vertretung nach Ostberlin.[78] Gespräche mit dem neuen CDU-Vorsitzenden Lothar de Maiziere und Vertretern des DA, unter anderem dem Jugendpfarrer Rainer Eppelmann und Wolfgang Schnur (später als Stasi-Mitarbeiter enttarnt[79]), standen auf dem Programm. Konkret ging es um Hilfsmaßnahmen von Seiten Hessens. Anschließend kam es auch zu einer Begegnung mit Manfred Stolpe, dem damaligen Konsistorialpräsidenten der evangelischen Kirche Berlin-Brandenburg und späteren brandenburgischen Ministerpräsidenten, und deren Bischof Gottfried Forck. Hier verwies Stolpe auf Ibrahim Böhme als aussichtsreichen Kandidaten als Vorsitzender der neugegründeten SDP. Vor diesem Treffen war es zu einer harten Auseinandersetzung zwischen Jung und CDU-Generalsekretär Volker Rühe gekommen, der zuvor am 20. September in einer Presseinformation erklärt hatte, dass es „Kontakte auf Parteiebene mit der

78 Siehe dazu auch WALLMANN, Memoiren, S. 192–194.

79 Siehe dazu JÄGER/WALTER, Allianz für Deutschland, S. 137–144.

Führung der Ost-CDU nicht geben" könne[80]. Auch jetzt stand er der Kooperation der Hessen-CDU mit der thüringischen CDU mehr als skeptisch gegenüber. Jung gelang es erst Monate später, ihn von der Reformwilligkeit der Ost-CDU und den sich daraus ergebenden Chancen zu überzeugen. Auch Hans Modrow, seit 13. November neuer Ministerpräsident der DDR, wollte Wallmann und Jung treffen. So kam es zu einem vertraulichen Gespräch unter sechs Augen, in dem Modrow – allerdings erfolglos – für einen Einsatz Wallmanns und Jungs bei Helmut Kohl für einen 15 Mrd.-Kredit warb.[81] Kohl lehnte zu Recht die finanzielle Unterstützung einer nichtdemokratisch legitimierten Regierung ab. Zudem hätte ein derartiger Kredit die Existenz des SED-Regimes nur noch unnötig verlängert.

Einen Tag später am 25. November trafen Wallmann und Jung in Kassel mit den Thüringer Bezirksvorsitzenden (Suhl, Erfurt, Gera) zusammen. Hierbei ging es um konkrete Überlegungen einer Zusammenarbeit zwischen Hessen und Thüringen, wie z. B. Unterstützung im Straßenbau, öffentlichen Nahverkehr oder im Umweltschutz, in der medizinischen Versorgung, in Kultur, Wissenschaft und Sport. Wallmann und Jung machten allerdings deutlich, dass die Soziale Marktwirtschaft die Grundlage bilden müsse und seitens der noch existenten Bezirke im späteren Bundesland Thüringen ein klares Bekenntnis zur deutschen Einheit erforderlich sei.

Am 2. Dezember war dann die gesamte Spitze der Hessen-CDU mit Kabinettsmitgliedern in Thüringen mit dem Bus unterwegs: Jena, Erfurt, Weimar und Eisenach wurden besucht, weitere Gespräche für gemeinsame Entwicklungen wurden geführt. Bei dieser Gelegenheit traf Jung auch zum ersten Mal Christine Lieberknecht, die ihm anbot, mit ihr von Jena nach Weimar zu fahren. Jung sagte zu und kam so das erste Mal in den „Genuss", in einem Trabi zu fahren. Aufgrund seiner Größe musste er sich regelrecht in das Gefährt hineinzwängen, und dann ging es durch das kurvenreiche Mühltal als Teil des Regierungskonvois, noch von den Ladas der Stasi verfolgt.[82] Während Franz Josef Jung mit den sprichwörtlichen „Knien an den Ohren" saß, sprach er mit Lieberknecht über die Perspektiven einer eigenständigen Jugendorganisation nach dem Vorbild der Jungen Union.[83]

Die Ideen, Vorschläge und Anregungen der hessischen Delegation wurde seitens der Thüringer Politiker äußerst positiv aufgenommen, so dass die hessische Landesregierung am 5. Dezember ein Aktionsprogramm „Hessen-Thüringen" im Umfang von 500 Millionen DM sowie ferner einen Bürgschaftsrahmen in Höhe

80 JUNG, Letzte Tage der Teilung, S. 65, vgl. JÄGER/WALTER, Allianz für Deutschland, S. 24.

81 Interview mit Jung vom 26. 5. 2015.

82 E-Mail-Interview mit Christine Lieberknecht vom 10. 2. 2016, Interview mit Jung vom 26. 5. 2015.

83 E-Mail-Interview mit Christine Lieberknecht vom 10. 2. 2016.

von ebenfalls 500 Millionen Mark auflegte. Die war als erster Schritt für eine Intensivierung der Wirtschaftsbeziehungen zwischen Hessen und Thüringen gedacht und diente der Zusammenarbeit von hessischen Firmen mit Betrieben, v. a. privaten Kleinunternehmen, in Thüringen.[84] Die Mittel sollten konkret in die Bereiche Gesundheitswesen, Umweltschutz, Verkehrswege und Denkmalpflege fließen.[85] Mit deren Hilfe wurde u. a. das Andreasviertel in Erfurt restauriert und neugestaltet.[86] Die Sanierung derartiger Altstadtviertel stellte auch eine politische Aussage dar, um u. a. dadurch Ziele der Opposition in der DDR umzusetzen und bewusst gegen Pläne der Anfang 1990 noch herrschenden SED-Bezirksregierungen vorzugehen. So wurden beispielsweise noch im Januar 1990 auf Anweisung der Erfurter SED-Führung Häuser des Andreasviertels abgerissen.[87] Mit dieser Soforthilfe trug Hessen auch erfolgreich dazu bei, den am 28. November von Helmut Kohl im Bundestag vorgestellten Zehn-Punkte-Plan in konkrete, den Menschen zu Gute kommende Politik auf Landesebene umzusetzen, ihnen somit neue Hoffnung auf eine bessere Zukunft zu geben und sie zum Bleiben zu bewegen. Wie sehr dieses Aktionsprogramm sowie die weitere Aufbauhilfe Hessens gegenüber Thüringen zu einem Erfolgsmodell wurde, verdeutlicht eine Bilanz 25 Jahre nach dem Ende der deutschen Teilung. Auch wenn Thüringen wirtschaftlich mit Hessen noch nicht ganz gleichgezogen hat, so hat es gegenüber Hessen „phänomenologisch […] nicht nur aufgeholt, sondern überholt"[88], so z. B. in der Verkehrsinfrastruktur. Weitere Beschlüsse bezüglich der Zusammenarbeit zwischen West- und Ost-CDU wurden auf einem kleinen Parteitag des CDU-Bundesausschusses in Berlin gefasst, in dessen Verlauf Helmut Kohl, begeistert von Jungs bisherigen Leistungen und Engagement im Hinblick auf Thüringen, ihm gegenüber äußerte: „Du bist ein Schatz, solche Leute wie Dich bräuchte ich mehr."[89]

Jung wollte aber auch eine breite Gestaltung und Verankerung der Hilfsmaßnahmen auf Kreis- und Kommunalebene. Ihm ging es nicht nur um Kontakte mit den wichtigen politischen Vertretern, sondern er legte großen Wert auf die Begegnungen mit den Menschen vor Ort. Von daher plante er in seiner Verantwortung als Generalsekretär der hessischen CDU schon seit November eine Großveranstaltung der Partei im Grenzgebiet zu Thüringen. Als Ort wählte er bewusst Philipps-

84 Siehe dazu ausführlich BRANDES, K.: Hessen und Thüringen – Wege zur Partnerschaft. Das Aktionsprogramm 1989 bis 1994, hg. von N. Kartmann u. D. Schipanski. Frankfurt 2009, S. 33–153.

85 Dokument 2, in: ebda., S. 519.

86 Vgl. Hessische Hauptstaatsarchiv (Hg.): Hessen und Thüringen, S. 56 f.

87 Ebda., S.. 56.

88 MÜLLER, C. P.: Die Aufbauhilfe in Thüringen war nicht vergebens, in: FAZ vom 29. 9. 2015, S. 37.

89 Interview mit Jung vom 26. 5. 2015.

thal am Grenzübergang zu Vacha. Ein symbolträchtiger Ort, hatte dort doch die hessische CDU ja über Jahrzehnte gegen allen Zeitgeist an jedem 17. Juni gegen das SED-Regime und die deutsche Teilung demonstriert. Hier sollten sich nun die Deutschen aus Ost und West begegnen. Nicht nur Walter Wallmann war skeptisch, ob während der Adventszeit genügend Besucher kämen, quasi alle in der Hessen-CDU hatten die Stirn gerunzelt, als Jung die Idee hatte, eine derartige groß konzipierte Begegnungsfeier der hessischen CDU an der innerdeutschen Grenze zu veranstalten. Zwar strahlten alle aus Pflichtbewusstsein einen gewissen Zweckoptimismus aus, an einen Erfolg glaubte im Vorfeld außer Jung aber niemand so recht.[90] Allerdings rechnete auch er zunächst nur mit rund 2000 Besuchern, Gerüchte gingen aber bald von 8 000 bis 10 000 Menschen aus. Mit 40 000 Menschen sollte es dann an diesem 16. Dezember die größte Veranstaltung in der Geschichte der Hessen-CDU werden (sie ist es übrigens bis heute). Als im Radio die Nachricht kam, dass so viel Menschen dahin unterwegs waren, waren alle erstaunt. Jung und Heidenreich mussten sogar die letzten Meter zu Fuß zurücklegen, weil kein Durchkommen mehr war. Höhepunkt dieser Veranstaltung war die Rede von Wallmann. Die Leute waren begeistert: Am Ende der Veranstaltung haben sich die Menschen in ihre gültigen DDR-Pässe Autogramme von Walter Wallmann schreiben lassen und waren so begierig darauf, Informationen zu bekommen, dass sie „einem die Broschüren förmlich aus den Händen rissen."[91] Kein einziges Stück Papier lag am Ende auf dem Platz, die Thüringer hatten alles mitgenommen. Für Wallmann und Jung stellte sich angesichts einer emotional derart aufgeladenen Atmosphäre dann die Frage: Wie beenden wir diese Veranstaltung? Stellen doch Emotionen ja auch eine große Verantwortung für die Veranstalter dar. Wallmann sagte: „Wir singen „O Du fröhliche" statt der Nationalhymne."[92] Und so standen die Menschen mit Kerzen in der Hand und sangen gemeinsam dieses wunderschöne Weihnachtslied. Dirk Metz, dem Pressesprecher der Hessen-CDU, liefen die Tränen aus den Augen und vor lauter Aufregung wurde immer nur die erste Strophe gesungen.[93] Die Freude, Rührung und Friedlichkeit konnte niemand mehr vergessen, der an dieser Veranstaltung teilgenommen hatte. Natürlich waren es auch für Franz Josef Jung überwältigende Begegnungen und ein herausragendes Erlebnis. Viele Menschen traten an diesem Tag in die CDU ein, der positive und entschlossene Wille zur Einheit Deutschlands wurde zum Ausdruck gebracht. Bewusst ein Signal aussendend, hatte Jung diese Veranstaltung als deutsch-deutsche Begegnung unter dem Motto „Grenzenlos – Gemeinsam für Deutschland"

90 Interview mit Bernd Heidenreich vom 9. 2. 2016.
91 Ebda.
92 Ebda.
93 Ebda.

konzipiert.[94] Übrigens wurden am gleichen Tag die hessischen Gesprächspartner aus der Reformbewegung der Ost-CDU an die Spitze ihrer Partei gewählt: Lothar de Maiziere wurde Vorsitzender, Gottfried Müller sein Stellvertreter und Martin Kirchner Generalsekretär. Die endgültige programmatische Absage der Ost-CDU an den Sozialismus, ein klares Bekenntnis zur deutschen Einheit und zur sozialen Marktwirtschaft wurden somit klar betont.

Die Bindungen zwischen hessischer und thüringischer CDU intensivierten sich weiter. Am 22. Dezember trafen in Wiesbaden Franz Josef Jung, Gottfried Müller und Martin Kirchner zusammen. Bei diesem Treffen ging es um Kreispartnerschaften, so z. B. zwischen Marburg und Eisenach, Frankfurt und Weimar, wo es historische Bezugspunkte gab. Die meisten Kreispartnerschaften wurden allerdings recht zufällig verteilt, dennoch bestehen sie auch heute noch erfolgreich, wie u. a. das Beispiel Rheingau-Taunus-Kreis und Rudolstadt zeigt.[95] Der Grundstein für ein großes Engagement der Hilfe, sowohl auf humanitärer Ebene wie auch im Wahlkampf bei der ersten freien Wahl in der DDR und später in Thüringen, wurde hier mit diesen alle Kreisverbände in Thüringen umfassenden Paten- bzw. Partnerschaften gelegt. Beispielhaft sei ein am 28. Dezember mit LKW durchgeführter Transport von medizinischem Material (u. a. Einwegspritzen und Mullbinden), gespendet von der Firma Braun aus Melsungen, für das evangelische Krankenhaus in Eisenach erwähnt. Die dort herrschenden üblen hygienischen Verhältnisse (u. a. verrostete Stahlbetten) waren, so Jung, unvorstellbar. Die dortigen Krankenschwestern waren unglaublich dankbar angesichts der zahlreichen persönlichen Hilfeleistungen.[96] Das Gefühl der Dankbarkeit fasst stellvertretend für zahlreiche Thüringer Christine Lieberknecht, die, geprägt durch die familiären Wurzeln ihrer südhessischen Großmutter, von Kindheit an auch während der Teilung eine ganz eigene „Hessen-Affinität" besaß, treffend zusammen:

> „So trat neben dem historischen Zusammengehörigkeitsgefühl unserer hessischen und thüringischen Landschaften (Heilige Elisabeth, Reformation, Johann Wolfgang von Goethe, Gebrüder Grimm, Frankfurter Paulskirche) auch ein familiäres Zusammengehörigkeitsgefühl. Das war ein idealer Boden, sich sehr schnell auch eines Geistes mit den hessischen CDU-Politikern zu fühlen, die vor allem eines erkennen ließen: Wir gehören zusammen. Das alles war allerdings überhaupt nicht ‚überstülpend' oder vereinnahmend. Walter Wallmann legte allergrößten Wert auf Augenhöhe und zollte großen Respekt für die Leistungen der friedlichen Revolution. Franz Josef Jung hielt es ganz genauso. Schnelle Hilfe, das Glück des friedlichen Mauerfalls beim Schopfe fassen und

94 Vgl. JUNG, Letzten Tage der Teilung, S. 139.
95 Interview mit Jung vom 26. 5. 2015, vgl. WALLMANN, Memoiren, S. 198 f.
96 Interview mit Jung vom 26. 5. 2015.

> daraus eine eigene Verantwortung in historischer Stunde zu erkennen, das war in der ganzen hessischen CDU damals durchgehende Linie. Mit innerster Überzeugung wurde unkomplizierte Hilfe auf allen Ebenen geleistet. Das legendäre 250- Millionen-DM-Paket wurde innerhalb weniger Tage im hessischen Kabinett beschlossen. Neben der finanziellen Leistung stand es mindestens in gleicher Weise auch für eine echte Herzensangelegenheit."[97]

1990 warfen die geplanten ersten freien Wahlen zur DDR-Volkskammer ihre Schatten voraus. Wie könnte es der CDU gelingen, diese – zunächst für den Mai geplanten – Wahlen zu gewinnen, mit wem könnte und sollte sie kooperieren? Ist die Ost-CDU ein akzeptabler Partner? Zentrale Fragen, die z. T. in heftiger Form kontrovers diskutiert wurden, war doch in der Bundes-CDU ja noch längst nicht entschieden, wie mit der Ost-CDU umzugehen ist.[98] Zwei Denkschulen konkurrierten miteinander: Volker Rühe lehnte eine Zusammenarbeit mit der Ost-CDU nach wie vor ab, da es sich in seinen Augen um eine alte Kaderpartei und somit um einen Ableger der SED handele. Mit diesen Genossen sollte man nichts zu tun haben. Die andere Denkschule wurde v. a. von der Hessen-CDU und somit von Franz Josef Jung, dem hier ein entscheidendes Verdienst zukommt, geprägt. Schließlich gab es in der Ost-CDU auch einzelne Elemente, in der unter der Kruste der Diktatur klassisches Gedankengut der CDU lebendig geblieben war. Für diese Menschen bot die Ost-CDU somit eine Nische, um sich dem Zugriff der SED zu entziehen. Sie stellten in den Augen Jungs ein wesentliches Potential für eine demokratische Erneuerung dar. Er wollte von daher diejenigen Menschen, die sich das eigentliche CDU-Gedankengut bewahrt hatten, quasi als Grundlage für den demokratischen Erneuerungsprozess in der DDR mitnehmen. Ausgehend von der erfolgreichen Kooperation der hessischen und thüringischen CDU, sollte also die Ost-CDU als Partner einbezogen und unterstützt werden. Für Jung hätte deren Abweisung ein negatives Signal dargestellt, und das kurz nachdem er am 22. Dezember mit den thüringischen Kreisverbänden die Partnerschaften vereinbart hatte. Weiterhin betonte er, mit Rückendeckung durch Walter Wallmann, dass die Menschen sich bei ihrem Wahlverhalten an einer Gesamt-CDU und Helmut Kohl orientieren würden, nicht aber eine Ost-CDU im Blick hätten. Kam es am 5. Januar in dieser Frage noch zu einer harten telefonischen Auseinandersetzung zwischen Volker Rühe und Franz Josef Jung, wurde dann am 19. Januar im Bonner Kanzleramt über das weitere Vorgehen und die Wahlkampfstrategie zwischen Kohl, Wallmann und Jung sowie Kirchner diskutiert. Als Ergebnis

97 E-Mail-Interview mit Christine Lieberknecht vom 10. 2. 2016.

98 Interview mit Bernd Heidenreich vom 9. 2. 2016; HEIDENREICH, CDU-Hessen – Vorreiter der deutschen Einheit, S. 161 f.

fand Helmut Kohl folgenden gelungenen Kompromiss: „Weißte was, wir machen eine Allianz für Deutschland", sagte er zu Jung und forderte ihn auf: „Jung, guck doch mal, ob Du das in Thüringen hinkriegst."[99] Damit sollten die bürgerlichen Parteien in der DDR zu einem Wahlbündnis zusammengefasst werden. Die „Allianz für Deutschland" wurde also als eine Art Versuchsprojekt für Thüringen beschlossen, erst dann wurde sie auf DDR-Ebene möglich. Ausgehend von Jung über Walter Wallmann und Alfred Dregger hatte die Hessen-CDU in dieser Phase nicht nur eine Pionierfunktion inne, sondern leistete im Konrad-Adenauer-Haus in Bonn die notwendige Überzeugungsarbeit.[100]

Schon einen Tag später erfolgte die Neugründung des CDU-Landesverbandes Thüringen in Weimar unter Teilnahme Walter Wallmanns und Franz Josef Jungs. Ohne hessische Starthilfe wäre die Gründungsversammlung der Thüringer CDU wohl nur schwer durchführbar gewesen, mussten doch so vermeintlich banale Fragen wie die Heizung im Winter geklärt werden. Also wurde eine Zeltheizung von Hessen nach Weimar transportiert, um eine Zusammenkunft überhaupt erst möglich zu machen.[101] Uwe Ehrich wurde zum Vorsitzenden gewählt. Ebenso gründete sich der thüringische Landesverband des DA.[102] Die Hessen-CDU sagte ihre organisatorische Unterstützung im Wahlkampf zu. Am 24. Januar führte Jung auch ein Gespräch mit einem Vertreter des DA in Wiesbaden hinsichtlich der Unterstützung durch die Hessen-CDU. Gleiches erfolgte zwei Tage später bei einem Gespräch in Leipzig mit dem DSU-Vertreter, Pfarrer Hans-Wilhelm Ebeling. Eile war geboten, denn am 28. Januar waren die Wahlen nach Verhandlungen zwischen Vertretern des Runden Tisches und der Regierung Modrow auf den 18. März vorverlegt worden.

Eine Sorge Helmut Kohls war, dass Kurt Masur, der prominente und allseits geachtete Dirigent des Leipziger Gewandhauses, zur SPD gehen könne. Kohl war aber bekannt, dass Ebeling einen guten Kontakt zu Masur hatte. Somit sollte Jung mit Ebeling sprechen mit dem Ziel, dass dieser auf Masur einwirken solle, die SPD nicht zu unterstützen. Ebeling konnte Jung in ihrem Gespräch aber garantieren, dass Masur neutral bleiben werde. Kohl hatte Jung um Rückruf, egal um welche Uhrzeit, gebeten. Jung rief dann nachts gegen 23:30 an. Hannelore Kohl war am

---

99 Interview mit Jung vom 26. 5. 2015; siehe dazu auch KOHL, H.: Vom Mauerfall zur Wiedervereinigung. Meine Erinnerungen. München Neuauflage 2014, S. 178–181; SCHWARZ, Helmut Kohl, S. 542.

100 Telefongespräch mit Christine Lieberknecht vom 19. 2. 2016.

101 Interview mit Bernd Heidenreich vom 9. 2. 2016; HEIDENREICH, CDU Hessen – Vorreiter der deutschen Einheit, S. 166 f.

102 Zu den Parteien siehe: Parteien im Aufbruch. Nichtkommunistische Parteien und politische Vereinigungen in der DDR vor der Volkskammerwahl am 18. März 1990. Hg. Im Auftrag der Konrad-Adenauer-Stiftung. St. Augustin 1990.

Apparat und nicht gerade begeistert über die vermeintliche Störung, Kohl jedoch über Jungs positive Nachricht natürlich hocherfreut.[103]

Auf dem CDU-Landesparteitag am 27. Januar in Friedberg war auch die Thüringer CDU vertreten. An die dortige Euphorie und Aufbruchstimmung denkt Jung noch heute gerne zurück.

Offiziell und formal wurde die „Allianz für Deutschland" in Thüringen dann am 1. Februar zwischen den Landesvorsitzenden Uwe Ehrich (CDU), Dr. Paul Lattusek (DSU), Horst Schulz (DA) und, als Vertreter der Hessen-CDU, Franz Josef Jung gegründet. Thüringen und Jung als Vertreter Hessens waren somit Vorreiter dieser Entwicklung, denn DDR-weit kam es zur Gründung der Allianz erst am 5. Februar.[104] Angela Merkel fand ihren Weg in die CDU übrigens über den DA. Somit ist es indirekt auch Jungs Verdienst, dass Merkel heute das Aushängeschild der CDU ist.

Angesichts des neuen Wahltermins standen nun Helmut Kohl, die CDU und somit auch Franz Josef Jung unter erheblichem Druck. Galt es doch innerhalb kürzester Zeit auch in Thüringen einen Wahlkampf zu organisieren. Jung, der sein Talent als grandioser Wahlkampfmanager schon des Öfteren unter Beweis gestellt hatte, war für diese Aufgabe geradezu prädestiniert.[105] Der Wahlkampf wurde zu einem ganz erheblichen Teil von Hessen aus organisiert. Die Hessen-CDU stattete die Thüringer CDU mit Material aus, so z. B. mit dem Aufkleber „Land Thüringen – Träume werden wahr", der in Hessen produziert wurde: Ihr erster Vorsitzender Uwe Ehrich wurde in Hessen beraten, allerdings musste er mit seinem Westhandy immer vom Burschenschaftsdenkmal in Eisenach aus telefonieren, weil sonst kein Empfang möglich war. Es war letztlich eine strategische Frage, die Ost-CDU mit ihrer Infrastruktur zu nutzen. Dies zu tun, war richtig, denn hier wurde der Grundstein für den Wahlsieg der „Allianz für Deutschland" gelegt. Allerdings gilt auch, dass „ohne die damaligen Geschäftsstellen, ohne die Infrastruktur der Ost-CDU die Macht der SED im Wahlkampf gar nicht zu brechen gewesen wäre."[106] Dieser Wahlkampf bedeutete für viele Menschen zudem einen „demokratischen Läuterungsprozess."[107] Die letztlich auf Jungs Initiative erfolgte Entscheidung, diese Menschen nicht auszugrenzen, erwies sich als richtig. Sie hatten in der DDR ja auch Nachteile in Kauf genommen, indem sie Mitglied der Ost-CDU statt der SED waren. Chefpositionen blieben ihnen beispielsweise immer verwehrt. Mit ihrer CDU-Mitgliedschaft hatten derartige Politiker auch

103 Interview mit Jung vom 26. 5. 2015.
104 Vgl. KOHL, Vom Mauerfall zur Wiedervereinigung, S. 183.
105 Vgl. zum Folgenden das Interview mit Bernd Heidenreich vom 9. 2. 2016.
106 Ebda.
107 Ebda.

ihre Distanz zur SED zum Ausdruck gebracht. Deswegen kam es darauf an, diese Menschen mitzunehmen. „Ohne die hessische CDU und Franz Josef Jung wäre der Volkskammerwahlkampf für die CDU gar nicht ins Rollen gekommen“[108], so Bernd Heidenreich rückblickend.

Kohl wollte somit konsequenterweise mit seinen Veranstaltungen in Thüringen beginnen. Der Wahlkampf der Allianz war geprägt von der Botschaft „Freiheit statt Sozialismus“ und den Nationalfarben Schwarz-Rot-Gold, andere Parteien sollten, so Jung, ruhig mit Rot werben.[109]

Am 20. Februar sollte die erste Großveranstaltung in Erfurt stattfinden. Jung als Wahlkampfmanager traf sich dort schon am 11. Februar mit allen CDU-Kreisgeschäftsführern, besichtigte den Domplatz und hatte die Befürchtung, dass nicht mehr als 10 000 Menschen kommen, die dann auf diesem riesigen Gelände etwas verloren wirken und nicht unbedingt ein den Wahlkampf stimulierendes Bild abgeben könnten. Aber er hatte schon 300 000 Flugblätter mit dem Titel „Kohl kommt“ sowie 15 000 Mastanhänger im Gepäck gehabt. Die Werbung für diese Veranstaltung lief somit auf Hochtouren, also gab es kein Zurück. Und das war gut so. Alle Befürchtungen erwiesen sich als unbegründet: Am Tag der Veranstaltungen drängten sich rund 160 000 Menschen auf dem Domplatz. Die Menschen skandierten „Helmut, Helmut“-Rufe und jubelten Kohl frenetisch zu. Für Jung ein bewegendes Erlebnis angesichts der Aufbruchstimmung und Veränderungsbereitschaft, die die Menschen hier verkörperten. Die Lautsprecheranlage wurde übrigens über Bernhard Jung aus Rüdesheim organisiert.

Nach der Veranstaltung wollte sich Kohl im Restaurant „Hohe Lilie“ noch mit Wolfgang Schnur (DA), Lothar de Maiziere und Hans-Wilhelm Ebeling treffen, die ebenfalls bei der Veranstaltung als Redner aufgetreten waren. Trotz einiger westlicher Gegendemonstranten, die den Haupteingang blockieren wollten, bestand Kohl in seiner unnachahmlichen Art darauf, direkt durch den Haupteingang zu gehen. Anschließend forderten die ostdeutschen Bürger vor dem Restaurant in Sprechchören Kohl auf, ans Fenster zu kommen, der darauf bestand, dass Jung mit dabei ist, eine nette Geste und Zeichen der Anerkennung für dessen Tatkraft im Wahlkampf. Auf dem Nachhauseweg erfuhr Jung per Radio die neuesten Umfragen. Sie sagten der SPD einen grandiosen Sieg mit 54 % voraus, der CDU jedoch ein Debakel von 7 %.[110] Jung, der zunächst einmal geschockt war, konnte und wollte diese Zahlen angesichts der Erlebnisse wenige Stunden zuvor in Erfurt nicht glauben.

108 Ebda.
109 Interview mit Jung vom 26. 5. 2015.
110 Ebda.

Franz Josef Jung auf dem CDU-Einigungsparteitag vom 1.10.1990 mit Lothar de Maiziere

Zwischen Februar bis März 1990 erfolgten insgesamt 422 Veranstaltungen von Politikern der Hessen-CDU im Thüringer Wahlkampf. Ministerpräsident Walter Wallmann sprach auf fünf Großveranstaltungen, darunter in Meiningen, Jena und Gotha. Jung hatte Auftritte u. a. in Suhl und Gera. Dort sollte er von einem Turmbalkon, den Honecker immer genutzt hatte, sprechen. Jung lehnte dies aus nachvollziehbaren Gründen aber ab, vielmehr verkörperte er Politik und einen Politiker zum Anfassen und mischte sich unter das begeisterte Volk.[111] Die Stimmung drehte sich in den kommenden Tagen immer mehr Richtung Allianz und somit CDU. Helmut Kohl mobilisiert z. B. in Leipzig 250 000 Menschen; am 6. und 7. März leistete die gesamte CDU-Landtagsfraktion Wahlkampfhilfe in Thüringen.

Die oben skizzierten Aktionen und Veranstaltungen der Hessen-CDU, die ohne das Engagement und die stets positive Haltung von Walter Wallmann und Franz Josef Jung zur deutschen Wiedervereinigung so gar nicht möglich gewesen wären, stellen den historischen Beitrag der CDU Hessen zur Wiedervereinigung dar. Insbesondere Jung, für den dies auch eine Herzensangelegenheit gewesen ist,

111 Ebda.

hatte bis dahin in seiner Eigenschaft als Generalsekretär der Hessen-CDU einen großen Anteil an den demokratischen Reformen der Ost-CDU in Thüringen.

Der 18. März 1990, der Tag der ersten und letzten freien Wahl in der DDR, war der Durchbruch für die Demokratie in der DDR und stellte einen glanzvollen Abschluss und verdienten Erfolg auch für die unermüdlichen Wahlkämpfer und -helfer der Hessen-CDU dar. Mit 48,15 Prozent der Stimmen für die in der „Allianz für Deutschland" zusammengeschlossenen Parteien war das Wahlergebnis aber auch ein triumphaler Erfolg Helmut Kohls und der CDU insgesamt.[112] Es war zugleich ein eindeutiges Bekenntnis zur deutschen Einheit und eine Absage an jede Form des Sozialismus. In Hessens Nachbarland Thüringen konnte die Allianz mehr als 60 Prozent der Stimmen auf sich vereinigen, davon entfielen allein fast 53 Prozent auf die CDU. Damit erzielte die Thüringer Allianz das beste Wahlergebnis der Allianz in der gesamten DDR. Die CDU Hessen hat hierbei mit ihrem immensen Einsatz die Thüringer Allianz unterstützt und somit einen wichtigen Beitrag zu deren Sieg geleistet. Seit dem 9. November 1989 war sie konsequent ihren Weg gegangen: Als erster Landesverband der Union hatte die hessische CDU Kontakte zu den Reformkräften in der Ost-CDU geknüpft und die Reformer in dem Bemühen um eine Erneuerung ihrer Partei unterstützt. Als erster Ministerpräsident ist Walter Wallmann mit dem neuen Vorsitzenden Lothar de Maiziere zusammengetroffen. Daraus ist eine enge, freundschaftliche Zusammenarbeit zwischen der Hessen-CDU und der Thüringer CDU sowie mit den beiden weiteren Allianzparteien DSU und DA entstanden, die in ein Netz von Partnerschaften zwischen den Kreisverbänden der CDU in Hessen und Thüringen und eine beispiellose Zusammenarbeit im Wahlkampf mündete. Ohne die Hessen-CDU hätte sich die West-CDU schwer getan, im Osten einen geeigneten Partner zu finden, zumal der DA kaum in den Regionen verankert war. Christine Lieberknecht beispielsweise ist „der festen Überzeugung, dass die Frage der deutschen Wiedervereinigung ohne die hessische CDU sehr viel schwieriger verlaufen wäre. Möglicherweise wäre sogar das äußerst schmale Zeitfenster für eine mögliche Wiedervereinigung, von dem wir heute wissen, ohne die klare Linie der hessischen CDU verpasst worden."[113] Die Initiative zu alldem, was in Hessen und von Hessen aus während der Umbruchphase in der DDR entwickelt wurde, ging zu einem erheblichen Maß von Franz Josef Jung aus. Er hat – im Gegensatz zu vielen anderen – ganz früh gespürt, dass in der DDR etwas in Bewegung war und es galt hier rechtzeitig die Weichen in Richtung deutsche Einheit zu stellen. Er entwickelte von daher „einen ständigen Aktionismus der CDU, um das Thema Einheit und Zusammenwachsen am

112 Das Ergebnis in Thüringen lautete für die Allianz 60,17 % (CDU 52,96 %, DSU 5,60 %, DA 1,16 %) gegenüber 17,44 % für die SPD.

113 E-Mail-Interview mit Christine Lieberknecht vom 10. 2. 2016.

Köcheln zu halten."[114] So überlegten beispielsweise Jung, Heidenreich und Dirk Metz, welche Forderungen im Namen der CDU in Thüringen erhoben werden könnten. Sie hatten u.a. die Idee, einen Verkehrsverbund Hessen-Thüringen ins Leben zu rufen oder ein Denkmal für die Opfer des Aufstands vom 17. Juni 1953 zu errichten. „Wir entwickelten einen ganzen Forderungskatalog, um damit den Druck auf die SED zu erhöhen und wollten so den Reformdruck beibehalten."[115] Natürlich ging es nicht um die Erfüllung jeder einzelnen Forderung, sie waren vielmehr oft bewusst provokativ formuliert worden, denn das Verhältnis zwischen Hessen und Thüringen sollte immer enger werden, um so die Grenze zwischen der DDR und der Bundesrepublik Deutschland noch rascher durchlässig zu machen. Es galt also in dieser Phase, länderübergreifende Einrichtungen herzustellen und so die deutsche Einheit auf regionaler Ebene voranzutreiben.

> „Was Franz Josef Jung in den Anfangsmonaten geleistet hat", so auch Christine Lieberknecht rückblickend, „war Pionierarbeit für die deutsche Wiedervereinigung. Dafür gibt es meines Wissens auf dieser Ebene und in dieser Konstellation kein zweites Beispiel: klare strategische Überlegungen verbunden mit echter Herzensangelegenheit und tiefem Vertrauen in die Reformkraft der ansonsten weithin beargwöhnten Ost-CDU."[116]

Jung selbst ist auch heute noch zu Recht davon überzeugt, dass der Weg zur deutschen Einheit ohne das frühe Engagement der CDU und vor allem des zupackenden Verhaltens Helmut Kohls anders verlaufen wäre. Oskar Lafontaine wollte z.B. die Einheit nicht. Müßig die Frage nach der damaligen Entwicklung, wenn er zu diesem Zeitpunkt Bundeskanzler gewesen wäre.

Die Kontakte zwischen hessischer und thüringischer CDU vertieften sich weiter und so ging die CDU dann auch aus den Kommunalwahlen am 7. Mai in Thüringen als Sieger hervor. Nach der Währungsunion am 1. Juli 1990 und dem Einigungsvertrag vom 31. August wurde am 3. Oktober auch formal die deutsche Einheit feierlich vollzogen. Zuvor war am 1. Oktober in Hamburg der Vereinigungsparteitag der CDU abgehalten worden.[117] Jeder Landesverband der Ost-CDU erklärte einzeln seinen Beitritt zur Bundespartei. Christine Lieberknecht sprach dort für Thüringen. „Die Luft hat geknistert", so Jung rückblickend.[118] Um

114 Interview mit Bernd Heidenreich vom 9.2.2016.
115 Ebda.
116 E-Mail-Interview mit Christine Lieberknecht vom 10.2.2016.
117 Vgl. JÄGER/WALTER, Allianz für Deutschland, S. 93f. Siehe WALLMANN, Memoiren, S. 205f.
118 Interview mit Jung vom 26.5.2015.

dem Eindruck eines Anschlusses entgegenzuwirken, trat die bisherige Führungsriege der CDU zurück und machte den Weg für Neuwahlen frei. Lothar de Maiziere wurde mit über 97 % zum einzigen Stellvertreter des alten und neuen Vorsitzenden Helmut Kohl gewählt.[119] Jetzt gab es wieder eine gemeinsame CDU und somit eine Politik auf gemeinsamer Wertegrundlage. Frau Jung feierte übrigens an diesem Tag ihren 40. Geburtstag, Kohl gratulierte ihr und sagte dabei: „Ihr Mann ist ein wahrer Prachtkerl."[120] Am 3. Oktober sprach Jung auf einer Großveranstaltung der Eltviller CDU auf dem alten Sportplatz. Hier ließ er die zentralen Ereignisse, die zur deutschen Einheit führten, noch einmal Revue passieren und betonte abschließend, dass es „der glücklichste Tag in der deutschen Geschichte" gewesen sei.[121]

Nur drei Tage später unterhielt sich Jung rückblickend auf die Großveranstaltungen zum 3. Oktober mit dem damaligen Bundesinnenminister Wolfgang Schäuble über das Risiko eines möglichen Anschlags eines geistig Verwirrten. „Stellen sich vor da kommt einer auf so einer Feier und macht was, das kann man sich ja gar nicht ausdenken"[122], äußerte sich der Minister im Rahmen eines von Jung organisierten Kongresses zum Thema „Innere Sicherheit." Sechs Tage später wurde Schäuble dann selbst Opfer eines Attentats, als er am 12. Oktober während einer Wahlkampfveranstaltung in Oppenau von einem psychisch kranken Mann niedergeschossen wurde. Jung war nach dem Anschlag auf Schäuble mehr als geschockt, ist aber von dessen Engagement, Energie und Willen bis heute tief beeindruckt.

Für die Landtagswahlen in Thüringen am 14. Oktober trat dann Josef Duchac als Kandidat für das Amt des Ministerpräsidenten an. Auch hier gewann die CDU deutlich mit 45,5 %. Der Thüringer CDU-Vorsitzende Uwe Ehrich konnte sich anschließend eine baldige Zusammenlegung von Hessen und Thüringen vorstellen. Die daraufhin folgenden negativen Reaktionen in seinem Heimatland sollten ihn jedoch letztlich sein politisches Amt kosten. Schließlich wollten die Thüringer eben nicht ihre gerade erlangte eigene Identität wieder in Frage stellen bzw. aufgeben.

119 Vgl. JÄGER/WALTER, Allianz für Deutschland, S. 94.
120 Ebda.
121 Interview mit Jung vom 21.7.2015.
122 Interview mit Jung vom 7.10.2016.

Exkurs: Franz Josef Jung und Fragen der „inneren deutschen Einheit"

Jung betonte auch in den folgenden Jahren immer wieder, dass die Wiedervereinigung ein großes Geschenk für die Deutschen sei. So erklärte er beispielsweise am 12. Jahrestag zur deutschen Einheit am 3. Oktober 2002 in Eltville[123]:

> „Auf das historische Geschenk der Einheit können wir Deutsche in Ost und West stolz sein. Der Mut der Ostdeutschen und die Solidarität der Westdeutschen haben diesen Tag möglich gemacht. Über zehn Jahre sind nun seit den bewegenden Bildern vergangen, Bildern der Freude und des Glücks der Deutschen über den Fall der Mauer, über die Beendigung der gewaltsamen Trennung unserer geteilten Nation, Bildern, die von Berlin aus um die Welt gingen. Die Männer und Frauen, ob in Leipzig, Ostberlin, Dresden oder an einem anderen der vielen Orte der damaligen DDR, traten für die Freiheit, für die Herrschaft des Rechts und für die Achtung der Menschenwürde ein. Diese Sehnsucht nach den uns verbindenden Werten hat sich über Jahrzehnte in den Ländern des ehemaligen Ostblocks erhalten."

Christliche Werte wie Nächstenliebe, Freiheit und soziale Gerechtigkeit haben sich gegen einen atheistischen und kalten, ja menschenverachtenden Sozialismus durchgesetzt, betonte Jung mit tiefer Überzeugung. Zu schnell und zu oft gehe diese grundsätzliche Erkenntnis in der Flüchtigkeit des Alltags verloren. Diese Stärke christlicher Werte sei jedoch kein Grund für selbstgerechte Genugtuung. „Wir als CDU haben auch weiterhin eine ganz besondere Verpflichtung für das C im Namen unserer Partei. Christliche Werte müssen uns immer wieder als Maßstab bei der Formulierung und Gestaltung unserer Politik leiten. Die Geschichte lehrt uns, dass eine Politik des Zeitgeistes der falsche Weg ist", so Jung. Die CDU müsse ihre christlichen Wurzeln selbstbewusst betonen und den Menschen immer wieder aufzeigen, wie ein derartiger Wertekanon, u.a. die Menschenwürde und Religionsfreiheit, die praktische Politik der CDU unmittelbar bestimme. „Gerade in schwierigen Zeiten des Umbruchs wird deutlich, wie wichtig es ist, einen inneren Kompass für sein persönliches und politisches Handeln zu besitzen."[124]

Ein Jahr später, 2003, beispielsweise warnte Jung dann in seiner Eigenschaft als CDU-Fraktionsvorsitzender im Hessischen Landtag am Vortag der Deutschen Einheit vor einer „geschichtslosen Verdrängung der DDR-Diktatur."[125] Es sei eine „unglaubliche Verhöhnung der Opfer", wenn im 13. Jahr der Deutschen Einheit

123 Pressemitteilung Büro Jung vom 8.10.2002.

124 Ebda.

125 Pressemitteilung Büro Jung vom 2.10.2003.

Mit Bundeskanzler Helmut Kohl und dem hessischen Ministerpräsidenten Roland Koch

TV-Sender mit „Ostalgie"-Shows eine Diktatur „weichzeichnen" und zur gleichen Zeit „schaurige Details" über Morde im Auftrage der Stasi bekannt würden. „Die vorgegaukelte Kuschel-Atmosphäre der Ostalgie-Shows passt nicht zu den skrupellosen Auftragsmorden der Stasi", kritisierte der CDU-Politiker. Der „Tag der Deutschen Einheit" sei ein „wichtiger Tag", um an Mauer, Schießbefehl und Unterdrückung zu erinnern. „Aber auch um an die unglaublich freudigen Tage im November 1989 zu erinnern – an die vielen Tausend Menschen, die auf die Straßen gegangen sind." Dass diese „friedliche Revolution" ohne Blutvergießen stattgefunden hat, sei ein „unglaubliches Glück" und auch dem Verhandlungsgeschick großer Staatsmänner wie Michail Gorbatschow, George Bush und Helmut Kohl zu verdanken. „Der 3. Oktober ist ein Tag der Erinnerung und Mahnung zugleich." Vor allem die junge Generation wisse immer weniger von den „wahren Vorgängen in der DDR". „Wir müssen der Legendenbildung entgegentreten", forderte Franz Josef Jung. „Diffuse Erinnerungen vor allem der jungen Generation ersetzen immer stärker das Wissen um das, was wirklich war. Wir sind es den Opfern des DDR-Regimes schuldig, nicht locker zu lassen und an die vielen Tausend Schicksale zu erinnern." Für den Feiertag empfahl Jung einen Besuch der Gedenkstätte „Point Alpha" an der hessisch-thüringischen Grenze bei Rasdorf oder einer anderen Gedenkstätte. „Hier ist Geschichte greifbar." Gerade jungen Menschen würden hier unmittelbar und hautnah die Konsequenzen eines „unmenschlichen Regimes“ vor Augen geführt.[126]

Nach diesen ereignisreichen und turbulenten Wochen und Monaten galt es für die Regierung Wallmann und die hessische CDU nun aber auch wieder, sich auf landesspezifische Fragen und Herausforderungen zu konzentrieren. Franz Josef Jung schwebte eine Modernisierung der hessischen Verfassung vor.[127] Konkret ging es zum einen um die Direktwahl von Oberbürgermeistern, Bürgermeistern und Landräten, zum anderen die Verankerung des Umweltschutzes in der Verfassung.[128] Bei einem Treffen im Rheingau, an dem neben Jung noch Dirk Metz und Bernd Heidenreich teilnahmen, wurden diese Ideen konkretisiert. Jung wollte nämlich mehr Bürgernähe in Form direktdemokratischer Partizipationsmöglichkeiten erreichen, ebenso ein wesentliches Anliegen war ihm die Bewahrung der Schöpfung, was wiederum seinem christlichen Werteverständnis entspricht. Walter Wallmann konnte anschließend schnell davon überzeugt werden und so ging aus diesem Treffen und der Initiative Jungs ein wesentlicher Teil der dann vom Hessischen Landtag verabschiedeten Verfassungsänderungen hervor. Insgesamt jedoch war das Jahr 1990 überschattet von Angriffen der Opposition gegen Ministerpräsident Wallmann, was ihn persönlich sehr traf.[129] Die Regierung war aber auch durch den Rücktritt von Innenminister Gottfried Milde im Herbst deutlich angeschlagen. Keine guten Voraussetzungen und Vorzeichen für den bevorstehenden Wahlkampf.

2.3 Die frühen 90er Jahre

Die für den 2. Dezember terminierte Bundestagswahl, die die CDU mit 43,8 % gewann, wollte Jung gerne mit der hessischen Landtagswahl koppeln, allerdings scheiterte dies an dem für Hessen dann zu frühen Termin. Die Wahl in Hessen fand dann am 20. Januar 1991 statt und ging für die CDU und somit auch Walter Wallmann knapp verloren.[130] Vor allem der am 17. Januar ausgebrochene Golf-

126 Ebda.

127 Interview mit Bernd Heidenreich vom 9. 2. 2016.

128 Gesetz vom 20. März 1991 (GVBl. I S. 101) und Gesetz vom 20. März 1991 (GVBl. I S. 102): Art. 26a, Art. 138 und Art. 161. Siehe auch: DRESSLER, U./ADRIAN, U.: Hessische Kommunalverfassung. 17. Aufl. Wiesbaden 2005, S. 29, § 39 der HGO auf S. 60 f., § 37 der HKO auf S. 157 f.

129 Interview mit Volker Bouffier vom 12. 2. 2016.

130 CDU 40,2 %, SPD 40,8 %, FDP 7,4 %, Grüne 8,8. Zu den Zahlen siehe: SCHROEDER, W. (Hg.): Parteien und Parteiensystem in Hessen. Vom Vier- zum Fünfparteiensystem? Wiesbaden 2008, S. 397.

krieg schadete hier der CDU. Die SPD warb sehr emotional auf ihren Plakaten mit dem Schlagwort „Keine Soldaten an den Golf". Eine internationale Krise, die mit der Landespolitik nun gar nichts zu tun hatte, verhalf ihr somit zum knappen Wahlsieg, wobei es allerdings eine folgenschwere Fehlentscheidung seitens der CDU war, dass sie ca. acht bis zehn Tage vor der Wahl ihren Wahlkampf wegen des Golfkriegs eingestellt hatte.[131] Neuer Ministerpräsident wurde der Kasseler Oberbürgermeister Hans Eichel. Walter Wallmann wollte den Landesvorsitz zunächst noch bis zum Ablauf der Amtszeit im April 1992 behalten, doch bald kristallisierte sich heraus, dass Manfred Kanther neuer CDU-Chef werden würde. Fraktionsvorsitzender war zu diesem Zeitpunkt noch der junge 32 Jahre alte Roland Koch, der als intellektueller und pragmatischer Politiker den Erneuerungs- und Verjüngungsprozess der CDU verkörperte. Dennoch sprach sich die CDU für eine Bündelung der Kräfte aus. Kanther wurde am 5. Februar 1991 mit 30 zu 16 Stimmen auch zum Fraktionsvorsitzenden (dies war übrigens eine der wenigen Niederlagen in Rolands Koch politischer Karriere) und am 8. Juni 1991 auf dem 78. Landesparteitag zum Landesvorsitzenden gewählt.[132] Der neue starke Mann der CDU galt vielen als hervorragender Organisator, strategischer Denker und Verkörperung einer klaren programmatischen Alternative zur rot-grünen Landesregierung.[133] Auch für Franz Josef Jung hatte der Wechsel in der CDU-Führung Konsequenzen. Kanther wollte als Oppositionsführer keine „weitere starke politische Persönlichkeit neben sich haben!"[134], so dass er das Amt des Generalsekretärs nicht mehr neu besetzte. Jung blieb somit „nur" noch das Amt des Parlamentarischen Geschäftsführers. Das Verhältnis von Kanther zu Wallmann war nie einfach gewesen. Wallmann lobte Jung immer in einer Weise, so dass es Kanther als Vorgänger Jungs im Amt des Generalsekretärs „ins Herz stechen musste."[135] Natürlich hatte dies Kanther nicht sehr erfreut, so dass die Absetzung Jungs möglicherweise eine Art Retourkutsche darstellte.

Seine Kontakte und die der CDU zu Thüringen blieben aber in unveränderter Form bestehen. 1991 erfolgte beispielsweise eine Fraktionsreise durch Thüringen, aber auch Dresden, Quedlinburg und Magdeburg wurden besucht. Die politischen Beziehungen wurden weiter intensiviert, um die innere Einheit auch im politischen Bereich voranzutreiben und weiterzuentwickeln. Ein Jahr später trafen sich zu diesem Zweck beispielsweise die Geschäftsführer der CDU von Hes-

131 Interview mit Volker Bouffier vom 12. 2. 2016.

132 Vgl. OPDENHÖVEL, P.: Neuer Aufbruch. Die CDU Hessen unter Manfred Kanther seit 1991, in: B. Heidenreich/W. Wolf (Hg.): Der Weg zur stärksten Partei 1945–1995. 50 Jahre CDU Hessen. Köln 1995, S. 125–154, hier S. 127 u. 130.

133 Ebda.

134 Interview mit Jung vom 7. 10. 2016.

135 Interview mit Volker Bouffier vom 12. 2. 2016

sen und Thüringen. Die intensiven persönlichen Kontakte blieben also bestehen. Am 5. März 1992 erhielt Franz Josef Jung das Bundesverdienstkreuz für seine Leistungen und Verdienste um die deutsche Einheit. Wenige Tage später am 13. März war Jung als Gast in der HR-Sendung „Zeil um Zehn“ eingeladen worden. Thema war die Frage, ob gleichgeschlechtliche Lebenspartnerschaften Kinder adoptieren sollten. Er sprach sich als einziger der Diskutanten, u. a. Alice Schwarzer und Hella von Sinnen, dagegen aus. Für Jung war nicht nur damals das Kindeswohl von zentraler Bedeutung. Diesem werde man nur gerecht, wenn Mutter und Vater als Erziehende in Betracht kommen, so Jung auch heute[136]. Am Ende der Sendung gratulierte ihm Alice Schwarzer zu einem „4:1 Sieg.“ Hella von Sinnen war politischen Widerspruch nicht gewohnt, was, so Jung rückblickend, ihm die Argumentation als „Einzelkämpfer“ in dieser Sendung erleichterte. Eine weitere amüsante und regionalbezogene Anekdote aus dem gleichen Jahr verdient ebenfalls Erwähnung. In der FAZ-Beilage mit Fragebogen wurde der damalige Fuldaer Bischof Johannes Dyba interviewt. Auf die Frage, was für ihn das höchste irdische Glück sei, antwortete er, Weine voneinander unterscheiden zu können. Daraufhin lud der Weinkenner und -liebhaber Jung ihn nach Schloss Johannisberg zu einer Weinprobe in Form einer Blindverkostung ein. Dyba sagte zu und absolvierte die Weinprobe mit Bravour.[137] Ein hingegen weniger erfreuliches, für Jung persönlich auch durchaus trauriges Ereignis war am 30. Oktober 1992 der Schlussappell des FlaReg in Lorch, Jungs Stationierungsort während seiner Bundeswehrzeit. Die Bundeswehr gab damit im Zuge ihrer Verringerung und Neustrukturierung den strukturschwachen Standort Lorch auf, nur noch das Depot wurde weiter unterhalten. Für die Kleinstadt und ihre Umgebung bedeutete dies einen erheblichen wirtschaftlichen Verlust und einen Rückschlag in der Stadt- und Regionalentwicklung, den auch Jung nicht hatte verhindern können. Und bald stand der Rheingau wieder im Fokus. 1992 erhielten nämlich die Republikaner, v. a. aufgrund des zunehmenden Anstiegs von Asylbewerbern, wieder deutlichen Auftrieb. Sie waren mit 10,9 % in den Landtag Baden-Württembergs eingezogen und hatten auch bei den hessischen Kommunalwahlen z. T. zweistellige Ergebnisse erzielt. Es bestand die Gefahr, dass sich der eine oder andere Landrat der CDU auch von den Republikanern wählen lassen würde. Vor allem im Rheingau-Taunus-Kreis war diese neue Partei relativ stark vertreten. Jung hielt die CDU hier aber auf einem klaren Abgrenzungskurs, was zum Teil aber eine ziemliche Überzeugungsarbeit erforderte.[138] Auch heute möchte er ein derartiges parteipolitisches Phänomen nicht ausschließen. Natürlich gelte es, Flüchtlinge z. B. aus dem Irak oder Syrien aufzuneh-

136 Interview mit Jung vom 21. 07. 2015.
137 Interview mit Jung vom 26. 05. 2015.
138 Ebda.

men, aber, um zu vermeiden, dass die öffentliche Stimmung kippen kann, sollten nicht zu viele Asylsuchende von Deutschland aufgenommen werden. Vielmehr müsse eine gemeinsame europäische Lösung gefunden werden.[139]

Im Landtag entwickelte die CDU aber recht bald wieder eine fulminante Oppositionsarbeit. Gerade Franz Josef Jung, als Geschäftsführer ja eine zentrale politische Figur innerhalb der CDU, war hier besonders munter. Er erfand gemeinsam mit Dirk Metz die „Skandalisierung der Politik."[140] So stellte z. B. im Jahr 1993 die ca. 1,6 Millionen Mark teure Renovierung der Dienstvilla des hessischen Ministerpräsidenten auf Kosten der Steuerzahler für Jung einen „ungeheuren Vorgang" dar.[141] Im Zuge dieser „Dienstvilla-Affäre" kritisierte Jung neben dem hohen Betrag vor allem, dass Aufträge teilweise ohne Ausschreibung und an eine aus Eichels Heimatstadt Kassel stammende Architektin vergeben worden waren. Seit Eichel hat dann übrigens kein hessischer Ministerpräsident die Villa mehr privat genutzt. Dazu trug auch eine Änderung des hessischen Ministergesetzes bei, nach dem der Ministerpräsident die Wohnung nicht mehr kostenlos, sondern nur noch gegen eine ortsübliche und somit recht teure Miete nutzen kann.

1994 geriet die SPD-geführte hessische Landesregierung dann in den Strudel des sogenannten „Lottoskandals". Schon seit Sommer 1993 wurde das landeseigene Hessen-Lotto zum Zentrum zahlreicher Enthüllungen: Wegen erwiesener Lüge wurde Finanzstaatssekretär Otto-Erich Geske (SPD) entlassen. Er hatte als Aufseher der hessischen Lottogesellschaft 200 000 DM Abfindungszahlung an den Ex-Geschäftsführer Hans-Joachim Dumschat geleugnet und etliche Mauscheleien geduldet. Dumschats Nachfolger Hanns-Detlef von Uckro (SPD) ließ sich dann ein um 30 % höheres Gehalt zahlen (280 000 DM/Jahr), unternahm mit Gleichgesinnten ausgiebige Reisen (1993 für 407 000 DM) und brachte sich mit Werbegeschenken der Lottogesellschaft in seinem Heimatort in Brandenburg in Erinnerung. Nebenbei kassierte Uckro als ehemaliger Bürgermeister von Gelnhausen eine Pension von 3100 Mark.[142] Als erste Konsequenz wurde er bei Hessen-Lotto fristlos entlassen. Am 20. Januar 1994 trat schließlich Finanzministerin Annette Fugmann-Heesing (SPD) zurück, nachdem sie die politische Verantwortung für den Skandal übernommen hatte. Die Oppositionsparteien im hessischen Landtag, CDU und FDP, nutzten die anschließende Aussprache zu einer Generalabrechnung mit der rot-grünen Landesregierung. Seit Sommer 1993 wurde das landeseigene Hessen-Lotto zum Zentrum zahlreicher Enthüllungen bezüglich der Re-

139 Ebda.

140 Interview mit Volker Bouffier vom 12. 2. 2016.

141 Ebda.; siehe dazu auch: http://www.faz.net/aktuell/rhein-main/region/leerstehende-eichel-dienstvilla-hohe-miete-niedrige-decken-11113876.html. http://www.focus.de/politik/deutschland/dienstvillen-die-neue-bescheidenheit_aid_144649.html. Beide abgerufen am 26. 2. 2016.

142 Focus 3/1994.

gierungspolitik Eichels, war doch während seiner Regierungszeit „das Prinzip der politischen Verantwortlichkeit praktisch abgeschafft" worden.[143]

Die Erklärungen Eichels, so der parlamentarische Geschäftsführer der FDP-Fraktion, Hans-Jürgen Hielscher, seien lediglich ein Versuch, zur Tagesordnung überzugehen. CDU-Fraktionschef Roland Koch sagte, die Lotto-Affäre sei kein Einzelfall.[144] Auch Franz Josef Jung stand als Parlamentarischer Geschäftsführer seiner Fraktion hier ebenfalls „an der Front." Er hatte nämlich den Skandal aufgedeckt und massiv kritisiert, dass sich die „SPD hier zum Selbstbedienungsladen entwickle."[145] Aber nicht nur diesen Sachverhalt hatte Jung aufgegriffen, sondern ebenso auch das „Postengeschiebe der SPD."[146] Seine Behauptung der Selbstbedienung wurde zunächst von Staatsekretär Geske als „üble Verleumdung" dargestellt, stellte sich aber kurze Zeit später als richtig heraus. Jung hatte nämlich nicht locker gelassen und intensiv nachgehakt, so dass die SPD sukzessive „mit der Wahrheit rausrücken musste."[147] Weiterhin hatte die CDU auf Initiative Jungs hin den Rechnungshof gebeten, das Verhalten der SPD zu überprüfen, der ebenfalls zu dem Ergebnis kam, dass es sich um eine unzulässige Selbstbedienung gehandelt habe. Als Ernst Welteke dann zum neuen Finanzminister ernannt wurde, gratulierte ihm Jung, woraufhin Welteke erwiderte: „Das habe ich nur dir zu verdanken."[148] Für diese harte, aber legitime Oppositionsarbeit der CDU und Jungs sollte sich die SPD später allerdings mit zahlreichen Untersuchungsausschüssen rächen.

Entspannter ging es für Jung dann wieder auf der heimatlichen Ebene zu: Die beiden renommierten und überregional bekannten Hattenheimer Inhaber und Köche der „Adlerwirtschaft", Franz Keller, und des Restaurants und Hotels „Zum Krug", Josef Laufer, hatten im Sommer 1994 die Idee, einen gemeinsamen Wein zu kreieren. Sie taten sich zusammen, testeten, was das beste Fass ist, kauften dieses und machten daraus den „Franz-Josef-Wein", den es auch heute nur in ihren beiden Restaurants gibt. Es war naheliegend, dass Franz Josef Jung Taufpate für diesen Wein gewesen ist.

Im Januar 1995 standen in Hessen wieder Landtagswahlen an. Jung war in seiner Eigenschaft als Parlamentarischer Geschäftsführer Teil der Wahlkampfmannschaft von Manfred Kanther. Trotz eines engagierten Wahlkampfes verlor die CDU

143 http://www.spiegel.de/spiegel/print/d-13855399.html, abgerufen am 27. 9. 2016.

144 http://www.berliner-zeitung.de/archiv/hessischer-landtag-debattierte-ueber-lottoskandal--regierungsumbildung-bestaetigt-eichel-registriert-vertrauensverlust,10810590,8803800.html, abgerufen am 29. 5. 2015. Siehe auch http://www.zeit.de/1994/04/vom-glueck-verlassen, abgerufen am 27. 9. 2016.

145 Interview mit Jung vom 7. 10. 2016.

146 Ebda.

147 Ebda.

148 Ebda.

die Wahl knapp mit 39,2 % (SPD 38,0 %), da die Grünen mit 11,2 % deutlich vor der FDP (7,4 %) lagen.[149] Hans Eichel blieb hessischer Ministerpräsident. Im gleichen Jahr wirkte Jung auch am erfolgreichen Wahlkampf von Petra Roth in Frankfurt mit. Roth war Jungs Nachfolgerin als wohnungsbaupolitische Sprecherin der Landtagsfraktion geworden. Daraus hatte sich ein gutes persönliches Verhältnis zwischen beiden entwickelt. Zwar gab es häufiger unterschiedliche Auffassung von Landes-CDU und Frankfurter CDU, die gerne mit ihrem Selbstbewusstsein als – scherzhaft gesagt – CDU der Freien Reichstadt kokettierte. Auch Jung war mit manchen Inhalten und Konzepten nicht unbedingt einverstanden, beispielsweise beim Thema Drogen, hier war die Frankfurter CDU offener; so befürwortete sie Ersatzmaßnahmen wie Methadon.

Aber letztlich überzeugte er die Frankfurter CDU von seinen Ideen. Das galt auch für die Gestaltung der Wahlplakate. Jungs Idee war es, eine Werbeagentur aus Solingen zu beauftragen, da diese seiner Meinung nach die besten Plakate gestalte. In einem recht langwierigen Prozess gelang es ihm dann, sich in dieser Frage ebenfalls durchzusetzen. So wurde das CDU-Plakat mit Petra Roth als bestes Plakat im Frankfurter Wahlkampf ausgezeichnet, worauf Jung heute noch ein Stückweit stolz ist.[150] Petra Roth gewann mit 51,9 % zu 45,9 % gegen Andreas von Schoeler (SPD) und wurde somit am 5. Juli 1995 als erste Frau Stadtoberhaupt von Frankfurt.

2.4 Die Hessen-CDU unter Roland Koch

Unter Roland Koch sollte für die Hessen-CDU und somit auch für Franz Josef Jung eine neue Ära in der Landespolitik anbrechen. Die Partei gewann im Februar 1999 klar die Landtagswahlen, v. a. aufgrund der von Koch und Jung geführten Kampagne gegen die doppelte Staatsbürgerschaft. Jung wurde Chef der Staatskanzlei und verfügte somit über eine politische Schlüsselstellung, die er zu nutzen wusste. Gleichzeitig stellte sein Kabinettsposten den bisherigen Höhepunkt seiner politischen Karriere dar, die dann allerdings im Zuge der CDU-Spendenaffäre im September 2000 einen Bruch und Rückschlag erfuhr.

Nachdem Manfred Kanther 1993 Bundesinnenminister geworden war, übernahm Roland Koch wieder den Fraktionsvorsitz. Er wurde mit 27 Ja-Stimmen (bei 10 Nein-Stimmen und sechs Enthaltungen) gewählt.[151] Insbesondere die Rededuelle mit Joschka Fischer in Fragen der Umweltpolitik und Kernenergie hatten

149 SCHROEDER, Parteien und Parteiensystem, S. 397.
150 Interview mit Jung vom 7. 10. 2016.
151 Vgl. NEUMANN/SCHMID, Hessen-CDU, S. 115.

zuvor die Aufmerksamkeit in der CDU-Fraktion wieder auf den jungen Koch gelenkt, der als umweltpolitischer Sprecher der Gegenspieler Fischers war und diesem quasi zu seinem „Karrieresprung verholfen" hatte.[152] Schnell fand Koch mit den Themen Asyl- und Schulpolitik Angriffsflächen gegenüber der rot-grünen Regierung.

Auch für Franz Josef Jung bot die Landesregierung manche Zielscheibe. 1996 hielt beispielsweise der PLO-Chef Jassir Arafat aufgrund einer Einladung von Ministerpräsident Hans Eichel im Landtag eine Rede. Das recht enge Verhältnis der Landesregierung zu Palästina irritierte Jung. Er dachte in diesem Zusammenhang an den terroristischen Hintergrund Arafats bzw. der PLO und hier insbesondere an das Attentat während der Olympischen Spiele 1972 in München. Von daher plädierte er nachvollziehbar für eine deutlich zurückhaltende Politik gegenüber der PLO.[153]

1996 traf Jung bei einem Besuch in Washington mit dem ehemaligen US-Botschafter für Deutschland, Bob Kimmit, zusammen und sprach mit ihm u. a. über die Beziehungen zwischen den USA und Deutschland. Mögliche Entwicklungen der Weltwirtschaft wurden ebenso erörtert wie die bis heute aktuelle Frage einer gemeinsamen Freihandelszone (vgl. TTIP). In seiner Eigenschaft als geschäftsführender Direktor bei der Bank Lehman Brothers wurden auch Probleme der internationalen Kreditwesens, Währungsstabilität und möglichen Folgen einer hohen Staatsverschuldung diskutiert.

Zum Thema moderne und offene Bürgergesellschaft sowie ehrenamtliches Engagement informierte er sich im Rahmen dieses Besuchs auch bei Professor Amitai Etzioni an der Georgetown University. Jung zeigte sich von dessen Plädoyer für eine gesellschaftliche Selbstregulation von unten her durch Aktivitäten der Bürger und ihr engagiertes selbstbestimmtes Handeln in der Gesellschaft beeindruckt. Die Idee der „Responsivität", also die Möglichkeit einer Gesellschaft, sensibel auf die Anliegen ihrer Mitglieder zu reagieren, hielt Jung schon damals für eine elementare Voraussetzung moderner, offener und pluralistischer Staatswesen. Auch das Thema „Nachhaltigkeit" diskutierten die beiden angeregt. Etzioni, der sich überrascht zeigte, dass dieser ökologische Ansatz in Deutschland erst seit kurzem einen bedeutenderen politischen Stellenwert eingenommen hatte, erläuterte Jung sein Anliegen, Ökonomie und Ökologie in einen Gleichklang zu bringen. Diese Idee eines Austarierens vermeintlicher Gegensätze fand Jung nicht nur spannend, sondern hatte wesentliche Auswirkungen für seine Positionen innerhalb der CDU. Ökologische Probleme stärker aufzugreifen bzw. Fragen der Ökologie mehr zu fördern, waren für ihn schon zu JU-Zeiten wichtige poli-

152 MÜLLER-VOGG, Beim Wort genommen, S. 50.
153 Interview mit Jung vom 21. 7. 2015.

tische Herausforderungen, beispielsweise im Rahmen ihres Umweltforums. Die Hessen-CDU jedenfalls hatte dann in der Folge aufgrund der Initiative Jungs Umwelthemen mehr forciert und stärker den Fokus auf die Vereinbarkeit Ökonomie und Ökologie gerichtet.[154] Weiterhin besuchte Jung in Capitol Hill im Senat einen Vortrag über Möglichkeiten im damals noch jungen Internet, was für ihn und seine Begleiter „noch böhmische Dörfer waren."[155] Aber auch hier wurde sein Interesse als „Modernisierer" geweckt.

Jung half auch immer wieder im Weingut, das nun sein Bruder Ludwig führte, bei der Eisweinlese mit. 1996 wurde es kurz vor Weihnachten richtig kalt. Da galt es, die günstige Gelegenheit zu nutzen. Bei 15 Grad Minus machten sich Franz Josef und Ludwig in der Heiligen Nacht morgens gegen 5.00 auf in die Weinberge. Sie fuhren die mit 225 Grad Öchsle beste Eisweinernte ihres Weinguts ein. Und dennoch waren sie um 10.00 im Weihnachtsgottesdienst.[156]

Und 1997 sollte er – allerding eher indirekt – schon wieder Arafat begegnen. Arafat war Gastredner im Europaparlament in Straßburg. Es galten die höchsten Sicherheitsstufen. Jung, der in seiner Funktion als parlamentarischer Geschäftsführer der CDU zu einem Treffen nach Straßburg eingeladen worden war, schaute sich die Sicherheitsmaßnahmen an und war erstaunt, dass er ohne jegliche Überprüfung freundlich grüßend durch jede Sicherheitsschleuse in das Europaparlament kam.

Im gleichen Jahr feierte Jung silberne Hochzeit und wurde für eine Bundestagskandidatur ins Gespräch gebracht. Alfred Dregger verzichtete nämlich aus Altersgründen auf eine abermalige Kandidatur und von daher sollte ein jüngerer Vertreter der hessischen CDU-Führung seinen Platz in Berlin einnehmen. Jung lehnte allerdings ab, er wollte vielmehr in Hessen bleiben und es mit Roland Koch gemeinsam „erobern".[157] Im Hinblick auf die Landtagswahl 1999 war nämlich deutlich geworden, dass Manfred Kanther nicht noch einmal als Spitzenkandidat antreten würde. Somit war die Reihe an Roland Koch, der am 14. September 1997 vom Landesausschuss zum neuen Landesvorsitzenden nominiert und logischerweise auch als kommender Spitzenkandidat ins Rennen geschickt werden würde.[158] Auf dem Landesparteitag am 25. Januar 1998 in Hanau wurde diese Entscheidung dann mit einem phänomenalen Ergebnis von 97,7 % eindrucksvoll bestätigt.[159] Jung wurde zum stellvertretenden Landesvorsitzenden gewählt und im selben Jahr zum ersten Mal in den CDU-Bundesvorstand.

154 Interview mit Jung vom 7. 10. 2016.
155 Interview mit Jung vom 21. 7. 2015.
156 Ebda.
157 Ebda.
158 Vgl. NEUMANN/SCHMID, Hessen-CDU, S. 116.
159 Ebda.

Von regionaler Bedeutung schien ein Ereignis des Jahres 1998 zu sein: In Rüdesheim unterzeichneten Bundesverkehrsminister Wissmann, das Land Hessen, der Rheingau-Taunus-Kreis und die Stadt Rüdesheim einen Vertrag zum Bau des dringend benötigten Eisenbahntunnels, um die Kommune verkehrstechnisch zu entlasten. Steigende Kosten haben allerdings bis heute die Umsetzung dieses Projekts verhindert, so dass Rüdesheim unverändert vor enorme Verkehrsbelastungen gestellt ist. Weiterhin sind noch zwei Ereignisse[160] aus diesem Jahr erwähnenswert, die Jungs christliche Verwurzelung, die er auch immer wieder intensiv und erfolgreich innerhalb der CDU praktizierte, verdeutlichen: Zum einen wollte Jung im Fraktionssitzungssaal der CDU als christliches Symbol das Kreuz platzieren lassen. Da aber SPD und Grüne sich weigerten, in diesem Raum zu tagen, wenn das Kreuz an der Wand hängt, musste dieses in diesen Momenten immer wieder abgehängt werden. Dennoch hängt es bis heute grundsätzlich an der besagten Wand, ein Zeichen christlichen Werteverständnisses und klassischer CDU-Tradition. Jungs unterhielt nicht nur auf politischer Ebene enge Beziehungen zum Fuldaer Erzbischof Dyba. Winfried Rippert, Mittelstandsvertreter der CDU im Landtag, hatte mit Freunden den Hausstock von Erzbischof Dyba in Fulda geerntet. Er brachte als Ergebnis eine Korbflasche (25 Liter) mit Most mit, woraus Jung Wein machen sollte. Sein Bruder fragte ihn: „Was soll ich denn daraus machen?" Er gab sich allergrößte Mühe und es gelang ihm auch, einen Wein zu produzieren, der mit dem speziellen Etikett „Michelsberger Bischofsmütze" versehen wurde. Dyba erhielt 75 halbe Flaschen (à 0,375 Liter), von denen er die erste Papst Johannes Paul II. schenkte.

Nun aber zurück zur harten und fordernden Landespolitik, die die ganze Konzentration Jungs erforderte, sollten doch für die neue rot-grüne Regierung in Berlin die schon erwähnten anstehenden hessischen Landtagswahlen zum ersten Stimmungstest werden. Nach der verlorenen Bundestagswahl 1998 gab die Hessen-CDU das Motto aus: „Rot-Grün braucht Kontrolle".[161] Baden-Württembergs Ministerpräsident Erwin Teufel (CDU) meinte allerdings bezüglich der hessischen Landtagswahlen: „Franz Josef, ihr seid leider dafür zu früh."[162] Hinzu kam, dass Kochs Bekanntheit in Hessen noch nicht sehr groß war. Um sie zu steigern und den schlechten Umfragewerten (die CDU lag mit 13 % hoffnungslos hinter rot-grün zurück) zu begegnen, musste die CDU reagieren. Jung, der in Kochs Schattenkabinett als möglicher Leiter der Staatskanzlei vorgesehen war, machte ihm klar: „Jetzt ist High-Risk-Management gefragt."[163] So kamen die beiden auf die Idee, die da-

160 Interview mit Jung vom 21.7.2015.
161 Ebda.
162 Ebda.
163 Ebda.

maligen Pläne der rot-grünen Bundesregierung zur Neuregelung der doppelten Staatsbürgerschaft anzugreifen. Deren Ziel war die Ergänzung des Abstammungsrechts durch Elemente des ius soli unter Hinnahme der doppelten Staatsangehörigkeit der Betroffenen. Unter dem Slogan „Ja zur Integration, Nein zur doppelten Staatsangehörigkeit" sollte die dann in weiten Teilen der Öffentlichkeit umstrittene Kampagne der Hessen-CDU im Januar 1999 starten. Angesichts von damals ca. 7,3 Millionen in Deutschland lebenden Ausländern, darunter als größte Gruppe etwa 2,5 Millionen Türken, war diese Aktion der CDU aus Sicht Jungs durchaus gerechtfertigt, galt und gilt es doch auch nach wie vor, gewissen Beliebigkeiten hinsichtlich von Rechten und Pflichten bei zwei Staatsangehörigkeiten vorzubeugen. Auch in Bezug auf den Integrationswillen und einer dem neuen Staat gegenüber notwendigen Loyalität war die Option für nur eine Staatsbürgerschaft aus Sicht von Jung und Koch unerlässlich. Mittels einer Unterschriftensammlung sollten die Bürger nun aufgefordert werden, für verstärkte Integrationsbemühungen und gegen die doppelte Staatsangehörigkeit für Ausländer zu votieren. Die hessische CDU-Wahlkampfkommission lehnte in Abwesenheit von Koch diese Überlegung zwar zunächst ab, Jung unterstütze seinen Freund in dieser Frage jedoch uneingeschränkt: „Du Roland, wir sind völlig allein, die wollen nicht, aber ich bin der Meinung, wir machen das trotzdem"[164], betonte er. Kochs Reaktion fiel eindeutig aus: „Ja, Recht hast Du, machen wir." Natürlich war es ein hochriskantes Unterfangen, dessen sich unter anderem auch Volker Bouffier bewusst war, als er Koch gegenüber äußerte: „Wenn irgend so ein Idiot ein Asylbewerberheim anzündet, dann können wir auswandern."[165] Auch gegen eine mögliche Mehrheit innerhalb des CDU-Bundesvorstands gelang es den beiden, ihr Vorhaben im Januar durchzusetzen, vor allem, weil Wolfgang Schäuble und Helmut Kohl hier standhaft blieben und die hessischen Parteifreunde unterstützen.[166] So wurden dann neben einer Postkartenaktion[167] ab 16. Januar für die letzten drei Wochen während des Wahlkampfes an den Informationsständen der CDU entsprechende Unterschriftenlisten ausgelegt.[168] Die Leute standen Schlange, um zu unterschreiben, selbst SPD-Ortsverbände holten Unterschriftenlisten ab.[169] Insgesamt erbrachte diese Maßnahme letztlich 487 127 Unterschriften gegen die doppelte Staatsbürgerschaft, ein deutliches Votum der hessischen Bürger, obwohl zahlreiche Initiativen eigene Unterschriftenaktionen gegen die Aktion der Union starteten und für die Möglichkeit einer doppelten Staatsbürgerschaft plädierten. SPD, Grüne und FDP

164 Ebda.
165 Interview mit Volker Bouffier vom 12. 2. 2016.
166 Interview mit Jung vom 21. 7. 2015.
167 Interview mit MdL Petra Müller-Klepper vom 31. 8. 2015.
168 Vgl. NEUMANN/SCHMID, Hessen-CDU, S. 117.
169 Interview mit Volker Bouffier vom 12. 2. 2016.

kritisierten die Aktion als populistisch und unverantwortlich. Und auch aus den eigenen Reihen gab es z. T. kritische Stimmen. So äußerte sich beispielsweise der CDU-Rechtsexperte Horst Eylmann, dass sich auf diese Weise leicht nationalistische Emotionen schüren ließen. Viele Kritiker warfen der Union vor, Rassismus zu schüren und entsprechende Ressentiments für den Wahlkampf zu instrumentalisieren, zumal von Seiten der NPD ebenfalls Unterschriften gegen die doppelte Staatsbürgerschaft gesammelt wurden. Sie erhob im Gegensatz zu dem Text der CDU allerdings keine Forderung nach verbesserter Integration.[170] Mit der Unterschriftenaktion gelang es Roland Koch und Franz Josef Jung allerdings, die Stimmung in der Öffentlichkeit zu polarisieren und das Blatt im Wahlkampf zugunsten der CDU zu wenden. Langfristig sollte diese Kampagne auch nicht zu den damals geäußerten Befürchtungen führen. So wurden beispielsweise keine zehntausende Türken abgeschoben[171] und ein „völkischer Nationalismus" war ebenso wenig zu konstatieren.[172]

Jungs Frau Beate war am Vorabend der Wahl, die am 7. Februar stattfand, dennoch weniger optimistisch als ihr Mann gewesen, zumal die Meinungsforschungsinstitute die ganze Zeit einen abermaligen Sieg der rot-grünen Landesregierung unter Hans Eichel sowie die SPD als stärkste Partei prognostiziert hatten. Jung selbst war abends auf dem „Ball des Sports" allerdings recht zuversichtlich, dass die CDU als Wahlsieger hervorgehen würde, so dass Norbert Blüm frotzelte: „Du meinst, du wärst morgen schon Minister."[173] Das sollte auch bald der Fall sein, legte die CDU doch mit 43,4 % deutlich zu und gewann mit Roland Koch die Wahl.[174] Die Kampagne und Unterschriftenaktion gegen die doppelte Staatsbürgerschaft hatten sich ausgezahlt. In der Hauptsache war der Sieg der CDU Franz Josef Jung zu verdanken. Er sah in der Polarisierung einen entsprechenden Weg und die Möglichkeit die Partei aus der langjährigen Opposition herauszuführen. Trotz einer phasenweise an eine Hexenjagd grenzenden Diffamierung Kochs, Jungs und der CDU generell von Seiten der Opposition und zahlreicher Medien war die starke Thematisierung dieses Aspekts richtig, da die Meinung eines Groß-

170 Siehe https://web.archive.org/web/20100328012018/http://www.netzeitung.de/deutschland/490432.html; http://archiv.rhein-zeitung.de/on/99/01/05/topnews/staatsbuerger.html. Beide abgerufen am 29. 9. 2016.

171 Siehe z. B. die Befürchtungen des damaligen Vorsitzenden der Türkischen Gemeinde in Deutschland, Kenan Kolat, in: https://web.archive.org/web/20100328012018/http://www.netzeitung.de/deutschland/490432.html, abgerufen am 29. 9. 2016.

172 Klärner, A.: Aufstand der Ressentiments. Einwanderungsdiskurs, völkischer Nationalismus und die Kampagne der CDU/CSU gegen die doppelte Staatsbürgerschaft. Köln 2000.

173 Interview mit Jung vom 21. 7. 2015.

174 SPD 39,4 %, Grüne 7,2 %, FDP 5,1 %; SCHROEDER, Parteien und Parteiensystem in Hessen, S. 397.

Auf der Regierungsbank im Hessischen Landtag

Jubel nach der Wahl Roland Kochs zum Ministerpräsidenten

Feier zum 50. Geburtstag von Franz Josef Jung im Hessischen Landtag

teils der Bevölkerung sich hier mit der Position der CDU deckte. Deswegen setzte Jung die Kampagne durch. Ihm war es – nicht nur in diesem Fall – wichtig, dass die Partei diejenigen Themen aufgreift, die der „überwiegenden Mehrheit unter den Nägeln brennt"[175], deswegen musste die CDU aus Sicht Jungs das Thema „doppelte Staatsbürgerschaft" fast zwangsläufig zum zentralen Wahlkampfinhalt machen. Aber Jung und die CDU vertraten hier, obwohl so in den Medien dargestellt, keine radikalen Schwarz-Weiß-Positionen. Nach der Regierungsübernahme wurde nämlich auch die Integrationspolitik beispielsweise im Sozialministerium erstmals vorangetrieben. Sie war erst durch Franz Josef Jung eingeleitet und dann auch mitgesteuert worden.[176] Das Wahlkampfversprechen „Ja zur Integration, Nein zur doppelten Staatsangehörigkeit" wurde von der CDU also eingehalten, wofür Jung auch als Person steht, da er generell jemand ist, den ein hohes Maß an Glaubwürdigkeit auszeichnet, weil er Dinge dann auch umsetzt, wenn er die Möglichkeiten dazu hat.[177] Durch eine von ihm vorangetriebene Polarisierung in der Opposition war es gelungen, dass die CDU ihr unter Alfred Dregger angelegtes Profil weiter ausbauen konnte. Jung hat es weiterentwickelt, da er nicht in alten Strukturen verhaftet blieb, sondern Programm und Inhalte der Partei dem zeitgemäßen Rahmen anpasste, was letztlich zum Erfolg als Oppositionspartei beitrug. Somit war der Wahlkampf von 1999 von ihm hier entscheidend geprägt worden.[178]

Das hessische Wahlergebnis wurde aber auch allgemein als Denkzettel für die Bundesregierung unter Kanzler Schröder interpretiert. Da dadurch die rot-grüne Mehrheit im Bundesrat verloren ging, wurde nach langen Verhandlungen ein abgeschwächter Reformvorschlag des Staatsbürgerschaftsrechts – das sogenannte Optionsmodell – beschlossen.

Gemeinsam mit der FDP stellte die CDU unter Roland Koch, der am 7. April 1999 zum hessischen Ministerpräsidenten gewählt wurde, die neue Landesregierung. Franz Josef Jung wurde zum Chef der hessischen Staatskanzlei sowie zum Minister für Bundes- und Europaangelegenheiten ernannt. Für ihn war es anfänglich gar nicht so einfach, seinen Rhythmus in dieser anstrengenden Etablierungsphase zu finden.[179] Ging doch alles Schlag auf Schlag: Am 5. Mai empfing die hessische Landeregierung US-Präsident Bill Clinton in Frankfurt, am 3. Juni wurde Jung Mitglied im Ausschuss der Regionen in Europa und vertiefte auch in diesem Rahmen die seit 1992 bestehende Partnerschaft Hessens[180] mit der italienischen

175 Interview mit MdL Petra Müller-Klepper vom 31. 8. 2015.
176 Ebda.
177 Ebda.
178 Ebda.
179 Interview mit Jung vom 21. 7. 2015.
180 Siehe dazu: https://staatskanzlei.hessen.de/europa/partnerregionen-und-internationales/hessische-partnerregionen/hessens-partnerregion-emilia. Abgerufen am 21. 8. 2015.

Das erste Kabinett von Roland Koch

Region Emilia Romagna, einem touristischen Kleinod, dessen Kooperationen mit Hessen vielfältiger Natur sind.

So arbeiten beispielsweise die hessischen Universitäten eng mit drei der fünf Universitäten der Emilia-Romagna zusammen. Weitere bedeutende Felder der Zusammenarbeit sind die Bereiche Wirtschaft, Umwelt, Soziales. Eine besonders intensive Kooperation im Bereich des Jugendaustausches besteht mit der Friedensschule Monte Sole[181], 20 Kilometer südlich von Bologna gelegen. Jung eröffnete sie im November 1999 gemeinsam mit Romano Prodi. Allerdings verlor er auch nie die osteuropäischen Reformländer aus den Augen. So bahnte er als Mitglied der Landesregierung die Partnerschaft zwischen Hessen und der polnischen Region Wilkopolska (Region Posen) an und leistete damit Pionierarbeit. Anschließend veranlasste Jung, dass diese weitere Partnerregion in den Räumlichkeiten der hessischen Landesvertretung bei der EU in Brüssel[182] vertreten war und so eine

181 Siehe dazu u. a.: http://www.hlz.hessen.de/themen/th-jugend/monte-sole.html; https://staatskanzlei.hessen.de/europa/reden-und-veranstaltungen/friedensschule-monte-sole. Abgerufen am 21. 8. 2015.

182 Siehe dazu: https://staatskanzlei.hessen.de/berlin-europa/hessen-europa/landesvertretung-bruessel/die-vertretung-des-landes-hessen-bei-der. Abgerufen am 2. 2. 2016.

unmittelbare Zusammenarbeit mit allen drei Partnern – Aquitaine in Frankreich als dritte Einheit[183] – in Brüssel ermöglicht werden konnte.

Nach einem schweren Erdbeben in der Türkei reagierten auch Hessen und seine Landesregierung mit Hilfsmaßnahmen. Jung reiste am 7. Dezember mit einer hessischen Delegation in die Türkei, um sich von der Lage ein Bild zu machen. Im Gepäck hatten sie u.a. warme Kleidung und Schuhe, v.a. auch für Kinder. Er vergisst nicht den Moment, wo er – die Kälte bis heute förmlich spürend – einem kleinen Kind die Stiefel anzog, das ihm um den Hals fiel und vor Dankbarkeit Tränen in den Augen hatte.[184] Für ihn galt in diesem Augenblick der Grundsatz, so viel Gutes zu tun was möglich ist. Auch in den Landtagsdebatten kümmerte sich Jung um zahlreiche Angelegenheiten bis hin zur kleinen Anfrage der Opposition.

Der Schwerpunkt seiner politischen Tätigkeit lag aber in der Staatskanzlei. Als deren Chef war er natürlich auch für die Koordination innerhalb der Landesregierung mitverantwortlich. Hier galt es beispielsweise mit dem Koalitionspartner FDP, mit dem es eine gute Zusammenarbeit gab, jeden Montag die Koalitionsrunde inhaltlich zu gestalten. Hier konnten dann alle wesentlichen politischen Probleme und Anliegen in einem kooperativen und freundschaftlichen Stil[185] besprochen werden. Problematischer war aber, so Jung[186], nach rund 40 Jahren sozialdemokratischer Herrschaft „die Qualität mancher Mitarbeiter." Hier wurde dann auch im Laufe der Legislaturperiode die eine oder andere personelle Änderung vorgenommen. Jung war auch zuständig für die Medienpolitik, eine Aufgabe, die beim Chef der Staatskanzlei zusammenlief. Wichtig war ihm dabei u.a. ein neues Mediengesetz, das die Beteiligung und Mitwirkung zusätzlicher bedeutender gesellschaftlicher Gruppen und Organisationen vorsah. Jung gelang es in diesem Zusammenhang, Helmut Reitze, der sich als Intendanten des HR beworben hatte, durchzusetzen. In seinen Augen war er „ein hervorragender Journalist des ZDF."[187] Aber auch sein Organisationstalent war immer wieder gefordert. Turnusgemäß hatte Roland Koch als hessischer Ministerpräsident 1999 den Bundesratsvorsitz inne, das bedeutete auch, den Tag der deutschen Einheit am 3. Oktober auszurichten. Was lag näher, als Franz Josef Jung mit dieser Aufgabe zu betrauen? So organisierte er am 3. Oktober in Wiesbaden das große Bürgerfest. Wichtig war ihm dabei vor allem, einen Bezug zu Kindern und Jugendlichen herzustellen. Von

183 Siehe dazu: https://staatskanzlei.hessen.de/europa/partnerregionen-und-internationales/hessische-partnerregionen. Abgerufen am 2.2.2016.

184 Interview mit Jung vom 21.7.2015.

185 Interview mit Jung vom 7.10.2016.

186 Ebda.

187 Ebda.

daher kam er auf die Idee, den Sänger Rolf Zukowski auftreten zu lassen, was zunächst bei manchen Kabinettsmitgliedern einige Vorbehalte auslöste. Eine recht kritische Diskussion folgte, in der sich Jung aber mit seinem Ansinnen durchsetzen konnte. Als dann viele Kinder gemeinsam mit dem Sänger das Wiesbadener Kurhaus betraten, wollte der Applaus kaum enden. Nicht nur darüber, sondern auch über weitere zahlreiche positive Reaktionen seitens der Öffentlichkeit freute sich der Minister.[188]

In der hessischen Landespolitik setzte Jung 1999 abermals ein weiteres Zeichen bezüglich der Erinnerung an die deutsch-deutsche Teilung und sollte damit eine „Ostalgie" sowie Geschichtsklitterung vorbeugen. Den ehemaligen amerikanischen Stützpunkt Point Alpha, an der früheren innerdeutschen Grenze idyllisch in der Rhön zwischen dem hessischen Rasdorf und dem thüringischen Geisa gelegen, wollte Hans Eichel noch wenige Monate zuvor „plattmachen".[189] Jung setzte sich aber vehement dafür ein, diesen als Grenzmuseum zu erhalten und als Gedenk- und politische Begegnungsstätte insbesondere auch für Schulklassen auszubauen. Hessen übernahm hierfür 2/3 der Kosten, Thüringen 1/3, beim zweiten hessisch-thüringischen Grenzmuseum Schifflersgrund bei Bad Sooden-Allendorf verhielt es sich umgekehrt. Eine wegweisende und vorausschauende Maßnahme angesichts einer zunehmenden Unkenntnis vieler Schüler über den Unrechtsstaat der DDR. Am 17. September 1999 legte Jung in seiner Eigenschaft als Minister für Bundesangelegenheiten den Grundstein für die hessische Landesvertretung in Berlin in der Nähe des Potsdamer Platzes. Erinnerungen wurden wach: Als 18jähriger Schüler stand er während eines Berlinbesuchs auf dem Holzpodest an der Mauer und blickte in das damals verminte Niemandsland des Potsdamer Platzes. Wie ein Wunder erschien ihm dann an diesem Tag rückblickend die deutsche Einheit[190], für die er immer eingetreten war und die er ja tatkräftig mit vorangetrieben hatte. Und auch später in seinem Amt als Verteidigungsminister war ihm eine angemessene und klare Erinnerungskultur bezüglich der DDR-Vergangenheit ein Herzensanliegen. So setzte es mit seinem Besuch des ehemaligen Stasigefängnisses Berlin-Hohenschönhausen am 19. März 2008 ein wichtiges Zeichen. Jung war nämlich der erste Bundesminister, so der Gedenkstättenleiter Hubertus Knabe[191], der dieses bedeutende Mahnmal aufsuchte. Mit diesem bewussten Signal leistete er einen wichtigen Beitrag, diese zentrale Gedenkstätte, die nach wie vor einen unschätzbaren Beitrag gegen eine Verharmlosung der totalitären DDR-Diktatur darstellt, weiter in das Bewusstsein der Öffentlichkeit zu rücken. Quasi

188 Ebda.
189 Ebda.
190 Ebda.
191 Interview mit Jung vom 6.10.2015.

Franz Josef Jung bei der Grundsteinlegung der Hessischen Landesvertretung in Berlin

nebenbei wurde Jung noch am 12. Dezember zum Vorsitzenden des Fördervereins der Forschungsanstalt in Geisenheim gewählt, ein Ehrenamt, das er als Weinliebhaber kaum ausschlagen konnte.

2.4.1 Spendenaffäre

Anfang 2000 geriet auch die hessische CDU in den Sog der Spendenaffäre[192] der Bundespartei, die auf Hessen bezogen ihren Ursprung Anfang der 80er Jahre in der Ära von Manfred Kanther hatte. Strafrechtlich relevant wurden die damaligen Machenschaften, als am 1. Januar 1984 die Verschärfung des Parteiengesetzes bezüglich der Spendenverbuchung in Kraft trat.[193] Ende 1999 hatte der

192 Zur Chronologie siehe SCHUMACHER, Roland Koch, S. 173–192; WIECZORKE, Koch-Buch, S. 80–96

193 Vgl. NEUMANN/SCHMID, Hessen-CDU, S. 123. Zur Spendenregelung des Parteiengesetzes siehe SALIGER, F.: Parteiengesetz und Strafrecht. Tübingen 2005, S. 70–76. Siehe auch SCHWARZ, Helmut Kohl, S. 870–896.

„Spiegel“ anhand alter Rechenschaftsberichte der Hessen-CDU die Information gewonnen, dass die „sonstigen Einnahmen“ der Partei im Jahr 1989 plötzlich auf vier Millionen DM gestiegen seien.[194] Der CDU waren angeblich drei Vermächtnisse in anonymer Form zuteil geworden: 1989 habe sie knapp 4 Millionen DM, 1991 5,46 Millionen DM erhalten und 1996 seien knapp 3,5 Millionen DM „vererbt“ worden. Dazu kam noch ein zinsloser „Privatkredit“ in Höhe von über zwei Millionen DM von Prinz Casimir zu Sayn-Wittgenstein im Jahr 1998.[195] Sayn-Wittgenstein, damaliger CDU-Schatzmeister, erklärte später, dass er sich erfolglos bemüht habe, die Identität der vermeintlichen Vermächtnisgeber zu ermitteln; er verbuchte die Gelder dann aber als Spenden verstorbener deutschstämmiger jüdischer Emigranten. Nachdem die Staatsanwaltschaft Wiesbaden Vorermittlungen gegen die CDU wegen Steuerhinterziehung aufgenommen hatte, erklärte am 14. Januar 2000 Ministerpräsident Roland Koch auf einer Pressekonferenz in Hofheim, dass die Hessen-CDU 1982/83 unter dem damaligen Generalsekretär Manfred Kanther rund sieben bis acht Millionen DM illegaler Parteispenden auf ein schwarzes Auslandskonto transferiert und anschließend wieder, als sogenannte „jüdische Vermächtnisse“ und Kredite getarnt, zurückgeschleust habe.[196] Laut anderen Quellen hatten 1983/84 Kanther und sein Schatzmeister 20,8 Millionen DM auf drei Konten der Schweizer Bankgesellschaft transferiert, die später bei der Vaduzer Stiftung „Zaunkönig“ angelegt und von dort aus nach Hessen zurückgebracht wurden.[197] Beim „Spiegel“ beispielsweise heißt es dazu:

> „Von der Frankfurter Metallbank wurden 1983 etwa 20,8 Millionen Mark auf drei Konten der Schweizerischen Bankgesellschaft verschoben. Den Transfer hatten der damalige hessische CDU-Generalsekretär Manfred Kanther, der Schatzmeister Casimir Prinz zu Sayn-Wittgenstein und der CDU-Steuerberater Horst Weyrauch organisiert. Nach Angaben der Hessen-CDU handelte es sich um legale Parteigelder. Eine andere Theorie besagt, dass die Hessen das Geld von der Staatsbürgerlichen Vereinigung kurz vor deren Schließung bezogen hatten. Insgesamt 24,3 Millionen Mark, die später bei der Vaduzer Stiftung ‚Zaunkönig‘ geparkt wurden, flossen indirekt nach Hessen zurück, zum Teil als ‚Jüdische Vermächtnisse‘ getarnt.[198]

194 Der Spiegel, 29. 11. 199, S. 27.

195 SCHEUCH, E./SCHEUCH, U.: Die Spendenkrise – Parteien außer Kontrolle. Reinbek 2000, S. 88 f., vgl. SALIGER, Parteiengesetz, S. 437–473.

196 SCHEUCH/SCHEUCH, Die Spendenkrise, S. 89.

197 Ebda. Siehe auch die Statuten der Stiftung vom 13. Mai 1993 sowie das Beistatut, das als einzigen Begünstigten der Stiftung den Landesverband der CDU-Hessen festlegt. Vgl. SALIGER, Parteiengesetz, S. 457 ff.

198 http://www.spiegel.de/politik/deutschland/uebersicht-die-brennenden-fragen-der-cdu-spendenaffaere-a-108558.html#. Abgerufen am 1. 12. 2015.

Nach Aussage aller Beteiligten hatten aber Kanther und Sayn-Wittgenstein das Wissen über die Gelder für sich behalten und weder Roland Koch noch Walter Wallmann darüber informiert. Auch Franz Josef Jung, damals Generalsekretär, erklärte gegenüber der „Welt am Sonntag“:

> „Bis zum Freitag um 13.00 wusste ich nichts von den Konten und jüdischen Vermächtnissen. Als Generalsekretär hatte ich die Rechenschaftsberichte mit zu verantworten und dann auch die Anmeldungen an die Bundestagsverwaltung – und auch die Ausweisung des Vermächtnisses. Das haben wir ordnungsgemäß angemeldet.“[199]

Für Kanther selbst gab es auf dieser Pressekonferenz dann auch „nichts zu beschönigen.“ Die Bezeichnung „Vermächtnisse“ sei rückblickend falsch gewesen, für ihn war es vielmehr die „Rückführung von CDU-Vermögen.“[200] Dennoch – die CDU hatte hier gegen das Parteiengesetz und gegen die Pflicht zur Offenlegung des Auslandsvermögens verstoßen. Kanther wurde wegen Untreue zu Lasten der CDU Hessen rechtskräftig zu einer Geldstrafe verurteilt. Aufgrund der unvollständigen Rechenschaftsberichte musste die Partei eine Strafe von 41,3 Millionen DM zahlen, was sie über einen längeren Zeitraum finanziell schwächte. Noch schwerwiegender war aber der Verlust an Glaubwürdigkeit, da Kanther als Parteichef wie als Innenminister für „Recht und Ordnung“ gestanden hatte und nun als Straftäter verurteilt war.

Koch hatte am 14. Januar auf der oben erwähnten Pressekonferenz erklärt, er wolle bezüglich der Spenden-Affäre eine „brutalst mögliche Aufklärung“ leisten.[201] Er musste aber dann am 9. Februar einräumen, zuvor selbst die Öffentlichkeit „nicht vollständig unterrichtet“ zu haben[202], da er Journalisten trotz mehrfacher Nachfrage am 10. Januar 2000 erklärt hatte, dass „er keinen einzigen Vorgang außerhalb der offiziellen Buchung der CDU Hessen kenne.“[203] „Der Rechenschaftsbericht 1998“, so Koch, „sei sehr wohl mit seiner Billigung manipuliert worden, indem Gelder aus einem schwarzen Konto als Darlehen des Prinzen zu Sayn-Wittgenstein ausgewiesen wurden.“[204] Seine Glaubwürdigkeit war zwar

199 „Welt am Sonntag“ vom 23. 1. 2000. Roland Koch und Volker Bouffier betonen auch heute glaubwürdig, von diesen Vorgängen nichts gewusst zu haben.

200 SCHEUCH/SCHEUCH, Die Spendenkrise, S. 90.

201 Ebda., S. 93. Siehe auch: http://www.focus.de/politik/deutschland/hessen-operation-zaunkoenig_aid_183717.html. Abgerufen am 1. 12. 2015.

202 Siehe „Süddeutsche Zeitung“ vom 21. 12. 2000, S. 4. So auch rückblickend im Gespräch mit MÜLLER-VOGG, Beim Wort genommen, S. 74.

203 NEUMANN/SCHMID, Hessen-CDU, S. 124.

204 SCHEUCH/SCHEUCH, Spendenkrise, S. 93, vgl. auch „Süddeutsche Zeitung“ vom 4. 9. 2000, S. 2.

beschädigt, dennoch wurde er auf dem Landesparteitag der hessischen CDU am 18. Februar 2000 mit phänomenalen 97,63 % als Landesvorsitzender bestätigt; ein weiterer Grund für ihn, das Amt des Ministerpräsidenten nicht aufzugeben. Somit eindrucksvoll unterstützt durch die CDU, aber auch durch die hessische FDP unter Ruth Wagner, verblieb Koch trotz mehrfacher Rücktrittsforderungen von SPD und Grüne[205] im Amt. Eine Selbstauflösung des hessischen Landtags wurde mit Mehrheit von CDU und FDP ebenfalls abgelehnt. Die Opposition im hessischen Landtag hatte insbesondere kritisiert, dass Kochs Wahlkampf 1998/1999 teilweise durch die schwarzen Kassen finanziert worden war[206], und klagte erfolglos auf eine Annullierung der Wahl. Koch gelang es aber, sich der Öffentlichkeit als kompromissloser Aufklärer darzustellen und sie davon zu überzeugen, dass er vor dem öffentlichen Bekanntwerden der illegalen Spenden darüber nichts wusste. Allerdings geriet nun Franz Josef Jung, der noch am 19. Februar mit 327 Stimmen zum stellvertretenden CDU-Landesvorsitzenden (auf Otti Geschka als weitere stellvertretende Landesvorsitzende entfielen vergleichsweise nur 266 Stimmen) und am 11. April in den CDU-Bundesvorstand gewählt worden war, in den Sog der Spendenaffäre. Man warf ihm vor, dass er dieses Treiben nicht unterbunden hat und gebilligt hätte. Er geriet in diese schwierige Lage vor allem auch, da die hessische FDP am Rande ihre Duldsamkeit war.[207] Trotz ihrer Loyalität zu Koch mehrten sich in ihren Reihen nun die Forderungen nach einem Rücktritt von Franz Josef Jung von seinen Regierungsämtern. Diese sind in einem engen Zusammenhang mit dessen langjähriger Tätigkeit als Generalsekretär und Parlamentarischer Geschäftsführer zu sehen. In diesen Ämtern trug er zwangsläufig eine gewisse Mitverantwortung für die Finanzierung von Wahlkämpfen oder auch des Baus einer neuen Parteizentrale. Dabei wurden auch die erwähnten Schwarzgelder mitverwendet. Insgesamt flossen während Jungs Amtszeit als CDU-Generalsekretär mehr als 1,5 Millionen DM Schwarzgeld in die Parteikasse. Allerdings waren Fragen der Parteifinanzierung nicht die originäre Aufgabe eines Generalsekretärs, Jung hatte sich „um politische Themen gekümmert."[208] Dennoch machte die FDP ihr Verbleiben in der Koalition mit der CDU davon abhängig, dass Jung abtrat. Dies trotz der Tatsache, dass Jung als Zeuge vor dem Berliner Parteispenden-Untersuchungsausschuss am 11. Mai 2000 bestritten hatte, etwas von den Schwarzkonten gewusst zu haben und vielmehr erst zu Beginn des Jahres durch

205 Siehe z. B. FAZ vom 10. 2. 2000, S. 1.

206 Siehe dazu auch den Auszug aus dem 2. Zwischenbericht von „ErnstYoung" vom 7. Februar 2000, Anlage 5, der die Verwendung von Geldrückflüssen aus der Schweiz für Wahlkämpfe zwischen 1987 und 1999 belegt.

207 Interviews mit Roland Koch vom 15. 2. 2016 und Volker Bouffier vom 12. 2. 2016.

208 Interview mit Jung im „Rheingau-Echo" vom 14. 09. 2000.

die Erklärungen Manfred Kanthers davon erfahren habe. Um die Finanzen habe sich, so Jung, der Schatzmeister gekümmert. Es sei offenbar einiges hinter seinem Rücken gelaufen: „Das ist für mich unerklärlich, ich bitte um Nachsicht."[209] Zudem hatte Jung ja die Fraktion über das Betrugsverhalten des früheren CDU-Buchhalters Franz-Josef Reischmann informiert. Denn bereits am 23. August 2000 hatte der hessische CDU-Abgeordnete und damalige stellvertretende Vorsitzende der CDU-Landtagsfraktion Frank Lortz aufgrund dieser Informationen Jungs vor dem Haushaltsausschuss des Landtags angegeben, er selbst habe die CDU-Fraktion Ende März 1993 über die zwischen 1988 und 1992 erfolgten Unterschlagungen von 2,2 Millionen DM durch Reischmann aus der Parteikasse informiert. Jung versicherte,

> „er habe in seiner damaligen Doppelfunktion als hessischer CDU-Generalsekretär und Parlamentarischer Geschäftsführer der Landtagsfraktion keinen der detaillierten Berichte je erhalten oder gesehen. Auch von Besprechungen, an denen er nach einem Brief Weyrauchs vom 17. März 1993 teilgenommen haben soll, wisse er nichts. Warum ihn die Berichte nicht erreichten, konnte der ehemalige Staatsminister vor dem Ausschuss nicht erklären: Da müsste ich jetzt spekulieren und das möchte ich vor dem Ausschuss nicht tun. Er sei lediglich im Sommer 1992 mit Weyrauch zu Reischmann gefahren und habe den Buchhalter dort mit Hilfe gefälschter Schecks überführt. [...]. Von den millionenschweren Unterschlagungen des ehemaligen CDU-Buchhalters Franz-Josef Reischmann zwischen 1988 und 1992 habe er im Detail erst im Jahr 2000 erfahren."[210]

Reischmann, der einen aufwendigen Lebensstil bestritt, u. a. ging er gerne ins Spielcasino und hatte zu Hause einen teuren Reitstall gebaut, behauptete dann, auch angeblich von den schwarzen Parteikassen in der Schweiz etwas gewusst zu haben, was er vor dem Untersuchungsausschuss allerdings erst nach einigem Zögern einräumte. Insgesamt wirkte jedoch das Auftreten des einstigen CDU-Buchhalters sowohl vor den verschiedenen Untersuchungsausschüssen in Berlin und Wiesbaden mehr als unseriös.[211] Jung erläuterte auch rückblickend mehr als nach-

---

209 Vgl. WIECZOREK, Koch-Buch, S. 92. Siehe dazu u. a. auch die Presseberichte der „Frankfurter Rundschau" vom 12. 5. 2000, des „Wiesbadener Kuriers" vom 12. 5. 2000, der „FAZ" vom 12. 5. 2000, der „taz" vom 12. 5. 2000 sowie der „Süddeutschen Zeitung" vom 12. 5. 2000.

210 http://www.rp-online.de/politik/schwarzgeld-jung-beteuert-unschuld-aid-1.2267446, abgerufen am 23. 6. 2015.

211 Siehe dazu z. B. den Beitrag des „Wiesbadener Kuriers" vom 12. 12. 2000. „Ei, wenn ich's doch werklisch net weiß" lautete beispielweise eine Lieblingsaussage Reischmanns im allerbesten Hessisch. Siehe auch: http://www.spiegel.de/spiegel/print/d-17114432.html. Abgerufen am 1. 12. 2015.

vollziehbar[212], dass Reischmann „die CDU ganz einfach betrogen" habe, indem er Überweisung vorlegte, dort Zahlen einsetzte und diese manipulierte, mit dem Hinweis: „Das haben wir immer so gemacht."[213] Außer Kanther, Sayn-Wittgenstein und dem CDU-Finanzberater Horst Weyrauch habe laut Jung über dieses illegale Finanzierungssystems des Hessen-CDU niemand etwas gewusst hat. Er erklärte später: „Warum sollte ich mich damals um Geld kümmern? Es war doch immer welches da."[214] Sollte er etwas gewusst haben, so wäre es jedoch merkwürdig gewesen, warum er darüber nichts Roland Koch berichtet haben soll.[215] Fritz Bohl hatte schon am 14. Januar im Präsidium Manfred Kanther gefragt: „Hat Jung etwas davon gewusst?"[216], was Kanther vehement verneinte. Auch heute betont Jung glaubwürdig, dass er von den Spenden nichts mitbekommen habe: „Nein! Ich habe nichts mitgekriegt."[217] Als im Untersuchungsausschuss dann allerdings zwei Briefe Weyrauchs an Jung auftauchten, die dessen angebliche „Mitwisserschaft" um die Stiftung „Zaunkönig" nahelegten[218], Jung aber wohl nie erhalten hat, trat er – nach einem gemeinsamen Gespräch mit FDP-Chefin Ruth Wagner und Roland Koch – am 7. September 2000 schließlich als Minister für Bundes- und Europaangelegenheiten und als Chef der Hessischen Staatskanzlei zurück. Er erklärte sich für schuldlos, trete aber zurück, da die FDP ihm das Vertrauen entzogen habe. In seiner Rücktrittserklärung führte er aus:

> „In den Akten, die die CDU als Geschädigte im Verfahren seit wenigen Tagen einsehen kann, befinden sich im Zusammenhang mit dem Fall Reischmann zwei Briefe, die offensichtlich im Büro Weyrauch sichergestellt worden sind. Diese Briefe […] sind an mich bzw. an Herrn Kanther und mich gerichtet. Beide Briefe haben mich nicht erreicht. In diesen beiden Briefen […] werden zwei völlig verschiedene Versionen zu den Unterschlagungen Reischmanns bei der CDU-Landtagsfraktion dargestellt. In dem einen Brief, der an Herrn Kanther und mich adressiert ist, wird der Fall so dargestellt, wie er war, nämlich daß Reischmann bei den Portokosten Geld unterschlagen hat. In dem zweiten Brief, der nur an mich gerichtet ist, wird der Eindruck erweckt als hätten Überprüfungen […] ergeben, daß die CDU-Fraktion dem CDU-Landesverband zu viel Geld für Portokosten bezahlt habe – und dieses Geld nunmehr mit Zinsen erstattet werden müsse. Ich kenne beide Briefe nicht, ich weiß auch nicht, ob sie über-

212 Interview mit Jung vom 21. 7. 2015.
213 Ebda.
214 Zit. nach NEUMANN/SCHMID, Hessen-CDU, S. 124.
215 Ebda.
216 Interview mit Jung vom 21. 7. 2015.
217 Ebda.
218 SCHUMACHER, Roland Koch, S. 195; http://www.berliner-zeitung.de/archiv/eine-hand-waescht-die-andere,10810590,10065824.html, abgerufen am 23. 6. 2015.

haupt abgeschickt wurden und wer sie bekommen hat. Wahr ist, was ich bereits vor dem Untersuchungsausschuß in Berlin gesagt habe. Ich habe den Rechenschaftsbericht des Büros Weyrauch nicht gekannt. Deshalb wußte ich auch nicht, daß bereits die Unterschlagungen zu Lasten der CDU-Fraktion im Jahre 1988 begonnen haben. Übrigens ein Jahr, das vom Rechnungshof im Rahmen seiner Überprüfung geprüft worden ist. Ich habe auch nicht an irgendwelchen Vertuschungen mitgewirkt. Wahr ist, daß ich die Kassenprüfer der CDU-Fraktion im Rahmen der Prüfung im März 1993 sowohl über die Unterschlagungen des Herrn Reischmann, als auch über die Höhe des Unterschlagungsbetrages unterrichtet habe. Dies wird auch ausdrücklich von den Kassenprüfern zum Beispiel dem Abg. Lortz bestätigt. Ich habe mir in dieser gesamten Finanzaffäre der hessischen CDU nichts zu Schulden kommen lassen und auch nichts vorzuwerfen. Das einzige, was gegen mich spricht, daß ich Personen vertraut habe, denen man – wie man heute weiß – nicht hätte vertrauen dürfen. […] Ich wäre trotzdem bereit, meine Arbeit in der Regierung von Roland Koch fortzusetzen, die mir viel Freude gemacht hat, wenn ich weiterhin die volle Unterstützung der Koalitionspartner hätte. Das aber ist bei der F. D. P. so nicht mehr gegeben. Ich trete deshalb von meinem Amt als Minister für Bundes- und Europaangelegenheiten und Chef der Hessischen Staatskanzlei zurück. Ich möchte mich herzlich bei meinen Mitarbeiterinnen und Mitarbeitern, bei meiner CDU-Fraktion, aber auch meiner Frau und meinen Kindern bedanken, die mich trotz aller öffentlichen Anfechtung und persönlicher Diffamierung immer unterstützt haben. Ich bin sicher, daß ohne die Belastung des Amtes meine Glaubwürdigkeit und mein Ansehen wieder voll und ganz hergestellt werden kann. [….].[219]

Von einigen Medien wurde dieser Rücktritt, der Jung ersichtlich schwer fiel, damals wie auch später als Bauernopfer Kochs interpretiert. Die gesamte Affäre traf Jung zutiefst, da er „es für falsch und in höchstem Maße als ungerecht empfunden hatte.“[220] Seine Enttäuschung verbarg er auch in einem Interview mit dem „Rheingau-Echo“ nicht:

„Es ist ein Stück weit eine tragische Entwicklung, daß man einen solchen Schritt tun muß, ohne sich etwas vorwerfen zu müssen. Fakt ist, daß ich Personen vertraut habe, die dieses Vertrauen mißbraucht haben. Man muß [aber] einfach sehen, daß die Gesamtsituation für die F. D. P. schwierig war, weil sie wahnsinnig unter Druck stand. Die Gefahr war einfach, daß die Koalition nach dem letzten Wochenende ihre Arbeit nicht mehr hätte fortsetzen können. Um dies abzuwenden, hatte mein Schritt dann doch einen Sinn. […] Es wäre aus meiner Sicht verhängnisvoll, wenn wegen einer

219 Rücktrittserklärung Franz Josef Jungs vom 7. 9. 2000, Privatarchiv Linda Kreckel.
220 Interview mit Volker Bouffier vom 12. 2. 2016.

> Sache – von der weder Koch noch ich etwas wußten – die Regierung an der Fortsetzung ihrer Politik gehindert würde [...]. Dahinter muß die eigene Person zurückstehen. [...] Natürlich ist ein Stück Wehmut dabei. [...] Tatsache ist, daß jedermann innerhalb der Koalition weiß, daß es von der Sache her keinen Grund gab zurückzutreten, sondern daß politische Konstellationen dies notwendig machten, um die gemeinsame Arbeit fortzusetzen. Jeder von den politischen Verantwortlichen weíß, daß ich mir nichts habe zuschulden kommen lassen und das belegt auch die Einschätzung der Fraktion, daß der Rücktritt ‚ungerecht' war.[221]

Am Abend seines Rücktritts rief Ruth Wagner Jung noch an und bedauerte in einem sehr emotionalen Gespräch, in dem bei ihr auch einige Tränen flossen, seinen Rücktritt.[222] Auch als Roland Koch der CDU-Fraktion den Rücktritt seines Freundes Jung, der ihm äußerst schwer fiel, bekanntgab, war er von seinen Emotionen überwältigt. Ihm kamen die Tränen und schluchzend verließ er den Fraktionssaal mit den Worten „Manchmal ist eben alles zu viel" durch die Hintertür.[223] Es war eine der schwierigsten und bedrückendsten Stunden für alle in der Fraktion, so auch für Koch. „Der Staatskanzleichef ging und rettete damit seinen Ministerpräsidenten und Freund Roland Koch. Der hat ihm das nicht vergessen"[224], resümierte die „Berliner Zeitung". Koch selbst bestätigte dies auch einige Jahre später: „Richtig ist, wenn Franz Josef Jung nicht zurückgetreten wäre, hätte es den Fortbestand der Koalition nicht gegeben.[225] Jung stellte hier persönliche Ziele im Sinne der übergeordneten Sache, sprich die Regierungsverantwortung der CDU, in den Hintergrund. Danach trat Jung ins zweite Glied zurück und wurde einfacher Abgeordneter. „Das ist bitter, so etwas bleibt, wir hielten aber eisenhart zusammen und keiner wackelte, sonst wäre das Ganze ins Rutschen geraten", konstatiert rückblickend Volker Bouffier.[226] Jungs Standing in der Partei war jedoch danach nicht gesunken, im Gegenteil erhielt er große Unterstützung. „Angesichts des Zuspruchs, den [Jung] momentan aus den eigenen Reihen, aber auch über die Bereiche Hessens und über die eigenen Parteigrenzen hinaus bis zu bedeutenden Persönlichkeiten innerhalb der sozialdemokratischen Partei"[227] erfuhr, dachte er völlig zu Recht nicht einen Augenblick daran, sich gänzlich aus der Politik zurückzuziehen und sein Landtagsmandat aufzugeben. Dies war für ihn damals nie eine

221 Interview mit Jung im „Rheingau-Echo" vom 14.09.2000.
222 Interview mit Jung vom 21.7.2015.
223 SCHUMACHER, Roland Koch, S. 196.
224 http://www.berliner-zeitung.de/archiv/eine-hand-waescht-die-andere,10810590,10065824.html, abgerufen am 23.6.2015.
225 MÜLLER-VOGG, Beim Wort genommen, S. 81.
226 Interview mit Volker Bouffier vom 12.2.2016.
227 Interview mit Jung im „Rheingau-Echo" vom 14.09.2000.

Alternative gewesen. Die Jung zuteil gewordene Solidarität kam auch wenige Tage später eindrucksvoll bei der fünften, vom CDU-Kreisverband am 10. September ausgerichteten Rheingauer Radtour zum Ausdruck. Rund 200 Teilnehmer bekundetem bei herrlichem Sommerwetter dem Ex-Minister, der selbstverständlich an diesem Event teilnahm, ihren Respekt und ihre Anerkennung.[228] Auch vom CDU-Bundesvorstand erhielt Jung am 11. September ein großes Vertrauensvotum. So betonte Wolfgang Schäuble, wie ihm das alles leid täte, es sei unberechtigt; auch Merkel sprach Jung Mut zu, es sei alles ungerecht, was dort stattfinde.[229] Selbst die SPD hat nicht ernsthaft geglaubt, dass Jung aktiv im Spendenskandal involviert gewesen sei, ein Großteil ihrer Vertreter, so z. B. Landtagspräsident Karl Starzacher, hielten Jung immer für einen integren, ehrenhaften Menschen.[230]

Augenscheinlich hatte Kanther gemeinsam mit Wittgenstein Koch und die CDU gezielt hinters Licht geführt, er rückte schließlich erst Anfang Januar mit der Wahrheit heraus. Nur ein sehr enger Zirkel von Menschen hatte hier daran gearbeitet, dass nichts herauskommt. Es war das Interesse dieser am Spendenskandal Beteiligten, sonst niemanden inhaltlich daran teilhaben zu lassen. Eine ganze politische Generation wurde dadurch politisch beschädigt, Jung und Koch wurden so beide Opfer. Auch „die Tatsache, dass Kanther Jung als Generalsekretär ganz schnell verabschiedet hatte"[231], ist ein Indiz dafür, dass Jung wohl nichts wusste, dafür persönlich aber einen hohen Preis zahlte. Eine solche Hypothek wird man nur noch schwer los. Roland Koch tat das sehr weh und sehr leid, denn mit solchen Formen von Ungerechtigkeit hat er auch heute noch ein Problem.[232]

Vor und neben der Spendenaffäre galt es für die Landesregierung und somit natürlich auch für Jung wichtige und wegweisende politische Entscheidungen auf den Weg zu bringen. So erfolgte beispielsweise am 21. Juni 2000 die Entscheidung für den dringend notwendigen Ausbau des Frankfurter Flughafens, der dadurch seine internationale Konkurrenzfähigkeit bis heute behaupten kann. An der am 29. Mai stattgefundenen Tagung der Europaminister im hessischen Kurort Schlangenbad nahm auch Franz Josef Jung teil. Hier ging es um die Fortentwicklung Europas, vor allem im Rahmen des Ausschusses der Regionen um die Koordinierung der Länder- und der Bundespolitik.

Europapolitik beinhaltet die eine oder andere Kuriosität. So auch Anfang Juli 2000, als der damalige österreichische Bundeskanzler Wolfgang Schüssel die Bundesbank in Frankfurt besuchen wollte. Sein Besuch war offiziell angemeldet

228 „Rheingau-Echo" vom 14. 9. 2000.
229 Interview mit Jung vom 21. 7. 2015.
230 Interview mit Roland Koch vom 15. 2. 2016.
231 Ebda.
232 Ebda.

und Franz Josef Jung beabsichtigte, den diplomatischen Gepflogenheiten entsprechend, den Staatsgast auch angemessen zu empfangen. Der damalige Bundesaußenminister Joschka Fischer (Grüne) untersagte in einem Brief Jung dieses Ansinnen jedoch. Was war der Grund? Schlicht und ergreifend der, dass nach einer demokratischen Wahl zum österreichischen Nationalrat am 3. Oktober 1999 der Wählerwille die Möglichkeit einer ÖVP-FPÖ-Koalition eröffnet hatte, die Schüssel als ÖVP-Chef dann auch bildete. Nun galt die FPÖ unter Jörg Haider in gewissen Kreisen aufgrund manch ihrer Positionen als nicht koalitionsfähig. Die EU nahm dies zum Anlass, die stabile und funktionierende Demokratie Österreich zu sanktionieren, damit zu stigmatisieren und auch zu isolieren, ein einmaliger Vorgang in Europa, der ein demokratisches Wählervotum missachten wollte! Letztlich gelang es nicht, Österreich und seine Bundesregierung auf Dauer auszugrenzen. Und auch Franz Josef Jung blieb hier standhaft. Gegenüber Fischer betonte er, dass „wir in einem freien Land leben“[233] und empfing daraufhin den österreichischen Bundeskanzler in diplomatisch korrekter Form. Er holte ihn mit allen politisch gebotenen Ehren vom Flughafen ab.[234] Am 11. Juli begründete Hessen – neben der Emilia Romagna – mit der polnischen Region Posen eine schon erwähnte weitere europäische Partnerschaft. Die Feierlichkeiten waren für Franz Josef Jung allerdings eine der letzten Amtshandlungen in seiner Eigenschaft als Europaminister.

Nun, da Jung wieder als „einfacher“ Abgeordneter fungierte, blieben ihm jede Menge Zeit und Raum, auf anderen Feldern im politischen, aber insbesondere auch kulturellen Bereich, sein außerordentliches Engagement an den Tag zu legen. So hatte er beispielsweise im Rahmen seines Urlaubs auf Gran Canaria im Juli 2001 während eines dortigen Sommerfestivals den international renommierten Pianisten und Dirigenten Justus Frantz kennen und schätzen gelernt. So ergab es sich dann, dass Jung zwei Jahre später am 18. April Vorsitzender vom Förderverein der von Frantz gegründeten „Philharmonie der Nationen“, einem Symphonieorchester mit dem Leitbild von Frieden und Völkerverständigung wurde. Schon ein Jahr zuvor, am 14. März 2002, war er zum Nachfolger von Wilfried Scharnagel im ZDF-Fernsehrat als Vorsitzender der bürgerlichen Fraktion gewählt worden. Aber auch im sportlichen Bereich engagierte sich der begeisterte Anhänger von Eintracht Frankfurt: Eine Landesbürgschaft in Höhe von 4 Mio. für den vom Konkurs bedrohten Bundesligisten, gemeinsam getragen von Koch und Jung, sicherte im Juni 2002 den Verbleib des hessischen Clubs in der höchsten deutschen Fußballliga. Das Geld wurde von der Eintracht übrigens vollständig zurückgezahlt.

233 Interview mit Jung vom 21. 7. 2015.
234 Ebda.

Weiterhin wurde er am 13. Oktober 2002 in den Aufsichtsrat der Staatsweingüter Eltville gewählt, dem er bis zum 21. November 2005 angehörte.

Dann erforderte allerdings der Bundestagswahlkampf zunehmend Jungs volle Einsatzfähigkeit. So traf er u. a. am 17. September mit Helmut Kohl auf einer Wahlkampfveranstaltung in Limburg zusammen. Anschließend sagte dieser zu Jung: „Wir fahren noch wohin."[235] Jung schlug die Gaststätte „Holztor" in Eltville vor. Dort saßen beide gemütlich bei einem Schoppen Riesling zusammen, als ein Rosenverkäufer die beiden sah und daraufhin ganz entgeistert reagierte. Die Bundestagswahl[236] verlor, wie schon erwähnt, die Union unter ihrem Kanzlerkandidaten Edmund Stoiber, denkbar knapp.

Viel Zeit, dieser verpassten Chance hinterher zu trauern, blieb allerdings nicht, warfen doch bereits die hessischen Landtagswahlen ihre Schatten voraus. In diesem Rahmen fand u. a. am 17. Januar 2003 eine Kundgebung mit Helmut Kohl in der Eltviller Rheingauhalle statt, die aufgrund des prominenten Redners überfüllt war und förmlich aus allen Nähten platzte. Ein gutes Omen für eine erfolgreiche Wahl? Ja, denn am 2. Februar 2003 gewann die CDU die Landtagswahlen dann fast sensationell mit 48,8 %, ihrem besten Ergebnis in Hessen. Damit erzielte sie auch die absolute Mehrheit, ein Zeichen, dass die Spendenaffäre ihr nicht langfristig geschadet hatte. Führende CDU-Landes- und Kommunalpolitiker erklärten daraufhin am Wahlabend im hessischen Landtag gegenüber Franz Josef Jung, der in seinem Wahlkreis mit 57,2 % mehr als überzeugend das Direktmandat errang: „Das haben wir nur Dir zu verdanken."[237] Dieser sollte dann auch nur kurz ein „normaler" Abgeordneter der CDU-Fraktion bleiben, denn am 18. Februar wurde er auf Vorschlag Roland Kochs zum neuen Fraktionsvorsitzenden gewählt. Es war die notwenige und verdiente Rehabilitation. Medien wie die Berliner Zeitung kommentierten dieses Ereignis wie folgt:

> „Deshalb ist Roland Koch auch kein Risiko eingegangen, als er jetzt der CDU-Landtagsfraktion vorschlug, Jung zu ihrem neuen Vorsitzenden zu wählen. Damit hilft der Ministerpräsident seinem Retter und langjährigen Weggefährten über die erste Hürde auf dessen vielleicht gar nicht mehr so weitem Weg an die Spitze des Bundeslandes. Denn mit Jung will sich Koch einen zuverlässigen und loyalen Nachfolger heranziehen für den Fall, dass er selbst in drei Jahren als erfolgreicher Kanzlerkandidat der Union nach Berlin wechseln sollte."[238]

---

235 Ebda.

236 SPD 30,1 %, CDU/CSU 30,1 %, Grüne 6,7 %, FDP 5,8 %, PDS 3,1 %.

237 Interview mit Jung vom 21. 7. 2015.

238 http://www.berliner-zeitung.de/archiv/eine-hand-waescht-die-andere,10810590,10065824.html, abgerufen am 23. 6. 2015.

Im Februar 2004 entwickelte er die Idee für ein „Kopftuchgesetz",[239] das es allen Beamten des Landes und der Kommunen untersagte, im Dienst Kleidungsstücke zu tragen, die das Vertrauen in die Neutralität ihrer Amtsführung gefährden könnten. Wörtlich forderte das Gesetz: „Beamte haben sich im Dienst politisch, weltanschaulich und religiös neutral zu verhalten." Ausdrücklich hieß es: „Insbesondere dürfen sie Kleidungsstücke, Symbole und andere Merkmale nicht tragen oder verwenden, die geeignet sind, den politischen, religiösen oder weltanschaulichen Frieden zu gefährden."[240] Umgekehrt wurden Merkmale der christlich-abendländischen Tradition Hessens ausdrücklich begrüßt, nämlich z. B. dass das Kreuz als christliches Symbol weiter getragen werden darf. Anfängliche Bedenken innerhalb der hessischen Landesregierung konnte er ausräumen. Nach ausgiebigen Besprechungen mit seinem Mitarbeiter Ingo Schon, wie Jung ebenfalls ein ausgewiesener Jurist, wurde der Gesetzesentwurf von der Fraktion gebilligt und anschließend im Landtag verabschiedet. Es hielt auch Klagen der Landesanwältin Ute Sacksofsky, eine Frankfurter Rechtsprofessorin, vor dem Hessischen Staatgerichtshof 2007[241] stand, ein Zeichen für die qualitativ hochwertige Arbeit Jungs. Als Vorsitzender einer Arbeitsgemeinschaft der Bundes-CDU zum Thema „Wachstum in neuen Erwerbstrukturen" setzte Jung auch auf arbeitsrechtlicher Ebene wesentliche Akzente[242], mit dem Ziel hier neue Arbeitsplätze zu schaffen, ein dringend notwendiges Ansinnen angesichts von damals über 5 Mio. Arbeitslosen. U. a. mit Professor Hans-Werner Sinn, der ebenfalls Mitglied in dieser Kommission war, war es das Absicht, mehr Flexibilität, statt starrer Strukturen auf dem Arbeitsmarkt zu schaffen, z. B. in Form von 400 €-Jobs, Leiharbeit oder private Arbeitsvermittlung.

Es lohnt sich auch der Blick auf einige persönliche und private Erlebnisse Franz Josef Jungs in seiner Zeit als Fraktionsvorsitzender. So war er zum 50. Geburtstag von Angela Merkel eingeladen. Aufgrund der engen Kontakte zu Jung spielte Justus Frantz mit einer Musikergruppe auf, wovon Merkel ganz begeistert war und wofür sie sich bei Jung bedankte. Da Roland Koch schon lange gute und intensive Beziehungen zum Dalai Lama pflegte, lag ein Besuch in seinem indischen Exil einmal nahe. Jung war mit dabei und wurde im Anwesen der Schwester des Dalai Lamas untergebracht. Zuvor hatten Koch und Jung schon Mumbai und Neu-Delhi bei gut 30 Grad besucht. Und nun der extreme Temperaturgegensatz im Hima-

239 Interview mit Jung vom 21. 7. 2015.

240 Zit. nach http://www.welt.de/politik/article1447956/Urteil-gegen-das-Kopftuch-und-fuer-das-Kreuz.html, Abgerufen am 1. 9. 2015.

241 Siehe das Urteil im Normenkontrollverfahren unter: https://staatsgerichtshof.hessen.de/irj/Staatsgerichtshof_Internet?rid=HMdJ_15/Staatsgerichtshof_Internet/sub/43e/43e20802-d628-dc11-f3ef-ef97ccf4e69f,,,11111111-2222-3333-4444-100000005003%26overview=true.htm

242 Interview mit Jung vom 21. 7. 2015.

laya: Null Grad und Schneefall. Für die Schwester des Dalai Lama kein Problem. Sie wollte es den Gästen mit drei kleinen Elektroöfen behaglich machen, allerdings flogen sämtliche Sicherungen raus und Jung hatte wie selten zuvor gefroren.

Im Februar 2005 konnte Jung eine prominente Sportlerin für die CDU gewinnen: die Dressurreiterin Ann-Kathrin Linsenhoff. Und zur Feier anlässlich des 75. Geburtstags von Helmut Kohl am 29. April im Deidesheimer Hof war auch Jung eingeladen. Während des stimmungsvollen Abends sagte Kohl zur Frau des ehemaligen Bundespräsidenten Herzog. „Das ist der charaktervollste Politiker aus ganz Hessen."[243] Ein schönes, aber auch verdientes Kompliment aus dem Munde des Altbundeskanzlers. Was will man mehr als Auszeichnung für hervorragende politische Arbeit? Das enge, ja schon freundschaftliche Verhältnis zu Helmut Kohl unterstreicht beispielsweise auch dessen Besuch am 6. August bei Jung zu Hause in Erbach.[244]

Rehabilitiert und in der Hessen-CDU fest etabliert, stellte sich für Jung nun im besten Politikeralter wieder einmal, wie schon in den 80er Jahren, die Frage, in die Bundespolitik zu wechseln, für den heimatverbundenen Rheingauer sicherlich kein leichter Schritt. Aber sein Freund Roland Koch machte ihm Mut: „Geh nach Berlin, das macht mehr Sinn, werde Spitzenkandidat und behalt die Nerven, das wird schon."[245] Jung behielt die Nerven, wurde bei der kommenden Bundestagswahl Spitzenkandidat der Hessen-CDU und sollte in Berlin schnell in der Verantwortung aufsteigen.

243 Ebda.
244 Ebda.
245 Interview mit Roland Koch vom 15. 2. 2016.

Bundesminister der Verteidigung

3

3.1 Von der Ernennung zu den vielfältigen Aufgaben eines Ministers

Die notwendigerweise eingeführte Agenda 2010, der daraus resultierende zunehmende Druck der Linkspartei und des linken Flügels innerhalb der SPD sowie das Anwachsen der Arbeitslosenzahl auf über 5 Millionen im Januar 2005 stellten für Bundeskanzler Schröder eine große Herausforderung dar. Die Neigung zu einem politischen Wechsel war in der Bevölkerung offensichtlich. Nach der verlorenen Landtagswahl in Nordrhein-Westfalen am 22. Mai 2005 führte die bewusst herbeigeführte, verlorene Vertrauensfrage am 1. Juli zur Auflösung des Bundestags und zu Neuwahlen. Zwar gewann die CDU die Bundestagwahl[1] am 18. September mit 35,2 % knapp vor der SPD (34,2 %), konnte aber ihre Wunschkoalition mit der FDP nicht bilden. So blieb einzig und allein die Große Koalition als Alternative. Verteidigungsminister wurde der „in der Fraktions- und Regierungsarbeit erfahrene und wegen seiner Loyalität hoch geschätzte Hesse“[2] Franz Josef Jung, der auf Platz eins der hessischen Landesliste in den Bundestag gewählt worden war. Wie kam es dazu? Kabinettslisten werden regional zwischen Kanzler und Landesvorsitzenden besprochen, dies ist selbstverständlich in der Politik. Nach den Worten Roland Kochs sollte der damals 56 Jahre alte Jung mit seiner Erfahrung und seinen Kompetenzen die CDU in Berlin „deutlich verstärken.“ Er sei ein „Angebot der Hessen an die CDU-Spitze“ und zwar „nicht für die zweite Reihe“[3], so dass der

1 Vgl. GÖRTEMAKER, M.: Die Berliner Republik. Wiedervereinigung und Neuorientierung. Berlin 2009, S. 172f.

2 VOGEL, B./VOGEL, H.-J.: Deutschland aus der Vogelperspektive. Eine kleine Geschichte der Bundesrepublik Deutschland. Freiburg 2007, S. 318.

3 Zit. nach der FAZ vom 30. 6. 2005.

Jurist als Spitzenkandidat der Hessen-CDU schon im Vorfeld der Bundestagswahlen als Ministerkandidat gehandelt wurde. Jung war schließlich der Repräsentant einer starken hessischen CDU. Zudem hielt Koch in der Wahlnacht nach Merkels schlechtem Ergebnis „die Truppen zusammen", so dass die Wahl eigentlich zu diesem Zeitpunkt durch einen solchen Schulterschluss erst richtig gewonnen wurde.[4] Am 14. Oktober rief dann Angela Merkel Jung an und teilte ihm mit, dass er Mitglied der neuen Bundesregierung werden solle. Zur Auswahl stünden die Ressorts Landwirtschaft oder Verteidigung. Allerdings müsse sich die CSU entscheiden, ob Horst Seehofer das Landwirtschaftsministerium übernehmen wolle. Hier gab es innerhalb der bayerischen Schwesterpartei noch ein paar Diskussionen. Stoiber, der selbst kalte Füße bekommen hatte und nicht ins Kabinett eintrat, war aber fest entschlossen, Seehofer für diesen Posten vorzuschlagen.[5] Während Jungs Frau sich auch für letzteres aussprach, favorisierte er selbst das Verteidigungsressort, da er „schon immer für klare Führung"[6] gewesen ist. Als erster Verteidigungsminister hatte er zudem die Wehrpflicht abgeleistet. Und schon während der Schulzeit konstatierten ihm seine Mitschüler in der 7. Klasse in einem Klassenheft, wo alle Kinder charakterisiert wurden: „Vormilitärische Ausbildung kann man beim *jungen* Franz Josef genießen"[7], eine Anspielung auf den damaligen Verteidigungsminister Franz Josef Strauß. Roland Koch wollte konsequenterweise, dass Hessens Vertreter im Kabinett ein sehr gutes Ressort erhält. Als Merkel ihn schließlich fragte: „Kann Jung Verteidigung?" bejahte er dies ausdrücklich.[8] Folgerichtig rief Merkel Jung wieder an und schlug ihm am 17. Oktober zum Verteidigungsminister vor. Anschließend bot sie ihm das „Du" an.[9] Nach Abschluss der Koalitionsverhandlungen am 11. November wurde Jung vier Tage später im Hessischen Landtag als CDU-Fraktionsvorsitzender verabschiedet und dann am 22. November zum Bundesminister der Verteidigung ernannt. Während beispielsweise der hessische Vorsitzende des Reservistenverbandes, Oberst d. R. Volker Stein, betonte, dass Jung ein Mann sei, der „gut zur Truppe passt", da er die „Durchsetzungsfähigkeit und Redlichkeit" mitbringe, um nach Jahren der Neustrukturierung „wieder Ruhe in die Truppe zu bringen"[10], galt er vielen Medienvertretern und politischen Beobachtern von Beginn an als Verlegenheitslösung. Ein Minister von Roland Kochs Gnaden, ein Zählkandidat der hessischen CDU oder schlicht eine

4 Interview mit Roland Koch vom 15. 2. 2016.
5 Interview mit Jung vom 8. 12. 2015, Interview mit Volker Bouffier vom 12. 2. 2016.
6 Interview mit Jung vom 21. 7. 2015.
7 Ebda.
8 Interview mit Roland Koch vom 15. 2. 2016.
9 Interview mit Jung vom 21. 7. 2015.
10 Zit. nach „Wiesbadener Kurier" vom 20. 10. 2015.

Fehlbesetzung, so oder ähnlich lauteten zahlreiche vorschnelle Einschätzungen. So schwadronierte Hajo Schumacher z. B. substanzlos in der „Welt":

> „Jung hatte sich für seinen kleinen Bruder Roland geopfert [gemeint ist Jungs Rücktritt im Zuge des Spendenskandals]. Gleichsam als später Dank ist er dafür in Berlin Minister geworden, womit allerdings weder Jung noch dem Land ein Gefallen getan wurde."[11]

Derartige oder ähnliche Behauptungen mancher Medienvertreter, Jung befände sich hier am Gängelband von Koch, entbehren jeglicher Grundlage. Beide Politiker verbanden über Jahre hinweg nicht nur häufig gleiche politische Positionen und eine ähnliche Wertevorstellung, sondern eben auch eine Freundschaft. Logisch, dass auch in Berlin Jung dann Positionen vertrat, die mit denen Kochs in weiten Teilen übereinstimmten.

Als Winzersohn trauten ihm dennoch weite Teile der politischen Öffentlichkeit – wenn überhaupt und, wie noch zu zeigen sein wird, zu Unrecht – vielleicht das Landwirtschaftsministerium zu. Verletzende, ja auch ehrabschneidende Kommentare machten die Runde in einer Zeit, als Deutschlands Bundeswehr schon intensiv internationale Verantwortung zur Bewältigung diverser Konflikte übernommen hatte.[12] Zudem war die unter seinem Vorgänger Peter Struck begonnene Reform noch nicht endgültig umgesetzt worden. Der Planungshorizont für die beabsichtigte Transformation der Bundeswehr betrug nämlich zehn Jahre, da der damalige Generalinspekteur Wolfgang Schneiderhan von weiteren schnellen kurzatmigen Reformen Abstand nehmen wollte.[13] Ein Ministerwechsel ist in einem solchen Augenblick natürlich nicht einfach, denn der „Neue" möchte natürlich, getreu dem Motto „Neue Besen kehren gut", immer etwas ändern. Wer nimmt in einer solchen Phase also gerne freiwillig den „Schleudersitz" des Verteidigungsministers ein? Diese Frage kam Jung aber gar nicht erst in den Sinn. Als deutscher Patriot stellte er sich in dieser schwierigen Phase dem herausfordernden Amt und übernahm so die Verantwortung für 250 000 Soldaten und rund 110 000 zivile Mitarbeiter. Schneiderhan führte dann recht bald mit Jung ein sehr gutes Gespräch und bat ihn, nicht sofort Änderungen in der Struktur und Organisation der Bundeswehr zu veranlassen. „Wir müssen jetzt Geduld haben", betonte

---

11 http://www.welt.de/politik/article5362603/Den-Herren-von-der-Tankstelle-geht-der-Sprit-aus.html, abgerufen am 1. 4. 2015.

12 Siehe dazu z. B.: LÖWENSTEIN, S.: Strippenzieher auf dem Schleudersitz. Warum die innere Kritik an Verteidigungsminister Jung wächst, in: FAZ vom 17. 3. 2006.

13 Interview mit Wolfgang Schneiderhan vom 19. 2. 2016.

er.[14] Das ist natürlich schwierig für einen neuen Minister, der logischerweise nicht als Sachwalter seines Vorgängers wirken will. Jung knirschte hier verständlicherweise etwas, aber er folgte der Bitte Schneiderhans, was eine außerordentlich mutige Entscheidung, auch mit Blick auf Reaktionen innerhalb der CDU, darstellte. So gab es aus der Sicht Schneiderhans zwar einzelne Nachsteuerungen, aber zum Glück keinen neuen großen Reformentwurf. Natürlich stellte sich jetzt die Frage: Wie kann Jung eigene Fußabdrücke hinterlassen? Dazu gab es reichlich Gelegenheit, die der neue Minister dann auch nutzten sollte.

Zu dieser Zeit war die Bundeswehr in zahlreichen Auslandseinsätzen engagiert.[15] Neben – personell und logistisch betrachtet – kleineren Einsätzen wie in Georgien oder im Sudan bildeten der Balkan mit Bosnien-Herzegowina im Rahmen des EUFOR-Einsatzes (als Nachfolgeeinsatz von SFOR) und das Kosovo innerhalb KFOR-Mission nach wie vor einen Schwerpunkt. Hierbei handelte es sich aber im weitesten Sinne um Stabilisierungseinsätze mit einer „überschaubaren" Bedrohungslage. Vor allem war die Bundeswehr aber an Operationen gegen den internationalen Terrorismus beteiligt. Parallel zum Einsatz der deutschen Marine am Horn von Afrika innerhalb der „Operation Enduring Freedom" (OEF) lag hier der Schwerpunkt natürlich beim ISAF-Einsatz in Afghanistan; alles klare Indizien dafür, dass Deutschlands internationale Verantwortung nach der Wiedervereinigung deutlich gewachsen war. Jung[16] war sich von Beginn seiner Amtszeit bewusst, dass ein Land dieser Größenordnung als europäische Mittelmacht nicht abseits der zentralen Herausforderungen und Konflikte stehen kann. Vielmehr musste und muss es seiner Meinung nach als Exportnation, aktives Mitglied der EU und UNO und zentraler Bestandteil der NATO seinen internationalen Verpflichtungen nachkommen. In einer globalisierten Welt machen sicherheitspolitische Risiken und Bedrohungen nun einmal nicht an nationalen Grenzen Halt. Präventionsmaßnahmen, aktives Handeln oder auch entschlossene Reaktionen sind hier von Bedeutung, betonte Jung.[17] Dabei war ihm wichtig, der deutschen Öffentlichkeit deutlich zu machen, dass dabei der Bundeswehr eine Schlüsselrolle zukommt, sind die deutschen Streitkräfte doch ein wesentliches Instrument einer aktiv gestaltenden, vernetzten deutschen Sicherheits- und Verteidigungspolitik. Mit diesen äußeren Rahmenbedingungen sah sich Franz Josef Jung, der von allen

14 Ebda.

15 Siehe dazu: Einsätze der Bundeswehr im Ausland, hg. vom BMVg, Berlin 2008. Ausführlich dazu: Wegweiser zur Geschichte. Auslandseinsätze der Bundeswehr. Hg. im Auftrag des MGFA von B. Chiari u. M. Pahl. Paderborn 2010.

16 Interview mit Jung vom 7. 10. 2016.

17 Ebda.

Beim Empfang der Ministerurkunde durch Bundespräsident Horst Köhler

Verteidigungsministern am längsten in der „heißen Phase“ des Afghanistan-Einsatzes amtierte,[18] bei seinem Amtsantritt also konfrontiert.

Die erste Woche in seinem neuen Amt war vollgepackt mit Terminen[19], galt es doch, seinen künftigen Amtssitz und dessen Personal kennenzulernen. Eine Einweisung in die Einsatzlage, interne Gespräche mit zahlreichen Mitarbeitern und eine Personalversammlung am offiziell 1. Dienstsitz des Verteidigungsministeriums in Bonn waren nur einige Punkte, die Jung schon einen Vorgeschmack auf die künftigen Aufgaben boten. Für Frau und Kinder sollte von nun an nur noch wenig Zeit zur Verfügung stehen, was dem ausgeprägten Familienmenschen Jung nicht leicht fiel. Am Ende dieser Woche ging es aber erst einmal zurück nach Hessen, gratulierten ihm doch die Rheingauer und Eltviller CDU auf einem Empfang am 27. November, dem 1. Adventssonntag, im katholischen Pfarrzentrum in sei-

18 MÜNCH, P.: Die Bundeswehr in Afghanistan. Militärische Handlungslogik in internationalen Interventionen. Freiburg/Berlin/Wien 2015. Zugl. Westfälische Wilhelms-Universität Münster, Philosophie Fakultät, Diss. 2014., S. 94.

19 Siehe den Terminplan vom 19.11.2005, Privatarchiv Linda Kreckel.

nem Wohnort Erbach zum neuen Amt und der damit verbundenen Herausforderung.

Sein erster Besuch eines Bundeswehrstandorts erfolgte – geradezu logischerweise – bei den Flusspionieren in Lahnstein, seinem ersten Ausbildungsort. Es folgten in raschem Ablauf die Antrittsbesuche bei seinen Amtskollegen in Paris und London, anschließend ein Truppenbesuch im Kosovo. Bei diesen Begegnungen mit den Soldaten merkte Jung schnell, „wie stark sich [diese] […] mit ihrem Auftrag identifizierten und von ihrer Tätigkeit überzeugt waren […], wie stark jeder Einzelne […] sich Gedanken um den Sinn und den Zweck des eigenen Handelns im Einsatzland machte."[20] Diese Eindrücke beschäftigten den Minister und erinnerten ihn an seine eigene Dienstzeit, als auch damals im Kameradenkreis über „die Bindung des eigenen Handelns an die Werte und Normen des Grundgesetzes" gesprochen wurde. Ebenso machten sich zu dieser Zeit die jungen Rekruten Gedanken über die Rolle von Streitkräften in der Demokratie.[21] Alles Themen der Inneren Führung, die den Staatsbürger in Uniform in den Fokus rücken. Grundsätze dieser Konzeption[22] sind die Integration der Streitkräfte in Staat und Gesellschaft, das schon erwähnte Leitbild des Staatsbürgers in Uniform und die ethische, rechtliche und politische Legitimation des Auftrages. Weiterhin sollen wesentliche staatliche und gesellschaftliche Werte in der Bundeswehr umgesetzt werden, ebenso werden Grenzen für Befehl und Gehorsam definiert. Die Anwendung des Prinzips „Führen mit Auftrag" sowie die Wahrnehmung der gesetzlich festgelegten Beteiligungsrechte der Soldaten sind weitere zentrale Bestandteile der Inneren Führung. Es gilt somit das Primat der Politik und die Bindung des Handelns der Soldaten an Recht und Gesetz, insbesondere das Grundgesetz. Bei allem Wandel, den die Bundeswehr in diesen Jahren vollzogen hatte, ist es für Jung von großer Bedeutung gewesen, dass diese geschilderten Grundsätze der Inneren Führung Bestand hatten und bis heute haben. Denn diese Prinzipien leisteten einen wesentlichen Beitrag, dass die Bundeswehr zu einem selbstverständlichen Bestandteil unserer Gesellschaft und zu einem zuverlässigen Instrument deutscher Sicherheits- und Verteidigungspolitik geworden ist. Da sich in den letzten Jahren das sicherheitspolitische Umfeld massiv verändert hat und die deutschen Auslandseinsätze ein sichtbareres Zeichen dieser Entwicklung darstellen, war es notwendig, die Zentrale Dienstvorschrift (ZDv) zur Inneren Führung nach 1972

20 Vorwort von Franz Josef Jung, in: Y.Special. Magazin der Bundeswehr. Innere Führung. Immer im Einsatz. Nr. 6, 2008, S. 3.

21 Ebda.

22 Siehe dazu die Zentrale Dienstvorschrift (ZDv) 10/1 Innere Führung. Selbstverständnis und Führungskultur der Bundeswehr. Bonn 2008. Siehe auch STAHLHUT, B.: Innerer Kompass für das Handeln. Grundwerte des Staatsbürgers in Uniform, in: if. Zeitschrift für Innere Führung, Nr. 1 2008, S. 19–22.

und 1993 an die aktuellen Herausforderungen anzupassen. Jung erließ somit 2008 eine neue ZDv, die den Soldaten bei ihren Einsätzen als ein „ethisches Regelwerk und eine praxisnahe Handreichung" dienen soll.[23] Die Vermittlung von interkultureller Kompetenz sowie politischem und moralischem Urteilsvermögen oder auch diplomatischem Fingerspitzengefühl sind neben der Fähigkeit zum Kämpfen wichtige Voraussetzungen für einen Auslandseinsatz. So betonte Jung völlig zu Recht, dass Innere Führung kein Selbstzweck darstelle, sondern mit der Ausgestaltung durch den Menschen stehe oder falle. Von daher habe jeder Vorgesetzte die Innere Führung mit seinem persönlichen Beispiel vorzuleben.[24] Für Jung, der auch heute noch ein Befürworter der Wehrpflicht ist, bildete das Leitbild des Staatsbürgers in Uniform die zentrale Voraussetzung von Streitkräften in einer Demokratie. Von daher widmete er sich schon kurz nach seinem Amtsantritt Fragen der Ausbildung und Bildung von Soldaten im Rahmen der Inneren Führung. Ihm war wichtig, dass der militärische Vorgesetzte die ihm unterstellten Soldaten so führt und ausbildet, dass diese ihre Befähigung zu eigenverantwortlichem Handeln weiterentwickeln können.[25] Schon im November 2006 hatte der Minister zu diesem ihm sehr wichtigen Thema eine richtungsweisende Rede anlässlich des Festaktes zum 50-jährigen Bestehen des Zentrums Innere Führung in Koblenz gehalten:

> „50 Jahre Zentrum Innere Führung sind zugleich 50 Jahre der Geschichte unserer Bundeswehr. Sie zeigen die Verbundenheit der Bundeswehr mit der deutschen Gesellschaft. Sie unterstreichen den Versuch, die Erfordernisse des Dienstes in den Streitkräften mit den Werten des Grundgesetzes in Einklang zu bringen. Innere Führung ist heute das Markenzeichen der Bundeswehr [...]. Wenn sich heute mehr als 20 Staaten an der Konzeption vom ‚Staatsbürger in Uniform' orientieren, so ist dies nicht zuletzt eine Bestätigung für unseren ‚Exportschlager' Innere Führung. Innere Führung ist eine dynamische Konzeption, dies ergibt sich aus ihrem Wesen. Sie orientiert sich an den beiden Bezugspunkten soldatischen Dienens in der Bundeswehr: den politisch vermittelten Auftrag der Streitkräfte und die Werteordnung des Grundgesetzes. [...] Für die Bundeswehr als Armee im Einsatz gilt mehr denn je: Unsere Soldatinnen und Soldaten sind auf den Rückhalt der Gesellschaft angewiesen. Wir müssen die politischen Begründungen für Auslandseinsätze für den Staatsbürger mit und ohne Uniform so einleuchtend wie möglich formulieren. Denn die Überzeugungskraft der Begründung hat

23 Tagesbefehl des Bundesministers der Verteidigung, in: ZDv 10/1, S. 4.
24 Ebda.
25 Siehe dazu auch REEB, H.-J.: Das pädagogische Konzept Baudissins. Innere Führung wirkt im Transformationsprozess, in: if. Zeitschrift für Innere Führung, Nr. 1 2007, S. 25–32, hier S. 32.

unmittelbare Auswirkungen auf die Auftragserfüllung. Wichtig ist mir deshalb dreierlei: eine größere Transparenz der Entscheidungsprozesse auf europäischer und internationaler Ebene, klare Koordinierungs- und Abstimmungsprozesse entsprechend unserem vernetzten Ansatz, und eine klare Kommunikation in die Truppe hinein. Wenn die Entscheidung einmal getroffen ist, ist sie so klar wie möglich der Truppe zu erläutern. Die Anforderungen an unsere Soldaten, in den Einsatzgebieten und zu Hause, sind hoch. Vier bis sechs Monate in der Fremde, manchmal noch länger, sind unsere Soldaten im Einsatz. Der Rhythmus von Werktag und Wochenende ist dann aufgehoben, allenfalls gibt es kurze Ruhepausen. Der Dienst ist fordernd. Auf hoher See etwa, bei 55° C Betriebsraumtemperatur, wird dies deutlich. Die Kommunikation mit der Familie ist sparsam. Keine email kann das persönliche Gespräch ersetzen. Unsere Soldatinnen und Soldaten im Einsatz machen sich Sorgen um ihre Familien, die nun allein die Probleme des täglichen Lebens meistern müssen. Ihrer Motivation dient, wenn sie wissen, dass ihre Angehörigen gut betreut werden. Hinzu kommt der psychische Druck. Nicht selten entstehen im Einsatz existentielle Notsituationen. Die Soldaten brauchen daher eine innere Festigkeit, um in Gefahren zu bestehen und den Belastungen des manchmal auch eintönigen Routinedienstes ohne Privatsphäre gewachsen zu sein. Und sie brauchen Vorgesetzte, die eine helfende Dienstaufsicht praktizieren, das Gespräch mit dem Einzelnen suchen und sich rund um die Uhr kümmern. Führen, ausbilden, erziehen gehören zusammen. […] Innere Führung muß gelebt werden. Wir brauchen gelebte Grundsätze und einen festen Stand. Dazu gehört, daß wir wissen, wo wir herkommen. Gewiß, Zusammengehörigkeit erwächst aus gemeinsam bewältigten Aufgaben. Doch wir brauchen auch eine stärkere Besinnung auf unsere militärischen Traditionen auf der Grundlage unseres freiheitlich-demokratischen Selbstbewußtseins. Geschichtliche Kenntnisse, das Wissen um die Entstehung von Werten und Normen, die Auseinandersetzung mit prägenden Gestalten der Geschichte, die Kenntnis von Symbolen gehört wesentlich zur soldatischen Erziehung. Eine Stärkung der politisch-historischen Bildung ist deshalb für mich eine wichtige Folgerung, um dem drohenden Verlust von Geschichtsbewußtsein entgegenzuwirken. […] Der Soldat der Bundeswehr muß im Einsatz kämpfen können und wollen. Der Soldat von heute ist darüber hinaus mehr denn je als Helfer, Vermittler und Schlichter gefordert. Dafür benötigen unsere Soldaten Kompetenzen, die über rein militärische Aspekte weit hinausreichen. Neben Charakterstärke und Menschenkenntnis sind vor allem politisches und ethisches Urteilsvermögen, diplomatisches Fingerspitzengefühl sowie kulturelle Kompetenzen – die Kenntnis von Sprachen und Kulturen – gefragt. […] Es wäre heuchlerisch, die Bundeswehr für Fehlentwicklungen zur Rechenschaft zu ziehen, die in Wirklichkeit in unserer Gesellschaft liegen. Haltlosigkeit, Werteverfall, Egoismus, die Abkehr von christlichen und humanistischen Idealen sind Phänomene, die in den letzten Jahren zugenommen haben. […] Die unmittelbare Konfrontation mit dem Leid der Menschen und die Erfahrung, dass Kameraden scheinbar willkürlich Opfer terroristischer Anschläge werden, rufen bei vielen Fragen nach den christlichen Werten hervor. Immer mehr Soldatinnen und Soldaten erkennen, dass in Grenzsituationen auch der Glaube Hilfe bieten kann. [...] Ich erwarte, dass jede militärische Führungskraft sich intensiv mit der Inneren Führung auseinander setzt und die Weiterbildungsangebote des Zentrums Innere Führung nutzt. [...] Innere Führung: Noch nie war sie so wertvoll wie heute; noch nie war sie so notwendig wie heute. Sie ist der Kompaß des Soldaten in einem scheinbar unübersichtlichen Gelände."[26]

Klare Worte, die die Handschrift des neuen Ministers deutlich erkennen lassen und die dann auch in vielfältigen Formen politisch um- und durchgesetzt werden sollten, so z. B. im 2006 herausgegebenen neuen Weißbuch.

Jungs erste Auslandsreise in seiner Funktion als frischgebackener Verteidigungsminister führte ihn in die USA. Am 19. Dezember 2005 machte er in Washington bei seinem Kollegen Donald Rumsfeld seinen Antrittsbesuch, der zu Beginn alles andere als in einer entspannten Atmosphäre verlief.[27] Rumsfeld fragte nämlich sofort und ohne Umschweife in einem recht barschen Ton Jung, wann denn Deutschland endlich den von der NATO geforderten Anteil bei den Verteidigungsausgaben in Höhe von 2 % des BIP erreiche. 1,4 % seien eindeutig zu wenig. Und Rumsfeld drängte weiter: Die NATO müsse intensiver und geschlossener auftreten, alle Partner müssten hier ihren Beitrag leisten, so eben auch Europa und v. a. Deutschland. Er trat in dieser sehr kritischen Diskussion, an der auch der deutsche Botschafter Wolfgang Ischinger beteiligt war, insgesamt äußerst fordernd auf. Dennoch, oder vielleicht gerade deshalb schenkte ihm Jung im Anschluss daran eine Flasche Rheingauer Wein. Die Stimmung änderte sich schlagartig.[28] Rumsfeld fragte Jung, ob er nicht noch Zeit hätte und mit in sein Büro kommen wolle. Anschließend unterhielten sich die beiden noch eine gute halbe Stunde in nun sehr entspannter Atmosphäre über die allgemeine Situation der NATO und Europas. Das Eis war gebrochen.

Anschließend ging es auch schon direkt weiter nach Djibouti, wo er der Fregatte „Schleswig", die im Rahmen der „Operation Enduring Freedom" am Horn von Afrika ihren Dienst versah, einen Truppenbesuch abstattete. Nach einer Stippvisite in Pakistans Hauptstadt Islamabad, wo es in Gesprächen um die Bekämpfung

26 Rede des Bundesministers der Verteidigung, Dr. Franz Josef Jung, anlässlich des Festaktes zum 50-jährigen Bestehen des Zentrums Innere Führung am 30. November 2006 in Koblenz, in: http://www.bmvg.de/portal/a/bmvg/!ut/p/c4/NY3BCsIwEET_KGnVKnpTRBBEvWm9lDTZpluapGy2FcSPtxU6A3N5Doa-5FivBrSKMXjVyqfMNe7KtyjdYIVDj5GBsHfCQtQ16pqh-LMBiAEN2t7bOItFBOQi3WaZMFSR8p8mRKiaoZGP6cyAoMEDT8vgGce1pDiQ6AJxO5GeaCQCjcyT9HhIomRO-l1fNof8vlosz9fTTXbO7X_aFBJr/. Abgerufen am 20. 2. 2016.

27 Interview mit Jung vom 7. 10. 2016.

28 Ebda.

der Taliban an der Grenze zu Afghanistan ging, traf er am 22. Dezember in Afghanistan zum Truppenbesuch beim deutschen Kommandeur des Regionalkommandos Nord der ISAF in Mazar-e-Sharif, General Markus Kneip, ein. Ziel war es, erstens die Truppe zu unterstützen und zweitens Informationen vor Ort, also in Mazar-e Sharif, Feizabad und Kunduz zu erlangen. Jung suchte hier von Beginn an intensiv die Gespräche mit Soldaten aller Dienstgrade, um herauszufinden, wo mehr Unterstützung geleistet und wo geholfen werden konnte. Abgerundet wurde dieser Besuch durch ein Treffen mit dem afghanischen Präsidenten Hamid Karzai in Kabul.[29]

Ende Januar 2006 wurde Jung von der hessischen CDU-Fraktion auch offiziell aus der Landespolitik verabschiedet. Aber auch Vertreter der anderen Fraktionen, darunter auch zahlreiche Politiker der Grünen, Mitarbeiter der Landtagsverwaltung und jede Menge Journalisten waren an diesem Tag unter den Gästen, zollten Jung ihren Respekt und verdeutlichten so eindrucksvoll, dass er ein über die Parteigrenzen anerkannter und geachteter Politiker ist. Natürlich gab es an diesem Abend viele Geschenke, das schönste war für Jung aber ein Fußballtrikot mit der Nummer 10, die er als Mitglied der legendären Landtags-Elf immer getragen hatte. Und noch eine nette Anekdote am Rande zu Beginn von Jungs Amtszeit sei hier erwähnt. Im Dezember erfolgte eine Einladung von Sandra Maischberger zu ihrer Sendung „Menschen bei Maischberger".[30] Am Ende der Sendung wollte sie Jung auf die Probe stellen: „So, sie kommen ja aus dem Weinbau." Unter drei Flaschen Wein sollte Jung erkennen, welche aus seinem Weingut stammt. Das Problem war, dass es sich um ähnliche Weine, vermutlich alles Riesling, handelte. Jung musste also raten. Zum Glück tippte er auf die richtige Flasche und konnte sich so als Weinkenner und -experte auszeichnen.

Im Verteidigungsministerium besetzte Jung manche Dienststellen, sicher auch aufgrund eigener fehlender Erfahrungen, mit bewährten Kräften. So wurde z. B. am 16. Dezember 2005 Peter Wichert erneut zum beamteten Staatssekretär ernannt. Jung wollte nämlich auf einen erfahrenen Mitarbeiter zurückgreifen. Da Wichert schon zwischen 1991 und 2000, u. a. unter Volker Rühe, dieses Amt bekleidet hatte, lag es nahe, ihn statt Klaus-Günther Biederbick (SPD) zum Staatssekretär zu ernennen. Peter Eickenboom (ebenfalls SPD) beließ Jung jedoch auf seiner Position; ein Zeichen, dass parteipolitisches Taktieren hier nicht im Vordergrund stand. Insgesamt entwickelte sich zwischen Jung und Wichert eine gute Zusammenarbeit, wobei es natürlich auch Meinungsverschiedenheiten gab, Wichert aber Jungs Position immer respektierte und akzeptierte.[31] Für viele Mit-

29 Interview mit Jung vom 21. 7. 2015.

30 Ebda.

31 Interview mit Jung vom 1. 2. 2016, Interview mit Wolfgang Schneiderhan vom 19. 2. 2016.

arbeiter wirkte der Staatssekretär aber dennoch als eine „furchterregende Figur im Ministerium", gegen die als eine Schlüsselfigur manche Reformideen erst durchgesetzt werden mussten.[32] „Manchmal", so Wolfgang Schneiderhan, „muss man aber auch Dinge vom Minister, der viel Außenwirkung hat, weghalten und entscheiden; solche Leute, ohne die der Laden nicht funktioniert, braucht man."[33] Dies geschah jedoch immer in Absprache mit Jung. Allerdings hatte Wichert dann schnell gelernt, dass er nicht mehr die uneingeschränkte Herrschaft wie unter Volker Rühe genoss, vielmehr machte Jung deutlich, dass die zentralen Themen Chefsache sind.[34] Insgesamt war der Verwaltungsjurist aber ein Staatssekretär mit hoher Sachkompetenz und eine unglaublich wichtige Stütze in der Administration.

Nach 100 Tagen im Amt hatte sich Franz Josef Jung im neuen Berliner Umfeld sehr gut eingelebt. Er hatte eine schöne Wohnung gefunden, die parlamentarischen Abläufe waren ihm sowieso bekannt und die persönliche Zusammenarbeit im Kabinett war reibungslos. Die abwechslungsreichen Arbeitstage im Ministerium, die in der Regel um 7 Uhr begannen und gegen 23 Uhr endeten, beinhalteten neben zahlreichen Besprechungen und Sitzungen auch viel Aktenstudium, für einen versierten Juristen wie Jung überhaupt kein Problem. Trotz einer damit verbundenen intensiven zeitlichen Belastung legte er schon in diesen ersten Wochen einen großen Wert auf Truppenbesuche im In- und Ausland. Ihm war es von Anfang an wichtig, nahe dran an den Soldaten und ihren Problemen, Sorgen und Wünschen zu sein. So besuchte er z. B. im Januar 2006 ein U-Boot in Eckernförde. Jung betrat hier im wahrsten Sinne des Wortes glatten Boden, denn es hatte gefroren und er dachte: „Hoffentlich passiert mir nichts." Aber alles ging gut, der Minister war von den neuen Booten wie auch vom Mittagessen begeistert.[35] Weitere Besuche galten u. a. der Luftwaffe in Wittmund, den Sanitätern am Bundeswehrzentralkrankenhaus in Koblenz und der Führungsakademie (FüAk) der Bundeswehr in Hamburg. Beide Einrichtungen bezeichnet Jung auch heute noch zu Recht als vorbildlich. Gerade die FüAk leistet, nicht nur aus der Sicht Jungs, einen unglaublich wichtigen Beitrag für die internationalen Beziehungen. Er erlebte dies in einem Fall ganz persönlich, als er in Südkorea zu Besuch war und es um Verhandlungen um U-Boot-Lieferungen ging. Sein südkoreanischer Kollege betonte Jung gegenüber: „Sie brauchen sich keine Sorgen zu machen, es ist eindeutig für wen wir uns entscheiden werden, denn meine gesamte Generalität war auf der Führungsakademie in Hamburg zur Ausbildung."[36] Jung nahm weiterhin im Ja-

32 Gespräch mit Gerhard Stöhr vom 28. 4. 2015.
33 Interview mit Wolfgang Schneiderhan vom 19. 2. 2016.
34 Ebda. Zur Rolle Wicherts vgl. auch MÜNCH, Bundeswehr in Afghanistan, S. 94 f.
35 Interview mit Jung vom 6. 10. 2015.
36 Ebda.

nuar 2006 im Kölner Dom an einem Soldatenfriedensgottesdienst teil, wo Kardinal Meißner in seiner Predigt sehr gut auf die Belange der Soldaten eingegangen ist.[37] Auch in den folgenden Jahren besaß diese Veranstaltung einen festen Platz im Terminkalender des Ministers, der während seiner Dienstzeit insgesamt 227 Truppenbesuche absolvierte. So gelang es Jung, sich in Kürze ein authentisches und objektives Bild von der Bundeswehr zu machen. Im Umkehrschluss war seine Freizeit, die er vor allem mit seiner Familie verbrachte, dadurch natürlich noch mehr zusammengeschmolzen.[38]

Eine erste große Herausforderung stellte für den frischgebackenen Minister allerdings die Entlassung zweier Drei-Sterne-Generäle am 27. Januar 2006 dar. Jürgen Ruwe, zu dieser Zeit stellvertretender Inspekteur des Heeres, wurde zusammen mit Hans-Heinrich Dieter, dem damaligen Stellvertreter des Generalinspekteurs und Inspekteur der Streitkräftebasis (SKB), auf Grundlage § 50 des Soldatengesetzes ohne Angaben von Gründen von Jung in den einstweiligen Ruhestand versetzt. Was war der Hintergrund dieses Vorfalls, den Jung quasi von seinem Vorgänger geerbt hatte?[39] Anlass hierfür waren disziplinarische Ermittlungen gegen den Sohn Ruwes wegen angeblicher rechtsradikaler Äußerungen, die bei einem Streit mit Kameraden gefallen sein sollen. Der Junior studierte zu diesem Zeitpunkt im Dienstgrad eines Leutnants an der Bundeswehruniversität in Hamburg. Dieter, dem die Universität truppendienstlich unterstand, hatte im Oktober 2005 unbefugterweise vertrauliche Informationen über den Stand der Vorermittlungen an Ruwe, seinem Duzfreund, weitergegeben, der daraufhin nach eigenen Angaben mit seinem Sohn darüber gesprochen und dieses Vorgehen lediglich als Verstoß gegen formale Bestimmungen, für den höchstens eine Pflichtermahnung in Betracht käme, gewertet habe. Als dieser Vorfall jedoch an die Öffentlichkeit geriet, stand der Vorwurf des Verrats von Dienstgeheimnissen im Raum. Dieter[40] bestätigte daraufhin, einen internen Vermerk über Ermittlungen gegen Ruwes Sohn weiter gegeben zu haben. Zu diesem Fehler „stehe ich", erklärte der General. Er habe Ruwe Gelegenheit geben wollen, auf seinen Sohn po-

37 Ebda.

38 Vgl. ein Interview mit Jung im „Rheingau-Echo" vom 2.3.2006.

39 Siehe dazu u.a.: Die Welt vom 26.1.2006: http://www.welt.de/print-welt/article193586/General-legt-sich-mit-Verteidigungsminister-an.html; Handelsblatt vom 29.1.2006: http://www.handelsblatt.com/politik/deutschland/bundeswehr-geschasste-generaele-kritisieren-verteidigungsminister/2607188.html; Hamburger Abendblatt vom 3.2.2006: http://www.abendblatt.de/politik/deutschland/article107083749/Warum-Verschwoerung-vermuten-wenn-Dummheit-als-Begruendung-ausreicht.html, http://www.faz.net/aktuell/politik/inland/bundeswehr-ungeheuerliche-indiskretion-1303407.html. Alle abgerufen am 28.10.2015

40 Vgl. zum Folgenden: Handelsblatt vom 29.1.2006: http://www.handelsblatt.com/politik/deutschland/bundeswehr-geschasste-generaele-kritisieren-verteidigungsminister/2607188.html.

sitiv einzuwirken, wenn es tatsächlich Verfehlungen gegeben haben sollte. Seine und Ruwes erfolgte Entlassung halte er aber für „völlig überzogen und unangemessen". Dem Verteidigungsminister warf Dieter, der kurz vor dem 40. Dienstjubiläum stand, „fehlerhaftes Führungsverhalten" und „Verstöße gegen die innere Führung" vor. Er wisse nicht, warum Jung so handele, sagte Dieter, aber „auch ein General hat ein Recht auf anständige Behandlung."[41] Er kritisierte weiter, dass Jung als sein oberster Disziplinarvorgesetzter vor der Entscheidung nicht das Gespräch mit ihm gesucht habe – wozu Jung übrigens in keiner Weise verpflichtet war. „Ich fühle mich unfair, unanständig und ungerecht behandelt. Man jagt mich vom Hof, als hätte ich silberne Löffel geklaut."[42] Nach Informationen des „Hamburger Abendblattes"[43] trafen die geschilderten Vorwürfe jedoch zu, weshalb sich andere hochrangige Offiziere mit Solidaritätsbekundungen für ihre Kameraden zurückhielten. Hinter vorgehaltener Hand seien sie allerdings deutlicher geworden – und sparten nicht mit Kritik am Verhalten der beiden Generäle. „Was da abgelaufen ist, geht gar nicht", erklärte ein höherer Offizier, der namentlich nicht genannt werden wollte, gegenüber dem „Hamburger Abendblatt." „Wenn das in einem Bataillon zwei Kompaniechefs gemacht hätten, wäre sie beide achtkantig rausgeflogen."[44] Dementsprechend sorgte das Verhalten der beiden Generäle hinter den Kulissen für Kopfschütteln. Spekulationen, Generalinspekteur Wolfgang Schneiderhan, der weder verfahrenstechnisch noch auf der Ebene der Rechtsberatung in diesen Fall involviert war,[45] habe auf Ablösung der beiden Generäle gedrängt und die Affäre gezielt in die Öffentlichkeit gegeben, da sie Teile der Bundeswehrstrukturreform abgelehnt hätten, fanden in Stäben und Truppe wenig Halt. Ruwe selbst hatte diese Gerüchte gegenüber der „Welt" zuvor lanciert: „Der tatsächliche Grund liegt darin, dass ich zu unbequem geworden war."[46] Jung äußerte sich zu dem ganzen Vorfall nüchtern und sachlich: „Grund meines Antrages war der Verlust des unabdingbar notwendigen Vertrauens in die Amtsführung der beiden Generäle". Ihm sei es auch darum gegangen, möglichen Schaden von der Bundeswehr abzuwenden,[47] so dass ihm nichts anderes übriggeblieben

---

41 Ebda.

42 Ebda.

43 Hamburger Abendblatt vom 3.2.2006: http://www.abendblatt.de/politik/deutschland/article107083749/Warum-Verschwoerung-vermuten-wenn-Dummheit-als-Begruendung-ausreicht.html.

44 Ebda.

45 Interview mit Wolfgang Schneiderhan vom 19.2.2016.

46 Die Welt vom 26.1.2006: http://www.welt.de/print-welt/article193586/General-legt-sich-mit-Verteidigungsminister-an.html.

47 Zit. nach Handelsblatt vom 29.1.2006: http://www.handelsblatt.com/politik/deutschland/bundeswehr-geschasste-generaele-kritisieren-verteidigungsminister/2607188.html.

ist, Bundespräsident Horst Köhler zu bitten, die beiden Generäle zu entlassen. Als Minister und Jurist wusste er aber, dass er hier schnell und korrekt handeln musste, da schließlich Geheiminformationen aus Akten weitergegeben wurden, „was nicht geht."[48] Man stelle sich nur einmal vor, Jung hätte die beiden nicht entlassen. Dann hätte es sicherlich geheißen, er habe Mauscheleien in seiner Generalität decken wollen. Er verhielt sich hier vollkommen korrekt[49] und nannte nie die Gründe für die Entlassung der beiden Generäle, die ihre Dankurkunde sowie noch drei Monate ihr Gehalt, aber keinen Zapfenstreich erhielten. Ruwe und Dieter wehrten sich zwar juristisch gegen diesen Schritt, bemühten sich aber insgesamt vergeblich um Rehabilitierung.[50] „Dieser anschließende Rundumschlag Ruwes und Dieters war sehr unsoldatisch. Beide taten sich mit der Kampagne keinen Gefallen", konstatiert heute rückblickend Schneiderhan, dessen Freundschaft mit Ruwe im Zuge dieses Vorfalls übrigens in die Brüche ging.[51]

Bald trat der Afghanistan-Einsatz aber immer mehr in den Vordergrund und sollte von nun an einen breiten Raum innerhalb von Jungs Tätigkeiten einnehmen. Nachdem er im Januar 2006 zwei in Afghanistan schwerverletzte Soldaten – der eine hatte ein Bein, der andere beide Beine verloren – besuchte hatte, reagierte der Minister anschließend. Ihm war es extrem wichtig, dass die Soldaten wieder eine Perspektive innerhalb der Bundeswehr besaßen. Deshalb sorgte er dafür, dass im Verteidigungsministerium die Vorlage eines Regierungsentwurfes zum Einsatzweiterverwendungsgesetz erarbeitet wurde, das dann am 8. November 2007 vom Bundestag beschlossen wurde. Es verschafft seitdem Soldaten sowie Zivilbeschäftigten der Bundeswehr, die während eines Auslandseinsatzes der Bundeswehr schwer verwundet wurden, ein Anrecht auf Weiterbeschäftigung und garantiert weiterhin den Betroffenen, dass sie innerhalb einer Schutzzeit von bis zu acht Jahren nur auf eigenen Wunsch versetzt oder aus der Bundeswehr entlassen werden dürfen. Danach können sie einen Anspruch auf Weiterverwendung als Berufssoldat geltend machen, wenn sie zu diesem Zeitpunkt von einer verminderten Erwerbsfähigkeit von mindestens 50 % betroffen sind und sich anschließend in einer sechsmonatigen Probezeit bewährt haben.[52] Diese Maßnahme verschaffte dem Minister zu Recht bis heute hohe Anerkennung, zumal sie auch für Betroffene mit einer posttraumatischen Belastungsstörung (PTBS) gilt.

---

48 Interview mit Jung vom 6. 10. 2015.
49 Interview mit Wolfgang Schneiderhan vom 19. 2. 2016.
50 Siehe dazu ihre Darstellungen auf ihrer jeweiligen Homepage: www.juergenruwe.de und www.hansheinrichdieter.de.
51 Interview mit Wolfgang Schneiderhan vom 19. 2. 2016.
52 http://www.gesetze-im-internet.de/bundesrecht/einsatzwvg/gesamt.pdf.

Im Zusammenhang der von Jung betonten Bedeutung der Inneren Führung nahm das Thema „Innere Befindlichkeit der Bundeswehr", also Fragen wie die Einsatzversorgung und soziale Sicherheit der Soldaten, die Forderung nach Vereinbarkeit von Familie und Beruf und weitere soziale Aspekte des Staatsbürgers in Uniform bei ihm breiten Raum ein. Nicht erst heute unter Ursula von der Leyen, sondern schon unter der Ägide von Jung wurde dies alles definiert, der notwendige Bedarf ermittelt und erste Konzeptionen entworfen.[53] Sein persönliches Engagement und seine Betroffenheit, geprägt von seiner christlichen Grundhaltung, hinsichtlich der Zumutung des Einsatzes der Soldaten waren hier ausschlaggebend. Auch wenn es gegenüber der Verwaltung nicht immer einfach war und Jung nicht immer die nötige Unterstützung erhalten hatte, zog er seine Pläne konsequent durch und leistete im sozialen Bereich der Bundeswehr Pionierarbeit.[54] Hinsichtlich des persönlichen Zugangs, bei den persönlichen Dingen der Soldaten erwarb er sich große Verdienste. „Es ist jedoch niederschmetternd, wie wenig dies alles Jung zugutegehalten wurde. Man dankte ihm es nicht, vielmehr rümpften viele die Nase, da diese Themen damals offensichtlich nicht sexy genug waren."[55] Hinzu kam das Problem, dass, so Schneiderhan, ab 2006 die Lage in Afghanistan kippte: Der Kampf stand nun im Mittelpunkt, andere Faktoren spielten in der Öffentlichkeit keine Rolle mehr, alle Faktoren, die in der Bedürfnishierarchie für den Kämpfer notwendig sind, fielen dann in der allgemeinen Wahrnehmung weg.[56] Es gelang so insgesamt nicht, Jung mit diesen, ihm äußerst wichtigen Themen positiv genug in der Öffentlichkeit darzustellen. Hier hätte er mehr Unterstützung von Seiten des Planungsstabs und des Pressesprechers benötigt.

An dieser Stelle lohnt es sich also, einen kurzen Blick auf Ulrich Schlie, den von Jung im Zuge seines Amtsantritts berufenen Leiter des Planungsstabs, sowie auf Thomas Raabe, damaliger Pressesprecher im Bundesverteidigungsministerium, zu werfen. Schlie, bemerkt der damalige Generalinspekteur Schneiderhan[57], „kam nie im System an. Er war eine schwierige Figur und zum Teil die Ursache für das eine oder andere Problem, das Jung in der Außenwirksamkeit hatte." Hier ging es auch um die Frage des Rollenverständnisses. Schlie und somit dem Planungsstab gelang es nicht, dass Jung in der Diktion auf ihn zugeschnittene Reden erhielt, er fand dabei nie den für ihn passenden Stil. Deswegen, so Schneiderhan, „ging manches in der Wirkung nach außen daneben" und verlor der Planungsstab als ein schlagkräftiges Instrument für den Minister und zum Schutz des Ministers an

53 Interview mit Wolfgang Schneiderhan vom 19. 2. 2016.
54 Ebda.
55 Ebda.
56 Ebda.
57 Siehe zum Folgenden das Interview mit Wolfgang Schneiderhan vom 19. 2. 2016.

„Gewicht und Glanz." Auch Thomas Raabe wirkte in seiner Eigenschaft als Pressesprecher nicht immer sehr gut für den Chef und sein Haus. Infolge seiner Art gelang es ihm nicht, im Vergleich zu seinen Vorgängern ein Vertrauensverhältnis zu den Journalisten aufzubauen. Er war weniger vernetzt und sein „rechthaberisches Getue als dominantes Alphatier ohne jegliche Selbstzweifel" wirkte hier oft irritierend. Der Minister hätte jedoch einen besseren Leiter Planungsstab verdient gehabt, der ihn effizienter beraten hätte, z. B. um seine rhetorischen Schwächen auszugleichen. Das gleiche gilt für den Pressesprecher, dem es nicht gelang, ein gutes Verhältnis zu wichtigen Presse- und Medienvertreter aufzubauen. Vielmehr hatte er es zugelassen, dass es eine „zu große Nähe zu einer schlagzeilenorientierten Zeitung gab." In diesem Zusammenhang gab es gravierende Fehler. So wurden bei einer der ersten Reisen Jungs Vertreter von „Spiegel" und „Focus" anfangs ausgeladen. Diese rächten sich dann später natürlich nicht am Pressesprecher, sondern am Minister.

Anfang Februar 2006 stand der NATO-Gipfel in Sizilien auf dem Programm. Unter anderem ging es hier um die Weiterentwicklung der 2002 von US-Verteidigungsminister Donald Rumsfeld initiierten mobilen und schnellen Eingreiftruppe der NATO, die sogenannte „NATO Response Force" (NRF). Bei ihr handelt es sich um eine innerhalb von fünf Tagen verlegbare Eingreiftruppe, die durch ihren modularen Aufbau in einem breiten Spektrum verschiedener militärischer Operationen eingesetzt werden kann und als Eckstein der NATO-Reform gilt. Die künftigen Aufgaben des Bündnisses wurden nämlich vor allem in der Terrorbekämpfung und im Eindämmen regionaler Krisen definiert. Der Nato mangelte es im Februar allerdings an mehreren tausend Soldaten und einer klaren Finanzierung der NRF. Rumsfeld stellte dazu auch US-Soldaten in Aussicht, wenn die USA ihre Truppenpräsenz im Irak abbauen. Europäische Verbündete hätten, so Rumsfeld, aber keine weiteren Truppen angeboten, so dass noch rund ein Viertel der angestrebten Stärke von 25 000 Soldaten fehlte. Auch eine Annäherung im Streit über die Finanzierung der Einsätze war auf diesem Gipfel nicht erkennbar. So wollte u. a. Deutschland Mehrkosten für sich vermeiden. Franz Josef Jung verwies aber auf die große Beteiligung der Bundeswehr, die rund 30 Prozent der NRF stelle. Nun müsse, so der Minister, die Truppe, bei der Deutschland von Juni bis Dezember eine Führungsrolle übernahm, allerdings handlungsfähig werden.[58] Beim NATO-Gipfel in Riga im November 2006 erfolgte schließlich die Erklärung der „Full Operational Capability", also der vollen Einsatzbereitschaft der NRF.

Zurück in Deutschland nahm Jung am Staatsakt für den verstorbenen ehemaligen Bundespräsidenten Johannes Rau am 7. Februar im Berliner Dom teil. Da-

58 http://www.handelsblatt.com/politik/international/gipfel-in-sizilien-nato-kann-sich-mobile-eingreiftruppe-nicht-leisten/2613062.html

Verteidigungsminister Jung mit Medaillengewinnern der Olympischen Winterspiele 2006

bei wirkten, wie bei solchen Anlässen üblich, auch Soldaten der Bundeswehr mit. Sie trugen den Sarg und trugen alle den Stahlhelm, was Jung jedoch massiv irritierte. Auf seine Veranlassung hin ersetzte bei derartigen Anlässen dann ab sofort das Barett den Stahlhelm, da ihm diese Form der Kopfbedeckung für Kirchen als nicht angemessen erschien.[59] Als Verteidigungsminister war es für Franz Josef Jung geradezu ein Muss, anschließend auch die Olympischen Winterspiele in Turin zu besuchen, schließlich fungierte er ja als oberster Dienstherr von rund 800 Sportsoldaten, die bei der Bundeswehr optimale Förder- und Trainingsmöglichkeiten finden, was sich regelmäßig in zahlreichen herausragenden sportlichen Erfolgen widerspiegelt. Und so hätte sich der Minister mit dem 14. Februar 2006 keinen besseren Tag aussuchen können: Es war der deutsche Goldtag für die Sportsoldaten. Sven Fischer gewann im Biathlon und im Rodeln der Damen feierte Deutschland einen 3fach-Triumph, angeführt von Sylke Otto als stolze Olympiasiegerin. Jung setzte sich sehr für die Sportförderung seitens der Bundeswehr ein, die von seinem Vorgänger noch zu reduzieren gedachte. Vielmehr er-

59 Interview mit Jung vom 6. 10. 2015.

höhte nun der Sportfreund Jung die Leistungen, weil er der Meinung war, dass sich jeder in Deutschland über erfolgreiche deutsche Sportler freut, schließlich wurden in Turin allein neun von zehn deutschen Goldmedaillen durch Bundeswehrsoldaten gewonnen. Für ihn handelte es sich hierbei auch um eine Frage der Reputation.[60] Auch bei den Olympischen Sommerspielen 2008 in Peking war Jung vor Ort, um den Sportsoldaten zu gratulieren, die allerdings nicht ganz so erfolgreich wie bei den Winterspielen abschnitten.

Wenige Tage später, am 18. Februar, wurde Jung bei sich zu Hause gegen 17.00 Uhr vom damaligen Landwirtschaftsminister Horst Seehofer angerufen. „Du musst mir helfen! Wir haben eine Katastrophensituation", so der verzweifelte Anrufer.[61] Was war geschehen? Die Ostseeinsel Rügen war von der Vogelgrippe betroffen und die örtlichen Behörden waren heillos überfordert. Somit musste die Bundeswehr ran. Ein derartiger Einsatz ist per Grundgesetz abgesichert. Nach Artikel 35 kann ein Land vom Bund Soldaten in Fällen von Naturkatastrophen und besonders schweren Unglücksfällen anfordern. Von daher entschied Jung, dies zu tun und erklärte, auf Anfrage natürlich auch weitere Spezialkräfte für die Bekämpfung der Vogelgrippe zur Verfügung zu stellen. Schon um 21.30 Uhr desselben Tages war die Bundeswehr einsatzfähig auf Rügen eingetroffen, ein eindrucksvolles Beispiel für unbürokratisches Handeln und einen wirkungsvollen Einsatz der Bundeswehr. Deren Spezialisten, die eigens für Hygiene und Seuchenbekämpfung ausgebildet wurden, unterstützten vor Ort die Behörden. Insgesamt waren rund 340 Bundeswehrsoldaten beteiligt: ABC-Abwehrsoldaten, Panzergrenadiere, Sanitätssoldaten, Ärzte und Veterinäre.[62] Sie halfen mit, ca. 3000 tote Vögel zu bergen. „Die Lage war schwierig, wir wären ohne die Hilfe der Bundeswehr nicht zurechtgekommen", betonte auch Rügens Landrätin Kerstin Kassner (PDS),[63] ein nicht alltägliches Lob aus dem Munde einer linken Politikerin. Schon wenige Wochen später sollte sich die Bundeswehr erneut bewähren. Dieses Mal war die Herausforderung allerdings noch größer: Das Elbhochwasser im März und April 2006 gehörte zu den stärksten Hochwassern, die dort je gemessen wurden. Betroffen waren unter anderem Teile der Mulde und fast der gesamte Verlauf der Elbe von Königgrätz über den tschechischen und sächsischen Oberlauf bis in den norddeutschen Mittel- und Unterlauf. Vor allem im unteren Mittellauf war das Hoch-

60 Ebda.

61 Ebda.

62 http://www.bundeswehr.de/portal/a/bwde/!ut/p/c4/NYy9DoJAEITf6BYSgj-dxkJNqIxR7BZYjgvHHln3pPHhPQpnkmm-mYEXJDN-nEV1gdHDE-rW7ZvFNEtH5q1CTkdB6pWMlcidRotsMPYqaM2IiqkU50F4cL4neKyXadoGJl1TidWltIIaxMxB1K8kiiRiXAd1lp-O-Sb7K_-Wxfl-3ZbFrqouN5in6fADEA_n6Q!!/. Abgerufen am 10. 11. 2015.

63 http://www.spiegel.de/wissenschaft/mensch/vogelgrippe-auf-ruegen-bundeswehr-zieht-soldaten-ab-a-403484.html. Abgerufen am 10. 11. 2015.

wasser mit dem von 2002 vergleichbar. Die Bundeswehr half mit, Deiche zu stabilisieren und die Bevölkerung zu versorgen. Für Jung auch heute noch ein starkes Argument für die Wehrpflicht, fehlen heute doch leider entsprechende Kräfte, die bei derartigen Katastrophen unterstützen könnten.

Parallel dazu war der Minister auf weiteren Schauplätzen der Welt unterwegs. Im Mai 2006 stattete er z. B. gemeinsam mit dem US-Botschafter William Timken dem amerikanischen Flugzeugträger USS Enterprise, der vor Sizilien lag, einen Besuch ab. Er landete auf dem imposanten Schiff mit einer Transall. Im Anschluss ging es beim Austausch mit hochrangigen Offizieren vor allem um die Frage der Terrorismusbekämpfung im Mittelmeer sowie der Durchsetzung eines Waffenembargos, um weitere Terroraktivitäten unterbinden zu können; insgesamt also darum, welche Rolle hierbei der Flugzeugträger bei der Überwachung des Seeraums hinsichtlich seines Einsatzes im Rahmen der seit 2001 laufenden Operation „Active Endeavour" spielt.[64] Es standen aber auch zahlreiche Gespräche mit den Mannschaften, so u. a. auch mit einzelnen Piloten auf dem Programm. Dem Minister wurde erläutert, wie sie ihren Auftrag erfüllen: Nicht immer sei der Start ganz so einfach, wie es aussehe, manch ein Pilot berühre schon mal das Wasser, andere wiederum hätten Probleme beim Landeanflug. Jung konnte so die ihn faszinierenden Abläufe auf einem Flugzeugträger mit einer 6000 Mann starken Besatzung hautnah kennenlernen.

Auf Einladung seines russischen Amtskollegen Sergej Iwanow besuchte er anschließend im selben Monat St. Petersburg. Die beiden Minister nahmen sich viel Zeit für einander, ging es doch um Fragen einer strategischen Partnerschaft mit Russland. Gegenüber des von den USA beabsichtigten Raketenschutzschildes in Polen und Tschechien äußerte sich Iwanow allerdings sehr kritisch und skeptisch, da er sie als gegen Russland gerichtet interpretierte. Jung schlug daraufhin vor, Russland hier mit zu beteiligen. Nur sehr zögerlich bewegte sich sein russischer Amtskollege, der im Verlauf des Gesprächs dann gegenüber allerdings Jung äußerte: „Eigentlich ist es ja wahr: Die Raketen des Iran sind schneller bei mir als bei Dir."[65] Iwanow deutete weiterhin an, dass man eventuell doch über eine Kooperation nachdenken könnte, blieb aber generell gegenüber diesem Abwehrsystem zurückhaltend. Jedoch befürwortete er später, dass US-Verteidigungsminister Robert Gates, seit 8. November 2006 der Nachfolger von Rumsfeld, ein Vierteljahr nach Jungs Besuch nach Moskau flog und dieses Thema besprach. Jung hatte zuvor seinen amerikanischen Kollegen über die russische Haltung informiert und auf die von Iwanow angedeuteten möglichen Spielräume hingewiesen, woraufhin Gates, zu dem Jung ein ausgesprochen freundschaftliches Verhältnis pflegte, er-

64 Interview mit Jung vom 7. 10. 2016.
65 Ebda.

Bei einem Treffen mit dem russischen Außenminister Lawrow

widerte: „Gut, dann fahre ich nach Moskau."[66] Jung fungierte bei diesen Gesprächen als eine Art Eisbrecher. Sein Besuch in Moskau beinhaltete aber auch einen ausgedehnten kulturellen Teil: Die Besichtigung des Zarenpalastes und des Petershofs standen u. a. auf dem Programm. Die Atmosphäre war insgesamt sehr gut, so Jung rückblickend. Umso mehr bedauert er die heutige Lage im Hinblick auf Russland. Es sei ein mühseliges Unterfangen, da die Sanktionen seiner Meinung nach erst aufgehoben werden könnten, wenn das Abkommen „Minsk II" vollständig umgesetzt sei.[67]

Im September besuchte Benedikt XVI. Altötting. Jung flog mit Schneiderhan zu einem vom Papst gefeierten Gottesdienst und nutzte diese Gelegenheit zu einem persönlichen Gespräch mit dem kirchlichen Oberhaupt, ein für ihn als gläubigen Katholiken noch heute eindrucksvolles Erlebnis. Vor allem die vom Papst vermittelte Friedensbotschaft, gerade im Hinblick auf die Situation auf dem Balkan, war für den Minister ein wichtiges Signal. Benedikt bedauerte nämlich, dass erst das militärische Eingreifen in Bosnien zu einer friedlichen Entwicklung geführt habe.[68] Jung wurde hier sehr deutlich, dass ein rein militärisches Intervenieren keine Garantie für eine stabile und dauerhafte Entwicklung in Krisenregionen darstellt. Er erhielt hier somit einen wichtigen Impuls für sein im Weißbuch und später in der NATO implementiertes Konzept der „Vernetzten Sicherheit."

66 Ebda.

67 Interview mit Jung vom 6. 10. 2015.

68 Ebda.

Und noch ein wichtiges Ereignis fiel in das erste Amtsjahr Jungs: General James L. Jones, seit 2003 Inhaber des Postens des Supreme Allied Commander Europe (SACEUR), wurde im November 2006 auf Veranlassung Jungs mit dem Zapfenstreich verabschiedet. Der SACEUR ist der militärstrategisch verantwortliche Oberbefehlshaber für die vom NATO-Rat autorisierten Operationen hinsichtlich deren Planung und Vorbereitung auf der strategischen Führungsebene. Weiterhin ist er an der Entwicklung von militärpolitischen Konzepten des Bündnisses beteiligt und berät den NATO-Militärausschuss sowie den NATO-Generalsekretär aus militärstrategischer Sicht. Jones hatte es Jung nie vergessen, dass ihm der Zapfenstreich gewidmet wurde. Der große Vorteil war, dass er dann als einer der Sicherheitsberater von George W. Bush sehr gute und enge Kontakte zu Jung pflegte.

Ende November 2006 wurde Franz Josef Jung dann auf dem CDU-Bundesparteitag mit 93,61 – dem besten Ergebnis – als Vertreter Hessens abermals in den Bundesvorstand gewählt, was auch als Anerkennung seiner Erfolge als Minister gewürdigt werden kann. Ein Jahr nach Amtsübernahme zog er in einem Interview mit dem „Rheingau-Echo" eine erste, eher persönliche Zwischenbilanz:

> „Mir war immer klar, dass dieses Amt gleichermaßen schwierig wie auch aufregend und interessant ist. Insofern bin ich nicht überrascht worden. Dass ich mit neuen großen Herausforderungen konfrontiert wurde, etwa zwei neuen Einsätzen im Ausland, konnte man vor einem Jahr nicht voraussehen. Aber so läuft es oft in der Politik. Darauf bin ich eingestellt. Positiv fällt mir immer wieder die Motivation der Truppe auf, ob in den vielen Standorten in Deutschland, die ich schon besucht habe, oder auch in den schwierigen Auslandseinsätzen. Sehr positiv war auch, dass es uns nach 12 Jahren wieder gelungen ist, ein Weißbuch zur Sicherheitspolitik der Bundesrepublik Deutschland zu verabschieden. Sicherlich gibt es in einem so großen Betrieb wie der Bundeswehr auch negative Erlebnisse. Gott sei Dank haben wir in diesem Jahr keine Verluste in den Einsätzen zu beklagen gehabt."[69]

Sein erstes Jahr als Verteidigungsminister endete für Jung auf „dienstlicher" Ebene mit einem besinnlichen und erlebnisreichen Ereignis, der sogenannten Stallweihnacht bei den Gebirgsjägern in Bad Reichenhall. Das „Einsatz- und Ausbildungszentrum für Tragtierwesen" richtet seit 1962 diese urige Veranstaltung, die bis heute auf reges Interesse in der Region stößt, in der Hochstaufen-Kaserne aus. Dabei führen die Soldaten der dort stationierten Tragtierkompanie unter Einbeziehung ihrer Tiere, der Mulis und Haflinger, das Krippenspiel in der Reit-

69 Interview mit Jung im „Rheingau-Echo" vom 23.11.2006.

halle, die als Bühne für die rund 800 Zuschauer dient, auf. In der Mitte steht als Bethlehemer Stall eine traditionelle bayerische Almhütte, Schafe blöken und eine Kuh hat sich schon manches Mal ins Heu gelegt, wenn der Volksliedchor zu seinem ersten stimmungsvollen Weihnachtslied anhebt. Die Zuschauer verstummen und lauschen, eine vorweihnachtliche Besinnlichkeit stellt sich ein. Diese einzigartige Mischung aus bayerischer Tradition, Gebirgsjägerstolz und traditioneller alpenländischer Volksmusik, gepaart mit einem feierlichen Ernst, der dem Weihnachtsfest anderswo leider häufig abhandengekommen ist, beeindruckte Jung nachhaltig.[70]

Von Beginn seiner Amtszeit an legte Jung als praktizierender Christ auch großen Wert auf eine enge Zusammenarbeit mit der Militärseelsorge. Hatte er schon im Verteidigungsministerium einen Raum der Stille einrichten lassen, so suchte er auch einen engen und intensiven Kontakt mit den Militärbischöfen. Er hielt es für wichtig, gerade von dieser Seite angesichts der Auslandseinsätze der deutschen Soldaten eine zentrale Unterstützung zu erhalten, beobachtete er nämlich bei seinen Truppenbesuchen immer wieder, wie wichtig es den Soldaten war, in Extremsituationen, v.a. angesichts vieler Gefechtssituationen, auf geistlichen Beistand zählen zu können, der ihnen auch ein Stück innere Kraft gegeben hat. Sehr viele der Militärgeistlichen waren hier, so Jung, in hervorragender Weise engagiert.[71] Jung erlebte auch, dass sich zahlreiche Soldaten während ihrer Auslandseinsätzen taufen ließen, was wiederum die Seelsorger enorm beeindruckte. „In Momenten, wo es um Leben und Tod geht, wird man in dem einen oder anderen Punkt nachdenklich. Von daher halte ich das, was die Militärseelsorge hier leistet, für eine unglaublich wichtigen Beitrag für die Bundeswehr", lobt Jung noch heute die äußerst positive Zusammenarbeit auf dieser Ebene und das sehr intensive Verhältnis, vor allem auch den regelmäßigen Gedankenaustausch zwischen ihm und den jeweiligen Bischöfen.[72]

Zu Beginn des Jahres 2007 war auf dienstlicher Ebene dann wieder einmal mehr der gesellige Part angesagt. Jung war mit seinem österreichischen Kollegen Günther Platter Gast auf dem Offiziersball in der Wiener Hofburg; eine Veranstaltung mit Stil, die er sehr genoss, zumal sein Vorname Franz Josef auch heute noch in Österreich einen besonderen Klang besitzt, wie er mit Humor rückblickend bemerkte.[73] Anlässlich des 50jährigen Jubiläums der die heutige EU begründenden „Römischen Verträge" trafen sich dann am 24. März in Berlin alle Staats- und Regierungschefs, ebenso die deutschen Ministerkollegen zu einem feierlichen Staats-

70 Interview mit Jung vom 6.10.2015.
71 Interview mit Jung vom 8.12.2015.
72 Ebda.
73 Interview mit Jung vom 6.10.2015.

akt. Hierbei kam es in der Berliner Philharmonie auch zu einer Begegnung mit Horst Seehofer, der zu dieser Zeit in der Presse eher aufgrund einer außerehelichen Affäre, die in einer Schwangerschaft mündete, Schlagzeilen machte. Jungs Gattin Beate, die ihren Mann begleitete, begrüßte Seehofer und musterte ihn etwas kritisch, woraufhin dieser entgegnete: „Sie brauchen jetzt gar nicht so sorgenvoll zu schauen, das ist nicht ansteckend."[74]

Bald darauf ging es wieder zurück auf die weltpolitische Bühne. Jung brach im April zu einer Ostasienreise[75] auf. In Peking stand das Thema Nordkorea und dessen Atomprogramm auf der Agenda. Die politische Lage war zu dieser Zeit durchaus angespannt, ging es doch um die Forderung der Internationalen Atomenergiebehörde (IAEA), den umstrittenen nordkoreanischen Atomreaktor in Yongbyon, wo das zum Bau einer Atombombe benötigte Plutonium hergestellt werden kann, abzuschalten. Sein chinesischer Amtskollege aber sicherte Jung, dem es wichtig war, hier die Kontakte Chinas zu Nordkorea für eine friedliche Beilegung des Konflikts nutzen zu können, zu, dass sich China darum kümmern werde. Anschließend ging es weiter nach Japan. Bei einem gemeinsamen Abend mit dem japanischen Verteidigungsminister sah Jung schon von weitem eine blaue Flasche, bei der es sich um einen Wein vom Kiedricher Gräfenberg aus dem Weingut Weil handelte. Sie schmeckte nicht nur ihm, sondern vor allem seinem japanischen Kollegen hervorragend, so dass zu vorgerückter Stunde noch eine zweite Flasche geöffnet wurde. Das Bemerkenswerte in diesem Zusammenhang ist, dass Deutschland zu dieser Zeit in Konkurrenz mit Frankreich hinsichtlich der Lieferung von Fregatten an Japan stand. Da aber Jungs französische Kollegin mit den Japanern keinen Wein getrunken hatte, wie der japanische Minister betonte, erhielt Deutschland den Lieferauftrag.[76] Jungs abschließende Station war Südkorea. Hier kam es zu der schon erwähnten Begegnung in Seoul, wo der südkoreanische Verteidigungsminister das Ausbildungsniveau der FüAk der Bundeswehr in Hamburg überschwänglich lobte und Deutschland auch hier den Auftrag für U-Boote erhielt. Zwei nicht zu widerlegende Belege, wie wichtig gute Kontakte und stilsicherer Umgang mit Wein doch sein können. Jung betont in diesem Zusammenhang noch heute[77], dass für ihn in solchen Fällen der Grundsatz Adenauers – „Was am Kabinettstisch nicht ging, im Weinkeller ging es immer" – wichtig war. „Dazu bekenne ich mich, denn Politik hat auch etwas mit zwischenmenschlichen Beziehungen zu tun, das muss man eindeutig so sehen."[78] Vertrauenssituationen in der

74 Ebda.
75 Ebda.
76 Ebda.
77 Interview mit Jung vom 7. 10. 2016.
78 Ebda.

Politik aufzubauen, so wie z. B. Kohl und Gorbatschow es gelang, war für Jung also ein wesentliches Anliegen, und manches Mal half hier eben eine Flasche Wein.

In seiner Amtszeit konnte Jung auch einer herausragenden Premiere beiwohnen. Anlässlich des französischen Nationalfeiertags am 14. Juli waren auch Vertreter der Bundeswehr zur traditionellen und eindrucksvollen Militärparade nach Paris eingeladen worden. Vor den Augen aller europäischen Verteidigungsminister und der französischen Öffentlichkeit marschierten erstmals deutsche Soldaten in friedlicher Absicht gemeinsam mit ihren französischen Partnern und Freunden die Champs-Elysees herunter; mehr als nur ein symbolischer Akt: Vielmehr konnte „man sehen, was sich mittlerweile im Verhältnis zwischen Frankreich und Deutschland getan hat", so Jung.[79] Aus einer ehemaligen „Erzfeindschaft" ist heute eine stabile Partnerschaft geworden. Die gemeinsame Parade stellte somit ein schönes Zeichen der Aussöhnung dar. Allerdings wirkten die Bundeswehrvertreter in ihrem grauen Dienstanzug auf Jung nicht allzu stil- und eindrucksvoll – schließlich kamen beispielsweise Soldaten der französischen Streitkräfte zum Teil im Ornat – so dass Jung gegenüber Generalinspekteur Schneiderhan, sicherlich mehr im Scherz, äußerte: „Das müssen wir auch ändern."[80] Ein entsprechendes modisches Update ist bis heute allerdings ausgeblieben.

Anlässlich der deutsch-russischen Regierungskonsultationen[81], die am 14. und 15. Oktober in Wiesbaden im Rahmen des siebten Petersberger Dialogs stattfanden, standen u. a. das iranische Atomprogramm und die deutsch-russischen Wirtschaftskooperation auf der Agenda. Bundeskanzlerin Angela Merkel und Russlands Präsident Wladimir Putin betonten dabei die gute Zusammenarbeit ihrer beiden Länder. Putin sicherte der Kanzlerin zudem Kontinuität in den deutsch-russischen Beziehungen zu.[82] Zum entspannten Auftakt besuchten die einzelnen Minister und Regierungsvertreter am Abend zuvor allerdings entsprechende Weinlokalitäten im romantischen Rheingau, hat doch ein derartiger Abend zu zweit schon mancher komplizierten Beziehung geholfen. So lud Jung seinen neuen Amtskollegen Anatoli Serdjukow in die „Krone" in Assmannshausen zu einem netten Abend ein, während Merkel sich zuvor noch unschlüssig war und Jung um einen Tipp bat. Wladimir Putin war nämlich nicht unbedingt auf ein Gourmetrestaurant erpicht, sondern bevorzugte gerne eine zwar gehobene, aber

79 Interview mit Jung vom 6. 10. 2015.

80 Ebda.

81 http://www.tagesspiegel.de/politik/international/deutsch-russische-konsultationen-merkel-und-putin-keine-angst-vor-oeffentlichem-streit/1068982.html; http://www.tagesspiegel.de/politik/international/deutsch-russische-konsultationen-merkel-und-putin-geben-sich-harmonisch/1069536.html. Abgerufen am 20. 11. 2015.

82 http://www.deutschlandradio.de/merkel-und-putin-loben-zusammenarbeit.331.de.html?dram:article_id=201529. Abgerufen am 20. 11. 2015.

doch etwas deftigere Küche. Jung empfahl ihr die „Adlerwirtschaft“ in Hattenheim, wo es auch einen Rotwein aus seinem elterlichen Weingut gibt.[83] Am nächsten Tag stand der offizielle Empfang mit militärischen Ehren vor dem Wiesbadener Kurhaus auf dem Programm. Putin stellte dabei der Bundeskanzlerin seine Regierungsdelegation vor, im Anschluss tat es Merkel. Als Putin dann Jung gegenüberstand, gab er ihm die Hand, beugte sich zu ihm und flüsterte ihm bei dieser Gelegenheit etwas ins Ohr. Jeder spekulierte, worum es in diesem Augenblick wohl gegangen sein mag. Militärische Insiderinformationen? Taktische Absprachen? Nein, die Antwort bezog sich auf den Abend zuvor in der „Adlerwirtschaft“, mit deren Verköstigung Merkel und Putin sehr zufrieden waren, vor allem mit den Getränken: „Der Wein war sehr sehr gut“, schwärmte Putin[84] und erteilte damit Jungs Weingut einen entsprechenden Ritterschlag.

Wenige Tage später nach diesen für Jung aufschlussreichen Begegnungen verstarb seine Mutter am 27. Oktober. Und nur zwei Tage später musste er eine schon länger geplante Nahost-Reise[85] antreten, die ihn zunächst in den Libanon führte, wo er das deutsche UNIFIL-Kontingent besuchte. Anschließend traf er in den Vereinigten Arabischen Emiraten (VAE) zu politischen Gesprächen mit dem dortigen Premierminister zusammen. In diesem Rahmen wurde auch eine trilaterale Vereinbarung zwischen dem Irak, den VAE und Deutschland unterzeichnet. Hier ging es um eine sechswöchige Ausbildung eines Logistikbataillons der irakischen Streitkräfte mit Unterstützung der Bundeswehr in den VAE, die im April des folgenden Jahres auch erfolgreich abgeschlossen wurde. Was Jung allerdings heute noch ärgert ist, dass ein Journalist damals ziemlich kritisch über ihn geschrieben hatte.[86] Er sei zu ruhig und farblos bei diesen Gesprächen aufgetreten. Jung stand jedoch sicher noch unter dem Eindruck des Todes seiner Mutter, die erst kurz vor Reiseanritt beigesetzt wurde. Der Versuch aus dieser für Jung somit nicht leichten Situation journalistisches Kapital zu schlagen, stellte jedenfalls eine Stillosigkeit dar. Abgeschlossen wurde die Reise mit Stationen in Jordanien und Israel.

Auf Jungs Initiative hin erfolgte im Dezember 2007 im Bendlerblock die Einweihung eines Andachtsraums, der dem heiligen Michael, dem Schutzpatron der Soldaten, gewidmet ist.[87] Seitdem wird immer am Freitagsmorgen dort eine öku-

83 Interview mit Jung vom 6. 10. 2015.

84 Ebda.

85 http://www.tagesspiegel.de/politik/international/nahost-reise-verteidigungsminister-jung-im-libanon-erwartet/1082222.html. Abgerufen am 24. 11. 2015.

86 Interview mit Jung vom 6. 10. 2015.

87 http://www.eka.militaerseelsorge.bundeswehr.de/portal/a/eka/!ut/p/c4/JYq7CsJAEEX_aGezIhK7BBFs1C7GRsZkCIP7CJOJNn68u3gPnOZcuEMm4psnVE4RPdygH3j__JjAfiHyy4NeCF35jWSGFEmLlaJy9iSoScycRHopqoguhkfobXVobW2d_a_67hp3de12U5_OxwvMITQ_lPYx8g!!/. Abgerufen am 24. 11. 2015.

menische Andacht gehalten, was gerade im Hinblick auf die ernste Lage infolge der deutschen Auslandseinsätze von den Mitarbeitern im Ministerium sehr geschätzt wurde und wird. Auch der Minister nutzte diesen Ort der Stille oftmals zur inneren Einkehr.

Im Februar 2008 setzte Jung nach zum Teil zähen Verhandlungen und Diskussionen den ehemaligen Botschafter von Washington und London sowie Staatssekretär im Auswärtigen Amt, Wolfgang Ischinger, als Leiter der Münchner Sicherheitskonferenz als Nachfolger von Horst Teltschik, der für diese Aufgabe nicht mehr zur Verfügung stehen wollte, durch. Der Minister kannte Ischinger als Botschafter und außenpolitisch versierten Experten, sodass er ihn für diese Funktion besonders qualifiziert hielt.[88] Eine für Jung rückblickend äußerst gelungene Personalie, denn Ischinger „macht es bis heute sehr gut."[89] Im Rahmen der vom 8. bis 10. Februar stattgefundenen Konferenz forcierte Jung angesichts neuer und zunehmender Bedrohungslagen durch den transnationalen Terrorismus, Massenvernichtungswaffen und Staatszerfall innerhalb der NATO seine Idee einer vernetzten Sicherheit.

> „Das, was wir in Afghanistan begonnen haben und wir mit dem Begriff ‚Vernetzte Sicherheit' formulieren, also Sicherheit plus Wiederaufbau und Entwicklung voranzutreiben, das Vertrauen er Menschen zu gewinnen, das ist auch die richtige Strategie, um in Afghanistan zum Erfolg zu kommen. Das, was die NATO ‚Comprehensive Approach' nennt, den umfassenden Ansatz, […] das in der Praxis umzusetzen, das ist Voraussetzung, aus meiner Sicht, für einen Erfolg auch gerade in der Operation in Afghanistan. Und dazu gehört dann auch, dass wir dann noch enger zusammenarbeiten zwischen NATO und Europa. Auch die Zusammenarbeit zwischen NATO und den Vereinten Nationen ist ein Punkt, er weiterentwickelt werden muss, um gerade auf diesem Weg des ‚Comprehensive Approach' weiter voranzukommen. […] Das ist auch der Punkt, auch der Perspektive jetzt für das Treffen der Staats- und Regierungschefs in Bukarest, dass sie hier ein Gesamtkonzept der „Vernetzten Sicherheit" entwickeln."[90]

88 Siehe dazu auch CLEMENT, R.: Die Münchner Konferenz steht vor einer Zäsur, in: in: Europäische Sicherheit. Politik, Streitkräfte, Wirtschaft, Technik, Nr. 3, März 2008, S. 10–12, hier S. 12. Interview mit Jung vom 7. 10. 2016.

89 Interview mit Jung vom 6. 10. 2015.

90 Rede Jungs auf der Münchner Sicherheitskonferenz, in: Europäische Sicherheit. Politik, Streitkräfte, Wirtschaft, Technik, Nr. 3, März 2008, S. 19–23, hier S. 20.

Vom 2. bis 4. April 2008 stand dann der hier von Jung angesprochene NATO-Gipfel in Bukarest auf dem Programm.[91] Neben dem Afghanistan-Einsatz ging es um die Erweiterung der Verteidigungsallianz. Konflikte zwischen den Partnerstaaten waren aufgrund ihrer unterschiedlichen Interessenlagen hinsichtlich einer Osterweiterung des Bündnisses allerdings quasi vorprogrammiert. Während man Kroatien und Albanien eine baldige Aufnahme in die NATO signalisierte, wurden Makedonien, Georgien und die Ukraine in die Warteschleife verwiesen. Gerade im Hinblick auf die beiden letztgenannten Staaten gab es erhebliche Meinungsverschiedenheiten zwischen den USA auf der einen und insbesondere Deutschland und Frankreich auf der anderen Seite. Bereits im Vorfeld des Treffens hatte sich nämlich US-Präsident George W. Bush für eine Aufnahme dieser beiden Länder stark gemacht. Berlin und Paris befürchten hingegen, dass sich durch einen Beitritt der ehemaligen Sowjetrepubliken die Beziehungen zu Russland verschlechtern könnten, was Merkel, Steinmeier und Jung unbedingt vermeiden wollten. Jung hatte schon während der Münchner Sicherheitskonferenz mit Nachdruck betont, dass „alle Mitglieder der NATO […] Sicherheitsunterstützer und nicht Sicherheitsempfänger sein" müssen.[92] Gerade bei den avisierten Neumitgliedern standen diesbezüglich doch mehr als erhebliche Zweifel im Raum. Bundeskanzlerin Merkel erörterte ihre ablehnende Haltung in diesen Fragen im unmittelbaren Dialog mit George W. Bush[93] und verwies dabei auf die Tatsache, dass die Mitgliedschaft in der Ukraine selbst kontrovers diskutiert werde. Während der damalige Präsident Viktor Juschtschenko dafür war, lehnte ein Großteil der Bevölkerung einen Beitritt ab. Die Absage an Georgien begründete Merkel mit der instabilen politischen Lage, die sich nach der Präsidentschaftswahl im letzten Jahr gezeigt habe.[94] Außenminister Steinmeier tat sich hingegen mit seiner amerikanischen Kollegin etwas schwer, so dass er dann Jung bat: „Rede Du doch mal mit der Condoleezza Rice, du kannst besser mit ihr."[95] Letztlich setzten sich hier Deutschland, Frankreich und einige andere europäischen NATO-Staaten durch, so dass es nicht zu einer raschen Aufnahme der Ukraine und Georgiens kam. Für Jung damals wie heute die völlig richtige Entscheidung[96] gerade auch angesichts

91 Siehe dazu u. a. die Gipfelerklärung auf: http://www.nato.diplo.de/Vertretung/nato/de/06/Gipfelerklaerungen/GipfelerklBukarest__Seite; weiterhin: http://www.bpb.de/themen/5YI80Y,0,NatoGipfel_in_Bukarest.html. Beide abgerufen am 24. 11. 2015.

92 Rede Jungs auf der Münchner Sicherheitskonferenz, in: Europäische Sicherheit. Politik, Streitkräfte, Wirtschaft, Technik, Nr. 3, März 2008, S. 19–23, hier S. 22.

93 Interview mit Jung vom 6. 10. 2015.

94 http://www.bpb.de/themen/5YI80Y,0,NatoGipfel_in_Bukarest.html. Abgerufen am 24. 11. 2015.

95 Interview mit Jung vom 6. 10. 2015.

96 Ebda.

der derzeitigen Auseinandersetzungen in der Ukraine, die die innere Zerrissenheit dieses Staates dramatisch verdeutlichen.

Ein für Jung weiterer wichtiger Beschluss betraf dann das von ihm gerade für Afghanistan schon lange favorisierte Konzept der „Vernetzten Sicherheit", worauf er auch schon im Weißbuch 2006 deutlich verwiesen hatte.[97] Konkret hat dies zum Ziel, mit Mitteln der Diplomatie und der Entwicklungszusammenarbeit unter Einbezug ziviler Friedenskräfte sowie militärischer und polizeilicher Sicherheitskräfte, auf nationaler, internationaler oder lokaler Ebene internationale Konflikte wirksam und nachhaltig zu lösen. Dabei geht es darum, sich ressort- und institutionenübergreifend abzustimmen und durch Bündelung oder Arbeitsteilung alle Kräfte möglichst optimiert einzusetzen. Diese Strategie soll somit auf globaler Ebene, in Europa und in Deutschland zu Frieden und Sicherheit beitragen.[98] Doch bevor es so weit war und dieser Ansatz auch innerhalb der NATO auf Akzeptanz stieß, hatte noch ein gutes Stück Überzeugungsarbeit vor ihm gelegen. Nachdem Jung nämlich sein Konzept Donald Rumsfeld im Februar 2006 auf dem NATO-Gipfel in Sizilien vorgetragen hatte, erfuhr er harsche Kritik. Sein amerikanischer Kollege fand diesen Ansatz damals „völlig abwegig, da er sich ja dann mit allen Ministerien abstimmen müsste."[99] Jung machte aber deutlich, wie wichtig es ist, nicht nur militärisch erfolgreich zu sein, sondern das Vertrauen der Bevölkerung zu gewinnen und „gemeinsam mit der Bevölkerung einen Boden für eine stabile Entwicklung zu bereiten."[100] Längere Diskussionen folgten. Erst nach einem weiteren intensiven Vier-Augen-Gespräch mit Rumsfeld änderte dieser seine Meinung. Die nun von ihm mit unterstützte Idee des „Comprehensive Approach" machte sich auch sein Nachfolger Robert Gates, zu dem Jung, wie schon erwähnt, einen ganz anderen, wesentlich freundschaftlicheren Draht hatte, zu eigen. So stand einer entsprechenden Beschlussfassung auf dem Gipfel nichts mehr im Wege. Der Ansatz der „Vernetzten Sicherheit" sollte als künftige NATO-Strategie fungieren, wie aus der Gipfelerklärung vom 4. April hervorging:

> „Die in Afghanistan und auf dem Balkan gemachten Erfahrungen zeigen, dass die internationale Gemeinschaft enger zusammenarbeiten und einen umfassenden Ansatz verfolgen muss, um den sicherheitspolitischen Herausforderungen von heute und morgen erfolgreich begegnen zu können. Die wirksame Umsetzung eines umfassenden

97 Weißbuch zur Sicherheitspolitik Deutschlands und zur Zukunft der Bundeswehr, hg. vom BMVg. Berlin 2006, S. 29 f.

98 http://www.zif-berlin.org/de/schwerpunkte/vernetztes-handeln-comprehensive-approach.html. Abgerufen am 15.12.2015.

99 Interview mit Jung vom 7.10.2016.

100 Ebda.

Ansatzes bedarf der Zusammenarbeit und des Beitrags aller wichtigen Akteure, einschließlich nichtstaatlicher Organisationen und einschlägiger lokaler Gremien. Hierzu müssen alle wichtigen internationalen Akteure koordiniert vorgehen und ein breites Spektrum ziviler und militärischer Instrumente in einem abgestimmten Bemühen einsetzen, das ihre jeweiligen Stärken und Mandate berücksichtigt. Wir haben einen Aktionsplan gebilligt, der ein Paket pragmatischer Vorschläge zur Weiterentwicklung und Umsetzung des Beitrags der NATO zu einem umfassenden Ansatz umfasst. Diese Vorschläge zielen darauf ab, die einheitliche Anwendung der eigenen Krisenbewältigungsinstrumente der NATO zu verbessern und die praktische Zusammenarbeit mit anderen Akteuren auf allen Ebenen, wo immer dies angebracht ist, zu verstärken; dazu zählen auch Vorkehrungen für die Unterstützung bei Stabilisierung und Wiederaufbau. Sie beziehen sich auf Bereiche wie Planung und Durchführung von Operationen, Aus- und Fortbildung sowie Intensivierung der Zusammenarbeit mit Akteuren von außen."[101]

Jung gelang es also, das „Comprehensive Approach", den „Vernetzten Ansatz", als ein Leitbild für das internationale Krisen- und Konfliktmanagement innerhalb der NATO zu implementieren. Im Rahmen des Gipfels erklärte übrigens Frankreich, sein militärisches und ziviles Engagement künftig in den Osten Afghanistans auszuweiten, da so die USA einen Teil ihrer Truppen in den umkämpften Süden verlagern und dort die Kanadier entlasten konnten. Kanada hatte nämlich zuvor mit einem Abzug seiner Truppen gedroht, wenn diese im Süden nicht unterstützt werden.[102] Eine auch bald Deutschland und somit die Bundeswehr massiv betreffende Verschärfung der Lage in Afghanistan hätte angesichts dieser Maßnahmen schon klarer erkennbar sein können. Als dann trotz aller Kontroversen der NATO-Gipfel aus Sicht Jung insgesamt doch noch gut verlaufen war, sagte die Kanzlerin zu Jung und Steinmeier am späten Abend: „Kommt, jetzt trinken wir noch ein Glas Rotwein."[103]

Parallel zu diesen wichtigen sicherheitspolitischen Tagungen entbrannte im Frühjahr 2008 innerhalb der CDU des Rheingau-Taunus-Kreises eine Diskussion, wer als Direktkandidat für den Wahlkreis Rheingau-Taunus-Limburg in den Bundestagswahlkampf 2009 ziehen sollte. Klaus-Peter Willsch, der seit 1998 den Wahlkreis regelmäßig gewonnen und schon Ende 2007 angekündigt hatte, abermals kandidieren zu wollen, oder Franz Josef Jung, der 2005 als Spitzenkandidat

101 Gipfelerklärung auf: http://www.nato.diplo.de/Vertretung/nato/de/06/Gipfelerklaerungen/GipfelerklBukarest__Seite. Abgerufen am 24.11.2015.

102 http://www.bpb.de/themen/5YI80Y,0,NatoGipfel_in_Bukarest.html. Abgerufen am 24.11.2015.

103 Interview mit Jung vom 6.10.2015.

der hessischen CDU-Liste ohne eigenen Wahlkreis in den Bundestag eingezogen war. Schon am 20. Mai 2008 wurde Willsch vom Kreisvorstand der CDU Rheingau-Taunus in einer Sitzung einstimmig als Kandidat für die Bundestagswahl nominiert, während sich Jung noch alle Optionen offen hielt.[104] Willschs drei stellvertretende Kreisvorsitzende begründeten diesen Schritt wie folgt:

> „Klaus-Peter Willsch hat bei den zurückliegenden drei Bundestagswahlen 1998, 2002 und 2005 den Wahlkreis [...] jeweils souverän gewonnen und konnte den Anteil der Wahlkreisstimmen noch steigern. Doch nicht nur mit seiner fleißigen Arbeit im Wahlkreis konnte er für uns punkten, sondern auch durch seine Mitgliedschaft im wichtigen Haushaltsauschuss des Deutschen Bundestages. Wir sind überzeugt, dass er den Wahlkreis erneut souverän gewinnen wird."[105]

Ein Affront gegen Jung? Schließlich bekleidete er als Bundesverteidigungsminister eine deutlich prominentere Position als Willsch und ist ein Rheingauer. Zudem war er wenige Tage zuvor auf dem CDU-Landesparteitag in Offenbach mit einem überwältigenden Vertrauensbeweis von fast 90 % Zustimmung wieder zum stellvertretenden Landesvorsitzenden gewählt worden, wohingegen Willsch bei der Wahl als Beisitzer scheiterte. Die CDU im Rheingau-Taunus-Kreis zeigte sich jedenfalls in dieser Frage gespalten. Deutlichen Rückhalt genoss Willsch in den meisten Gemeinden des Untertaunus, wohingegen seine Kritiker eher aus dem Rheingau stammten.[106] Der „Wiesbadener Kurier" spekulierte, dass Jung, sollte er gegen Willsch antreten wollen, nominiert werden würde.[107] Jung verzichtete aber auf eine Kampfabstimmung mit Willsch. Laut verschiedener Medienberichte wäre Jung gerne in seinem heimischen Wahlkreis angetreten[108] und habe im Vorfeld auf eine Aufforderung aus dem Rheingau zur Kandidatur gehofft.[109] Hier handelte es sich aber um reine Spekulationen. Jung hatte sich nämlich nach Beratungen mit seinem Freund Roland Koch entschieden, im Wahlkreis Groß-Gerau zu kandidieren.[110] Auch Peter Seyffardt, damals Fraktionsvorsitzender der CDU Eltville, bestätigte, dass Jung nie im Reingau-Taunus-Kreis kandidieren wollte.[111] Dies bekräftigte Jung auch später in einem Interview. „Natürlich haben wir [Jung

104 So der „Wiesbadener Kurier" vom 10. 6. 2008.
105 Pressemitteilung des CDU-Kreisverbands Rheingau-Taunus vom 21. 5. 2008, Privatarchiv Linda Kreckel.
106 Vgl. „Wiesbadener Kurier" vom 8. 5. 2008, S. 7.
107 Ebda.
108 Vgl. dpa-Meldung vom 10. 6. 2008.
109 So Karl Ottes (ehem. Mitglied der CDU Rheingau-Taunus)
110 Interview mit Jung vom 1. 2. 2016.
111 Vgl. „Wiesbadener Kurier" vom 10. 6. 2008.

und Willsch] das eine oder andere diskutiert. Aber er ist direkt gewählt und will wieder kandidieren, und dann gelten die Gepflogenheiten, dass man keine Gegenkandidatur aufmacht."[112] Eine Einstellung Jungs, die von Respekt gegenüber dem Parteifreund und von politischem Anstand zeugt. Für ihn ergab sich schließlich die Möglichkeit, im traditionell roten Wahlkreis Groß-Gerau als Direktkandidat anzutreten, nachdem dort der bisherige CDU-Vertreter Gerald Weiß aus Altersgründen nicht mehr zur Verfügung stand. Anfang Juni 2008 wurde er vom dortigen Kreisvorstand einstimmig nominiert[113] und am 8. November bei der Wahlkreisdelegiertenversammlung mit 106 von 107 Stimmen eindrucksvoll als Kandidat bestätigt. In seiner Rede gab er als Ziel die Erringung des Direktmandats aus und versprach, einen ehrlichen Wahlkampf zu führen. „Die Bürger haben ein Recht darauf, dass ihr Vertrauen nicht enttäuscht wird."[114] Im weiteren Verlauf hob er die Bedeutung des Mittelstands als Motor der Wirtschaft hervor und sicherte auch der Industrie in seinem Wahlkreis, u. a. Opel, seine Unterstützung zu.[115] Von einer Abschiebung Jungs, wie z. T. kolportiert wurde, kann also keine Rede sein, vielmehr lag eine spannende und herausfordernde Aufgabe vor ihm, die er erfolgreich lösen sollte. Bei der Bundestagswahl am 27. September 2009 gewann er seinen neuen Wahlkreis mit 345 Stimmen Vorsprung.

Trotz aller internationalen und lokalpolitischen Verpflichtungen kam die Erholung in dieser Phase nicht zu kurz. So kam Jung während seines Frühjahresurlaubs 2008 mit seiner Frau in der Toskana mit dem Chef seines dortigen Hotels, Luigi Brunetti, ins Gespräch.[116] Dieser hatte vor einigen Jahren den „Alten Haferkasten" in Neu-Isenburg, ein renommiertes Ein-Sterne-Restaurant, geleitet, kannte und schätzte die Rheingauer Weine und war, ähnlich wie Jung, ein großer Fußballfan. Da er vor seinem Hotel einen eigenen Sportplatz besaß, trat er mit der Idee an Jung heran, dass die Toskana gegen die Rheingauer Winzer doch ein Fußballspiel bestreiten könnte. Zurück im Rheingau fragte Jung dann bei diversen Winzern nach, aber es fehlte an Spielerkapazitäten. Kurzentschlossen mobilisierte Jung daraufhin die deutsche Weinelf.[117] Als dann das Spiel in der Toskana anstand erlebten er und seine Mitstreiter jedoch eine „böse" Überraschung: Auf Seiten der Italiener waren nämlich die ehemaligen deutschen Nationalspieler Hans-Peter Briegel und Thomas Berthold im Kader, ihres Zeichen ehemalige Europa- bzw. Weltmeister. Logisch, dass die Weinelf trotz unermüdlichen Einsatzes

112 Ebda. Vom 14. 6. 2008.

113 Vgl. „Frankfurter Neue Presse" vom 9. 6. 2008.

114 Zit. nach „Wiesbadener Kurier" vom 10. 11. 2008.

115 Ebda.

116 Ebda.

117 Zur Weinelf siehe: http://www.weinelf-deutschland.de/saison-2015-2005/2015/weinelf-2015.html. Abgerufen am 24. 11. 2015.

von Jung das Spiel deutlich 6:1 verlor. Das Rückspiel in Geisenheim endete hingegen ohne prominente Unterstützung 4:4. Aus diesen beiden Begegnungen entstand dann eine Fußballeuropameisterschaft der Winzer aus Italien, Ungarn, Österreich, der Schweiz, Slowenien und Deutschland. Als deren Mitbegründer ist Jung heute Ehrenspielführer der deutschen Weinelf. Als erster deutscher Verteidigungsminister nahm er anschließend vom 23. bis 25. Mai an der internationalen Soldatenwallfahrt nach Lourdes teil, wo auch viele konfessionslose Soldaten mitwirkten. Jung war als überzeugter Christ von der Atmosphäre äußerst beeindruckt, gerade auch von den Lichterprozessionen mit behinderten Menschen, die sich Hoffnung auf Heilung versprechen.[118]

Bald danach ging es dann aber wieder zurück auf die internationale Bühne: Bei einem der obligatorischen Treffen des NATO-Russland-Rats im Juni 2008 setzte sich Jung weiterhin für eine strategische Partnerschaft mit Russland ein, vor allem aufgrund der damals noch sehr guten beiderseitigen Kontakte. Nur wenige Wochen später beschlossen allerdings die Außenminister der NATO am 19. August vor dem Hintergrund des Georgienkrieges, die Arbeit des NATO-Russland-Rates bis auf weiteres auszusetzen.[119] Nachdem jedoch die neue US-Regierung unter Präsident Obama einen Neuanfang der Beziehungen zu Russland angekündigt hatte, erfolgte Anfang März 2009 die Wiederaufnahme von Gesprächen auf Ministerebene[120] Heute ist allerdings aufgrund der Ukrainekrise jegliche praktische militärische und zivile Zusammenarbeit zwischen der NATO und Russland ausgesetzt, wobei die politischen Kommunikationskanäle jedoch weiter offengehalten werden sollen.[121] Eine Lage, die Jung durchaus bedauert.[122]

Einen wichtigen Beitrag für die öffentliche Präsenz, aber auch der Erinnerungs- und Gedenkkultur der Bundeswehr leisten die Feierlichen Gelöbnisse. Hier erfolgte 2008 aufgrund der Initiative von Franz Josef Jung ein weiterer Schritt in die richtige Richtung: Der 20. Juli, Jahrestag des gescheiterten Attentats auf Hitler, stellt für die Bundeswehr seit ihrer Gründung ein zentrales traditionswürdiges Ereignis dar. Nachdem bisher die Gelöbnisfeiern des Wachbataillons an diesem Tag im Paradehof des Bendlerblocks, Dienstsitz des Verteidigungsministeriums in Berlin, stattgefunden hatten, nutzte nun Jung den zehnten Jahrestag dieser noch recht neuen Tradition dazu, die Vereidigung erstmals vor dem Reichstag vorzu-

118 Interview mit Jung vom 6. 10. 2015.

119 http://www.spiegel.de/politik/ausland/truppenabzug-aus-georgien-nato-friert-beziehungen-zu-russland-ein-a-573019.html. Abgerufen am 24. 11. 2015.

120 http://www.spiegel.de/politik/ausland/wiederbelebter-nato-russland-rat-westen-beendet-die-eiszeit-mit-russland-a-611601.html. Abgerufen am 24. 11. 2015.

121 http://www.nato.diplo.de/contentblob/4325924/Daten/4919195/gipfelerklaerungwales.pdf. Abgerufen am 24. 11. 2015.

122 Interview mit Jung vom 6. 10. 2015.

Im Kreise der ehemaligen Verteidigungsminister Apel, Schmidt, Struck und Scholz (von links nach rechts)

nehmen. Ein wichtiger symbolischer Akt, denn schließlich obliegen dem Bundestag ja auch die Entscheidungen über die Auslandseinsätze der Streitkräfte. Jung legte also Wert darauf, dass Bundeswehrrekruten vor einem zentralen Ort der deutschen Demokratie und somit vor aller Öffentlichkeit ihr Gelöbnis abgelegen und sich damit als Parlamentsarmee zur freiheitlich-demokratischen Grundordnung bekennen.[123] Zunächst hatte allerdings das zuständige Berliner Bezirksamt als Hausherr dieses Ansinnen abgelehnt, da die Bundeswehr das Gelände weiträumig absperren wollte, durchaus verständlich angesichts zahlreicher linksradikaler Übergriffe bei derartigen Feierlichkeiten. Nach tagelangem Streit einigten sich jedoch Berlin und der Bund auf die beabsichtigte Idee. Gut 3000 Gäste, darunter auch Bundeskanzlerin Merkel, folgten dann einer herausragenden Rede von Helmut Schmidt. Jung hatte den Altbundeskanzler, zu dem er immer ein sehr gu-

123 Vgl. dazu auch ein Interview mit Jung im „Wiesbadener Kurier" vom 12. 7. 2008.

tes Verhältnis pflegte,[124] als Ehrengast eingeladen. Schmidt verteidigte in seiner Rede[125] das Nein Deutschlands, an der Seite der USA in den Irak-Krieg zu ziehen, denn man habe so dem „Grundgesetz und dem Völkerrecht gehorcht, als wir uns dem Krieg im Irak verweigert haben".

Den jungen Rekruten versicherte er, sie könnten sich darauf verlassen, dass deutsche Streitkräfte auch künftig nur in Übereinstimmung mit nationalem und internationalem Recht in Auslandseinsätze geschickt würden. „Dieser Staat wird euch nicht missbrauchen", hob Schmidt hervor und betonte: „Die Würde und das Recht des einzelnen Menschen sind das oberste Gebot – nicht nur für die Regierenden, sondern für uns alle." Zugleich stellte sich Schmidt hinter den Afghanistan-Einsatz der Bundeswehr. Über solche Missionen, die Risiken und Gefahren umfassen, könne man sicher diskutieren und unterschiedlicher Meinung sein, räumte der Altkanzler ein. Sicher sei aber: Dieser Einsatz geschehe „in Übereinstimmung mit unserem Grundgesetz, in Übereinstimmung mit dem Sicherheitsrat der Vereinten Nationen – und gemeinsam mit unseren Verbündeten." Klare und notwendige Worte eines großen Politikers.

Ebenso leisten Militärmuseen, ähnlich wie Gelöbnisse und Denkmäler, einen wichtigen Beitrag zum Traditionsverständnis einer Armee. Auch hier stand für Jung dann bald ein wichtiges Ereignis an: Im Oktober 2008 feierte nämlich der Neubau des Militärhistorischen Museums in Dresden Richtfest. Lange Zeit war umstritten, ob und wenn ja, wie es weitergeführt werden soll. Jung plädierte schließlich für eine Weiterführung nach modernen museumsdidaktischen Gesichtspunkten. Aus seiner Sicht ist die Konzeption hervorragend gelungen, negative militärische Entwicklungen werden kontrastiert mit positiven friedlichen Meilensteinen innerhalb der Militärgeschichte, so dass es sich nicht um eine Verherrlichung des Militärischen an sich handele. Er könne nur jedem raten, es sich einmal anzuschauen. Kurzfristig sollte auch die Deutsch-Französische Brigade[126], eine rund 6000 Mann starke Infanteriebrigade aus französischen und deutschen Truppen mit Sitz des Stabes im deutschen Müllheim, für Jung ein Thema werden.

---

124 So hielt Jung bei der Feierstunde der Helmut-Schmidt-Universität der Bundeswehr im Januar 2009 anlässlich des 90. Geburtstags des Altkanzlers die Ansprache, Interview mit Jung vom 6. 10. 2015.

125 Zit. nach: http://www.focus.de/politik/deutschland/berlin-erstes-rekrutengeloebnis-am-reichstag_aid_319218.html; siehe auch: http://www.bundeswehr.de/portal/a/bwde/!ut/p/c4/NYzBDoIwEET_qEsNhsSbSjRe9OBB8VbKWjaUliyLXPx424Mzybu8ycALUoP5kDNCMRgPT2gs7dpVtWuHahZGkoENvgWV4yVo3jgMyuFse7K9IDzyR9raGFAyBYNQomMjkdUUWXw2C3MyijpoClofdFX807_V-V4fy-2mvFxPN5jGcf8D9dWHkA!!/. Beide abgerufen am 1. 12. 2015.

126 Siehe dazu: http://www.deutschesheer.de/portal/a/heer/!ut/p/c4/o4_SB8K8xLLM9MSSzPy8xBz9CP3I5EyrpHK9jNTUIr2UzNS84pLiEr2UtKSizHT9gmxHRQA9TQQT/. Abgerufen am 27. 11. 2015.

Wieso? Frankreich wollte zu Beginn des Jahres 2009 ursprünglich seine Kräfte aus Deutschland abziehen, was für Jung allerdings v. a. auch im Hinblick auf die deutsch-französischen Beziehungen ein falsches Signal gewesen wäre. So intervenierte er erfolgreich: ein französisches Bataillon blieb in Deutschland, im Gegenzug wurde ein deutsches Jägerbataillon in Frankreich stationiert. Für Jung als überzeugten Europäer stellen diese Maßnahmen auch heute noch einen symbolischen Brückenschlag über die Grenzen und somit ein gutes Zeichen dar.[127]

Das schon erwähnte und von Jung konzipierte strategische Konzept einer vernetzten Sicherheit in Afghanistan wurde Anfang Februar 2009 auf der Münchner Sicherheitskonferenz von ihm vorgestellt und von allen Teilnehmern äußerst positiv aufgenommen. Sie begrüßten den Ansatz, vor Ort Perspektiven zur Ausbildung afghanischer Sicherheitskräfte, seien es Polizei oder die afghanische Armee, zu entwickeln. Auch dadurch, dass zivile und militärische Mittel ineinandergreifen, sollten die Afghanen mittelfristig selbst für ihre Sicherheit Verantwortung übernehmen, was dann das Ende des Kampfeinsatzes der USA und ihrer Partner bedeutet hätte. Im Rahmen des NATO-Gipfels[128] am 3. und 4. April in Kehl und Straßburg, der ganz im Zeichen des 60. Geburtstages der Allianz stand, wurde dieses Konzept nun auch formal von den Teilnehmern gebilligt. Die NATO-Staaten verständigten sich zudem darauf, mehr für die Ausbildung der afghanischen Armee zu tun. Finanzielle Mittel sollten dazu in einem Treuhandfonds bereitgestellt werden. Außerdem galt es, die Wahl in Afghanistan zu sichern. Jung und sein französischer Amtskollege begrüßten als Mitgastgeber natürlich die Staats- und Regierungschef. Bei dieser Gelegenheit kam US-Präsident Obama auf Jung zu und bedankte sich bei ihm für den „hervorragenden deutschen Einsatz in Afghanistan." Ebenfalls lobte er die gute, auf persönliches Vertrauen basierende Zusammenarbeit zwischen Jung und seinem amerikanischen Kollegen Bob Gates.[129]

Zuvor gab es für den Minister aber noch etwas zu feiern: Am 5. März stieß er im Kasino des Bendlerblocks auf seinen 60. Geburtstag an. Bundeskanzlerin Merkel hielt eine bewegende Rede und betonte unter anderem: „Auf Jung kann man sich verlassen."[130] Und wenige Tage später beförderte er im Rahmen seines Besuchs des „Deutschen Zentrums für Luft- und Raumfahrt" (DLR) in Köln am 20. März den Astronauten und ehemaligen Tornadopiloten Thomas Reiter zum Brigadegeneral. „Sie sind ein Aushängeschild für die Bundeswehr, für die Ingenieurwissenschaften, das Deutsche Zentrum für Luft- und Raumfahrt und die

127 Interview mit Jung vom 6. 10. 2015.

128 http://www.bundesregierung.de/statisch/nato/nn_683324/Content/DE/Artikel/2009/04/2009-04-04-nato-pk_page-0.html. Abgerufen am 27. 11. 2015.

129 Interview mit Jung vom 6. 10. 2015.

130 Ebda.

Europäische Weltraumorganisation", betonte der Minister.[131] Die Beförderung sei eine Anerkennung für die großen Leistungen Reiters, der heute Vorstandsmitglied der DLR und zuständig für die Bereiche Raumfahrtforschung und -entwicklung ist.

Bald standen aber wieder NATO-spezifische Themen für Jung auf der Agenda. So stattete er Anfang Juni in Tallinn stationierten Bundeswehrsoldaten einen Besuch ab. Nun mag man sich fragen, zu welchem Anlass deutsche Soldaten den Bündnispartner vor Ort unterstützen. Die NATO hatte auf ihrem Gipfeltreffen 2008 in Bukarest beschlossen, in der estnischen Hauptstadt ein Forschungszentrum für Cyber-Angriffe einzurichten.[132] Zuvor war das Land 2007 Ziel eines massiven Cyber-Angriffs während eines Konflikts mit Russland um ein Denkmal für Soldaten der Roten Armee in der einstigen Sowjetrepublik geworden. Seine IT-Infrastruktur wurde dadurch weitgehend lahmgelegt. Die estnische Regierung beschuldigte zunächst die russische Regierung als Drahtzieher, konnte aber deren direkte Beteiligung nie belegen. Im „Center of Excellence Cyber Defense" von Tallinn beschäftigen sich rund 25 Spezialisten unter anderem aus Deutschland, Spanien und Italien mit der Erforschung und dem Training der elektronischen Kriegsführung. Dabei steht im Mittelpunkt die Abwehr von Angriffen auf Computernetze von NATO-Mitgliedern. „Center of Excellence" der NATO sind allerdings nicht in die Kommandostruktur des Bündnisses eingebunden, sondern erfüllen vor allem beratende Aufgaben. Jung lobte die Tätigkeit der Bundeswehrangehörigen vor Ort als einen wichtigen Beitrag innerhalb der NATO, der der Stabilität des Baltikums diene.[133]

Und auch innenpolitische Ereignisse ließen den Minister im Sommer 2009 kaum einmal zur Ruhe kommen. So beschäftigte der in der Kyritz-Ruppiner Heide in Brandenburg gelegene Truppenübungsplatz Wittstock schon seit Jahren die Öffentlichkeit und insbesondere die Gerichte. Hintergrund war, nachdem das Gelände von 1952 bis 1993 von sowjetischen bzw. russischen Streitkräften genutzt worden war, die beabsichtigte Verwendung durch die Bundeswehr als Luft-Boden-Schießplatz in Form eines Übungsplatzes für Tiefflüge und Bombenabwürfe mit rund 1700 Flugstunden pro Jahr. Begründet wurde dies mit der Entlastung zweier kleinerer Übungsplätze bei Nordhorn und Siegenburg. Bei Wittstock soll-

131 http://www.bmvg.de/portal/a/bmvg/!ut/p/c4/NYoxC8IwEEb_US7BoeBWEcFBpYs1bmkbwkHvUs5ru_jjTQa_B295H7yhwGHDFBQzhxle4Ec8DrsZaEuGkPGjUXAl6Ot3imbMHLVaIysWJwmaxSxZdK5lFSnF4ATeuvPJOvuf-zZde3v65uCu98sDFqL2B-Zoce8!/. Abgerufen am 27. 11. 2015.

132 Siehe zum Folgenden: http://www.heise.de/security/meldung/Estland-erhaelt-NATO-Excellence-Center-fuer-Cyber-Defense-207623.html; http://www.natolibguides.info/cybersecurity. Beide abgerufen am 1. 12. 2015.

133 Interview mit Jung vom 6. 10. 2015.

te dafür eine rund 800 Mann starke Garnison entstehen.[134] Nachdem aber die Bewohner der Umgebung sowie die Tourismusbranche gut 17 Jahre massiv gegen diese Pläne demonstriert und protestiert hatten, das Verwaltungsgericht Potsdam dann am 31. Juli 2007 die neue Betriebsgenehmigung des Verteidigungsministeriums verworfen hatte und eine Berufung vom Oberverwaltungsgericht Berlin-Brandenburg am 27. März 2009 ebenfalls abschlägig entschieden worden war, rückten derartige Überlegungen in immer weitere Ferne. Dennoch wollten einige Mitarbeiter, unter anderem auch Staatssekretär Wichert, weiter vor Gericht ziehen.[135] Am 2. Juli 2009 sprach sich aber auch der Bundestag gegen das sogenannte „Bombodrom" aus. Franz Josef Jung entschied dann folgerichtig und konsequent eine Woche später auf den Ausbau des Truppenübungsplatz Wittstock zu verzichten und keine Revision gegen das Urteil des Oberverwaltungsgerichtes einzulegen, da dies „keinen Erfolg versprach" und er auch nicht wie „ein Michael Kohlhaas gegen juristische Entscheidungen angehen wollte."[136] Die für Brandenburg vorgesehenen Luftwaffeneinheiten erhielten dann in den USA Trainingsmöglichkeiten. In der Region wurde Jungs Entscheidung natürlich sehr positiv aufgenommen. Brandenburgs Ministerpräsident Matthias Platzeck zeigte sich erleichtert. „Es ist ein sehr, sehr schöner Tag", sagte er, nachdem er von Jungs Entscheidung erfuhr. Sein Amtskollege in Mecklenburg-Vorpommern, Erwin Sellering, sprach von einem „riesigen Erfolg für die Bürgerinitiativen."[137] Der Verteidigungsexperte der Grünen, Winfried Nachtwei zollte aber auch Jung Respekt. „Der Minister Jung hat […] Klugheit im Amt gezeigt", betonte er. Das sei selten unter Politikern.[138]

Zum zweiten Mal stand dann das Feierliche Gelöbnis der Rekruten des Wachbataillons am 20. Juli vor dem Reichstag auf dem Programm. Jung betonte in seiner Rede gerade auch angesichts der Belastung der Bundeswehrsoldaten durch die Auslandseinsätze, insbesondere in Afghanistan, die Rolle der Bundeswehr als Parlamentsarmee und den für sie notwendigen, allerdings nicht immer vorhandenen, Zuspruch aus Politik und Gesellschaft:

> „Die Bundeswehr und der 20. Juli sind untrennbar miteinander verbunden. Daher ist es richtig und wichtig, dass heute unsere Rekruten vor dem Reichstagsgebäude und damit dem deutschen Parlament ihren Eid ablegen. Wir bekennen uns öffentlich zu der

---

134 http://www.sueddeutsche.de/politik/brandenburg-bundeswehr-verzichtet-auf-bombodrom-1.124924; http://www.zeit.de/online/2009/29/bombodrom-bundeswehr. Beide abgerufen am 1.12.2015.

135 Interview mit Jung vom 6.10.2015.

136 Ebda.

137 Zit. nach http://www.zeit.de/online/2009/29/bombodrom-bundeswehr/seite-2. Abgerufen am 1.12.2015.

138 Ebda.

> Tradition des militärischen Widerstandes, eine Tradition, auf der wir zurecht stolz sein können und die seit der Gründung der Bundeswehr bewusst gepflegt wird. […] [Die Bundeswehr] ist eine Armee in der Demokratie in einem Bündnis von Demokratien. Sie begreift die tapferen Männer und Frauen des militärischen Widerstands als unsere Vorbilder. […] Es ist wichtig, dass sich die Soldatinnen und Soldaten der Bundeswehr angesichts ihrer fordernden Aufgaben dieser Tradition bewusst sind. Dazu gehört auch der Charakter des Eides, der an das Recht und die verfassungsmäßige demokratische Ordnung gebunden ist. […] Das ist ein Garant für die feste Einbindung unserer Soldatinnen und Soldaten als Staatsbürger in Uniform in den freiheitlich-demokratischen Rechtsstaat. Auch hieran erinnert der heutige Tag. […] Die Soldaten brauchen ein öffentlich sichtbares Bekenntnis von Parlament und Gesellschaft – sie dürfen diese Unterstützung erwarten, und sie haben sie verdient. Die Bundeswehr kann ihren Auftrag nur dann gut erfüllen, wenn unsere Soldatinnen und Soldaten wissen, dass sie den nötigen Rückhalt bei den Menschen in unserem Land haben."[139]

Ein kleines Abenteuer bot sich dem Minister dann wenige Tage später an. Im August besuchte Jung das Leistungszentrum der Sportfördergruppe der Bundeswehr in Kienbaum. Er wollte nämlich schon immer einmal in den Kälteraum, um seine Grenzen auszutesten. Die Soldaten schlugen ihm vor, eine Temperatur von 112 Grad minus auszuprobieren, und das mit ganz normaler Bekleidung, lediglich mit einem speziellen Schutz vor Nase und Ohren versehen. „Das könnt Ihr doch mit mir nicht machen", reagierte der Minister leicht entsetzt. „Nein Herr Minister, machen Sie sich keine Sorgen, das ist nicht schlimm", beruhigten ihn die erprobten Soldaten. Jung riskierte diesen Ausflug für knapp zwei Minuten und war anschließend begeistert: „Man kommt danach raus und fühlt sich fitter, frischer und ist wieder voll da."[140]

Trotz seiner fordernden Aufgaben als Verteidigungsminister fand Franz Josef Jung auch immer wieder Zeit und Raum, seiner Heimat zahlreiche Besuche abzustatten und sich auf lokalpolitischer Ebene einzubringen, hier insbesondere in der Verkehrspolitik. So wie Ende der 70er Jahre auch durch seine Initiative Eltville durch eine Umgehungstraße entlastet worden war, engagierte er sich bei einem ähnlichen Problem auch in Rüdesheim, das massiv vom zunehmenden Schienenverkehr betroffen war und ist. Es ging um den für die Stadt schon lange diskutierten und wichtigen Bahntunnel. Seit seinem Einzug in den hessischen Landtag hat-

139 Rede des Bundesministers der Verteidigung, Dr. Franz Josef Jung, anlässlich des Feierlichen Gelöbnisses am 20. Juli 2009 in Berlin, in: Reden, Artikel, Grußworte und Tagesbefehle des Bundesministers der Verteidigung, Dr. Franz Josef Jung, Juli 2009 – Oktober 2009 (zusammengestellt vom BMVg).

140 Interview mit Jung vom 6.10.2015.

te Jung sich für diese Lösung stark gemacht. Auch als Bundespolitiker ließ er hier nicht locker und äußerte beispielsweise in einem Schreiben[141] an seinen Ministerkollegen, Verkehrsminister Wolfgang Tiefensee (SPD), vom 18. Januar 2006, die eindringliche Bitte, sich „für die Rüdesheimer Jahrhundertlösung einzusetzen, damit das Planfeststellungsverfahren beginnen kann." Es handele sich hier um ein Projekt des „vordringlichen Bedarfs", so dass auch das Bundesverkehrsministerium hier seinen 1998 übernommenen finanziellen Verpflichtungen nachkommen müsse. Es folgten zwar weitere Schreiben[142] an Tiefensee, wie auch an den damaligen DB-Chef Hartmut Mehdorn. Doch trotz allen Engagements wartet Rüdesheim bis heute auf eine diesbezügliche Lösung. Die Kosten für dieses Projekt hätten sich nämlich wegen einer nach dem Unfall im Gotthard-Tunnel notwendig gewordenen zusätzlichen Röhre verdoppelt und somit waren diese Pläne nicht mehr realisierbar. Auch als Schirmherr verschiedener Veranstaltungen fungierte Jung immer wieder, so z. B. beim 2006 bundesweit durchgeführten „Bethanien Kido-Cup", der als Fußballturnier von Mannschaften der Kinderdörfer aus ganz Deutschland in Eltville-Erbach ausgetragen wurde.[143] Ebenso unterstützte er auch die politische Bildung an Schulen. So besuchte er am 22. Januar 2007 anlässlich des EU-Projekttages zwei Gymnasien im Rheingau, die für ihn Symbolcharakter besitzen: Zum einen die Rheingauschule, seine alte Schule in Geisenheim, an der er das Abitur abgelegt hatte, zum anderen die Internatsschule Schloss Hansenberg, deren Gründung 2003 er in seiner Eigenschaft als stellvertretender CDU-Landesvorsitzender gegen den Willen der Opposition mit durchgesetzt hatte. Spannende Diskussionen mit den Schülern über Europa, die Rolle der EU, die Bedeutung der deutschen Ratspräsidentschaft oder Fragen der Wehrpflicht machten ihm an diesem Tag sehr viel Freude. Den Hansenberg besuchte Jung später immer wieder gerne und trat als kompetenter Referent und Diskutant im Rahmen von sicherheitspolitischen Projekten der Schule auf. In ähnlicher Form wirkte er auch bei dem einen oder anderen interaktiven Planspiel der Bundeswehr („Pol&IS") mit. So schaute Jung im Oktober 2006 bei zwei Oberstufenklassen im Hessischen Landtag vorbei, die dort im Rahmen dieses Planspiels internationale Politik im Kleinen simulierten und von dem Minister kompetent beraten wurden. Aber auch anderswo engagierte sich Jung, so u. a. 2007 im Rahmen des bundesweiten Vorlesetags „Große für Kleine" in der Kindertagesstätte des BMVg in Bonn, die 86 Kindern Angehörigen des Ministeriums sowie der Bundeswehr Platz bietet. Mit seinem Engagement verdeutlichte Jung, wie viel Spaß Vorlesen macht und wie wesentlich es für die Bildungsfähigkeit ist, als er aus dem Buch von Otfried

141 Privatarchiv Linda Kreckel.

142 Siehe diese im Privatarchiv Linda Kreckel

143 Siehe sein Grußwort im Programmheft zum „Bethanien Kido-Cup" im Juni 2006.

Preußler „Das kleine Gespenst“ vorlas. „Ich lese heute vor, weil ich bei den Kindern die Freude an Büchern wecken und sie für das Lesen begeistern will“[144], erklärte er. Daneben initiierte und förderte er auch zahlreiche caritative Projekte, wie z. B. das Benefizkonzert der Bundeswehr Big Band unter der Schirmherrschaft seiner Frau Beate im April 2008 in Erbach und den „Dixieland-Lunch“ im Kloster Eberbach – hier gemeinsam mit der Nationalmannschaft der Bundeswehrköche. Eine derartige Veranstaltung hatte es mit der Kochnationalmannschaft der Bundeswehr noch nicht gegeben. 15 Spitzenköche verwöhnten drei Stunden lang die Gaumen ihrer Gäste mit frisch zubereiteten Leckereien, während das Dixieland-Ensemble der Bundeswehr den Lunch musikalisch begleitete. Der Reinerlös von über 6500 € kam zu gleichen Teilen dem Caritas-Verband Rheingau-Taunus-Wiesbaden und der „Aktion Sorgenkinder“ des Bundeswehrsozialwerks unter Vorsitz von Beate Jung zu Gute.[145] Als examinierte Kinderkrankenschwester hatte sie schon immer sehr gerne mit Kindern gearbeitet und somit voller Überzeugung im Juni 2007 diese Schirmherrschaft übernommen.[146] Dabei engagierte sie sich auf zahlreichen weiteren Veranstaltungen und sammelte Spenden, die für unterschiedliche Therapien verwendet werden; nicht nur für Kinder, sondern auch für Erwachsene, beispielsweise Soldaten, die traumatisch belastet aus Auslandseinsätzen zurückkamen.

Betrachten wir nun aber näher, welchen weiteren zentralen Aufgaben und Herausforderungen sich Jung als Verteidigungsminister stellen musste, wie er diese bewältigte und welche Impulse bzw. Innovationen er während seiner Amtszeit, die v. a. durch den Afghanistaneinsatz geprägt war, setzte. Diskussionen um den Einsatz der Bundeswehr im Inneren, die Vorstellung des neuen Weißbuchs sowie Fragen der Traditionspflege und Erinnerungskultur sollen u. a. als wichtige Themenfelder im Folgenden systematisch beleuchtet werden.

144 „Rheingau-Taunus Monatsanzeiger“ vom Dezember 2007.

145 Vgl. „Rheingau-Echo“ vom 5. 6. 2008.

146 Interview mit Beate Jung vom 14. 8. 2007 auf: www.bundeswehr.de/portal/a/bwde. Siehe dort auch den Beitrag vom 25. 4. 2007.

3.2 Leistungen

3.2.1 Eine neue Sicherheitspolitik? Das Weißbuch der Bundeswehr

Auf die Frage der FAZ in einem Interview vom 2. Mai 2006[147] mit Minister Jung, ob unsere Sicherheitspolitik interessengeleitet sein müsse, erklärte er unumwunden als Realist und Pragmatiker:

> „Ja. Wir brauchen eine klare Wertorientierung, aber es wäre falsch, wenn man nicht auch die Interessen der Bundesrepublik Deutschland im Zusammenhang mit dem Sicherheitsbegriff definiert. Wir werden nicht überall weltpolizeiliche Aufgaben wahrnehmen können. Wir haben ein Interesse daran, dass zum Beispiel Afghanistan kein Ausbildungszentrum mehr für Terroristen ist. Stabilität in Afrika, unserem Nachbarkontinent, liegt in unserem Interesse, auch um die ansonsten eintretende Migration zu vermeiden."

Vorausschauende und die Lage scharf analysierende Worte, betrachtet man beispielsweise die derzeitige Lage in Mali, Südsudan, Somalia oder im arabischen Teil Afrikas, um nur einige Brennpunkte dieses Kontinents und die daraus resultierenden und zunehmenden Migrationsströme Richtung Europa zu nennen. Aber auch die militärische Absicherung wirtschaftlicher Interessen Deutschlands sowie seiner Versorgungs- und Ressourcensicherung gehörten laut Jung zum Aufgabenspektrum der Bundeswehr.[148] Auch hier erfolgte eine realistische Einschätzung durch den Minister. 80 Prozent des Welthandels erfolgt über die Seewege, die bei einer terroristischen Bedrohungslage dann notfalls mit militärischen Mitteln gesichert werden müssten. Nicht umsonst ist ja die Bundeswehr seit 2. Februar 2002 am Horn von Afrika innerhalb der Operation Enduring Freedom[149] in einem multinationalen Einsatzverband im Kampf gegen Terror- und Piratenbanden im Einsatz. Engpässe wie der Suezkanal, die Meerenge Bab al Mandab zwischen Rotem Meer und dem Golf von Aden, die Straße von Hormuz oder die Malakkastraße sind hier weitere potentielle Brennpunkte, die deutsche Handelsinteressen massiv tangieren können. Im Rahmen einer Feierstunde zum 60jährigen Jubiläum der CDU von Oestrich-Winkel betonte Jung schon am 11. März 2006:

---

147 Interview mit Jung in der FAZ vom 2. 5. 2006.

148 Ebda.

149 Siehe dazu u. a. Einsätze der Bundeswehr. Hg. vom BMVg, Berlin 2008, S. 29. Umfangreich: Wegweiser zur Geschichte. Horn von Afrika. Hg. im Auftrag des MGFA von D. Kollmer u. A. Mückusch. Paderborn 2007, hier v. a. Weiß, J.: Deutsche Interessen am Horn von Afrika, S. 117–126.

> „Die Bundeswehr zum Beispiel war sicherlich 50 Jahre lang ‚entschieden für Frieden', das war der Leitspruch über dem Jubiläumsjahr 2005. Die Armee wird auch unter meiner Führung der Erhaltung des Friedens, der Sicherung von Frieden und Freiheit für unser Land verpflichtet bleiben. Aber die Augen vor den neuartigen Herausforderungen zu verschließen, wäre fahrlässig. 35 Jahre lang war die Bundeswehr eine Armee im Kalten Krieg, mit allem was dazugehört. Aber den großen Panzerdurchbruch am sogenannten Fulda Gap, beim Point Alpha, wo sich im Abstand von 500 Metern amerikanische und sowjetische Atomraketen gegenüberstanden, wird es Gott sei Dank nicht mehr geben. Die Bedrohungslage heutzutage ist viel subtiler, durch den internationalen Terrorismus, durch die Bedrohung mit ABC-Waffen, durch Radikalisierung, möglicherweise in Zukunft auch durch den Kampf um Ressourcen. Dem muss sich auch die Bundeswehr stellen. Die Grundkonzeption der Armee ist daher verändert worden, von der Armee der Einheit zur Armee im Einsatz. Und weil wir den Blick in die Zukunft richten müssen, werden wir auch in diesem Jahr noch ein Weißbuch zur Sicherheits- und Verteidigungspolitik vorlegen, das sich umfassend mit diesen Herausforderungen befasst."[150]

Die Weißbücher der Bundeswehr stellen programmatische Dokumente für die deutsche Sicherheitspolitik dar und lassen sich als etwas wie die jeweils gültige Militärdoktrin mit daraus abgeleiteten Prinzipien für Aufbau, Bewaffnung und Führung der deutschen Streitkräfte bezeichnen. Nachdem das letzte Weißbuch 1994 unter Verteidigungsminister Volker Rühe veröffentlicht worden war, hatte sich mittlerweile das internationale Umfeld tiefgreifend verändert. Angesichts neuer Chancen, aber auch zahlreicher Risiken durch die zunehmende Globalisierung und durch den internationalen Terrorismus war und ist die Sicherheit Deutschlands mehr als nur berührt. Für Jung war somit klar: Ein neues Weißbuch ist dringend geboten. Er sprach sich hier nicht nur für eine werte-, sondern auch eine interessengeleitete Sicherheitspolitik aus. Allerdings rechnete er hier schon im Vorfeld mit heftigen Gegenreaktionen. „Ich weiß, daß da Kontroversen auf uns zukommen", äußerte er sich schon im Mai gegenüber der FAZ.[151] Er sollte sich hier nicht täuschen. Schon der Entwurf des Weißbuchs hatte vor seiner Veröffentlichung einigen Wirbel ausgelöst, in dessen Verlauf sogar die Veröffentlichung selbst in Frage gestellt wurde.[152] Seitens der SPD, immerhin Koalitionspartner, wurden zentrale Aspekte wie die Betonung der Export- und Rohstoffabhängigkeit Deutschlands und den sich daraus ergebenden Konsequen-

150 Festrede zur Feierstunde 60 Jahre CDU Oestrich-Winkel von Bundesminister Dr. Franz Josef Jung am 11. 3. 2006.

151 Interview mit Jung in der FAZ vom 2. 5. 2006.

152 http://www.zeit.de/online/2006/20/Weissbuch_Sicherheitspolitik. Abgerufen am 3. 12. 2015.

Vorstellung des neuen Weißbuches mit Generalinspekteuer Wolfgang Schneiderhan

zen, nämlich auch in entfernten Regionen Krisen abzuwenden, mehr als kritisch hinterfragt. In der SPD-Bundestagsfraktion wurde der Wunsch laut, diesen Gedanken wieder aus dem Weißbuch zu streichen.[153] In der Tat fanden sich recht klar gehaltene Formulierungen in dem Text, die jenen nicht gefallen, deren „Verhältnis zu den neuen Realitäten der Sicherheitspolitik insofern kritisch ist, als sie deren Existenz leugnen."[154] So wirkte in diesen politischen Kreisen z. B. eine Aussage, dass Deutschland eine zentrale Rolle für die künftige Gestaltung Europas und darüber hinaus zufalle, irritierend. Kritik gab es auch für die Passagen, die eine nukleare Abschreckung seitens der NATO betonten. Dennoch: Von einem Weg in „die Militarisierung der Außenpolitik, wie von links" befürchtet wurde[155], und „zwar im Wirtschafts- und damit im Profitinteresse"[156] konnte keine Rede sein. Das am 25. Oktober 2006 erschienene neue „Weißbuch zur Sicherheitspolitik Deutschlands und zur Zukunft der Bundeswehr" erlaubt eine derartige Wertung nämlich nicht. Vielmehr griff es die oben angeführten Aspekte folgerichtig

153 Ebda.
154 Ebda.
155 Ebda.
156 Ebda.

auf und verdichtete die sicherheitspolitische Diskussion der vergangenen Jahre. Deutschlands Sicherheitspolitik, heißt es dort, werde nicht nur von den Werten des Grundgesetzes geleitet, sondern auch von dem Ziel, die Interessen

> „unseres Landes zu wahren, insbesondere [...] regionalen Krisen und Konflikten, die Deutschlands Sicherheit beeinträchtigen können, wenn möglich vorzubeugen und zur Krisenbewältigung beizutragen, globalen Herausforderungen, vor allem der Bedrohung durch den internationalen Terrorismus und der Weiterverbreitung von Massenvernichtungswaffen zu begegnen, [...] den freien und ungehinderten Welthandel als Grundlage unseres Wohlstands zu fördern [...].[157]

Betont wird, dass die Bewältigung dieser neuen Herausforderungen den Einsatz eines „breiten außen-, sicherheits-, verteidigungs- und entwicklungspolitischen Instrumentariums zur frühzeitigen Konflikterkennung, Prävention und Konfliktlösung“ erfordert.[158] Die Bundeswehr leiste hierzu „mit ihrem gesamten Fähigkeitsspektrum einen wesentlichen Beitrag.“[159] Schon an diesen Stellen wird das von Jung hier forcierte Konzept der „vernetzten Sicherheit“ deutlich. Dem Minister war klar, dass Konflikte, wie z. B. in Afghanistan oder auch im Kosovo, nie allein auf militärische Weise zu lösen sind. „Wir haben damit eine Tür geöffnet,“ betont rückblickend der ehemalige Generalinspekteur Schneiderhan und damit die Leistung von Jung, der diese Vernetzte Sicherheit mit „ungebremster Sturheit ständig vermittelt hat“ und damit „einigen auf den Geist ging, die gar nicht kapiert haben, was anliegt.“[160]

Um nachhaltig für Stabilität und, wenn möglich, Frieden sorgen zu können, muss hierzu ein wesentlich weiter gefasster Ansatz entwickelt werden. Dazu heißt es zu Recht im Weißbuch:

> „Nicht in erster Linie militärische, sondern gesellschaftliche, ökonomische, ökologische und kulturelle Bedingungen, die nur in multinationalem Zusammenwirken beeinflusst werden können, bestimmen die künftige sicherheitspolitische Entwicklung. Sicherheit kann daher weder rein national noch allein durch Streitkräfte gewährleistet werden. Erforderlich ist vielmehr ein umfassender Ansatz, der nur in vernetzten sicherheitspolitischen Strukturen sowie im Bewusstsein eines umfassenden und globalen Sicherheitsverständnisses zu entwickeln ist.“[161]

---

157 Weißbuch zur Sicherheitspolitik Deutschlands und zur Zukunft der Bundeswehr. Hg. vom BMVg, Berlin 2006, S. 28.

158 Ebda., S. 9.

159 Ebda.

160 Interview mit Wolfgang Schneiderhan vom 19. 2. 2016.

161 Weißbuch, S. 29.

Neben einem auf nationaler Ebene ressortübergreifendem Ansatz, also auch die Zusammenarbeit von Bundesnachrichtendienst und dem militärischen Nachrichtenwesen, betont das Weißbuch auch die eng abgestimmte Kooperation zwischen NATO, EU und UNO. Die NATO bleibt dabei auch in Zukunft der stärkste Anker der deutschen Sicherheitspolitik, die sich von daher zu „einem wirksamen Multilateralismus aus der Überzeugung heraus, dass die Herausforderungen der internationalen Sicherheit nur gemeinsam mit Partnern bewältigt werden können", bekennt.[162] Weiterhin werden die transatlantische Partnerschaft und eine Stärkung des Völkerrechts betont. Die Bundeswehr ist dabei ein „Instrument einer umfassend angelegten, vorausschauenden Sicherheits- und Verteidigungspolitik."[163] Ihr Auftrag umfasst somit u. a. die multinationale Zusammenarbeit und Integration zu fördern, zur Verteidigung der Verbündeten beizutragen sowie Deutschlands außenpolitische Handlungsfähigkeit zu sichern.[164] Konkret lauten ihre Aufgaben demnach der Schutz Deutschlands und seiner Staatsbürger, die Unterstützung von Bündnispartnern, internationale Konfliktverhütung und Krisenbewältigung, Kampf gegen den internationalen Terrorismus, Rettung und Evakuierung sowie subsidiäre Hilfsleistungen (beispielsweise bei Naturkatastrophen im Inland).[165] Die damals noch 252 000 Soldaten umfassenden Streitkräfte wurden in die Kategorien Eingreif-, Stabilisierungs- und Unterstützungskräfte gegliedert,[166] was unter anderem eine folgerichtige Antwort auf die zunehmenden Auslandseinsätze der Bundeswehr darstellte. Derartige Einsätze werden im Weißbuch als „für unsere Sicherheit wichtig und notwendig" eingestuft.[167] Ihre Rolle im Rahmen des ISAF-Einsatzes in Afghanistan hebt das Weißbuch besonders hervor. In der dem deutschen Verantwortungsbereich zugewiesenen afghanischen Nordregion verfolgte die deutsche Sicherheitspolitik mit der Bundeswehr ganz im Sinne des von Jung entwickelten Konzepts der „Vernetzten Sicherheit" einen „ressortübergreifenden Ansatz aus militärischen und zivilen Komponenten" im Rahmen der regionalen Wiederaufbauteams (Provincial Reconstruction Teams, PRT):

> „Die deutschen Soldaten erfüllen in Zusammenarbeit mit den Mitarbeitern des Auswärtigen Amtes, des Bundesministeriums für wirtschaftliche Zusammenarbeit, des Bundesministeriums des Innern sowie internationalen Partnern und Nichtregierungsorganisationen ihren Auftrag durch militärische Präsenz sowie durch die Beteiligung

162 Ebda., S. 34.
163 Ebda., S. 13.
164 Ebda.
165 Ebda. Ausführlich S. 70–93.
166 Ebda., S. 93.
167 Ebda., S. 97.

an der Wiederaufbauhilfe und die Unterstützung bei der Ausbildung der neuen afghanischen Streitkräfte und der afghanischen Polizei."[168]

Bei der Vorstellung des neuen Weißbuchs vor dem Bundestag erklärte Jung: „Für diese neuen asymmetrischen Bedrohungen reichen die bewährten Strategien zur Abwehr äußerer Gefahren nicht mehr aus. Die Sicherheitspolitik steht vor immer neuen und komplexeren Herausforderungen."[169] In seiner Rede stellte er fest, dass sich Deutschland gemeinsam mit seinen Partnern und Verbündeten den neuen Herausforderungen stellen werde, da der Prozess globaler Veränderungen nicht zum Stillstand komme.

Er machte weiterhin deutlich, dass die Sicherheitspolitik Deutschlands dem Ziel folge, die Interessen unseres Landes zu wahren. Diese umfassen Recht und Freiheit, Demokratie, Sicherheit und Wohlfahrt für die Bürgerinnen und Bürger. Die Achtung der Menschenrechte, die Stärkung der internationalen Grundlagen des Völkerrechts als auch neue globale Herausforderungen zählen zu den Hauptaufgaben einer modernen Sicherheitspolitik. Neben den Bedrohungen durch den internationalen Terrorismus habe die Problematik der Weiterverbreitung von Massenvernichtungswaffen an Gewicht gewonnen; beidem sei entschieden entgegenzutreten, betonte der Minister.[170] Das angesichts des globalen Umfelds erforderliche Konzept der vernetzten Sicherheit musste, so Jung rückblickend,[171] somit in einem neuen Weißbuch münden. Die von ihm ebenfalls betonten Aspekte wie die Gewährleistung eines freien und ungehinderten Welthandels, der Zugang zu Ressourcen und die Energiesicherheit entsprechen den realen Interessen Deutschlands als rohstoffarme Exportnation. Damit trug Jung der Tatsache Rechnung, dass es in der internationalen Politik nicht nur um Demokratie und Menschenrechte geht, sondern eben auch zum Teil um handfeste geopolitische Interessen von Staaten, denen sich auch Deutschland nicht entziehen kann. Die Vorstellung des Buches wurde allerdings getrübt durch einen parallel in der „Bildzeitung" erschienen Fotobericht über deutsche Soldaten, die in Afghanistan in den Jahren 2003 und 2004 mit Totenschädeln gespielt und sich dabei gegenseitig fotografiert hatten. In Folge dessen lief die größte interne Untersuchung in der Geschichte der Bundeswehr an. Rund 5500 Soldaten wurden verhört oder zum Abgeben dienstlicher Erklärungen aufgefordert. Auch Jung persönlich reagierte umgehend. Zum einen kritisierte er die Soldaten, die mit den Totenköpfen posierten, zum anderen hielt er im Stauffenberg-Saal des Berliner Bendlerblocks vor zahlreichen hochran-

168 Ebda.

169 Pressemitteilung Büro Franz Josef Jung vom 1. 11. 2006.

170 Ebda.

171 Interview mit Jung vom 6. 10. 2015.

gigen Kommandeuren einen Vortrag über Grundsätze der Inneren Führung. Die „Werte des Grundgesetzes“ und die „Achtung der Menschenwürde“ seien für Soldaten oberstes Gebot. Die Offiziere sollten sich aktiv um ihre Leute „kümmern“, und zwar nicht nur bei der Arbeit. „Fürsorge bedeutet auch“, so Jung bezogen auf die militärischen Führungskräfte, „dass Sie Ihre Soldaten auch in der dienstfreien Zeit nicht aus den Augen verlieren.“[172] Gleichzeitig wies er notwendigerweise daraufhin, dass die Bundeswehr als Wehrpflichtarmee „auch ein Spiegelbild unserer Gesellschaft, und die ist eben auch nicht fehlerfrei“, darstelle.[173] Als weitere Konsequenz kündigte er an, in der Ausbildung für Auslandseinsätze, gerade auch auf der interkulturellen Ebene, nachzubessern. Der Minister schärfte durch diese Affäre nicht nur seinen ohnehin ausgeprägten Blick für die Innere Führung weiter[174], sondern trat hier insgesamt als entschlossener und zupackender Aufklärer auf, so dass innerhalb kürzester Zeit die Bundeswehr die Urheber jener Aufnahmen ausfindig machen konnte, wofür Jung von allen Seiten politische Zustimmung erfuhr. Entlassen wurde jedoch keiner der damals beteiligten Soldaten, von denen einige zuvor schon aus der Bundeswehr ausgeschieden waren. Es gab lediglich Disziplinarverfahren, da die zuständigen Staatsanwaltschaften den Umgang mit frei herumliegenden Knochen in einer Lehmgrube nicht als strafbare Störung der Totenruhe ansahen. Jung fand die damalige mediale Aufbauschung und Dramatisierung für die Bundeswehr jedoch als stark beeinträchtigend. Zudem wurde so das Weißbuch in den Hintergrund gedrängt wurde, was ihn sehr ärgerte.[175] Philipp Münch spricht im Zusammenhang dieser Affäre von einer gezielten Maßnahme. Informationen dieser Art seien als „Mittel der internen Auseinandersetzung gesammelt und für den passenden Moment aufgehoben worden.“[176] Auch Vertreter der Bundeswehr kritisieren die Darstellungsmethoden der „Bild“. Für Schneiderhan war es ein „gezielter Schuss der Medien.“[177] Ähnlich äußerte sich auch der Kommandeur des Landeskommandos Hessen, Brigadegeneral Eckart Klink: „Insbesondere die Bildzeitung schreibt Leute rauf und runter, wie sie es für richtig hält.“[178] Das Thema der Totenköpfe hätte seiner Meinung nach ganz anders publizistisch dargestellt werden können. Klink, der damals die-

172 http://www.spiegel.de/spiegel/print/d-49533623.html.

173 Interview mit Jung im „Rheingau-Echo vom 23. 11. 2006. Zur Wahrnehmung der Bundeswehr in den Medien siehe WANNER, M.: Die mediale Darstellung der Bundeswehr, in: H. Biehl/H. Schoen (Hg.): Sicherheitspolitik und Streitkräfte im Urteil der Bürger. Theorien, Methoden, Befunde. Wiesbaden 2015, S. 179–205, hier S. 191.

174 Telefongespräch mit Brigadegeneral a. D. Alois Bach am 19. 2. 2016.

175 Interview mit Jung vom 6. 10. 2015.

176 MÜNCH, Bundeswehr in Afghanistan, S. 97 f.

177 Interview mit Wolfgang Schneiderhan vom 19. 2. 2016.

178 Interview mit Brigadegeneral Klink vom 7. 7. 2015.

se Berichterstattung persönlich nicht nachvollziehen konnte, mochte eine mögliche bewusste Steuerung durch die Presse im Zusammenhang mit der Präsentation des Weißbuchs nicht ausschließen. Die „unkontrollierte Macht der Medien" ist für ihn bemerkenswert in unserem System, vor allem bezogen auf die Bildzeitung. Allerdings betonte er auch, dass Sicherheitspolitik in der Öffentlichkeit leider und zu Unrecht keine große Rolle spiele.[179] Somit bedarf es sicherlich auch in Zukunft „verstärkte Anstrengungen der Informations- und Öffentlichkeitsarbeit der Bundeswehr, um das Ziel einer breiten gesellschaftlichen Debatte"[180] nicht nur über die zentralen Aspekte dieses Weißbuches, sondern generell sicherheitspolitischer Herausforderungen erreichen zu können. Aber auch die Medien spielen hierbei eine entscheidende Rolle, sollten sie doch eine einseitige, tendenziöse Berichterstattung über die Bundeswehr vermeiden und – soweit machbar – ein größtmögliches Maß an Objektivität anlegen.

Die eben angesprochene und im Weißbuch thematisierte Sicherheitspolitik sollte keine drei Jahre danach Realität werden. Ein Fall für einen derartigen Bundeswehreinsatz lag vor: Somalische Piraten hatten am 4. April 2009 das deutsche Containerschiff „Hansa Stavanger" auf seiner Fahrt von Dschabal Ali in den Vereinigten Arabischen Emiraten nach Mombasa in Kenia ca. 400 Seemeilen vor der Küste Somalias gekapert.[181] Fünf der 24 Besatzungsmitglieder waren Deutsche, darunter der Kapitän und weitere Offiziere. Nachdem insgesamt rund 50 Piraten das Schiff in ihre Gewalt gebracht[182] und die Mannschaft als Geiseln genommen hatten, wurde im Krisenstab der Bundesregierung eine Befreiungsaktion diskutiert. Zunächst wurde ein Vorauskommando der Antiterroreinheit GSG 9 nach Kenia verlegt, bald darauf standen rund 200 dieser Elitepolizisten mit Hubschraubern, schweren Waffen und Sanitätern auf See in der Nähe des Frachters für ihren

179 Ebda. Zu Grundpositionen der deutschen Öffentlichkeit hinsichtlich sicherheitspolitischer Fragen siehe MADER, M.: Grundhaltungen zur Außen- und Sicherheitspolitik in Deutschland, in: H. Biehl/H. Schoen (Hg.): Sicherheitspolitik und Streitkräfte im Urteil der Bürger. Theorien, Methoden, Befunde. Wiesbaden 2015, S. 69–96, ENDRES, F./SCHOEN, H./ RATTINGER, H.: Außen- und Sicherheitspolitik aus Sicht der Bürger. Theoretische Perspektiven und ein Überblick über den Forschungsstand, in: H. Biehl/H. Schoen (Hg.): Sicherheitspolitik und Streitkräfte im Urteil der Bürger. Theorien, Methoden, Befunde. Wiesbaden 2015, S. 39–65.

180 THEILER, O.: Die Eigendarstellung staatlicher Sicherheitsakteure in den Medien. Das Beispiel Bundeswehr, in: T. Jäger/H. Viehrig (Hg.): Sicherheit und Medien. Wiesbaden 2009, S. 25–34, hier S. 32.

181 Siehe Hamburger Abendblatt vom 5.4.2009. Siehe auch allgemein zum Thema Piraterie: HOSSEUS, L. D.: Piraterie auf See als Herausforderung für die Internationale Gemeinschaft, in: Wegweiser zur Geschichte. Auslandseinsätze der Bundeswehr. Hg. im Auftrag des MGFA von B. Chiari u. M. Pahl. Paderborn 2010, S. 229–238. Auf S. 236 wird dieser Vorfall kurz geschildert und ist mit einem Foto des Ereignisses versehen.

182 Interview mit Jung vom 6.10.2015.

Einsatz bereit. Zudem hatte die Bundesregierung die US-Regierung hier um logistische Unterstützung gebeten. Jedoch rief daraufhin der Sicherheitsberater von Präsident Obama, Ex-General James Jones, Verteidigungsminister Jung an und riet eindringlich von dieser Aktion ab. Das Risiko sei bei einem Schiff mit sieben Decks viel zu hoch, da gebe es ein Blutbad.[183] Jung sprach daraufhin mit Innenminister Schäuble, dessen Staatssekretär bis dato diesen Einsatz noch befürwortet hatte. Nach Jungs wichtigem Hinweis wurde die Aktion dann aber abgeblasen. Der Einsatz scheiterte also nicht an einem „Kompetenzgerangel", wie der „Focus"[184] und weitere Medien berichteten, sondern aufgrund der klaren Empfehlung von Jones und Jung. Das Schiff und seine Besatzung kamen dann erst nach vier Monate langen und zähen Verhandlungen und einer Zahlung von 2,75 Millionen Euro Lösegeld frei.[185] Im Anschluss an diesen Vorfall sprach sich Jung erneut für eine Grundgesetzänderung im Kampf gegen die Piraterie aus[186], um in solchen Fällen die Bundeswehr anstelle der Polizei mit Geiselbefreiungen zu betrauen. „Wenn die Bundeswehr vor Ort ist und die Chance hätte, Geiseln zu befreien, muss dies künftig auch möglich sein", forderte er bereits Mitte Juli. „Wir sollten über eine Verfassungsänderung nachdenken, die der Bundeswehr den Zugriff dann ermöglicht, wenn die Polizei nicht handeln kann", erklärte er. Dies könne dann erforderlich sein, wenn sie nicht schnell genug am Ort des Geschehens sei. Im Falle der Hansa Stavanger habe sich die Lage längst verschärft, bis die Polizei am Horn von Afrika einsatzfähig gewesen sei. Jung sagte, er wolle das Thema nach der Bundestagswahl „wieder auf die Tagesordnung setzen." Eine Grundgesetzänderung solle dann sowohl Einsätze im In- als auch im Ausland umfassen. Die CDU hatte schon in den letzten Jahren des Öfteren gefordert, diese Trennung aufzuheben, war damit aber am heftigen Widerstand der anderen Parteien gescheitert. Weiterhin forderte Jung die deutschen Reeder auf, ihre Schiffe unter deutscher Flagge fahren zu lassen und ihre Abgaben in Deutschland zu zahlen, wenn sie deutschen Schutz erwarten.

Die der heutigen weltweiten Bedrohungslage angemessenen und somit nachvollziehbaren Vorschläge Jungs führten teilweise zu heftiger Kritik in den Medien. So erklärte beispielsweise der ehemalige Wissenschaftliche Direktor an der Führungsakademie der Bundeswehr, Martin Kutz, entsprechende Änderungen wiesen „ein technokratisches Denk- und Verhaltensmuster" auf, „in dem der Einsatz von

183 Interview mit Jung vom 6. 10. 2015.

184 http://www.focus.de/politik/deutschland/schifffahrt-gsg-9-einsatz-scheitert-an-kompetenzgerangel_aid_389090.html. Abgerufen am 27. 11. 2015.

185 http://www.sueddeutsche.de/politik/kampf-gegen-piraten-jung-will-grundgesetz-aendern-1.156274, abgerufen am 30. 3. 2015; http://www.spiegel.de/politik/ausland/hansa-stavanger-jung-verlangt-grundgesetzaenderung-wegen-geiseldrama-a-641331.html. Abgerufen am 30. 3. 2015.

186 Zum Folgenden: Ebda.

Gewalt nur noch eine Frage militärischer Zweckmäßigkeit ist. Darin eingebaut ist die Grundtendenz zur Eskalation, zur Entgrenzung von Gewalt, wenn im ersten Anlauf die militärischen Ziele nicht erreicht werden. Das gilt auch für den Einsatz im Inneren. Politische, vielleicht sogar moralisch ehrenwerte Absichten gehen da leicht verloren. Glaubt der verantwortliche Minister wirklich, diese Tendenz im Extremfall beherrschen zu können? Es wäre Illusion."[187] Er betonte weiter: „Es gibt in der deutschen Geschichte keine einzige positive Erfahrung aus dem bewaffneten Einsatz von Militär im Inneren. Immer endete es in politischer Unterdrückung oder im Morden, selbst als Sozialdemokraten zu Beginn der Weimarer Republik die Freikorps zur Niederschlagung der revolutionären Bewegung einsetzten. Das oft zu hörende Argument, im Gegensatz zu früher trügen nun Demokraten die Verantwortung für den Einsatz im Inneren, ist also historisch schon durch die Rolle von Friedrich Ebert und Gustav Noske widerlegt."[188] Dieser historische Vergleich hinkt allerdings. Es handelte sich hier zum einen – wie Kutz ja selbst erklärt – um Freikorps, also keine regulären Truppen, zum anderen übersieht er dabei die bürgerkriegsähnlichen und revolutionären Rahmenbedingungen, wovon ja heute nun keine Rede sein kann. Die Bundeswehr ist eine demokratisch verankerte, vom Bundestag kontrollierte Armee, so dass eben nicht eine militärische Verselbständigung droht, sondern vielmehr das Primat der Politik bestehen bliebe. Auch Vertreter der anderen Bundestagsfraktionen kritisierten Jungs Vorschlag zum Teil massiv und bezeichneten diesen u.a. als Wahlkampfmanöver.[189] Bundesjustizministerin Brigitte Zypries (SPD) betonte, dass die Bundeswehr bereits im Rahmen der Operation „Atalanta" vor dem Horn von Afrika Geiseln aus der Hand von Piraten befreien dürfe, von daher sei eine Verfassungsänderung dazu nicht notwendig. Ebenso lehnten die Grünen Jungs Vorschlag ab. Er sei Unsinn und von der Sache her in keiner Weise notwendig, verdeutlichte ihr Verteidigungsexperte Winfried Nachtwei. Jung solle „mit dem ständigen Bohren an der Verfassung" aufhören.[190] Der Vorsitzende der Deutschen Polizeigewerkschaft, Rainer Wendt, forderte in diesem Zusammenhang, die Bundesregierung müsse „endlich aufhören, am Grundgesetz herumzufummeln." Vielmehr müssten die Ministerien untereinander besser zusammenarbeiten. „Im Fall der Hansa Stavanger waren drei Ministerien zu dusselig, den Einsatz zu koordinieren", sagte er.[191]

187 http://www.sueddeutsche.de/politik/bundeswehreinsatz-im-inneren-technokraten-der-gewalt-1.172293, abgerufen am 30. 3. 2015.

188 Ebda.

189 http://www.sueddeutsche.de/politik/kritik-an-jung-aufhoeren-am-grundgesetz-herumzufummeln-1.170969, abgerufen am 30. 3. 15; siehe auch Berliner Zeitung. 10. August 2009.

190 Ebda.

191 Ebda.

3.2.2 Diskussionen um einen Einsatz der Bundeswehr im Inneren

Nicht nur angesichts der Auslandseinsätze der Bundeswehr, sondern auch aufgrund der zunehmenden internationalen Bedrohungslage u.a. durch Terrorismus – wie eben geschildert – oder Staatszerfall betonte Jung: „Wir müssen die sicherheitspolitische Debatte in der Öffentlichkeit stärker führen."[192] Allerdings war und ist ein Großteil des deutschen Volkes wenig oder gar nicht an derartigen Fragen interessiert bzw. erkennt nur unzureichend die Relevanz für Deutschlands Sicherheit. Auch aus diesem Grund stellte Jung in seiner Zeit als Verteidigungsminister einige wesentliche Überlegungen zu einem möglichen Einsatz der Bundeswehr im Inneren an. So äußerte er sich beispielsweise in einem Interview für das „Rheingau-Echo":

> „Die Bundeswehr wird bereits heute bei Naturkatastrophen und besonders schweren Unglücksfällen im Inland tätig. Denken Sie nur an unsere Unterstützung bei der Schneekatastrophe in Bayern, der Vogelgrippe auf Rügen oder dem Hochwasser an der Elbe im Sommer. Darüber hinaus gibt es eine wachsende Bedrohung Deutschlands durch terroristische Angriffe. Daher gewinnt der Schutz der deutschen Bevölkerung und kritischen Infrastruktur im Inland wachsende Bedeutung. Das ist natürlich vorrangig Aufgabe der Polizei. Hier sollte die Bundeswehr zur Unterstützung der Polizei eingesetzt werden können, wenn nur sie über spezifische Mittel verfügt. Selbstverständlich wird die Bundeswehr im Inland keine klassischen Polizeiaufgaben übernehmen. Daher bleibt die Trennung von Bundeswehr und Polizei erhalten. Aber für die Luft- und Seesicherheit muss die Bundeswehr ihre Fähigkeiten gegen terroristische Angriffe einsetzen können."[193]

Werfen wir nun einen Blick darauf, wie Jung diese Gedanken konkret umsetzte bzw. umgesetzt sehen wollte und auf welche Widerstände er traf.

Die Neustrukturierung bezüglich der Zivil-Militärischen Zusammenarbeit (ZMZ), ein Ansatz, der auf nationaler Ebene auch dem von Jung entwickelten Konzept der vernetzten Sicherheit entspricht, erfolgte noch vergleichsweise geräuschlos. Zur ZMZ gehören im Inland beispielsweise Vorsorge- und Versorgungsmaßnahmen für die Zivilbevölkerung und die Streitkräfte im Spannungs- oder Verteidigungsfall, deren Beteiligung am Katastrophenschutz, insbesondere durch Unterstützung der zivilen Hilfsorganisationen bei Großschadensereignis-

192 Zit. nach FISCHER, J.: Unsichere Sicherheitskräfte. Die mediale Darstellung der Bundeswehr-Ausrüstungspolitik im Afghanistaneinsatz, in: T. Jäger/H. Viehrig (Hg.): Sicherheit und Medien. Wiesbaden 2009, S. 79–92, hier S. 79.

193 Interview mit Jung im „Rheingau-Echo" vom 23.11.2006.

sen und Gefahrenlagen, sowie die Zusammenarbeit zwischen der Bundeswehr und zivilen Behörden in den Bereichen Gesundheitswesen, Umweltschutz, Raumordnung und Infrastruktur. So wurden im Rahmen der Streitkräftebasis (SKB) in jedem Bundesland (abgesehen von Berlin, das damals über ein Standortkommando verfügte, welches aber mittlerweile aufgelöst und seine Aufgaben dem übergeordneten Kommando Territoriale Aufgaben (TA) der Bundeswehr, dem derzeit auch die Landeskommandos unterstehen, übertragen wurden) ein Landeskommando aufgestellt, das als Ansprechpartner für die jeweilige Landesregierung fungiert. In Regierungsbezirken bzw. Landkreisen und kreisfreien Städten existieren darüber hinaus Bezirks- bzw. Kreisverbindungskommandos (BVK/KVK), die jeweils mit bis zu zwölf entsprechend ausgebildeten und wenn möglich ortsansässigen Reservisten, die ihre jeweilige Heimatregion und die dort lebenden Menschen gut kennen, besetzt sind. Geführt werden die Verbindungskommandos durch die Beauftragten der Bundeswehr für die Zivil-Militärische Zusammenarbeit, deren Aufgaben vor allem in der Beratung der zivilen Entscheidungsträger (z. B. dem Landrat) über die Verfahren der Anforderung, über Möglichkeiten, aber auch über Grenzen der Unterstützung der Bundeswehr in der Amts- und Katastrophenhilfe bestehen.[194] Diese Verzahnung von militärischen und zivilen Dienststellen mittels Reservisten hat sich in den letzten Jahren bewährt, man denke nur an die letzten Hochwasserkatastrophen an Donau, Elbe und Oder. In einer Rede anlässlich der Ehrung verdienter Feuerwehrmänner führte Jung in Erbach dazu folgendes aus:

> „Bei größeren Schadensereignissen müssen wir sicherstellen, dass alle Ressourcen und Fertigkeiten sinnvoll zum Einsatz kommen können, um auch die Rettungsdienste und Feuerwehren vor Ort zu unterstützen. […] Mit der neu geschaffenen Kooperationsform der Zivil-Militärischen Zusammenarbeit steht Ihnen in Zukunft bei Bedarf auch die Bundeswehr mit ihrem Wissen und ihrer Ausrüstung zur Verfügung. Bei Auslandseinsätzen der Bundeswehr ist es bereits gängige Praxis, humanitären Organisationen Know-How und Ressourcen der Bundeswehr zur Verfügung zu stellen. Katastrophen- oder Amtshilfe im Inland durch die Streitkräfte ist zwar auch keine grundsätzliche Neuerung – wie die Einsätze der Bundeswehr, besonders bei den Hochwasserkatastrophen zeigen – jedoch stehen erst seit kurzem erstmals allen Landkreisen in Deutschland lückenlos Ansprechpartner der Bundeswehr im Kreishaus zur Verfügung. [ ] Wenn die Kapazitätsgrenzen der zivilen Behörden und Katastrophenschutzeinrichtungen erreicht sind, kann über das jeweilige Kreisverbindungskommando Unterstützungshilfe der Bundeswehr angefordert werden. Im Falle eines Zugunglücks könnten

194 Siehe dazu u. a. das Weißbuch, S. 136; vgl. auch das Interview mit Jung in der FAZ vom 2. 5. 2006 sowie Gespräche mit Angehörigen des KVK Rheingau-Taunus..

> zum Beispiel schwere Bergepanzer der Pioniertruppe die zivilen Hilfskräfte unterstützen, und bei einem Waldbrand könnten Hubschrauber der Bundeswehr angefordert werden. Chemieunfälle und Trinkwasserverseuchung kommen als weitere potentielle Katastrophenszenarien in Frage. Aber auch bei Kleinigkeiten können wir helfen, so haben wir beispielsweise schon Nachtsichtgeräte einer örtlichen Polizeibehörde im Vorfeld einer Großveranstaltung zur Verfügung gestellt. [...] Die Bundeswehr kommt nur, wenn der jeweilige Einsatzleiter sie anfordert.[195]

Angesichts einer zunehmenden terroristischen Bedrohungslage nach dem 11. September 2001 gewannen im Zuge der bevorstehenden Fußballweltmeisterschaft aber vor allem Diskussionen über die innere Sicherheit, die Gefahrenabwehr sowie die Bekämpfung wie auch Vorbeugung terroristischer Aktionen in der Öffentlichkeit an Bedeutung. Akute Fragen, wie die Bevölkerung bei einem derartigen Großereignis vor möglichen Terroranschlägen geschützt werden könnte und wie die Sicherheitskräfte effektiv und zielgerichtet eingesetzt werden sollten, beschäftigten naturgemäß auch das Verteidigungsministerium. So unterstützte die Bundeswehr während der WM[196] die Bundesbehörden und die Ämter der an der Ausrichtung beteiligten Bundesländer nicht nur mit technischer Amtshilfe, sondern stand darüber hinaus mit insgesamt 7000 Soldaten für den Fall von Unglücken oder Unfällen bereit. Sie hätte in einem derartigen Szenario dann zum Beispiel den Lufttransport oder ABC-Abwehr sowie medizinische Versorgung geleistet. Polizeikräfte des Bundes und der Länder wurden zudem mit Unterkünften und Verpflegung unterstützt. Die NATO setzte auf Antrag Jungs AWACS-Flugzeuge zur Luftraumüberwachung ein. Jung selbst besuchte übrigens zahlreiche Spiele während der WM, allerdings verpasste er das Halbfinale gegen Italien, da er im Rahmen des Kongo-Einsatzes (vgl. Kapitel 3.3.1) der Bundeswehr zu einem Truppenbesuch einer deutschen Versorgungseinheit in Gabun unterwegs war und das Ausscheiden Deutschlands gemeinsam mit den Soldaten vor dem Fernseher verfolgte.

Schon vor der WM und der Amtszeit Jungs wurde als eine konkrete Maßnahme ein Luftsicherheitsgesetz verabschiedet. Forciert wurde dies durch einen Zwischenfall im Luftraum von Frankfurt. Dort war am 5. Januar 2003 ein geistig Verwirrter mit einem Motorsegler über den Hochhäusern des Bankenviertels gekreist und hatte gedroht, sein Flugzeug in einen der Wolkenkratzer stürzen zu lassen. Die Bundesregierung sah angesichts eines derartigen Falls Handlungsbedarf. Am 11. Januar 2005 wurde das eben erwähnte Luftsicherheitsgesetz als Artikel 1

---

195 Rede Jungs in Erbach vom 26.8.2006.

196 Siehe dazu ein Interview mit Jung im Wiesbadener Kurier vom 18.3.2006.

des Gesetzes zur Neuregelung von Luftsicherheitsaufgaben vom Bundestag gebilligt.[197] Zunächst sollte es dazu dienen, die Befugnisse und Zuständigkeiten für die Luftsicherheit übersichtlicher und klarer zu regeln als bisher. Gewünscht war außerdem die ausdrückliche Regelung hinsichtlich der Amtshilfe durch die Bundeswehr. Vor allem erlaubte es aber als äußerste Maßnahme eine „unmittelbare Einwirkung mit Waffengewalt" gegen ein Flugzeug, „wenn nach den Umständen davon auszugehen ist, dass das Luftfahrzeug gegen das Leben von Menschen eingesetzt werden soll, und sie [die Maßnahme] das einzige Mittel zur Abwehr dieser gegenwärtigen Gefahr ist."[198] Diese „Abschussbefugnis" hätte auch dann bestanden, wenn sich an Bord des Flugzeugs z. B. entführte Passagiere befinden würden. Das Leben dieser Unbeteiligten an Bord wäre dann zu Gunsten des Lebens anderer Menschen am Boden geopfert werden. Von daher war das Luftsicherheitsgesetz von Beginn an politisch, rechtlich und ethisch heftig umstritten. So ließ auch Bundespräsident Köhler das Gesetz länger als üblich prüfen. Er hatte „erhebliche Zweifel" daran, dass es mit dem grundrechtlich garantierten Recht auf Leben vereinbar ist. Dennoch unterzeichnete er es schließlich, regte aber zugleich seine Überprüfung hinsichtlich der Verfassungsmäßigkeit durch das Bundesverfassungsgericht an, das am 15. Februar 2006 das Gesetz mit dem Grundgesetz für unvereinbar und nichtig erklärte:

> „Das menschliche Leben ist die vitale Basis der Menschenwürde als tragendem Konstitutionsprinzip und oberstem Verfassungswert. Jeder Mensch besitzt als Person diese Würde [...] Sie kann keinem Menschen genommen werden. Das gilt unabhängig auch von der voraussichtlichen Dauer des individuellen menschlichen Lebens [...]. Sie werden dadurch, dass ihre Tötung als Mittel zur Rettung anderer benutzt wird, verdinglicht und zugleich entrechtlicht; indem über ihr Leben von Staats wegen einseitig verfügt wird, wird den als Opfern selbst schutzbedürftigen Flugzeuginsassen der Wert abgesprochen, der dem Menschen um seiner selbst willen zukommt."[199]

Dennoch gab Franz Josef Jung in dieser Frage noch nicht auf. Er hielt eine Grundgesetzänderung in dieser Frage für erforderlich: „Ja, das wäre sinnvoll", erklärte er gegenüber dem Wiesbadener Kurier. „Gegen Terrorangriffe aus der Luft kann nur die Bundeswehr helfen."[200] In der FAZ machte er einige Wochen später deutlich, dass die „derzeitige Hauptaufgabe der Krisen- und Konfliktbewältigung oder der

197 http://www.gesetze-im-internet.de/bundesrecht/luftsig/gesamt.pdf. Abgerufen am 8. 12. 2015.
198 § 14 Abs. 3 LuftSiG
199 Urteil des Bundesverfassungsgerichts vom 15. Februar 2006 (Az. 1 BvR 357/05).
200 Interview mit Jung im Wiesbadener Kurier vom 18. 3. 2006; siehe auch Interview mit Jung in der FAZ vom 2. 5. 2006.

Bekämpfung des internationalen Terrorismus im Grundgesetz nicht ausdrücklich erwähnt" werde. „Da müssen wir über eine Verfassungsänderung sprechen. Auch was die Frage der Abgrenzung von innerer und äußerer Sicherheit betrifft. Früher hatte wir eine klare Abgrenzung: Für die äußere Sicherheit die Soldaten, für die innere die Polizei."[201] Angesichts einer zunehmenden komplexen Bedrohungslage, asymmetrischer Kriege, möglicher Terrorzellen innerhalb des eigenen Staatsgebiets ist eine Vermengung innerer und äußerer Bedrohung eine fast zwangsläufige Folge. Jungs Idee, hier den Verteidigungsfall neu zu definieren,[202] entsprach somit der damaligen und bis heute unveränderten, ja sich weiter verschärfenden Sicherheits- bzw. Bedrohungslage. „Bei einem terroristischen Angriff aus der Luft kann mir die Polizei nur wenig helfen. Da brauche ich die Luftwaffe. Ich brauche bei einem Angriff von der See die Marine. Das Verfassungsgericht hat jüngst gesagt, dass wir bei einer solchen Lage nur polizeiliche Mittel einsetzen dürfen. Deshalb müssen wir die Verfassungslage anpassen."[203] Konsequenterweise erklärte Jung beispielsweise am 7. Juni 2006 in Brüssel, dass er trotz des Urteils des Bundesverfassungsgerichts vom Februar 2006 zum Luftsicherheitsgesetz Passagierflugzeuge durch die Luftwaffe abschießen lassen werde, wenn diese entführt und zu Angriffen benutzt würden. So könnten Attacken aus der Luft und von hoher See nicht von der Polizei abgewehrt werden, betonte er. Auch ohne die vom Bundesverfassungsgericht geforderte gesetzliche Neuregelung zum Einsatz der Bundeswehr im Inland müssten Soldaten nicht untätig sein. Scharfe Kritik und Empörung v. a. von Seiten der SPD und der Grünen waren die Folge. Der Grünen-Sicherheitspolitiker Winfried Nachtwei warf dem Minister „grob fahrlässige Stimmungsmache" und eine Verunsicherung der Bevölkerung vor.[204] Der Vorsitzende der Gewerkschaft der Polizei, Konrad Freiberg, sagte, „es sei ein starkes Stück, das Jung als oberster Dienstherr der Soldaten die Bereitschaft zum Verfassungsbruch signalisiere."[205]

Die Vorwürfe eskalierten in den nächsten Tagen und wurden von manchen Medienvertretern entsprechend potenziert. So warf z. B. der SPD-Bundestagsabgeordnete und Innenexperte Dieter Wiefelspütz Jung Aufruf zum Verfassungsbruch vor; der verteidigungspolitische Sprecher der SPD, Rainer Arnold, erklärte, Jung handele „grob fahrlässig". Eine solche Debatte sei nicht zulässig, da sie gegen den „unabänderlichen" Artikel 1 des Grundgesetzes zum Schutz der Menschen-

201 Interview mit Jung in der FAZ vom 2. 5. 2006.

202 Ebda.

203 Ebda.

204 http://www.tagesspiegel.de/politik/deutschland/fussball-wm-bundeswehr-greift-im-terrorfall-ein/718772.html, abgerufen am 30. 3. 15.

205 Ebda.

würde verstoße.[206] Der Vorsitzende der Grünen, Reinhard Bütikofer, forderte gar den Rücktritt des Ministers. „Ich muss gestehen, ich bin fassungslos, wie der Minister mit der Verfassung umgeht", erklärte er. Das Bundesverfassungsgericht habe klar entschieden, dass das sogenannte Luftsicherheitsgesetz verfassungswidrig sei. „Wenn jetzt der Minister einfach so tut, als gehe ihn das nichts an, und wenn er bestimmt, die freiheitlich demokratische Grundordnung sei in Gefahr, dann müsse er sich auch nicht mehr daran halten, dann ist das schlicht bodenlos. Ich finde ein solcher Minister kann keine Verantwortung tragen, der muss weg", sagte Bütikofer.[207] Die ehemalige Bundesjustizministerin Sabine Leutheusser-Schnarrenberger (FDP) stieß in dasselbe Horn: „Wenn Franz Josef Jung seine unsäglichen Äußerungen nicht zurücknimmt, ist er für mich als Minister nicht mehr tragbar."[208] Auch der „Verband der Besatzungen strahlgetriebener Kampfflugzeuge der Deutschen Bundeswehr" (VBSK) übte scharfe Kritik und bezeichnete Jungs Ankündigung als „Aufforderung zur Erfüllung eines rechtswidrigen Befehls" und empfahl, wie auch der Bundeswehrverband, einen solchen Befehl nicht auszuführen, da sich Piloten nach Meinung der Vertreter beider Verbände dadurch strafbar machen würden. „Ich kann den Piloten nur empfehlen, in einem solchen Fall dem Befehl des Ministers nicht zu folgen", erklärte der Vorsitzende des VBSK, Thomas Wassmann.[209] Weiterhin kritisierte er, die Ansicht Jungs, notfalls entgegen der Rechtsprechung des Bundesverfassungsgerichtes Abfangpiloten den Befehl zum Abschuss einer auch zivil besetzten Maschine in Terroristenhänden zu erteilen, komme der „Aufforderung zur Erfüllung eines rechtswidrigen Befehls gleich". Er empfinde es „als merkwürdig, dass ein Minister nicht in der Lage ist, trotz aller seiner Parteibeziehungen in den zuständigen Gremien eine Entscheidung herbeizuführen, um eine rechtlich saubere Klärung in der Sache zu organisieren. Stattdessen benutzt man die Piloten als Mittel zum Zweck, indem man sie öffentlich in Bedrängnis bringt, um dadurch die Diskussion voranzutreiben, die man selbst nicht klären kann."[210] Oberst Bernhard Gertz, Vorsitzender des Bundeswehrverbandes, sagte am Rande der Berliner Sicherheitskonferenz, das Verfassungsgericht habe „messerscharf" gesagt, dass nicht Leben gegen Leben abgewogen werden dürfe. Piloten machten sich strafbar, wenn sie einen vom Recht nicht gedeckten Befehl zum Abschuss einer als fliegende Bombe missbrauchten Maschine ausführten. Er würde jedem

---

206 http://www.spiegel.de/politik/deutschland/terrorabwehr-spd-und-gruene-empoert-ueber-jungs-abschuss-plaene-a-506081.html, abgerufen am 30. 3. 15.
207 Ebda.
208 http://www.spiegel.de/politik/deutschland/flugzeugabschuss-jetpiloten-meutern-gegen-jung-a-506134.html, abgerufen am 30. 3. 2015
209 Ebda.
210 Ebda.

Piloten raten, einen solchen Befehl nicht auszuführen. Sonst werde er sich möglicherweise „auf der Anklagebank wiederfinden".[211]

Dass in einer derartigen Debatte die Menschenwürde eine zentrale Rolle einnimmt, eben auch in der Urteilsbegründung des Bundesverfassungsgerichts, ist vollkommen klar. Das Recht auf Leben (Art. 2 GG) gilt natürlich auch für die unschuldigen Passagiere in einem von Terroristen entführten Flugzeug. Dennoch bleibt die Frage im Raum stehen, ob der Staat nicht so handeln muss, wenn es kein anderes Mittel gibt, um eine derartige Bedrohungslage für die Bürger abzuwenden. Die Schutzpflicht des Staates gilt in einem solchen Ausnahmezustand nämlich ebenfalls auch für die unschuldigen Stadionbesucher, die durch einen Abschuss des entführten Flugzeugs dann wohl noch zu retten wären, ein in diesem moralischen und rechtlichen Dilemma sicher nicht zu unterschätzendes Argument. Somit argumentierte Jung aus dieser Perspektive durchaus nachvollziehbar, dass es für derartige Szenarien erforderlich sei, eine entsprechende verfassungsrechtliche Grundlage zu schaffen. Er machte es sich hier gerade im Hinblick auf sein von christlichen Werten geprägtes Menschenbild in dieser Debatte nicht leicht. Die Menschenwürde, das Recht auf Leben und körperliche Unversehrtheit stellten damals wie auch heute für Jung nicht zu diskutierende und in Frage zu stellende Werte bzw. Grundlagen eines demokratischen Rechtsstaats dar. Solange es keine verfassungsrechtliche Grundlage gebe, betonte er aber, gelte „dann das Recht des übergesetzlichen Notstandes", und sah sich in dieser Frage „völlig einig" mit Bundesinnenminister Schäuble.[212] Unterstützung erhielt er auch von seinen Parteifreunden: Unions-Fraktionschef Volker Kauder und sein Stellvertreter Wolfgang Bosbach nahmen Jung gegen Kritik an seinen Äußerungen zum Abschuss von entführten Passagierflugzeugen in Schutz. „Ich finde es völlig richtig, dass man in einer konkreten Situation, wo es darum geht, dass Tausende von Menschenleben gefährdet werden, vielleicht auch noch ganz andere Dinge passieren, dass man dann handeln muss", sagte Kauder. Dass ein Verteidigungsminister „eine so mutige Aussage machen muss zum Schutz der Bevölkerung", zeige, wie groß der Handlungsbedarf nach einer gesetzlichen Grundlage sei.[213]

Dieses Dilemma griff unlängst Ferdinand von Schirach in seinem Theaterstück „Terror", das die ARD im Oktober 2016 als Fernsehfilm ausstrahlte, auf.[214] Darin geht es um den Prozess gegen einen Bundeswehrpiloten, der ein mit 164 Personen

211 Ebda.

212 http://www.spiegel.de/politik/deutschland/terrorabwehr-spd-und-gruene-empoert-ueber-jungs-abschuss-plaene-a-506081.html, abgerufen am 30.3.15.

213 Ebda.

214 Vgl. dazu auch den Beitrag von Jürgen Kaube in der FAZ vom 17.10.2016, S. 9.; siehe auch ROGERS, K.: Terror, in: Loyal 12/2016, S. 18–21.

besetztes und von Terroristen entführtes Flugzeug der Lufthansa abgeschossen hatte. Die Passagiermaschine hatte sich im Anflug auf die mit 70 000 Menschen vollbesetzte Münchner Allianz-Arena befunden. Die Verteidigungsministerin hatte jedoch keinen Abschussbefehl erteilt. Der Pilot des Kampfjets und seine Verteidiger beriefen sich daraufhin auf einen übergesetzlichen Notstand. Genauso argumentiert Franz Josef Jung auch noch jetzt: Für ihn stellt eine solche Situation ebenfalls „einen übergesetzlichen Notstand dar, wo dann der Verteidigungsminister die Verantwortung tragen und entscheiden müsse."[215] Schließlich hätten die Menschen im Stadion ja auch ein Lebensrecht. Niemand schieße ein Flugzeug einfach ab, sondern nur, wenn die Leute sowieso schon dem Tod geweiht seien. Das Urteil des Bundesverfassungsgerichts, Menschenleben nicht gegeneinander abwägen zu können, hält Jung nach wie vor für ein Irrtum. Ärzte würden auch abwägen, wenn sie etwa den Tod eines Babys in Kauf nehmen, um die lebensbedrohte Mutter zu retten.[216]

Auch das damalige Urteil des BVerfG zum Luftsicherheitsgesetz hatte letztlich nur den gesetzlichen Regelungsversuch eines im Grunde genommen gesetzlich nicht zu regelnden Dilemmas für nichtig erklärt – eben den Abschuss eines von Terroristen entführten und als Waffe verwendeten Passagierflugzeugs. Das heißt aber nicht, dass auch der Rechtsstaat in solchen Extremlagen nicht handeln darf. Dennoch respektierte Jung damals die Ablehnung durch das BVerfG. „Die Menschenwürde ist vorrangig", erklärte er in einem Interview mit der „Frankfurter Rundschau".[217]

Es bleibt aber für Jung die Frage im Raum stehen, ob mit einem rein ressortorientierten Ansatz die derzeitigen interdependenten Probleme der Globalisierung überhaupt gelöst werden können. Eine Trennung von innerer und äußerer Sicherheit ist angesichts ihrer zunehmend fließenden Grenzen für ihn ein Denken von gestern.[218] Die zunehmende asymmetrische Bedrohungslage insbesondere seitens des transnationalen Terrorismus erfordere einen Schutz der Bevölkerung unter den Bedingungen der vernetzten Sicherheit. Eine entsprechende Anpassung des Grundgesetzes sei so nach wie vor ein überlegenswerter Schritt. Auch von militärischer Seite finden noch heute die damaligen Vorschläge und Überlegungen Jungs zu Einsätzen der Bundeswehr im Inneren Zustimmung. Beispielsweise unterstützt sie der Kommandeur des Landeskommandos Hessen, Brigadegeneral Eckart Klink:

215 Interview mit Jung vom 7. 10. 2016.
216 Ebda. Ähnlich argumentierte Jung in der Sendung „Hart aber fair" vom 17. 10. 2016.
217 Frankfurter Rundschau vom 6. 4. 2006.
218 Interview mit Jung vom 7. 10. 2016.

„Die Trennung zwischen innerer und äußerer Sicherheit ist heute vollkommen überholt. Kräfte zum Schutz der Gemeinschaft müssen nach innen und außen zusammenwirken. So könnte die Bundeswehr in gewissen Szenarien eine Entlastung der Polizei im Inneren bewirken, was aber aufgrund der Gesetzeslage äußerst schwierig ist. Niemand hat das Interesse, diese Dinge an das Hier und Jetzt anzupassen. Angesichts der Personalentwicklung in der Polizei können wir uns es nicht erlauben, diese Kräfte nicht anderweitig einzusetzen. So könnte die Bundeswehr im subsidiären Einsatz die Polizei an wichtiger Stelle entlasten.“[219]

Laut Klink bestehe hier Reformbedarf. Er diskutiert diese Sachverhalte auch informell im Land Hessen mit dem Innenministerium, erkennt aber hier leider kein Interesse seitens der Bundesländer, diese Dinge grundlegend zu ändern.[220]

Ganz konkret wurde die eben diskutierte Problematik eines Einsatzes der Bundeswehr im Innern im Zuge des G8-Gipfels vom 6. bis zum 8. Juni 2007 im Seebad Heiligendamm. Dieses 33. Treffen der Staats- und Regierungschefs der sieben führenden Industriestaaten sowie Russlands stand unter dem Motto „Wachstum und Verantwortung“ und rief eine breite Protestbewegung zahlreicher Globalisierungskritiker, die dann während des Gipfels verschiedene Demonstrationen organisierte, auf den Plan. Die massiven Sicherheitsvorkehrungen, die deswegen getroffen wurde, prägten schon im Vorfeld die öffentliche Debatte. Zur Unterstützung des Polizeieinsatzes wurde im Rahmen der Amtshilfe die Bundeswehr zur Überwachung des Luftraumes und weitläufigen Absicherung des Seegebietes rings um das Tagungshotel angefordert. Außerdem leistete die Bundeswehr logistische und sanitätsdienstliche Hilfe. Aus allen Teilstreitkräften wurden Personal und Material eingesetzt, z. B. mehrere Spähpanzer „Fennek“, sechs Verkehrsboote, drei Minenjagdboote, eine Fregatte sowie 1100 Soldaten und zivile Mitarbeiter. Die Bundeswehr stellte zudem rund 6500 Unterkünfte für Polizisten zur Verfügung. Da sie aber auch zur Überwachung der Demonstranten eingesetzt wurde, kam es zur Kontroverse um die Rechtmäßigkeit dieses Einsatzes. Am 5. Juni wurde das Lager in Reddelich, in dem tausende Gegner des Gipfels campierten, sowie die Ortschaft selbst von zwei Tornado-Aufklärungsflugzeugen der Bundeswehr überflogen und dabei Luftaufnahmen gemacht. Diese Maßnahme sei „im Rahmen der technischen Amtshilfe auf Antrag des Organisationsstabes G8-Gipfel des Landes Mecklenburg-Vorpommern“ durchgeführt worden,[221] so das Verteidigungsministerium. Einige Politiker von SPD und Grünen, so vor allem der

219 Interview mit Brigadegeneral Klink vom 7. 7. 2015.

220 Ebda.

221 http://www.spiegel.de/politik/deutschland/bundeswehreinsatz-tornado-schoss-im-tiefflug-bilder-von-g-8-protestcamp-a-488177.html abgerufen am 2. 4. 2015.

Grünen-Bundestagsabgeordnete Hans-Christian Ströbele, bewerteten den Tornado-Einsatz als nicht konform mit Art. 35 GG und somit als verfassungswidrig. „Es überschreitet alle Grenzen zulässiger technischer Amtshilfe für die Polizei, wenn mit Aufklärungs-Kampfjets wie in Afghanistan eingesetzt nun Demonstrationen ausgeforscht werden", erklärte der Abgeordnete.[222] Der verteidigungspolitische Sprecher der Grünen, Winfried Nachtwei, sah in dem Vorgang eine „Verbiegung der Verfassung". Der innenpolitische Sprecher der SPD, Dieter Wiefelspütz, nannte die Flüge „rechtlich zulässig, aber politisch instinktlos". Die Frage sei, „ob man nicht mit Polizeihubschraubern das Gleiche hätte tun können".[223] Der Verteidigungs- und der Innenausschuss des Bundestages waren somit im Anschluss an den Gipfel mit diesem Einsatz befasst. Das Bundesverteidigungsministerium räumte dabei ein, die Anfrage Ströbeles falsch beantwortet zu haben. Einer der Tornados hatte die gesetzliche Mindestflughöhe von 500 Fuß unterschritten. Weiterhin stellte sich heraus, dass es statt der genehmigten zwei zusätzlich auch fünf ungenehmigte Aufklärungsflüge gegeben hatte, die der damalige Kommodore des Aufklärungsgeschwaders 51 „Immelmann" eigenmächtig auf Anfrage der Polizei hin befohlen haben soll.

Sicher mag dieser Einsatz sehr martialisch erscheinen, dennoch handelte es sich letztlich um eine, wenn auch in ihrer Durchführung recht deutliche Form der Amtshilfe nach Artikel 35, Absatz 1 GG[224] und war somit legitimiert. Zudem hätten polizeiliche Mittel wohl kaum ausgereicht, einen Luftraum in dieser Größenordnung zu überwachen. Angesichts zahlreicher Gewaltexzesse bei vorherigen G8-Gipfeln (so z. B. 2001 in Genua) waren diese scharfen Sicherheitsvorkehrungen insgesamt durchaus nachvollziehbar.

3.2.3 Die deutsche EU-Ratspräsidentschaft 2007

2007 stand turnusgemäß für das erste Halbjahr die deutsche EU-Ratspräsidentschaft an, was zu dieser Zeit noch eine Schlüsselaufgabe darstellte. Somit fungierte Bundeskanzlerin Merkel als Vorsitzende des Europäischen Rates, die übrigen Mitglieder der Bundesregierung leiteten die verschiedenen Fachabteilungen des Ministerrates. Bei der Vorstellung der politischen Agenda[225] der deutschen Ratspräsidentschaft definierte Merkel in ihrer Rede vor dem EU-Parlament in Straß-

222 Ebda.
223 Ebda.
224 „Alle Behörden des Bundes und der Länder leisten sich gegenseitig Rechts- und Amtshilfe."
225 http://www.dw.com/de/gro%C3%9Fe-herausforderungen-f%C3%BCr-deutschen-eu-vorsitz/a-2239191. Abgerufen am 10. 11. 2015.

burg am 17. Januar 2007 die Weiterentwicklung einer europäischen Energie- und Umweltpolitik sowie den Ausbau der transatlantischen Beziehungen als Schwerpunkte. In den Focus stellte die Bundesregierung zu Beginn ihrer Ratspräsidentschaft jedoch die Forcierung des politischen Prozesses hin zu einem europäischen Verfassungsvertrag, der in seiner ursprünglichen Form von Frankreich und den Niederlanden im Mai und Juni 2005 durch Volksabstimmungen abgelehnt worden war. Merkel erklärte vor dem EU-Parlament, die Verfassungsfrage bis zu den Wahlen zum Europäischen Parlament 2009 einer Lösung zuführen zu wollen.[226] In der sogenannten „Berliner Erklärung" anlässlich des 50. Jahrestages der Unterzeichnung der Römischen Verträge am 24. März gelang es Deutschland unter den Mitgliedstaaten Geschlossenheit zu erreichen, um die EU bis zu den Europawahlen 2009 „auf eine erneuerte gemeinsame Grundlage zu stellen".[227] Zu den Kernpunkten zählten hierbei die Einrichtung eines EU-Ratspräsidenten sowie eines Hohen Beauftragter für die Außen- und Sicherheitspolitik, zusätzliche Mehrheitsentscheidungen im Rat, mehr Rechte für das EU- und die nationalen Parlamente und eine Reduzierung der EU-Kommissare auf 18 im Jahr 2014.

Auf sicherheitspolitischer Ebene galt es dabei, die gemeinsame europäische Sicherheits- und Verteidigungspolitik voranzubringen bzw. diese zu stärken. Erfahrungen aus dem Kongo-Einsatz (vgl. Kap. 3.3.1) wurden ebenfalls thematisiert und einer kritischen Reflexion unterzogen. Für Jung bedeutete dies natürlich ein politisches Großereignis, auf dem er als Gastgeber aller EU-Verteidigungsminister international gefordert werden würde. Exemplarisch sei von daher diese Aufgabe, die u. a. vom heutigen Kommandeur des Landeskommandos Hessen, Brigadegeneral Eckart Klink, seit 2004 vorbereitet wurde[228], dargestellt. Jung ließ sich dabei regelmäßig über die Vorbereitungen informieren. So stimmte er zu, dass dafür der Personalansatz im Geschäftsbereich des BMVg entsprechend erhöht wurde. Eine eigenständige Personalverstärkungsstruktur im BMVg und in Brüssel für die Zeit der deutschen Ratspräsidentschaft war die Konsequenz: Weitere 40 Personen wurden zusätzlich eingesetzt, die Soldaten wurden dabei nach ihrem Fähigkeitsprofil ausgewählt. Das Personal im Referat von Klink wurde im Zuge dieser Maßnahmen fast verdoppelt. Ministervorlagen, u. a. von Klink, der jederzeit für Rückfragen unterstützend zur Verfügung stand, bildeten für Jung eine wichtige Informationsgrundlage. Hierbei waren mehrere Politikfelder, in de-

226 http://www.faz.net/aktuell/politik/europaeische-union/deutsche-ratspraesidentschaft-merkel-will-eu-verfassung-retten-1409244.html. Abgerufen am 10. 11. 2015.

227 https://web.archive.org/web/20070927204801/http://eu2007.de/de/News/download_docs/Maerz/0324-RAA/German.pdf. Abgerufen am 10. 11. 2015. Siehe auch: http://www.eu2007.de/de/index.html, abgerufen am 10. 11. 2015.

228 Informationen dazu und zum Folgenden aus dem Interview mit dem Kommandeur des Landeskommandos Hessen, Brigadegeneral Klink, vom 7. 7. 2015.

nen sich Deutschland während seiner Ratspräsidentschaft besonders engagieren wollte, berührt: Insbesondere der Anteil der Operationen und Missionen der EU, aber auch der Anteil der Fähigkeitsentwicklungen, die vorangebracht werden sollten, galt es zu thematisieren. Umfangreiche Sachkenntnisse waren dafür natürlich eine wesentliche Voraussetzung, die Jung im Rahmen derartiger Vorlagen zugeleitet wurden. Der Minister zeigte ganz großes Interesse an diesen Papieren. Aufgrund „seines herausragenden Gedächtnisses", so Klink, gelang es ihm problemlos, alle Elemente der verschiedenen Vorlagen zusammenzuführen, so dass er bestens nach Einschätzung des Generals vorbereitet und hervorragend eingelesen war. Dabei nutzte Jung jederzeit intensiv die Möglichkeiten zur Rückfrage, um sich ein noch differenzierteres Bild machen zu können. Jung prüfte die Vorschläge kritisch, aber er hielt sich an die Empfehlungen seiner Mitarbeiter, hier z. B. von General Klink.[229] Für jene bedeuteten diese Vorbereitungen eine enorme stabsdienstliche Tätigkeit: nicht ein Satz war unüberlegt. Auch die Frage, wie dies alles in die Leitsprache Englisch übersetzt werden konnte, war ein Thema. Ein einfaches gerades Vokabular, eine bildhafte Sprache wurde bevorzugt, da diese auch leichter für die Übersetzer zu verwenden war.

Konkret war Jung dann in der Leitung der EU-Verteidigungsministerkonferenz im März 2007 im Dorindt-Hotel in Wiesbaden gefordert. Teilnehmer waren neben den Ministern und den militärpolitischen Direktoren auch das persönliche Unterstützungs- und Fachpersonal, wie z. B. die jeweiligen Referatsleiter. Insgesamt fanden sich über 350 Teilnehmer in Wiesbaden ein.[230] Neben dem „Sitzungskern" im Dorindt-Hotel stand auch ein landeskundlicher Anteil auf dem Programm. Jung zeigte seinen Ministerkollegen Wiesbaden und vermittelte ihnen einen Eindruck seiner Heimat, dem Rheingau und hier speziell das Kloster Eberbach in seiner Heimatstadt Eltville. Die dortige Führung mit anschließendem Empfang im alten Speisesaal bildete einen Höhepunkt. Auf Veranlassung Jungs, kennzeichnend für seine Person, wurde das Abendessen im Rahmen eines derartigen Ministertreffens erstmals für alle Teilnehmer, unabhängig von Person und Funktion, im Laiendormitorium des Klosters veranstaltet. So gab es ein identisches Menü in einem Saal für alle Teilnehmer und nicht, wie bisher praktiziert, einen Exklusivanteil für die Minister und ein separates Essen für das Unterstützerpersonal. Eine v. a. auf der zwischenmenschlichen Ebene herausragende Geste Jungs, wie Klink rückblickend betont, schließlich sei dem Minister der Zusammenhalt der Gruppe ganz wichtig gewesen. Die Vorbereitungen stellten zwar einen erheblichen Aufwand dar, hatten sich aber gelohnt: Jung trat in Kloster

229 Ebda.
230 Ebda.

Eberbach als „vorbildlicher Gastgeber“ auf.[231] Der geschickte Mix, u.a. der Einsatz eines Chors in der Basilika, die damit verbundene Möglichkeit der inneren Einkehr für die Menschen sowie der kulinarische Genuss machten die Besonderheit dieses Treffens der Minister aus. Noch Jahre später wurde z.B. General Klink in Brüssel darauf positiv angesprochen. Aus seiner Sicht hatte die außerordentliche Herzlichkeit Jungs beim Empfang einen maßgeblichen Anteil am Erfolg dieser Veranstaltung.[232] Der persönliche Dank und die persönliche Ansprache der Mitarbeiter sind Jung hier, so Klink, hoch anzurechnen, ebenso sein persönliches Engagement.[233] Am Ende der Veranstaltung lud der Geschäftsführer der Stiftung Kloster Eberbach, Dieter Greiner, die Verteidigungsminister noch in die Schatzkammer des Klosters ein und holte dort anlässlich des 50jährigen Jubiläums der Römischen Verträge einen „Assmannshäuser Höllenberg“ aus dem Jahre 1957 hervor, der allen ganz hervorragend schmeckte, so dass noch heute Jungs damalige Kollegen davon schwärmen.[234]

Jung war auch später zahlreichen unterschiedlichen Fragen zur EU im Rahmen weiterer Verteidigungsministertreffen in Brüssel immer sehr aufgeschlossen, dabei griff er jeden Vorschlag aus dem BMVg gerne auf, der der Verbesserung der Abläufe innerhalb der EU diente. Für Jung blieb die deutsche Ratspräsidentschaft äußerst positiv in Erinnerung, sie war für ihn ein Highlight seiner Tätigkeit, da diese seiner persönlicher Grundüberzeugung, nämlich der Förderung des europäischen Gedankens, wo er gestalterische Möglichkeiten gesehen hatte und eigene Ideen in diesen Prozess miteinbrachte, entsprach.[235]

3.2.4 Traditionspflege der Bundeswehr: Ehrenmal und Tapferkeitsmedaille

Mahnmale und Gedenkstätten für Soldaten, in anderen Nationen seit Jahrzehnten ein zentraler, selbstverständlicher und wesentlicher Bestandteil militärischer Tradition und öffentlicher Erinnerungskultur, waren und sind in Deutschland immer noch in manchen gesellschaftlichen und politischen Kreisen umstritten und verpönt; ja, sie werden z.T. auch gänzlich abgelehnt. „Ein nationaler Stolz, wie er anderswo weithin selbstverständlich ist, verbindet sich schon gar nicht mit unse-

231 Ebda.
232 Ebda.
233 Ebda.
234 Interview mit Jung vom 6.10.2015.
235 Ebda.

rer Armee", stellt z. B. auch der Historiker Paul Nolte fest.[236] Hier stellt sich somit die Frage, ob und in welcher Form eine politische Trauerkultur notwendig und angemessen ist. Seit 1993 starben in Auslandseinsätzen über 80 Soldaten, oft im Gefecht oder durch Terroranschläge. Das erste Opfer war der 26jährige Sanitätsfeldwebel Alexander Arndt der am 14. Oktober 1993 in Phnom Penh im Rahmen des UNNTAC-Einsatzes in Kambodscha auf der Straße erschossen wurde.[237] Wie ist ein angemessenes Gedenken und Erinnern an diese Männer und Frauen, die ja im Auftrag des Deutschen Bundestags in einen Auslandseinsatz geschickt wurden (und werden) und dabei ihr Leben riskieren, möglich? In den USA und Kanada ist beispielsweise der „Memorial Day" ein offizieller Feiertag.[238] Und wer schon einmal den US-amerikanischen Nationalfriedhof Arlington, südwestlich von Washington gelegen und mit über 260 000 Beisetzungen seit seinem Bestehen der zweitgrößte Friedhof der USA, besucht hat, verspürt auf dieser riesigen grünen Fläche mit ihren unzähligen weißen Grabsteinen eine Stille und Würde wie nur an wenigen Plätzen. Auch die beiden Mahnmale zum Korea- und Vietnamkrieg, im zentralen Park von Washington gelegen, vermitteln ohne Pathos ebenfalls die Schrecken des Krieges, die jeden einzelnen Soldaten betreffen. Sie sorgen dadurch für Ergriffenheit und laden zum stillen Nachdenken ein; ganz im Gegensatz allerdings zu dem von George W. Bush im Mai 2004 eingeweihten World War II Memorial, die Gedenkstätte in Washington, welche in einer eher protzigen und heroischen Form an die im 2. Weltkrieg gefallenen US-Soldaten erinnert. Eine derartige Form der Erinnerungskultur wäre der deutschen Öffentlichkeit wohl kaum oder nur sehr schwer zu vermitteln.

So hatte dann auch die von Franz Josef Jung bei seinem ersten Afghanistanbesuch im Dezember 2005 aufgenommene[239] und letztlich von ihm durchgesetzte Idee einer Bundeswehr-Initiative, mit einem zentralen Ehrenmal an die im Auslandseinsatz gefallenen oder auf andere Weise ums Leben gekommenen Kameraden zu erinnern, jahrelange Debatten zur Folge gehabt. Konkreter Anlass für die Ehrenmalinitiative war ein Selbstmordanschlag Ende 2005 in Kabul gewesen, bei dem ein Oberstleutnant der Reserve getötet und zwei weitere Soldaten verletzt

236 NOLTE, P.: Fremde Soldaten. Deutschlands Nichtverhältnis zu seiner Armee, in: Der Spiegel Nr. 48/2008, S. 184–186, hier S. 186. Siehe zum Thema Kriegerdenkmäler auch STEINFELD, T.: Die Qual der Toten, in: „Süddeutsche Zeitung" vom 8. 9. 2009.

237 Vgl. DE LIBERO, L.: Einsatzarmee und Erinnerung: Gedenkkulturen in der Bundeswehr, in: Wegweiser zur Geschichte. Auslandseinsätze der Bundeswehr. Hg. im Auftrag des MGFA von B. Chiari u. M. Pahl. Paderborn 2010, S. 279–287, hier S. 283.

238 Vgl. HAEMING, A.: Gebautes Gedenken, in: Das Parlament, Nr. 34/35 vom 23. 8. 2010, S. 14.

239 Vgl. „Süddeutsche Zeitung" vom 8. und 9. 9. 2009; Interview mit Jung vom 6. 10. 2015. Siehe auch DAHL MARTINSEN, K.: Totgeschwiegen? Deutschland und die Gefallenen des Afghanistan-Einsatzes, in: APuZ. Aus Politik und Zeitgeschichte, Nr. 44/2013, S. 17–23, hier S. 21.

worden waren. Jung war von den in Afghanistan errichteten kleinen Gedenkstätten für gefallene Bundeswehrsoldaten derart beeindruckt, dass er sich fragte, was wir eigentlich diesbezüglich in Deutschland tun.[240] Auch im Rahmen seiner Begrüßungsansprache anlässlich der Einweihung des Ehrenmals am 8. September griff er seine damaligen Überlegungen und Intentionen nochmals auf:

> „Bei meinem ersten Truppenbesuch in Afghanistan im Dezember 2005 war ich besonders davon berührt, wie Bundeswehrsoldaten in Kabul an einer selbst gestalteten Gedenkstätte der Toten der Internationalen Schutztruppe erinnerten. Dieses Erlebnis war für mich persönlich sehr bewegend. Ich stellte mir damals die Frage, wie wir in Deutschland unserer Soldaten und Angehörigen der Bundeswehr gedenken, die für unser Land ihr Leben verloren haben.“[241]

Da es nichts dergleichen bis dato gab, forcierte er folgerichtig diese Idee. Am 13. Juni 2007 stellte Jung dann die Pläne für das Ehrenmal der Bundeswehr in Berlin vor. Bei der Präsentation des Entwurfes des Architekten Andreas Merk betonte er, dass dessen Konzeption den öffentlichen Zugang für Besucher ermögliche, aber gleichzeitig auch dem Bedürfnis nach individueller Trauer entspreche. „Der Entwurf hat mich persönlich angesprochen und berührt“, betonte auch der damalige Generalinspekteur der Bundeswehr, General Wolfgang Schneiderhan.[242] Bis dato hatte jede Waffengattung in Deutschland quasi ihr eigenes Denkmal für ihre Soldaten: In Koblenz-Ehrenbreitstein wird der Heeressoldaten gedacht, die Luftwaffe erinnert in Fürstenfeldbruck an die Toten der Luftstreitkräfte und der Luftfahrt generell und die Marine ehrt bei Laboe u. a. die U-Boot-Fahrer der verschiedenen deutschen Marinen. Was bisher also fehlte, war ein zentraler Ort, an dem in würdiger Form aller Toten der Bundeswehr gedacht werden kann. Es war somit dringend geboten, ein sichtbares Symbol für alle Bundeswehrangehörigen und ihre Familien als Erinnerungs- und Gedenkstätte zu kreieren. Im Bundestag entbrannte sofort eine Diskussion, ob nicht auch Polizisten, Entwicklungshelfer und weitere nichtmilitärische Einsatzkräfte, die ja auch u. a. in Afghanistan Verluste zu verzeichnen hatten, miteinbezogen werden sollten. Jung[243] wollte aber bewusst einen deutlichen Akzent für die Soldaten setzen, die schließlich schwören, notfalls ihr Leben einzusetzen, was für ihn schon zu Recht einen Unterschied ausmacht. Von

240 Interview mit Jung vom 6. 10. 2015.

241 Begrüßungsansprache des Bundesministers der Verteidigung, Dr. Franz Josef Jung, anlässlich der Einweihung des Ehrenmals der Bundeswehr am 8. September 2009 in Berlin, aus: Reden, Artikel, Grußworte und Tagesbefehle des Bundesministers der Verteidigung, Dr. Franz Josef Jung, Juli 2009 – Oktober 2009 (zusammengestellt vom BMVg).

242 Interview mit Wolfgang Schneiderhan vom 19. 2. 2016.

243 Interview mit Jung vom 8. 12. 2015.

daher kam für ihn nur ein Ehrenmal für die Bundeswehr in Frage. „Hätten wir die Diskussion weitergeführt, so hätten wir wohl bis heute kein Ehrenmal", äußert er sich rückblickend sehr realitätsnah.[244] Aber auch über den Standort des Ehrenmals war lange diskutiert worden. Viele Politiker, insbesondere von Seiten der FDP, drängten darauf, die Erinnerungsstätte am Reichstag zu errichten, um den Charakter der Bundeswehr als Parlamentsarmee zu unterstreichen.[245] Jung entschied sich jedoch für den ebenfalls symbolträchtigen Standort auf dem Gelände des Verteidigungsministeriums im sogenannten Bendlerblock, wo nach dem gescheiterten Attentat auf Hitler am 20. Juli 1944 u. a. Oberst Stauffenberg hingerichtet worden war. Durchaus nachvollziehbar, denn wie und wo kann die Bedeutung von militärischem Widerstand gegen eine verbrecherische Diktatur und heutigem militärischen Einsatz für Demokratie und Menschenrechte so gut zum Ausdruck gebracht werden, als an einem derartigen Ort? Ein Ort, der aber auch zugänglich für die Öffentlichkeit ist, was für Jung ebenfalls von zentraler Bedeutung war. Aber auch mancher Bundewehrsoldat hätte das Ehrenmal zunächst lieber „an zentraler Stelle im Herzen der Demokratie", also in unmittelbarer Nähe des Reichstagsgebäudes gesehen, so beispielsweise der jetzige Kommandeur des Landeskommandos Hessen, Brigadegeneral Klink.[246] Seine damalige Einschätzung teilt Klink heute allerdings nicht mehr, vielmehr ist er im Rückblick froh und dankbar, dass es aufgrund von Jungs Entscheidung im Bendlerblock steht, denn sonst „hätten wir bis heute wohl kein Ehrenmal. Diese Standortentscheidung ist ein Symbol der Rolle der Bundeswehr in Deutschland. Sie spielt keine Hauptrolle. Wenigstens haben wir dieses Ehrenmal, v. a. im Interesse der Angehörigen der zu Tode gekommenen Soldaten, als Gedenkstätte. An anderer Stelle wäre es natürlich besser, aber es hätte keine Chance der Durchführung gegeben, es gäbe auch heute keine parlamentarische Mehrheit, von daher war es damals die richtige Entscheidung. Es war der Blick für das Machbare, der Jung geleitet hat", so Klink rückblickend.[247] Sicher wäre ein Platz des Ehrenmals in der Nähe des Reichstagsgebäudes auch ein gutes Symbol gewesen, um die Bedeutung der Bundeswehr als Parlamentsarmee zu unterstreichen und deutlich zu machen, dass die Parlamentsmehrheit bereit war (und ist), Deutschlands Sicherheit mit militärischen Mitteln zu garantieren.[248] Dadurch hätte es den Abgeordneten auch „als ständige Erinnerung an den Preis

244 Ebda.

245 HAEMING, A.: Gebautes Gedenken, S. 14; siehe auch SPEICHER, S.: Die Namen der Toten, in: „Süddeutsche Zeitung" vom 8. 9. 2009.

246 Interview mit dem Kommandeur des Landeskommandos Hessen, Brigadegeneral Klink, vom 7. 7. 2015.

247 Ebda.

248 Vgl. DAHL MARTINSEN, Totgeschwiegen?, S. 22.

Das Ehrenmal der Bundeswehr im Bendlerblock in Berlin

dienen können, den ihre Entscheidungen nach sich ziehen."[249] Dennoch, ein derartiges Ehrenmal überhaupt umgesetzt zu haben, ist hervorzuheben. Aufgrund seines Standortes von einem „Vermeidungsdenkmal"[250] und angesichts der Tatsache, dass zu den Besuchern ausländische Delegationen, u. a. auch Offiziere zählen, gar von einer „Militarisierung"[251] zu sprechen, erscheint jedoch als übertrieben. Jung betonte im Rahmen der Grundsteinlegung am 28. November 2008, dass für die Verteidigung unserer westlichen Werte der Freiheit und Demokratie bisweilen ein hoher Preis gezahlt werden müsse. Doch seien die Toten der Bundeswehr nicht anonym. „Hinter jedem Namen verbirgt sich ein persönliches Schicksal. Wir nennen ihre Namen und zeigen damit, dass wir sie nicht vergessen wollen."[252] Bei dem vier Millionen Euro teuren Ehrenmal[253] handelt es sich um einen Stahlbetonquader von 32 Metern Länge, acht Metern Breite und zehn Metern Höhe. Er ist mit einer durchbrochenen Bronzehülle verhängt, deren Struktur an die im Todesfall halbierten Erkennungsmarken der Soldaten erinnert. In dem Raum der Stille werden für jeweils circa fünf Sekunden die Namen von den im Dienst ums Leben gekommenen Soldaten an die Wand projiziert. Damit ähnelt es eher einer Videoinstallation und unterscheidet sich somit von traditionellen Kriegerdenkmälern und Gedenktafeln, bei denen die Namen dauerhaft auf Stein, Metall oder Holz eingraviert sind.

So soll die Vergänglichkeit des Lebens und Individualität des Todes betont werden. „Das Ehrenmal versteht sich in seiner Gesamtkonzeption als begehbares und räumlich erlebbares Gesamtkunstwerk. Durch die Reduktion der Mittel und den präzisen Einsatz von Materialien wird ein Ort geschaffen, der den Besucher berühren und das Augenmerk auf das Wesentliche richten lassen soll."[254] Möglicherweise um dem Vorwurf, einen kriegerischen Todeskult wiederbeleben zu wollen, zu begegnen, ist das Denkmal allen im Dienst gestorbenen Soldaten gewidmet.[255] Bundespräsident Horst Köhler griff in seiner Rede bei dem Festakt der

249 Ebda.

250 Ebda. So Stefan Koldehoff am 8.9.2009 im Deutschlandradio.

251 Ebda.

252 Zit. nach http://www.welt.de/politik/article4490487/Umstrittenes-Ehrenmal-der-Bundeswehr-eingeweiht.html, abgerufen am 27.2.2015.

253 Siehe dazu: http://www.bmvg.de/portal/a/bmvg/!ut/p/c4/04_SB8K8xLLM9MSSzPy8xBz9CP3I5EyrpHK9pNyydL3copySzNzUlMxEvbLMlNT8xKLkjMwyvdSMotS8XKDqgmxHRQBXGJnK/, abgerufen am 27.2.2015. Siehe auch DE LIBERO, Einsatzarmee und Erinnerung, S. 285 ff.

254 Zit. nach http://www.welt.de/politik/article4490487/Umstrittenes-Ehrenmal-der-Bundeswehr-eingeweiht.html, abgerufen am 27.2.2015. Siehe auch: Das Ehrenmal der Bundeswehr. Dokumentation der Einweihung am 8. September 2009 in Berlin. Hg. vom BMVg. Berlin 2009, S. 16–20.

255 Vgl. MÜNCH, Bundeswehr in Afghanistan, S. 294 f.

Einweihung am 8. September 2009 diese Gedanken auf, indem er betonte, das Ehrenmal erinnere an jeden der mehr als 3100 Bundeswehrangehörigen (einschließlich der Zivilangestellten), die seit 1955 im Dienst ums Leben kamen. Zudem erinnere es die Politik daran, dass ihre Entscheidungen Menschenleben kosten könnten. Der Auftrag und Alltag der Bundeswehr habe sich „tiefgreifend" verändert. „Unsere Bundeswehr ist zu einer Armee im Einsatz geworden, zu einer Armee im Kampf", sagte Köhler. Franz Josef Jung sprach von einem „neuen Kapitel", das mit dem für ihn eindrucksvollen Ehrenmal in der Geschichte der Bundeswehr aufgeschlagen werde.[256] Er erinnerte dabei in deutlichen Worten an die Leistungen und Verdienste der im Dienst für ihr Vaterland ums Leben gekommenen Soldaten und verdeutlichte somit nochmals die Notwendigkeit und Bedeutung des Ehrenmals:

> „Sie alle standen im Dienst der freiheitlich demokratischen Grundordnung. Sie alle haben unserem Land die Treue geschworen. Es ist daher unsere patriotische Pflicht ihrer in Würde zu gedenken: jetzt und in der Zukunft. […] Die Toten unserer Bundeswehr sind nicht anonym. Hinter jedem Namen verbirgt sich ein persönliches Schicksal. Wir nennen ihre Namen und zeigen damit, dass wir niemand vergessen werden. Das Ehrenmal der Bundeswehr soll ein Ort werden, an dem wir öffentlich und privat unserer Toten gedenken. Zugleich ruft uns das Ehrenmal ins Bewusstsein, wofür der Dienst der Bundeswehr steht. Und es macht uns klar, dass wir für die Verteidigung unserer Werte bisweilen einen hohen Preis zahlen müssen. Die Inschrift des Ehrenmals ist Mahnung und Verpflichtung: Den Toten unserer Bundeswehr – für Frieden, Recht und Freiheit."[257]

Auch im Tagebefehl des Ministers zu diesem Anlass ließ es Jung nicht an Klarheit vermissen:

> „Das Ehrenmal macht deutlich, dass die Aufgabe der Verteidigung von Frieden, Recht und Freiheit mit keinem anderen Beruf vergleichbar ist. Die Soldatinnen und Soldaten und zivilen Mitarbeiterinnen und Mitarbeiter, die ihr Leben für den Schutz von Frieden und Freiheit verloren haben, verdienen eine öffentlich sichtbare Anerkennung und

256 Zit. nach http://www.welt.de/politik/article4490487/Umstrittenes-Ehrenmal-der-Bundeswehr-eingeweiht.html, abgerufen am 27.2.2015. Siehe auch: Das Ehrenmal der Bundeswehr. Dokumentation der Einweihung am 8. September 2009 in Berlin. Hg. vom BMVg. Berlin 2009, S. 16–20.

257 Begrüßungsansprache des Bundesministers der Verteidigung, Dr. Franz Josef Jung, anlässlich der Einweihung des Ehrenmals der Bundeswehr am 8. September 2009 in Berlin, aus: Reden, Artikel, Grußworte und Tagesbefehle des Bundesministers der Verteidigung, Dr. Franz Josef Jung, Juli 2009–Oktober 2009 (zusammengestellt vom BMVg).

> ein würdiges Gedenken. Mit dem Ehrenmal der Bundeswehr besinnen wir uns vor allem stärker auf unsere eigene Tradition als Streitkräfte in der Demokratie. [Es] soll einen angemessenen Platz in der Gedenkkultur unserer Landes einnehmen und so dazu beitragen, den Auftrag der Bundeswehr noch stärker in das öffentliche Bewusstsein zu tragen."[258]

Kritik, v. a. von linker Seite (wie z. B. Die Linke, die der Einweihung demonstrativ fern blieb), das Ehrenmal sei ein Ausdruck einer „neuen Kriegermentalität"[259] in Deutschland, symbolisiere eine falsche Heldenverehrung, verherrliche den Krieg und sei somit ein Zeichen einer weiteren Militarisierung der Gesellschaft, entbehrt jeglicher Grundlage. Im Gegenteil, an dieser Stelle sollte sich jeder die Frage stellen, in wessen Auftrag die Soldaten in Afghanistan oder in anderen Auslandseinsätzen handelten oder nach wie vor agieren. Die Bundeswehr, der per Artikel 26 GG ein Angriffskrieg verboten ist, ist als Parlamentsarmee ein integraler und unverzichtbarer Bestandteil der freiheitlich-demokratischen Grundordnung. Ihre Angehörigen verdienen, so Jung,[260] als Staatsbürger in Uniform, die vom Bundestag legitimiert wurden, Werte wie Freiheit, Rechtsstaatlichkeit und Menschenrechte auch außerhalb Deutschlands und der NATO, wenn nötig, zu verteidigen und durchzusetzen, Achtung und Respekt der deutschen Öffentlichkeit. Allein die Schlichtheit und die damit ausstrahlende Würde des Ehrenmals verbietet jegliche Gedanken einer Heroisierung deutscher Soldaten, die – und auch das wird angesichts des Ehrenmals deutlich – als Familienangehörige und Freunde Teil unserer Gesellschaft sind. Und zu keiner Zeit in seiner Geschichte war Deutschland „unmilitärischer, war das Militärische weniger sichtbar und spürbar im Alltag der Menschen."[261] Eine grundsätzlich intensivere Anteilnahme der deutschen Öffentlichkeit an den Einsätzen der Bundeswehr wäre von daher zu wünschen, verbunden mit einer entsprechenden Anerkennung für die Soldaten, deren Leistung und Auftrag, betont Jung auch heute noch.[262] Die Bundeswehr dürfe nicht aus der öffentlichen Wahrnehmbarkeit verbannt werden, sie müsse vielmehr in Gesellschaft, Medien und Alltag gegenwärtig bleiben, gerade auch angesichts zahlreicher Standortschließungen.

Möglicherweise war die Errichtung des Ehrenmals wegweisend für eine neue und angesichts der Auslandseinsätze der Bundeswehr notwendige Erinnerungs-

258 Tagesbefehl des Bundesministers der Verteidigung Dr. Jung anlässlich der Einweihung des Ehrenmals der Bundeswehr am 8. September 2009 in Berlin, aus: ebda.

259 Siehe „Süddeutsche Zeitung" vom 9. 9. 2009.

260 Interview mit Jung vom 7. 10. 2016.

261 NOLTE, Fremde Soldaten, S. 184.

262 Interview mit Jung vom 7. 10. 2016.

und Gedenkkultur. Beispielhaft sei an dieser Stelle nämlich noch der am 15. November 2014 offiziell eingeweihte „Wald der Erinnerungen" genannt.[263] Auf dem Gelände des in der Henning-von-Tresckow-Kaserne stationierten Einsatzführungskommandos in Geltow (Nähe Potsdam) stellt er einen in den natürlichen Baumbestand eingefügten Gedenkort dar, „der an die Bundeswehrangehörigen erinnert, die im Einsatz und im regulären Dienst ihr Leben verloren."[264] Hier wurden auch fünf bereits zurückgeführte Ehrenhaine aus den Einsätzen in Afghanistan und Bosnien rekonstruiert, wo nun jeder Besucher individuell in stiller Einkehr den gefallenen Soldaten gedenken kann. Ein somit weltweit einzigartiges Projekt, das eine wichtige Ergänzung zum Ehrenmal darstellt.

Eine neben dem Ehrenmal weitere Würdigung des Einsatzes und Engagements der Soldaten der Bundeswehr insbesondere innerhalb der Auslandseinsätze ist ebenfalls der Initiative Franz Josef Jungs zu verdanken. Er machte sich dafür stark, dass Bundeswehrsoldaten einen Orden für besondere Tapferkeit erhalten können. Über diese Idee des Ministers wurde seit 2006 mit dem Bundespräsidialamt beraten. Jung hatte den Vorschlag des CDU-Bundestagsabgeordneten und damaligen Präsidenten des Reservistenverbandes der Bundeswehr Reinhard Beck, „besonderen Mut oder besondere Tapferkeit" von Soldaten mit einem neuen Orden zu würdigen, entschlossen aufgegriffen. Tapferkeit habe in der Tat „eine Würdigung verdient", unterstrich Jung damals und versprach, den Vorschlag an den Bundespräsidenten weiterleiten, „um gegebenenfalls eine besondere Einsatzmedaille zu kreieren".[265] Überlegungen, das Eiserne Kreuz wieder einzuführen, wie sie auch Beck angestellt hatte[266], wurden jedoch eine Absage erteilt. Zahlreiche Kritiker wiesen hier auf den Missbrauch dieser Auszeichnung durch die Nationalsozialisten im Zweiten Weltkrieg und die historische Tradition als Kriegsauszeichnung hin. Befürworter betonten hingegen, dass dieses Symbol das offizielle Hoheitszeichen der Bundeswehr sei und unterstrichen, dass es als im Zuge der Befreiungskriege gegen Napoleons Fremdherrschaft gestiftete Auszeichnung eine weit über das Dritte Reich hinausreichende Tradition habe. Allerdings galt es auch zu bedenken, dass das Eiserne Kreuz in der Vergangenheit jedoch nur nach Ausrufung des allgemeinen und förmlichen Kriegszustands mit einem Drittland gestiftet wurde, nicht aber bei Kampfeinsätzen in Friedenszeiten. Jung wollte eine

263 http://www.bundeswehr.de/portal/a/bwde/!ut/p/c4/DcLBDYAgDAXQWVygvXtzC_VCivohFVIIQVlf8x6f_HN5Lcmw6lJ45-OyNU6KUoEJCs9wmlIoKHpAN3foxxO1Xm_kwS1vywfeHdk4/. Abgerufen am 17. 11. 2015.

264 Ebda.

265 http://www.spiegel.de/politik/deutschland/bundeswehr-orden-jung-will-tapferkeitsmedaille-aber-kein-eisernes-kreuz-a-539785.html; abgerufen am 30. 3. 15.

266 Siehe z. B. LÖWENSTEIN, S.: Unerhört neu, in: FAZ vom 6. 3. 2008. Vgl. auch MÜNCH, Bundeswehr in Afghanistan, S. 294.

aus seiner Sicht hier „falsche Diskussionen vermeiden"[267] und entschied sich bewusst für das Hoheitszeichen der Bundeswehr, was ja einen deutlichen Bezug zum Eisernen Kreuz aufweist, als Grundlage für die neue Auszeichnung. Das Ehrenkreuz der Bundeswehr für Tapferkeit wurde dann am 13. August 2008 durch Franz Josef Jung als fünfte und höchste Stufe des Ehrenzeichens[268] der Bundeswehr gestiftet und am 18. September 2008 durch Bundespräsident Horst Köhler genehmigt. Es ist somit die erste explizite Tapferkeitsauszeichnung in der Geschichte der bundesdeutschen Streitkräfte und stellt eine neue Stufe der bisherigen Ehrenzeichen der Bundeswehr – der Ehrenmedaille und dem Ehrenkreuz in Bronze, Silber und Gold – dar. Die Auszeichnung ist für Taten vorgesehen, die weit über das erwartete Maß an Tapferkeit im Rahmen der Pflichterfüllung hinausgehen und ist „der sichtbare Dank des Ministers an seine Soldatinnen und Soldaten für die herausragende Pflichterfüllung, die Übernahme zusätzlicher Aufgaben, den persönlichen Einsatz für Kameraden sowie die hervorragende Einzeltat."[269] Vielen Soldaten erschienen die bisherigen Auszeichnungen für Auslandseinsätze, die sogenannten Einsatzmedaillen, zu Recht nicht als ausreichend, wurden und werden diese doch auch ohne herausragende Leistungen innerhalb eines vier- bis sechsmonatigen Auslandseinsatzes verliehen. „Die Tapferkeitsmedaille ist absolut sinnvoll, sie wird mit Augenmaß verliehen und wird nicht hinterfragt, vielmehr ist sie von wesentlicher Bedeutung, die Leistungen unserer Soldaten anzuerkennen", so auch Brigadegeneral Klink, der vorbehaltlos dahintersteht, da sie „keine Alibiauszeichnung, wie z. B. das bisherige Ehrenkreuz der Bundeswehr, das im Wesentlichen ja ersessen wird", darstellt.[270] Die Tapferkeitsmedaille ist nicht nur auf den Einsatz beschränkt, Tapferkeit kann auch im Übungs- und Ausbildungsdienst zum Tragen kommen. Erheblich gesteigerte Tapferkeit ist insbesondere anzunehmen, wenn folgende Merkmale erfüllt sind: „Angstüberwindendes, mutiges Verhalten bei außergewöhnlicher Gefährdung für Leib und Leben mit Standfestigkeit und Geduld, um den militärischen Auftrag zu erfüllen, herausragendes Führungsverhalten in der konkreten Gefährdungssituation sowie selbständiges, entschlossenes und erfolgreiches Handeln in einer ungewissen Situation."[271]

„Angesichts der gestiegenen neuen Forderungen in den Einsätzen, die auch Gefahren für Leib und Leben nach sich ziehen können, ist es nur konsequent, die Angehörigen der Bundeswehr nunmehr für besondere Tapferkeit im In- und Aus-

267 Interview mit Jung vom 8. 12. 2015.

268 Zu den Ehrenzeichen und Einsatzmedaillen der Bundeswehr siehe: Ehrenzeichen und Einsatzmedaillen der Bundeswehr. Hg. Vom BMVg. Berlin 2009. Der Erlass findet sich auf S. 13.

269 Ebda., S. 10.

270 Interview mit dem Kommandeur des Landeskommandos Hessen, Brigadegeneral Klink, vom 7. 7. 2015.

271 www.bundesregierung.de; abgerufen am 30. 3. 2015; Ehrenzeichen, S. 10.

land auszeichnen zu können", erklärte Franz Josef Jung.[272] Damit könnten Angehörige der Bundeswehr für Taten gewürdigt werden, die weit über das normale Maß der Pflichterfüllung hinausgehen. In einer „postheroischen Gesellschaft" könne der Orden durchaus Sinn stiften, erläuterte der stellvertretende Sprecher des Verteidigungsministeriums, Christian Dienst.[273] Erstmals wurden am 6. Juli 2009 vier Feldwebeldienstgrade mit dem neuen Tapferkeitsorden der Bundeswehr durch Bundeskanzlerin Merkel ausgezeichnet. Jan Berges, Alexander Dietzen, Henry Lukacs und Markus Geist, alle zwischen 28 und 33 Jahre alt, erhielten den Orden nach den Worten von Verteidigungsminister Jung, weil sie „während ihres Afghanistaneinsatzes weit über das normale Maß von Tapferkeit hinaus bei außergewöhnlicher Gefährdung für Leib und Leben gehandelt" hätten.[274] „Sie, meine Herren, sind durch ihren Einsatz für Recht und Freiheit zum Vorbild für Ihre Kameradinnen und Kameraden geworden. Ich danke Ihnen für Ihre selbstlose und tapfere Tat und wünsche alles Gute und Gottes Segen", sagte Jung bei der Verleihung zu den Soldaten.[275] Am 20. Oktober 2008 eilten sie nach einem Selbstmordanschlag in Kunduz Kameraden zu Hilfe und versuchten afghanische Kinder zu retten, obwohl sie beschossen wurden und ein in der Nähe stehendes brennendes Fahrzeug, beladen mit Munition, hätte explodieren können. Bundeskanzlerin Merkel sagte, der Einsatz der Soldaten sei Vorbild und Ansporn „nicht nur für Ihre Kameraden, sondern für uns alle".[276]

Die jetzige Neuauflage war und ist, ähnlich wie das Ehrenmal, umstritten. Kritiker sehen hier ebenfalls die Wiederbelebung eines Heldenkultes. Jung und Merkel verteidigten aber die Verleihung der Tapferkeitsmedaille und wiesen diese Kritik entschieden zurück. „Eine Armee im Einsatz braucht eine solche Auszeichnung", sagte sie. „Unsere Soldatinnen und Soldaten müssen für ihren Einsatz mehr Anerkennung bekommen."[277] Die heutige Tapferkeit ziele auf die „Wahrung und Verteidigung von Recht und Freiheit", betonte Merkel. Die Einsätze der Bundes-

272 http://www.spiegel.de/politik/deutschland/tapferkeitsmedaille-deutsche-soldaten-bekommen-kuenftig-ehrenkreuz-a-583399.html; abgerufen am 30. 3. 2015.

273 Ebda.

274 http://www.tagesspiegel.de/politik/deutschland/bundeswehr-tapferkeitsmedaillen-fuer-mutigen-einsatz-verliehen/1552230.html von Michael Schmidt; abgerufen am 30. 3. 2015.

275 Grußwort anlässlich der Erstaushändigung von Ehrenzeichen der Bundeswehr für Tapferkeit am 6. Juli 2009 im Bundeskanzleramt, aus: Reden, Artikel, Grußworte und Tagesbefehle des Bundesministers der Verteidigung, Dr. Franz Josef Jung, Juli 2009–Oktober 2009 (zusammengestellt vom BMVg). Siehe auch: http://www.focus.de/politik/weitere-meldungen/bundeswehr-tapferkeitsorden-fuer-vier-deutsche-soldaten_aid_414571.html; abgerufen am 30. 3. 2015.

276 http://www.tagesspiegel.de/politik/deutschland/bundeswehr-tapferkeitsmedaillen-fuer-mutigen-einsatz-verliehen/1552230.html von Michael Schmidt; abgerufen am 30. 3. 2015.

277 Ebda.

wehr dienten den nationalen Sicherheitsinteressen und seien meist auch mit sehr hohen Risiken verbunden.[278]

Rund 260 000 deutsche Soldaten waren bis zu diesem Zeitpunkt in einem Auslandseinsatz gewesen, der jedem Einzelnen sowie seinen Familien enorm viel abverlangt. Angesichts dieser Tatsachen ist eine Würdigung der Verdienste der Soldaten eben auch in der Form einer solchen Tapferkeitsmedaille angebracht. Jungs Initiative für diese Auszeichnung war eine notwendige sowie konsequente und wegweisende Entscheidung. Dass er sich nicht für das Eiserne Kreuz entschieden hatte, lag auch daran, dass sich Deutschland zu dieser Zeit in keinem offiziellen Kriegszustand befand.

3.3 Auslandseinsätze der Bundeswehr

Die Auslandseinsätze der Bundeswehr[279] sind nicht nur im Kontext des wiedervereinigten Deutschlands, sondern auch innerhalb des Globalisierungsprozesses und den damit einhergehenden neuen bzw. zunehmenden sicherheitspolitischen Herausforderungen und Risiken zu sehen. Deutsche Soldaten leisten mit der Bekämpfung von Terrorismus, dem Schutz von Menschenrechten, der Krisen- und Konfliktprävention, dem Wiederaufbau von Staaten („nation- bzw. state-building“) wesentliche Beiträge zur internationalen Sicherheit und somit auch zum Frieden. Dabei ist Deutschlands internationale Verantwortung in den letzten Jahren deutlich gewachsen. Somit gehören Auslandseinsätze der Bundeswehr seit Jahren zum festen Bestandteil der deutschen Außen- und Sicherheitspolitik.

Die Bundeswehr ist derzeit noch an 13 Auslandseinsätzen mit rund 2600 Soldaten beteiligt. Ohne Parlamentsbeschluss des Bundestags wäre keiner dieser Einsätze möglich gewesen. Im Vergleich zu anderen Staaten entscheidet also formal der Bundestag, ob überhaupt oder iin welchen Einsatz deutsche Soldaten geschickt werden. Dabei stimmen die Abgeordneten nicht nur über jeden Einsatz separat ab, sondern sie bestimmen auch Einsatzdetails und üben Einfluss aus auf die zahlenmäßige Stärke der Bundeswehr und deren Organisationsstruktur. In der Praxis jedoch wurden von den parlamentarischen Staatssekretären des BMVg

278 http://www.focus.de/politik/weitere-meldungen/bundeswehr-tapferkeitsorden-fuer-vier-deutsche-soldaten_aid_414571.html; abgerufen am 30. 3. 2015.

279 Siehe dazu überblicksartig: Die Bundeswehr im Einsatz. Entstehung, Entwicklung, Überblick. Hg. vom BMVg. Berlin 2013; Bundeswehr im Einsatz. Katalog zur Ausstellung anlässlich des 15. Jahrestages der ersten Parlamentsmandatierung von bewaffneten Einsätzen der Bundeswehr im Ausland. Hg. vom BMVg. Berlin [2]2009. Eine Chronologie der Auslandseinsätze von 1994 bis 2008 findet sich in: Einsätze der Bundeswehr im Ausland. Hg. vom BMVg. Berlin 2008, S. 42–61.

Einsatzpräsent für Soldaten

zwar die Fraktionschefs beim Erstellen eines Mandatsentwurfs beteiligt, allerdings konnten die Parlamentarier anschließend den vorbereiteten Text entweder nur annehmen oder ablehnen. Seine inhaltliche Ausgestaltung erfolgte unter Abstimmung mit den beteiligten Ministerien, neben BMVg das Auswärtige Amt und das Entwicklungshilfeministerium, nämlich durch die Angehörigen der Abteilung Fü S III Militärpolitik im Verteidigungsministerium.[280] Rechtzeitig vor dem Ablauf eines Mandats muss dann die Bundesregierung beim Bundestag einen Antrag auf Verlängerung des Einsatzes stellen, wenn dieser fortgesetzt werden soll. Zudem kann das Parlament seine Zustimmung zu einem Einsatz jederzeit widerrufen, was dann zu seiner Beendigung führt. Damit trägt die Bundeswehr den Charakter einer Parlamentsarmee, die dem Primat der Politik unterworfen ist. Mit seinem Urteil vom 12. Juli 1994[281] hat das Bundesverfassungsgericht dann auch

280 Vgl. MÜNCH, Bundeswehr in Afghanistan, S. 109.

281 Siehe dazu BREITWIESER, T.: Verfassungshistorische und verfassungsrechtliche Aspekte der Auslandseinsätze, in: Wegweiser zur Geschichte. Auslandseinsätze der Bundeswehr. Hg. im Auftrag des MGFA von B. Chiari u. M. Pahl. Paderborn 2010, S. 153–166, hier S. 163 f.

deutlich gemacht, dass Deutschland das Recht besitzt, sich an humanitären und militärischen Einsätzen im Auftrag von System gegenseitiger kollektiver Sicherheit, also UNO und NATO, auch außerhalb des Bündnisgebiets zu beteiligen. Damit forderte das Gericht ausdrücklich die erwähnte Zustimmung des Deutschen Bundestags zu „out-of-area"-, also Auslandseinsätzen der Bundeswehr, was mit der Verabschiedung des Parlamentsbeteiligungsgesetz 2005[282] unterstrichen wurde. Die Einstufung der NATO als ein System gegenseitiger kollektiver Sicherheit durch das Verfassungsgericht hat sich rückblickend als sehr weitsichtig erwiesen, da sie in zahlreichen Fällen (Ex-Jugoslawien, Afghanistan) quasi als „militärischer Arm" der UNO agierte.

Seit 1994 stellten die verschiedenen Bundesregierungen in dieser Zeit über 140 Anträge für die Entsendung deutscher Soldaten ins Ausland und noch nie hat der Bundestag ein derartiges Ersuchen abgelehnt. Im Folgenden soll nun untersucht werden, wie Franz Josef Jung während seiner Amtszeit als Verteidigungsminister die damals laufenden Auslandseinsätze begleitete bzw. forcierte, wie er sie beurteilte und welchen Herausforderungen er sich gegenübersah, ob nun beim Kongo-Einsatz oder im Rahmen des Afghanistankrieges.

3.3.1 Kongo-Einsatz 2006

Zunächst seien einige kurze historisch-politische Hintergründe zum Einsatz genannt.[283]

Die Demokratische Republik Kongo (1971–1997 Zaire) erlebte zwischen 1996 und 2003 zwei Bürgerkriege. Neben innenpolitischen Ursachen gelten aber insbesondere die Konflikte in den Nachbarstaaten Ruanda, Burundi und Uganda als Auslöser. Der Bürgerkrieg in Ruanda zwischen Hutu und Tutsi, der 1994 im Völkermord an den Tutsi (ca. 800 000 Tote zwischen April und Juni) eskalierte. Nachdem die Tutsi-Rebellenbewegung APR auf Ruandas Hauptstadt Kigali vorgerückt waren, flohen rund eine Million Menschen in den benachbarten Kongo,

---

282 http://www.gesetze-im-internet.de/parlbg/BJNR077500005.html. Abgerufen am 17.12.2015. Zur Parlamentsbeteiligung siehe auch: NACHTWEI, W.: Bundestag, Parlamentsarmee und Parteienstreit, in: Wegweiser zur Geschichte. Auslandseinsätze der Bundeswehr. Hg. im Auftrag des MGFA von B. Chiari u. M. Pahl. Paderborn 2010, S. 167–179; Das Parlament, Nr. 34/35 vom 23.8.2010, S. 7.

283 Vgl. dazu TULL, D.: Das Kriegsgeschehen im Kongo seit 1994, in: Wegweiser zur Geschichte. Demokratische Republik Kongo. Hg. im Auftrag des MGFA von B. Chiari u. D. Kollmer. Paderborn ^{3}2008, S. 71–77. PAHL, M.: Die Beteiligung der Bundeswehr an der Operation EUFOR RD Congo, in: Wegweiser zur Geschichte. Auslandseinsätze der Bundeswehr. Hg. im Auftrag des MGFA von B. Chiari u. M. Pahl. Paderborn 2010, S. 109–120.

darunter auch die Völkermörder. Von den grenznahen Flüchtlingslagern aus organisierten diese Angriffe auf die neue, von der APR gebildete ruandische Regierung, was von Joseph Mobuto, dem damaligen Präsidenten Zaires, gebilligt wurde. Daraufhin intervenierte die APR-Regierung Ruandas in Ostzaire und zerschlug die Flüchtlingslager in Goma und Bukavu. Unterstützt wurde Ruanda von Angola, Burundi und Uganda, die sich ebenfalls von Rebellen auf dem Staatsgebiet Zaires bedroht sahen. Weiterhin unterstützten Ruanda und Uganda eine neugegründete Rebellenorganisation in Zaire, die „Alliance des Forces Democratiques pour la Liberation du Congo" (AFDL), die sich an der Invasion Zaires und der Zerstörung der Flüchtlingslager beteiligte. Ohne auf nennenswerten Widerstand der im Verfall befindlichen zairischen Armee zu treffen, gelang es der AFDL die Hauptstadt Kinshasa zu erobern, Präsident Mobuto zu stürzen und unter ihrem Führer Laurent-Desire Kabila ein neues Regime im nun in Demokratische Republik Kongo umbenannten Staat zu errichten. Die Freude über den Sturz Mobutos (seit 1965 Staatschef) währte allerdings nur kurz. Übergriffe auf die Zivilbevölkerung und Plünderungen von Seiten der ausländischen Interventionstruppen führten zu einem massiven Stimmungswandel. Kabila sah sich daher gezwungen, diese zum Abzug aus dem Kongo aufzufordern. Im August 1998 brach dann unter fast identischen Voraussetzungen der zweite Kongokrieg aus. Ruanda, Uganda und Burundi verbündeten sich erneut und förderten die Bildung der kongolesischen Rebellenorganisation „Rassemblement Congolais pour la Democratie" (RCD), die anschließend mit ihren ausländischen Partner in den Kongo einmarschierte und in Goma ihr Hauptquartier errichtete. Ziel war es, Kabila zu entmachten, da dieser angeblich Rebellen (u. a. Hutu-Extremisten) unterstütze, die insbesondere Ruanda bedrohten. Angola, Simbabwe und Namibia unterstützen jedoch Kabila, so dass es nicht gelang, diesen zu stürzen. Die militärische Pattsituation führte im Juli 1999 zu einem Waffenstillstand und zur UN-Mission MONUC. Nach Ermordung Kabilas durch einen Leibwächter übernahm sein Sohn Joseph die Macht. Aufgrund internationalen Drucks zogen sich Ende 2002 die ausländischen Truppen aus dem Kongo zurück und eine Allparteienregierung wurde gebildet. 2006 wurde dieser Übergangsprozess durch Parlaments- und Präsidentschaftswahlen abgeschlossen, die Kabila gewann. Die Wahlen galten insgesamt als frei, fair und verliefen weitgehend friedlich.

Um die UNO-Mission MONUC zu unterstützen, hatte der UN-Sicherheitsrat bereits im Mai 2003 den Einsatz einer „Interim Emergency Multinational Force" (IEMF) beschlossen.[284] Diese hatte den Auftrag, die Sicherheitslage zu verbessern,

284 Vgl. dazu BREITWIESER, T..: Friedensbemühungen der UNO, in: Wegweiser zur Geschichte. Demokratische Republik Kongo. Hg. im Auftrag des MGFA von B. Chiari u. D. Kollmer. Paderborn [3]2008, S. 117–125, hier S. 124

Flughafen und Flüchtlingslager zu sichern sowie allgemein zur Sicherheit der Zivilbevölkerung wie auch des MONUC-Personals beizutragen. Die IEMF war der erste Militäreinsatz der EU in Afrika. Auf Grundlage der europäischen Sicherheitsstrategie „Ein sicheres Europa in einer besseren Welt" (ESS)[285] beschloss der Europäische Rat zudem eine Reihe weiterer Maßnahmen zur Unterstützung des Friedensprozesses im Kongo, so verschiedene Polizeimissionen und 2006 den Einsatz der 2400 Mann starken EUFOR RD CONGO[286], der die erwähnten freien Wahlen absichern sollte. Er begann am 12. Juni 2006 und endete planmäßig am 30. November 2006.

Hier kam nun die Bundeswehr ins Spiel. Eine aus deutschen und niederländischen Luftlandeeinheiten gebildete schnelle Eingreiftruppe der EUFOR (Task Group) wurde nach Libreville, die Hauptstadt von Gabun, verlegt, wo Frankreich ein Überseebataillon stationiert hat und Ausbildungseinrichtungen betreibt, die auch die europäischen Kräfte nutzen konnten. Von Libreville aus verlegten immer wieder Teile der Task Group nach Kinshasa, um durch tägliche Erkundungsfahrten sich mit der örtlichen Lage vertraut zu machen. Es galt, die Bewegungsfreiheit der eigenen Kräfte zwischen den beiden Flughäfen in Kinshasa zu garantieren, die Flughäfen selbst zu sichern und, wenn erforderlich, Menschen zu evakuieren. Wichtig war, das Vertrauen der Kongolesen durch entschlossenes, aber gleichzeitig auch freundliches Auftreten zu gewinnen. Die insgesamt weitgehend friedliche Lage konnte nämlich jederzeit umschlagen. Vor allem demotivierte und schlecht besoldete Milizen der verschiedenen Konfliktparteien stellten ein nicht zu unterschätzendes Risiko für die Task Group dar. Insgesamt waren die EUFOR-Kräfte dreimal in Krisenmomenten gefordert:[287] Nach Bekanntgabe des Wahlergebnisses am 20. August trennten sie bewaffnete Anhänger Kabilas und seines Herausforderers Jean-Pierre Bemba, wofür weitere Bundeswehrkräfte von Gabun nach Kinshasa verlegt wurden. Am 18. September trugen sie, nachdem eine Fernsehstation Bembas zerstört worden war, ebenso zur Deeskalation bei wie während der Bekanntgabe der Stichwahlergebnisse im November. Die Bundeswehr, deren Einsatz räumlich auf die Region um Kinshasa begrenzt war,[288] erfüllte in ihrem knapp sechs Monate währenden Einsatz mit der Sicherung der Wahlen ihren Auftrag.

Wie schon dargestellt, ließen sich angesichts der immer komplexeren Bedrohungslagen für Jung die innere und äußere Sicherheit Deutschlands nicht mehr klar voneinander trennen. Von daher erklärte er in einem Interview mit der

---

285 Ebda., S. 125.

286 Ebda.

287 Vgl. GRUMER, S., in: Wegweiser zur Geschichte. Demokratische Republik Kongo. Hg. im Auftrag des MGFA von B. Chiari u. D. Kollmer. Paderborn ^{3}2008, S. 90.

288 Die Bundeswehr im Einsatz. Entstehung, Entwicklung, Überblick. Hg. vom BMVg. Berlin 2013, S. 71.

„Frankfurter Rundschau“[289], dass Deutschland und Europa ein großes Interesse an der Entwicklung Afrikas haben müssten. Der Kongo sei aufgrund seiner Größe ein afrikanischer Schlüsselstaat, dessen Stabilisierung allerdings nur durch demokratische Wahlen erfolgen könne. Natürlich verfolge auch Deutschland dort Interessen. Es sei zum einen stark finanziell und entwicklungspolitisch im Kongo engagiert. Da weiterhin Krieg und Gewalt den Migrationsdruck auf Europa und somit Deutschland erhöhen würden, gelte es möglichst rasch und nachhaltig für Stabilität vor Ort zu sorgen. Der Erfolg oder Misserfolg der Demokratisierung habe somit auch eine Signalwirkung für die Nachbarstaaten des Kongo was wiederum das europäische Sicherheitsinteresse berühre. Es handele sich um einen europäischen Einsatz, betonte Jung, von daher müsse er auch einen europäischen Charakter haben. Eine deutsche Dominanz komme hierbei nicht in Frage. Deutschland habe zwar internationale Verpflichtungen, deutsche Einzelaktionen, „um Weltpolizist zu spielen“, lehnte der Minister aber eindeutig ab. Auch in diesem Zusammenhang betonte er die Notwendigkeit der „Anpassung der verfassungsrechtlichen“ Lage an die „tatsächliche Lage.“[290]

Jung verweist auch rückblickend noch[291] auf die große Bedeutung des Einsatzes zur Stabilisierung bzw. Absicherung der Wahlen. Die EUFOR-Einheiten sollten, so die damalige politische Diskussion im Vorfeld des Einsatzes, zu einem Drittel von Frankreich, zu einem Drittel von Deutschland und zu einem Drittel von anderen europäischen Staaten gestellt werden. Was sich so einfach und leicht umsetzbar anhörte, sollte sich in der Praxis als etwas komplizierter erweisen. Jung musste nämlich quasi selbst das letzte Kontingentdrittel zusammenstellen. So telefonierten er bei seinem polnischen Amtskollegen, der ihm zunächst ganze 30 Soldaten zusagte, auf Rückruf Jungs dann immerhin 100 Mann abstellte, während Österreich beispielsweise lediglich 10 Soldaten beisteuerte.[292]

Nach dem planmäßigen Ende des Einsatzes am 30. November und der erfolgten Rückkehr der zeitweise bis zu 780 Mann starken Bundeswehreinheiten[293] aus dem Kongo am 22. Dezember 2006 insistierten Frankreich und Belgien allerdings auf eine Verlängerung des Mandats, was für die deutschen Soldaten eine größere, nicht nur zeitliche, Belastung bedeutet hätte. Jung berief sich somit auf die zuvor getroffene Vereinbarung von vier Monaten, die er auch seinen Soldaten zugesagt hatte, und kam seiner Fürsorgepflicht als oberster Dienstherr nach. So betonte z. B. auch der damalige Kommandeur der in Schoss Oranienstein (Diez) stationier-

289 Frankfurter Rundschau vom 6. 4. 2006.
290 Ebda.
291 Interview mit Jung vom 6. 10. 2015.
292 Ebda. Ähnlich Wolfgang Schneiderhan im Interview vom 19. 2. 2016.
293 Die Bundeswehr im Einsatz, S. 70.

ten Sanitätseinheiten, dass man sich auf Jung habe verlassen können. Insgesamt, so Jung rückblickend,[294] sei der Auftrag professionell ausgeführt und erfüllt worden. „Unsere Soldaten [haben] in aller Welt das Ansehen der Bundesrepublik" gesteigert, da die Bundeswehr die Interessen der Menschen wahrnehme, wie auch das Engagement im Kongo verdeutlicht habe, erklärte er nach Ende des Einsatzes.[295] Weiterhin habe diese Mission die „Handlungsfähigkeit Europas" vor aller Welt unterstrichen, da die Soldaten einen „wichtigen Beitrag geleistet [hätten], die Demokratische Republik Kongo auf ihrem Weg zu Stabilität und Demokratie zu unterstützen."[296] Ein Rückfall des Kongo „in einen Bürgerkrieg" sei erfolgreich verhindert worden. Somit sei es richtig gewesen, an dieser Mission mitzuwirken.[297] Zudem hätten sich die EU und Deutschland dem Ansinnen der UNO kaum verweigern können, ohne dass das Ansehen Europas beschädigt worden wäre. Vor diesem Hintergrund ist die deutsche Beteiligung und auch die Übernahme der militärischen Führungsverantwortung eben auch zu sehen, ging es doch um die „Erprobung von Instrumenten der Europäischen Sicherheits- und Verteidigungspolitik."[298] Noch heute pflegen übrigens manche Soldaten des damaligen Einsatzkontingentes in Form von Patenschaften für Kinder einen engen Kontakt zu Menschen im Kongo. Auch Jung und seine Frau haben eine solche Patenschaft in Form eines monatlichen Beitrags im Rahmen der Organisation „Petite Flamme" für ein Mädchen 2007 übernommen. Daneben schickt Familie Jung regelmäßig, beispielsweise zu Weihnachten, Geschenke in den Kongo. Bis heute pflegt er dieses schöne Beispiel für seine praktizierte christliche Grundhaltung.[299]

3.3.2 Marine-Einsätze vor dem Libanon (UNIFIL) seit 2006 und am „Horn von Afrika" (Atalanta) seit 2008

Die deutsche Beteiligung an UNIFIL (United Nations Interim Force in Lebanon) erfolgt bis heute auf der Grundlage der Resolutionen 1701 des UN-Sicherheitsrates vom 11. August 2006, aufgrund derer Israel und die Hisbollah als beteiligte Konfliktparteien einem Waffenstillstand, der dann am 14. August 2006 in Kraft trat, zustimmten. Ergänzend kam am 24. August 2007 dann noch die Resolution 1773 hinzu. Im Gegensatz zu dem ursprünglichen Auftrag der Beobachtertruppe sind die Soldaten seitdem mit einem „robusten Mandat" nach Kapitel VII der

294 Interview mit Jung vom 6. 10. 2015.
295 Jung bei einem Besuch der CDU in Friedrichsdorf am 28. 1. 2007. Privatarchiv Linda Kreckel.
296 Zit. nach „Wiesbadener Kurier" vom 6. 12. 2006.
297 Ebda.
298 PAHL, Operation EUFOR RD Congo, S. 118.
299 Interview mit Jung vom 6. 10. 2015.

UN-Charta ausgestattet, d.h., dass die UNIFIL-Blauhelmtruppen ihre Aufgaben im Rahmen des Mandats auch mit Gewalt durchsetzen können. Der Deutsche Bundestag hatte der Beteiligung der Bundeswehr erstmals am 20. September 2006 zugestimmt, im Juni 2015 verlängerte er dann das Mandat bis zum 30. Juni 2016. Im Rahmen ihres Auftrags bilden deutsche Soldaten, von denen im Durchschnitt 150 sich im Einsatz befinden (bei einer Mandatsobergrenze von 300) im „Ausbildungskommando Libanon" Soldaten der libanesischen Marine aus. Zudem beteiligt sich die Bundeswehr in dem „Maritimen Einsatzverband UNIFIL" an der Seeraumüberwachung im Operationsgebiet und soll Waffenschmuggel von See in den Libanon verhindern. Darüber hinaus sind deutsche Soldaten im Stab des UNIFIL-Hauptquartiers in Naqoura im Süden des Libanon in verschiedenen Positionen eingesetzt, unter anderem im Bereich der militärischen Operationsführung.[300] Die „Süddeutsche Zeitung" kommentierte dazu rückblickend:

> „Dann der Einsatz der Deutschen Marine vor der libanesischen Küste 2006: Zum ersten Mal operieren deutsche Soldaten in der Nähe des jüdischen Staates Israel – ein sensibles Thema. Jung sprach früh von einem Kampfeinsatz. Er wollte damit auf die Risiken für die Soldaten hinweisen. So viel Direktheit war der Kanzlerin gar nicht recht. Sie bremste Jung schnell aus."[301]

So falsch lag Jung mit seiner Einschätzung allerdings nicht, denn:

> „Die MTF UNIFIL ist autorisiert, in Abstimmung mit den libanesischen Streitkräften alle erforderlichen Maßnahmen einschließlich der Anwendung militärischer Gewalt zu ergreifen, um den Auftrag gemäß Resolution des Sicherheitsrates durchzusetzen. Die Soldaten der MTF UNIFIL haben auch die Befugnis zur Wahrnehmung des Rechts auf bewaffnete Nothilfe zugunsten Jedermann. Die einzelnen Bestimmungen sind in den Einsatzregeln (Rules of Engagement) festgelegt und für die deutschen Soldaten in einer Taschenkarte umgesetzt. Diese ist allen Soldaten vertraut."[302]

---

300 http://www.einsatz.bundeswehr.de/portal/a/einsatzbw/!ut/p/c4/04_SB8K8xLLM9MSSzPy8xBz9CP3I5EyrpHK9pPKU1PjUzLzixJIqIDcxu6QoNScHKpRaUpWql5OZlJiXn6eXllioX5DtqAgAGxCVVA!!/, abgerufen am 3.9.2015; siehe auch „Das Parlament", Nr. 34/35 vom 23.8.2010, S. 5.

301 Süddeutsche Zeitung: http://www.sueddeutsche.de/politik/franz-josef-jung-der-ueberforderte-minister-1.36862-4 vom 26. November 2009: Franz Josef Jung Der überforderte Minister. Abgerufen am 24.8.2015.

302 http://www.einsatz.bundeswehr.de/portal/a/einsatzbw/!ut/p/c4/04_SB8K8xLLM9MSSzPy8xBz9CP3I5EyrpHK9pPKU1PjUzLzixJIqIDcxu6QoNScHKpRaUpWql5OZlJiXn6eXllioX5DtqAgAGxCVVA!!/, abgerufen am 3.9.2015.

U.a. in diesem Zusammenhang wurde gegenüber Jung der Vorwurf erhoben, voreilig und undiplomatisch gehandelt zu haben, da er kurz nach dem Angriff Israels auf den Libanon einen militärischen Beitrag Deutschlands in der Region in Aussicht gestellt hatte. Jung sprach allerdings von Falschmeldungen. Vielmehr sei es

> „Tatsache [gewesen], dass ich die Notwendigkeit der Unterstützung des Friedensprozesses im Libanon zeitig gesehen habe und auch für mich deutlich erkennbar war, dass wir uns einer derartigen Anforderung der Vereinten Nationen nicht entziehen konnten. Aus diesem Grund habe ich frühzeitig die Fähigkeiten angeboten, die der Bundeswehr zur Verfügung standen, nämlich solche zur Gewährleistung der Seesicherheit. Dieses Konzept ist auch voll und ganz aufgegangen."[303]

Der Libanon-Einsatz der Marine war im Parlament heftig umstritten, auch weil sich manche Abgeordnete durch die Ausführungen der Regierung hinsichtlich derer Einsatzmöglichkeiten dahingehend getäuscht sahen, dass ein effektiver eigenständiger Zugriff innerhalb der Sechs-Meilen-Zone nur mit Zustimmung des Libanons möglich war. Auch die bei einem Besuch Jungs scheinbar erfolgte „Korrektur" dieses Umstandes wurde nachträglich von libanesischer Seite als „Fehl- oder Überinterpretation" von dessen Seiten gewertet, so dass sich an den tatsächlichen Umständen des Einsatzes nichts Gravierendes geändert hatte und nur auf Bitten der Libanesen innerhalb der Sechs-Meilen-Zone kontrolliert werden durfte. Die am 12. Oktober vereinbarten Punkte besagten tatsächlich, dass die Schiffe nur in die Sechs-Meilen-Zone einlaufen dürfen, wenn dies „erforderlich" sei, etwa, um verdächtige Schiffe zu verfolgen. Wenn Flotteneinheiten aus anderen Gründen, etwa zum Tanken in einem libanesischen Hafen, einlaufen wollen, müssten sie sich vorher anmelden.[304]

Vorwürfe, es handele sich somit letztlich nicht mehr als um eine „teure Mittelmeer-Kreuzfahrt eines Marineverbandes"[305], widersprach Jung jedoch überzeugend:

> „Keineswegs. Der Auftrag der Marine bei UNIFIL ist es, einen möglichen Waffenschmuggel an die Hisbollah auf dem Seeweg zu unterbinden. Dies geschieht mandatsgetreu in enger Kooperation mit den Libanesen, die sehr gut funktioniert. Entscheidend ist auch, dass wir in der Sechs-Meilen-Zone effektiv operieren und unseren Auftrag dort hundertprozentig wahrnehmen können. Das können wir und das tun wir auch. Im übrigen handelt es sich nicht um statische Verfahren, sondern um einen Pro-

303 Interview mit Jung im „Rheingau-Echo" vom 16.11.2006.
304 http://www.spiegel.de/spiegel/print/d-49378781.html. Abgerufen am 17.11.2015.
305 Interview mit Jung im „Rheingau-Echo" vom 16.11.2006.

> zess. Gerade haben die Vereinten Nationen die Einsatzregeln den Gegebenheiten weiter angepasst. Das ist richtig und wird der Verantwortung gerecht, die die Staatengemeinschaft zur Sicherung des Friedensprozesses dort übernommen hat."[306]

Für Jung stand insgesamt außer Frage, dass sich Deutschland bei der Sicherung des vereinbarten Waffenstillstands zwischen Israel, der Hisbollah und dem Libanon beteiligen werde. Ihm war klar, dass „wir mitmachen sollten".[307]

> „Denn uns geht es darum, erstens die Frage Existenzrecht des Staates Israel, zweitens die Souveränität des Libanon, aber drittens auch die Chance, dass die Roadmap, das heißt, das Verhältnis Palästina-Israelis wieder hier verbessert wird und wir dort zu einer Lösung kommen. Denn ich glaube, das ist die notwendige Voraussetzung für eine friedliche Lösung im Nahen Osten."[308]

Bei der Frage, ob dies in Form eines Einsatzes von Bodentruppen oder auf See geschehen sollte, preschte er dann bewusst vor. Er setzte auf die Marine, da ihm Bodentruppen wegen der Hisbollahaktivitäten im Libanon als ein zu hohes Risiko erschienen. Der maritime Einsatz barg für ihn hingegen weniger Gefahren; eine sicherlich nachvollziehbare und von hoher Verantwortungsbereitschaft gegenüber den Soldaten zeugende Entscheidung.

Am 3. November reiste Jung nach Tel Aviv und Jerusalem. Im Rahmen des UNIFIL-Einsatzes war es nämlich zu einem Zwischenfall gekommen. Von deutscher Seite befand sich das Flottendienstboot „Alster" im Einsatz, wobei es sich um ein Aufklärungsschiff handelt, das mit speziellen Sensoren ausgerüstet ist und im Bereich der strategischen Informationsgewinnung eingesetzt wird, d.h., dass auch entsprechende Aufklärung hinsichtlich möglicher Terrorangriffe vorgenommen werden kann. Die „Alster", die sich rund 50 Seemeilen vor der Küste in internationalen Gewässern befand, reichte mit ihren Antennen bis nach Israel hinein, was dort zu Missverständnissen führte. Infolgedessen überflogen am 24. Oktober sechs israelische Kampfflugzeuge im Tiefflug das deutsche Flottendienstboot und feuerten zweimal aus einer ihrer Bordkanonen. Dann warfen die Jets aus 450 Meter Höhe Hitzefackeln ab, die normalerweise dem Ablenken feindlicher Raketen dienen.[309] Jung erläuterte im Rahmen seines Besuchs dann nochmals deutlich und eindringlich die Lage und den damit verbundenen Auftrag der deutschen

306 Ebda.

307 Interview mit Jung vom 6.10.2015.

308 http://www.deutschlandfunk.de/klarstellung-des-mandats-nicht-noetig.694.de.html?dram:article_id=63864. Abgerufen am 24.11.2015.

309 http://www.spiegel.de/spiegel/print/d-49378781.html. Abgerufen am 17.11.2015.

Marineeinheiten, die auch dem Schutz Israels dienten. Damit war anschließend aus seiner Sicht der Vorfall erledigt[310], was er in einem Interview vom 4. November mit dem „Deutschlandfunk" nochmals bestätigte:

> „Die israelische Regierung hat auch ihr Bedauern diesbezüglich zum Ausdruck gebracht. Hier gab es offensichtliche Abstimmungsprobleme. Aber ich denke, die sind alle ausgeräumt, sodass wir in Zukunft davon ausgehen können, dass diese Dinge alle beseitigt sind."[311]

Die Sicherheit Israels lag Jung sehr am Herzen. „Ich kann die großen Sorgen des Staates Israel verstehen", erklärte er im obigen Interview, wo er auch auf die angespannte Situation hinsichtlich Irans und seines Atomprogramms hinwies.[312] Besonders deutlich wurde ihm die allgegenwärtige Bedrohungslage dieses Landes und seines Volkes dann bei einem weiteren Besuch im März 2008. Hier traf Jung im Rahmen der Deutsch-Israelischen Regierungskonsultationen, bei denen eine noch intensivere militärische und sicherheitspolitische Zusammenarbeit zwischen beiden Ländern vereinbart wurde, mit seinem Amtskollegen Ehud Barak zusammen. Während ihres Treffens besprachen die Minister technologische Projekte, unter anderem im Bereich des Truppenschutzes. Weiterhin wurden Initiativen zur Gefechtsausbildung und der gegenseitige Austausch von Stabsoffizieren an den jeweiligen Militärakademien vereinbart. Zudem betonten beide, den seit 1998 stattfindenden Austausch von Offiziersanwärtern des Heeres auch auf Marine und Luftwaffe auszuweiten wie auch weitere mögliche Formen der Zusammenarbeit, zum Beispiel zwischen den Sanitätsdiensten beider Länder, zu prüfen. Beide Seiten äußerten abschließend den Wunsch, dass „sich die Zusammenarbeit und Freundschaft zwischen den Verteidigungsstrukturen beider Länder durch diese gemeinsamen Projekte und Austauschmaßnahmen weiterhin gedeihlich entwickeln mögen."[313] Anschließend machte Jung nach einem ihn sehr bewegenden Besuch der Gedenkstätte Yad Vashem auch einen Abstecher an die Grenze zum Gazastreifen. Er erlebte hautnah, wie die Menschen dort fühlen: Eine Mutter hatte wenige Tage zuvor bei einem Raketenangriff seitens der radikalen Hisbollah ihr Kind verloren.[314] Nachdenklich im Hinblick auf die Gesamtsituation zwischen der Hisbollah-Regierung im Gazastreifen und Israel trat er den Heimflug an.

---

310 Interview mit Jung vom 6. 10. 2015.

311 http://www.deutschlandfunk.de/klarstellung-des-mandats-nicht-noetig.694.de.html?dram:article_id=63864. Abgerufen am 24. 11. 2015.

312 Ebda.

313 Siehe http://www.dijv.de/bilaterale-vereinbarungen-maerz-2008/. Abgerufen am 24. 11. 2015.

314 Interview mit Jung vom 6. 10. 2015.

Am 8. Dezember 2008 startete die unter Federführung der EU stehende multinationale Mission EU NAVFOR Somalia (Operation „Atalanta") vor der Küste Somalias am „Horn von Afrika", um einerseits den Schutz von Hilfslieferungen nach Somalia zu gewährleisten, insbesondere aber, um durch die Bekämpfung der dortigen Piraterie die freie Handelsschifffahrt aufrecht zu erhalten. Schließlich gilt die Küste vor Somalia bis heute aufgrund dieser Bedrohungslage als eine der gefährlichsten Seeregionen der Welt.[315] Besonders im Golf von Aden, eine der zentralen Schifffahrtsrouten vor allem für Öltransporte aus dem Nahen Osten, war der Schutz der Handelsschiffe absolut notwendig. So erfolgten allein im Jahr 2008 rund 200 Übergriffe somalischer Piraten, die mehr als 30 Schiffe kaperten.[316]

Es war die erste Marineoperation der EU, die zuletzt am 21. November 2014 bis zum 12. Dezember 2016 verlängert wurde. Unter der Beteiligung der Bundesmarine entsandte die EU zahlreiche Kriegsschiffe und Soldaten vor die Küste Somalias, die laut Beschluss des Rats der EU vom 10. November 2008 zur Abwehr von Überfällen auf See zum Einsatz aller notwendigen Mittel befugt waren und sind, um ihre Aufgabe durchzusetzen, also ein robustes Mandat, das durchaus von Erfolg gekrönt ist. So wurden z. B. in den ersten drei Märzwochen 2010 insgesamt 15 Piratengruppen zerschlagen.[317] Insgesamt gelang es, im Zeitraum von 2009 bis Juli 2015 313 Schiffe mit 959 804 Tonnen Hilfsgüter des UN-Welternährungsprogramms (WFP) und 126 Schiffe einer Mission der Afrikanischen Union (AU) in Somalia (AMISOM) durch diese Marineoperation zu schützen. 155 Piraten wurden bislang den Behörden zur Strafverfolgung übergeben, davon 128 gerichtlich verurteilt.[318] 2014 gab es keinerlei Übergriffe mehr, so dass es sich um einen erfolgreichen Einsatz handelt, wie Jung nicht ohne Stolz noch heute betont.[319] Die deutsche Beteiligung erfolgte ab dem 22. Dezember durch einen klaren Mehrheitsbeschluss des Bundestags vom 19. Dezember 2008 (491 Ja-Stimmen von 558 abgegebenen Stimmen).[320] Der Schwerpunkt des deutschen Beitrags sollte demnach im „Schutz für die Schiffe" des WFP, auch durch die „Präsenz von bewaffneten Kräften an Bord dieser Schiffe, insbesondere wenn sie die Hoheitsgewässer Somalias durchqueren", liegen. Darüber hinaus sollen die deutschen Kräfte „im Einzelfall und bei Bedarf [...] zivilen Schiffen im Operationsgebiet" Schutz gewähren und zur „Überwachung der Gebiete vor der Küste Somalias, einschließlich der somalischen", sowie „zur Abschreckung, Verhütung und Beendigung von see-

315 https://web.archive.org/web/20110704201418/http://www.eunavfor.eu/about-us/mission/. Abgerufen am 12. 11. 2015.

316 Interview mit Jung vom 6. 10. 2015.

317 http://eunavfor.eu/iranian-dhow-released-by-pirates/. Abgerufen am 12. 11. 2015.

318 http://eunavfor.eu/key-facts-and-figures/. Abgerufen am 12. 11. 2015.

319 Interview mit Jung vom 6. 10. 2015.

320 http://dip21.bundestag.de/dip21/btd/16/113/1611337.pdf. Abgerufen am 12. 11. 2015.

Verteidigungsminister Jung bei der Bundesmarine

Verteidigungsminister Jung beim Besuch des Unifil-Einsatzes

räuberischen Handlungen oder bewaffneten Raubüberfällen, die im Operationsgebiet begangen werden könnten" beitragen.[321]

Jung verabschiedete dann kurz vor Weihnachten mit Weihnachtsgebäck und Rheingauer Wein die Fregatte „Karlsruhe" mit ihrer rund 220 Mann starken Besatzung aus dem Hafen von Djibouti. Dabei betonte er, dass die Mission ein robustes Mandat habe, „das wir in dieser Art und Weise noch nicht hatten" und was bedeute, dass die Marine auch gekaperte Schiffe befreien sowie die Hauptschiffe der Piraten gezielt versenken dürfe. Dafür gebe es allerdings klare Einsatzregeln, verdeutlichte Jung. Ziel dieser Mission sei die „Abschreckung, Abwehr und die Beendigung von Seeräuberei."[322] So wehrten dann auch unmittelbar danach am 25. Dezember 2008 Soldaten der „Karlsruhe" einen Piratenangriff auf den ägyptischen Frachter „Wabi al Arab" ab. Die Kaperung konnte u. a. durch den Einsatz eines Bordhubschraubers verhindert werden. Das Piratenboot wurde durch die „Karlsruhe" aufgebracht und die Angreifer entwaffnet, später aber wieder freigelassen.[323]

Seit Juni 2009 umfassen die Aktivitäten der Bundeswehr im Rahmen von „Atalanta" auch den Einsatz von Bordschutzkräften der Marine an Bord von Handelsschiffen. Zu deren Schutz werden jeweils etwa zehn Soldaten mit Waffen, Munition und eigener Verpflegung auf einem gefährdeten Schiff einquartiert, sofern die dafür erforderlichen rechtlichen Voraussetzungen vorliegen.[324]

3.3.3 Afghanistan

Was war der Afghanistan-Einsatz für die Bundeswehr in seiner gesamten Dimension?[325] Ein bewaffneter Entwicklungshilfeeinsatz, bei dem es um Brunnenbohren und dem Bau von Schulen ging? Ein Einsatz für die Verteidigung der Sicherheit Deutschlands und somit ein Einsatz im Kampf gegen den internationalen Terro-

---

321 Ebda.

322 „Wiesbadener Kurier" vom 23. 12. 2008.

323 https://web.archive.org/web/20081229140203/http://www.bundeswehr.de/portal/a/bwde/kcxml/04_Sj9SPykssyoxPLMnMzovMoY_QjzKLd443DnQHSYGZASH6kTCxoJRUfV-P_NxUfW_9AP2C3IhyRodFRQD649Wi/delta/base64xml/L2dJQSEvUUt3QS80SVVFLzZfQ18zUlE!?yw_contentURL=%2FC1256EF4002AED30%2FW27MNTAA708INFODE%2Fcontent.jsp. http://www.einsatz.bundeswehr.de/portal/a/einsatzbw/!ut/p/c4/04_SB8K8xLLM9MSSzPy8xBz9CP3I5EyrpHK9pPKU1PjUzLzixJIqIDcxu6QoNScHKpRaUpWqV5yfm5iTmahfkO2oCAAxKqO7/. http://www.einsatz.bundeswehr.de/portal/a/einsatzbw/!ut/p/c4/04_SB8K8xLLM9MSSzPy8xBz9CP3I5EyrpHK9pPKU1PjUzLzixJIqIDcxu6QoNScHKpRaUpWqV5yfm5iTmaiXmZeWHw_l6BdkOyoCAKLz-AE!/ Alle abgerufen am 12. 11. 2015.

324 http://www.welt.de/welt_print/article3917409/Bundeswehr-schickt-Kampfteams-auf-Handelsschiffe.html. Abgerufen am 12. 11. 2015.

325 Dazu grundlegend MÜNCH, Bundeswehr in Afghanistan.

rismus oder ein Krieg – gegen wen auch immer? Wie lässt sich Krieg definieren? Ab wann spricht man von Krieg? Wichtige, ja grundlegende Fragen, um die Haltung Franz Josef Jungs als Verteidigungsminister im Rahmen dieses Einsatzes der Bundeswehr, um das Verhalten der deutschen Soldaten und um die Haltung des deutschen Bundestags hinsichtlich der Mandatierung dieses Einsatzes besser einschätzen und verstehen zu können. Lassen wir im Hinblick auf Afghanistan zunächst den Kommandeur des Landeskommandos Hessen, Brigadegeneral Ekkehard Klink, zu Wort kommen:

> „Es gibt keinen ‚Tag X', ab dem der Einsatz zum Krieg wurde, vielmehr ist von einer schleichenden Entwicklung auszugehen. Standen zu Beginn des deutschen Afghanistan-Einsatzes Brunnenbohren, das Verteilen von Teddybären oder der Bau von Mädchenschulen auf dem Programm – ein Stabilisierungseinsatz im positiven Sinne (analog zum Bosnien-Einsatz) –, so hatte sich die Situation aber dann, nicht aufgrund des deutschen Einsatzes, sondern aufgrund der Gesamtsituation sukzessive, aber nachhaltig verändert, so dass die Gefahr immer größer wurde. Die Frage stellt sich aber doch, ab wann man dann von Krieg spricht. Krieg bedeutet ja eine völlig andere Grundlage für das eigene Handeln und die Rechtsgrundlage. Dieser Begriff impliziert eine vollkommen andere Konsequenz für das eigene Handeln. Gerade Jung als Jurist konnte dies sicher sehr einschätzen und beurteilen. Auch das Ministerium wird Jung vor der Verwendung des Begriffs ‚Krieg' gewarnt haben. Jung war als Juristen klar, dass es dann um eine neue Qualität des Einsatzes gehandelt hätte, v. a. auch im Hinblick auf das Mandat des Deutschen Bundestags. Hier hätte es evtl. zu einem Mandatsproblem kommen können, weil die ursprünglichen Grundlagen nicht mehr gegeben wären."[326]

Später dazu mehr. Werfen wir zunächst einen kurzen Blick auf die historischen Rahmenbedingungen und Hintergründe des deutschen Afghanistanengagements.

Die deutsch-afghanischen Beziehungen[327] entwickelten sich Anfang der 20er Jahre: 1921 begannen die Regierungen Deutschlands und Afghanistans mit gegenseitigen Delegationsbesuchen, ab 1922 war es jungen Afghanen möglich, zu Ausbildungszwecken nach Deutschland zu kommen und im Dezember 1923 wurde in Kabul die deutsche Gesandtschaft eröffnet. Seit 1924 existiert dort auch die deutschsprachige Amani-Oberrealschule. Diese guten Beziehungen setzte auch die Bundesrepublik Deutschland fort. Seit 1956 engagiert sie sich mit finanzieller und technischer Hilfe im afghanischen Entwicklungsprozess, seit 2002 ist das Goethe-Institut und seit 2003 die deutsche Botschaft in Kabul wieder komplett eröffnet.

---

326 Interview mit BG Klink vom 7. 7. 2015.

327 Vgl. dazu RAUCH, A.: Auslandseinsätze der Bundeswehr. Baden-Baden 2006, S. 223 f.

Afghanistan hatte im Verlauf seiner Geschichte nur selten friedliche Phasen erlebt.[328] Quasi regelmäßig drangsalierten Interventions- und Invasionsarmeen der verschiedensten Länder, verbunden mit höchst unterschiedlichen Interessen die Region am Hindukusch. Perser, dann Griechen unter Alexander dem Großen, wieder Perser, später Mongolen und in den letzten beiden Jahrhunderten Briten, die Rote Armee der Sowjetunion ab 1979 und seit 2001 eine internationale Streitmacht unter Führung der USA. Die Motive der Interventionen waren höchst unterschiedlicher Natur. Beabsichtigten die Briten, einen Puffer zu Russland im 19. Jahrhundert innerhalb des „Great Games" in dieser unzugänglichen Bergregion zu errichten, so war der Einmarsch der Sowjetunion ein aggressiver, geopolitisch bedingter Akt im Rahmen des Kalten Kriegs. Nachdem am 11. September 2001 islamische Selbstmordattentäter die Anschläge in New York und Washington verübt hatten, identifizierten die USA als Verantwortliche die Terrororganisation Al-Quaida mit ihrem Anführer Osama Bin Laden. Diese hatten nach der Machtübernahme der radikal-islamischen Taliban in Afghanistan 1996 dort einen idealen Rückzugsraum gefunden, in dem sie autonom agieren konnten. Sie betrieben u. a. Trainingslager zur Ausbildung von Terroristen für den Djihad – so wurden z. B. auch die Attentäter des 11. September dort trainiert.[329] Nachdem die USA vergeblich die Auslieferung Osama Bin Ladens gefordert hatten, begannen sie im Oktober 2001 mit dem Bombardement Afghanistans.[330] Zu Lande unterstützten die Amerikaner die sogenannte „Nordallianz", die daraufhin Anfang November Kabul eroberte. Nach diesem vermeintlich raschen militärischen Erfolg gelang es den intervenierenden Staaten allerdings nicht, sich auf ein konkretes Ziel und eine gemeinsame Strategie zu einigen. Als kleinster gemeinsamer Nenner galt es, Afghanistan zu befrieden und so den Aufbau eines afghanischen Staates anzustreben.[331]

328 Zur Geschichte Afghanistans siehe CHIARI, B. (Hg.): Afghanistan. Wegweiser zur Geschichte. Hg. vom MGFA. Paderborn ³2009, SCHETTER, C.: Kleine Geschichte Afghanistans. München 2004, RAUCH, A.: Auslandseinsätze, S. 220–224, MÜNCH, Bundeswehr in Afghanistan, S. 123–133. Zu Informationen über Afghanistan siehe auch: Einsatzführungskommando der Bundeswehr J 1/InFü/Leit-FBZ, Druckschrift Einsatz Nr. 28. Einsatzbezogene Familieninformationen für Soldatinnen, Soldaten, Verwaltungspersonal im Zivilstatus und deren Angehörigen, Juli 2006.

329 Vgl. PETERSEN, B.: Einsatz am Hindukusch. Soldaten der Bundeswehr in Afghanistan. Freiburg 2005, S. 13. Zur Machtübernahmeder Taliban siehe SCHETTER, Kleine Geschichte Afghanistans, S. 126 ff., MÜNCH, Bundeswehr in Afghanistan, S. 137–141. Zu den Taliban umfassend: SCHETTER, C./KLUSSMANN, J. (Hg.): Der Taliban-Komplex. Zwischen Aufstandsbewegung und Militäreinsatz. Frankfurt 2011.

330 Eine detaillierte Chronologie der Ereignisse bis Januar 2002 liefert KRECH, H.: Der Afghanistan-Konflikt 2001. Ein Handbuch, Berlin 2002.

331 Vgl. MÜNCH, Bundeswehr in Afghanistan, S. 1.

In diesem Zusammenhang ist die erste Afghanistan-Konferenz, in deren Zuge anschließend auch Hamid Karsai als neuer afghanischer Präsident etabliert wurde, auf dem bei Bonn gelegenen Petersberg (27. November bis 5. Dezember 2001) zu sehen.[332] Dabei hatte sich auch Deutschland bereit erklärt, gemeinsam mit 35 anderen Nationen im Rahmen der am 20. Dezember vom UN-Sicherheitsrat ins Leben gerufenen rund 5000 Mann starken „International Security Assistance Force" (ISAF) intensiv am Wiederaufbau Afghanistans mitzuwirken.[333] Daraufhin schickte am 8. Januar 2002, nach Zustimmung des Bundestags am 22. Dezember 2001 auf Basis der UN-Resolution 1386, die Bundeswehr ihr erstes Vorauskommando nach Afghanistan.[334] „Ausschlaggebend für die deutsche Beteiligung an der multilateralen Afghanistanmission", so der ehemalige Generalinspekteur der Bundeswehr, General Klaus Naumann, „waren nicht Interessendefinitionen, Einsatzkriterien oder strategische Konzepte, sondern in aller erster Linie das Bekenntnis zur ‚uneingeschränkten Solidarität' (Bundeskanzler Schröder)."[335] Vielleicht war dies, neben der geographischen Entfernung, auch ein Grund dafür, dass dieser Einsatz zu „keinem wirklichen Thema im öffentlichen Diskurs" wurde.[336] Das ISAF-Kommando übernahm ab August 2003 dann die NATO.[337] Seitdem wechselten sich die NATO-Staaten alle sechs Monate in der Führung von ISAF ab. Dieses Mandat beschränkte sich zunächst nur auf Kabul und seine Umgebung und stellte nach dem Beschluss des Sicherheitsrats ein „robustes Mandat" dar. Dabei handelt es sich um ein UN-Mandat, welches laut UN-Charta, Kapitel VII, Art. 42 den eingesetzten „Luft-, See- oder Landstreitkräften die zur Wahrung oder Wiederherstellung des Weltfriedens und der internationalen Sicherheit erforderlichen Maßnahmen" erlaubt.[338] Dieses bot den beteiligten Soldaten eine Rechtsgrundlage zum Einsatz von Waffen zu ihrer Selbstverteidigung, zum Schutz von Zivilisten und zur sehr weit interpretierbaren Durchsetzung ihres Auftrags dar.[339] Bei der Herstellung von Sicherheit und Ordnung sollten sie nur eine unterstützende

---

332 Siehe dazu auch STANZEL, V.: Versuch und Irrtum, in: FAZ, 5.12.2016, S. 6.

333 Ebda., S. 12, SCHETTER, Kleine Geschichte Afghanistans, S. 136 ff.

334 Vgl. PETERSEN, Einsatz am Hindukusch, S. 15.

335 NAUMANN, K.: A Troubled Partnership – Zum Verhältnis von Politik und Militär im Einsatz, in: SEIFFERT, A./LANGER, P.C./PIETSCH, C. (Hg.): Der Einsatz der Bundeswehr in Afghanistan. Sozial- und politikwissenschaftliche Perspektiven. Wiesbaden 2012, S. 49–63, hier S. 51.

336 MÜNKLER, H.: Kriegssplitter. Die Evolution der Gewalt im 20. und 21. Jahrhundert. Berlin 2015, S. 8 f.

337 PETERSEN, Hindukusch, S. 16, NAUMANN, A Trouble Partnership, S. 53, Einsatzführungskommando der Bundeswehr. Druckschrift Einsatz Nr. 28, Juli 2006, S. 5. Zur ISAF siehe auch RAUCH, Auslandseinsätze, S. 229–236.

338 Charta der Vereinten Nationen v 26. Juni 1945.

339 Vgl. MÜNCH, Bundeswehr in Afghanistan, S. 177.

Funktion ausüben, so durften die Soldaten beispielweise bei kriminellen Handlungen innerhalb der Zivilbevölkerung den örtlichen Behörden nur helfend zur Seite stehen. Vor allem bestand ihre Aufgabe darin, die afghanische Armee (ANA) aufbauen und ihr sowie der Polizei helfen, diese Aufgaben mittelfristig selbst wahrzunehmen. Die ISAF war somit keine friedenssichernde UNO-Blauhelm-Truppe, sondern eine vom Sicherheitsrat durch die Resolution 1386 mandatierte Schutztruppe,[340] die im Rahmen der Erfüllung dieser Resolution alle Mittel, eben auch Waffengewalt, anwenden durfte. Neben der ISAF lief auch parallel die multilaterale „Operation Enduring Freedom" (OEF) insbesondere im Süden und Südosten des Landes, deren Soldaten einen Kampfauftrag besaßen. Seit Januar 2002 (bis 2008) – nach Beschluss des Bundestags am 16. November 2001 – waren auch bis zu 100 Kräfte des KSK (Kommando Spezialkräfte) zur Unterstützung der dort operierenden US-Einheiten im Einsatz.[341] Der vom Sicherheitsrat regelmäßig verlängerten Einsatzdauer von ISAF schloss sich der Deutsche Bundestag im Anschluss jeweils an, indem er den Einsatz der Bundeswehr (die durchgehend innerhalb des ISAF-Einsatzes das drittgrößte Truppenkontingent und zwei ISAF-Kommandeure stellte[342]) mandatierte. Begründet wurde er insbesondere mit der Bekämpfung des internationalen Terrorismus und islamistischen Extremismus (Peter Struck am 5. Dezember 2002: „Deutschlands Sicherheit wird auch am Hindukusch verteidigt."). Weitere Motive für das deutsche Engagement seien noch kurz genannt:[343] Afghanistan liegt am Schnittpunkt zwischen Nahem und Mittlerem Osten, Zentralasien und den Groß- bzw. bedeutenden Regionalmächten wie China, Russland, Indien und Pakistan, allesamt Atommächte. Der deutsche Beitrag konnte und kann hier zur Reduzierung von Stabilitätsrisiken dienen und somit einen Beitrag für die Sicherheit dieser Region leisten. Hinzu kommen die schon erwähnte bündnispolitische Einbindung Deutschlands – kein Land kann seine Sicherheit heutzutage alleine garantieren – und humanitäre Aspekte, wie möglicherweise in ferner Zukunft die Etablierung von Demokratie und Menschenrechten. Als pro-

---

340 Siehe Resolutionen und Beschlüsse des Sicherheitsrats vom 1. Januar 2001 bis 31. Juli 2002, S. 296–298.

341 Vgl. RAUCH, Auslandseinsätze, S. 230. Siehe auch die FAZ vom 15.11.2005, NACHTWEI, W.: Der Afghanistaneinsatz der Bundeswehr: Von der Stabilisierung zur Aufstandsbekämpfung, in: C. Schetter/J. Klußmann (Hg.): Der Taliban-Komplex. Zwischen Aufstandsbewegung und Militäreinsatz. Frankfurt 2001, S. 203–227, hier S. 205.

342 Vgl. MÜNCH, Bundeswehr in Afghanistan, S. 2.

343 Siehe dazu WIEKER, V.: Afghanistan: Eine Bestandsaufnahme aus militärpolitischer Sicht – Ziele, Strategie und Perspektive des ISAF-Einsatzes, in: SEIFFERT, A./LANGER, P.C./ PIETSCH, C. (Hg.): Der Einsatz der Bundeswehr in Afghanistan. Sozial- und politikwissenschaftliche Perspektiven. Wiesbaden 2012, S. 23–32, hier S. 24f., NAUMANN, K.: Der blinde Spiegel. Deutschland im afghanischen Transformationskrieg. Hamburg 2013, S. 23–26.

blematisch sollte sich allerdings erweisen, dass die Einsatz- bzw. Mandatsziele nicht operationalisiert wurden, was eine seriöse Bewertung hinsichtlich der Auftragserfüllung verhinderte.[344] „Aus den unklaren politischen Zwecksetzungen des Afghanistaneinsatzes bzw. der Gesamtmission ergaben sich widersprüchliche militärische Zielbestimmungen, denen ein problematischer Einsatz von Mitteln und Fähigkeiten entsprach", konstatierte auch Klaus Naumann.[345] Der Wandel vom ursprünglichen Ziel einer Friedenssicherung hin zur Aufstandsbekämpfung, also der Bekämpfung der Taliban, und Gefechtshandlungen war somit für die breite Öffentlichkeit zunächst kaum erkennbar und später dann auch nur schwer vermittelbar. Die Frage „Was wollen bzw. sollen wir in Afghanistan?" wurde immer lauter, gleichzeitig sank mit dem zunehmend militärischen Charakter des Einsatzes insgesamt die Zustimmung des deutschen Volkes.[346]

Dennoch übernahm Deutschland innerhalb dieses Einsatzes sukzessiv zunehmende Verantwortung:[347] Am 19. März 2002 unterstand beispielsweise die taktische Führung der multinationalen Brigade in Kabul deutschem Kommando, am 10. Februar 2003 erfolgte gemeinsam mit den Niederländern die Übernahme der Lead-Nation-Verantwortung, d.h. die Führung des ISAF-Einsatzes. Gleichzeitig wurde das deutsche Kontingent auf 2500 Mann verstärkt. Sogenannte „Provincial Reconstruction Teams" (PRT), bestehend aus 50 bis 300 militärischen und politischen Experten, sollten darüber hinaus dem Wiederaufbau Afghanistans dienen. Von deutscher Seite aus wurde als Pilot-Projekt das PRT in Kunduz begonnen und mit durch Zivilkräfte – u.a. für Brunnenbau – ergänzt. Somit wirkten hier Vertreter von vier Ressorts der Bundesregierung zusammen: Neben der Bundeswehr, die ein sicheres und stabiles Umfeld garantieren sollte, war das Auswärtige Amt für die politische Unterstützung und humanitäre Hilfe verantwortlich, das Entwicklungshilfeministerium sollte sich um Fragen des Wiederaufbaus kümmern und das Innenministerium um die Ausbildung und den Aufbau der afgha-

344 Vgl. NACHTWEI, W.: Der Afghanistaneinsatz der Bundeswehr – Von der Friedenssicherung zur Aufstandsbekämpfung, in: SEIFFERT, A./LANGER, P.C./PIETSCH, C. (Hg.): Der Einsatz der Bundeswehr in Afghanistan. Sozial- und politikwissenschaftliche Perspektiven. Wiesbaden 2012, S. 33–48, hier S. 34f. Siehe dazu ausführlich auch MÜNCH, Bundeswehr in Afghanistan, im Kapitel V: Operationen ohne Strategie, S. 153–217.

345 NAUMANN, A Troubled Partnership, S. 50, vgl. auch MÜNCH, Bundeswehr in Afghanistan, S. 211, 214–216.

346 Zur Begründung des Afghanistaneinsatzes durch die Bundesregierung 2001/2002 und die damit verbundene Haltung der deutschen Öffentlichkeit siehe KUTZ, M.-S.: Öffentlichkeitsarbeit in Kriegen. Legitimation von Kosovo-, Afghanistan- und Irakkrieg in Deutschland und den USA. Wiesbaden 2014, S. 225–245.

347 Vgl. RAUCH, Auslandseinsätze, S. 230.

nischen Polizeikräfte.[348] Diese Form der zivil-militärischen Zusammenarbeit galt als beispielhaft für den von Jung später intensiv verfolgten Ansatz der vernetzten Sicherheit bzw. des comprehensive approach. Die ersten deutschen Soldaten trafen dann am 25. Oktober 2003 in Kunduz ein.[349] „Ein stabiles Afghanistan liegt im genuinen deutschen Interesse“[350], so die im Bundeskabinett auch noch 2009 formulierte Grundüberzeugung, auf die der deutsche Einsatz letztlich basierte. Der erwähnte Ansatz der vernetzten Sicherheit, der Schutz der Zivilbevölkerung und eine zunehmende afghanische Eigenverantwortung galten als die zentralen Prinzipien.[351] Ein mehr als schwieriges Unterfangen, waren doch nach dem Ende der Taliban-Herrschaft die jahrhundertealten gesellschaftlichen Strukturen auf den Dörfern ebenso zerstört wie alle Ansätze einer modernen Infrastruktur. Zudem hatte sich die Sicherheitslage in Afghanistan seit 2003 dramatisch verschärft[352], was die ersten Opfer dann auch innerhalb des deutschen Kontingentes zur Folge hatte: Am 29. Mai 2003 fuhr während einer Erkundungsfahrt ein Fahrzeug auf eine Mine, wobei ein deutscher Soldat ums Leben kam und am 7. Juni 2003 wurde ein deutscher Konvoi von einem Selbstmordkommando der Taliban angegriffen. Vier Soldaten, die mit einem ungepanzerten Bus (!) Richtung Kabuler Flughafen unterwegs und somit auf dem Nachhauseweg waren, starben durch eine in einem Taxi gezündete Bombe, 29 weitere wurden zum Teil schwer verletzt. Ab Mitte 2005 wurde Afghanistan in vier Sicherheitszonen aufgeteilt, die jeweils von einer Nation geführt wurden. Deutschland und somit die Bundeswehr waren nun

---

348 Vgl. NACHTWEI, Afghanistaneinsatz, S. 211. Zu der Bedeutung und den Leistungen bzw. Erfolgen der PRTs siehe NAUMANN, Der blinde Spiegel, S. 98–113, der hier den Ansatz der vernetzten Sicherheit innerhalb der PRTs durchaus kritisch analysiert.

349 Vgl. RAUCH, Auslandseinsätze, S. 232, NACHTWEI, Afghanistaneinsatz, S. 207. Zu den PRT siehe auch GAUSTER, M.: Provincial Reconstruction Teams – ein innovatives Instrument des internationalen Krisenmanagements auf dem Prüfstand. Wien 2006, PETERSEN, Hindukusch, S. 19 f., NAUMANN, A Trouble Partnership, S. 53, Einsatzführungskommando der Bundeswehr. Druckschrift Einsatz Nr. 28, Juli 2006, S. 5, WEISS, D.: Deutschland am Hindukusch, in: APuZ. Aus Politik und Zeitgeschichte 43/2008, S. 5–14, hier S. 7, Deutscher Bundestag Drucksache 16/6460 vom 19. 8. 2007. In der FAZ vom 15. 11. 2005 findet sich auch eine Übersichtskarte der PRTs.

350 Presse- und Informationsamt der Bundesregierung (Hg.): Afghanistan. Auf dem Weg zur „Übergabe in Verantwortung.“ Kabinettsbeschluss vom 18. November 2009. Berlin 2009, S. 8.

351 Ebda., S. 12 f.

352 Vgl. KRAUSE, U. v.: Die Afghanistaneinsätze der Bundeswehr. Politischer Entscheidungsprozess mit Eskalationsdynamik. Wiesbaden 2011, S. 175–181. Zu Problemen innerhalb der Kommunikation und Kooperation auf politischer Ebene siehe NACHTWEI, Afghanistaneinsatz, S. 211 ff. Er weist z. B. darauf hin, dass zahlreiche Nichtregierungsorganisationen (NGOs) das PRT-Konzept ablehnten, da so zivile und militärische Aufgaben verwischt würden und die Unabhängigkeit der NGOs infrage gestellt sei. Zu den Erlebnissen der Soldaten siehe beispielsweise GROOS, H.: Ein schöner Tag zum Sterben. Als Bundeswehrärztin in Afghanistan. Frankfurt 2009.

für den gesamten Norden des Landes (mit neun Provinzen) und 16 ISAF-Nationen zuständig, was durch den Bundestagsbeschluss vom 28. September 2005 mandatiert wurde.[353] Die Region umfasste eine Fläche von der Hälfte Deutschlands, ist sehr gebirgig und somit nur sehr schwer zugänglich. Hinzu kamen das Fehlen vernünftiger Verkehrswege sowie staatlicher Strukturen wie auch ein nicht unerhebliches Eskalationspotenzial lokaler Konflikte. Neben Kunduz waren Faisabad und Mazar-i-Sharif, wohin das deutsche ISAF-Kontingent von Kabul verlegte, wichtige deutsche Stützpunkte.

Mit dieser bewusst recht ausführlich geschilderten Einsatzlage sah sich nun Franz Josef Jung bei seinem Amtsantritt konfrontiert. Er selbst versprach sich insbesondere bei diesem Einsatz von dem von ihm in Deutschland (siehe Weißbuch) als auch in der NATO durchgesetzten Konzept der vernetzten Sicherheit sehr viel. Ihm ging es darum, nicht nur militärisch erfolgreich zu sein, sondern auch die Entwicklung in Afghanistan vorantreiben und so das Vertrauen der Bevölkerung zu gewinnen. Damit wollte er die „Sicherheitsinteressen Deutschlands fördern."[354]

Dennoch, die Lage verschlechterte sich ab 2006[355] weiter, waren doch Teile der Provinzen Kunduz und Baghlan frühere Taliban-Hochburgen. Damit veränderten sich für die Bundeswehr neben dem Umfeld zwangsläufig auch ihr Kräfteansatz und die Einsatzformen. Konnte ISAF zu Beginn noch als eine Art Peace-keeping-Einsatz mit robustem Mandat interpretiert werden, so wurde die Bundeswehr ab 2006/07 mit einer deutlichen Intensität von Talibanmaßnahmen v. a. in Form von Anschlägen konfrontiert. Auch Jung erfuhr die zunehmende Bedrohungslage hautnah bei einem Besuch des afghanischen Präsidenten Karsai am 6. Februar 2006. Nach Abschluss der Gespräche kam kurz vor der vorgesehenen Rückreise ein Sicherheitsbeamter auf ihn zu und sagte: „Herr Minister, auf Sie ist ein Anschlag geplant."[356] Auf dem Weg zum Flughafen bestiegen dann alle Mitglieder der deutschen Delegation sichere Fahrzeuge und fuhren auf Nebenstraßen Richtung Flughafen. Später erhielt Jung die Nachricht, dass auf der ursprünglich geplanten Route ein mit Sprengstoff gefülltes Fahrzeug stand. Diese, wohl sein Leben rettende, Informationen erhielt der Minister übrigens von der NSA.[357]

Die Sicherheitslage blieb für die Bundeswehr weiterhin äußerst angespannt, woraufhin seitens des Verteidigungsministeriums ab April 2007 dann zusätzlich mit dem Einsatz von „Tornados" reagiert wurde, um innerhalb von ISAF im Bereich der Aufklärung auch über eine von den USA unabhängigen Komponente zu

353 Siehe Deutscher Bundestag Drucksache 15/5996 vom 21. 9. 2005, S. 3.
354 Interview mit Jung vom 7. 10. 2016.
355 STANZEL, Versuch und Irrtum, spricht hier von einem ersten Wendepunkt.
356 Interview mit Jung vom 6. 10. 2015.
357 Ebda.

verfügen. Über diese Maßnahme wurde mehrere Monate lang politisch besonders intensiv und kontrovers diskutiert, u. a. aber aufgrund der Bündnissolidarität zugestimmt.[358] Außenminister Steinmeier erklärte dazu im Bundestag:

> „Die Entsendung von Tornados ist ein Zeichen unserer Unterstützung der ISAF und der NATO in Afghanistan in zweifellos schwieriger Zeit: Ich sage: Aus meiner Sicht sind wir diese Solidarität dem Bündnis schuldig."[359]

Und dennoch nahm die Gewalt seitens der Taliban an Heftigkeit weiter zu.[360] Immer stärker wurden die Bundeswehr und ihre Soldaten das Ziel hinterhältiger und feiger Selbstmordattentate. Zwangsläufig wurde auch Franz Josef Jung, aufgrund dessen Initiative dem deutschen Kontingent nun weitere stark gepanzerte „Dingos" bereitgestellt wurden, auf sehr intensive und emotionale Weise mit der sich zuspitzenden Lage konfrontiert. So erreichte ihn während eines privaten Wochenendtrips in Kopenhagen mit Freunden aus dem „Andenpakt" die traurige Nachricht vom Tod dreier Bundeswehrsoldaten am 19. Mai 2007, die bei einem Einkauf auf dem örtlichen Markt in Kunduz einem weiteren Anschlag durch einen Selbstmordattentäter zum Opfer gefallen waren.[361] Der Minister brach seine Tour ab und trat dann am frühen Abend in der Kaserne des Einsatzführungskommandos vor die Presse. Er verurteilte diesen Anschlag, bei dem auch sieben afghanische Zivilisten ums Leben gekommen waren, aufs Schärfste und sicherte zu, dass alles getan werde, um die Verantwortlichen zur Rechenschaft zu ziehen; dennoch werde die Bundeswehr ihren Einsatz fortsetzen.[362] Jung äußerte sich dazu auch einen Monat später in einem Interview mit dem „Wiesbadener Kurier" zur Sicherheitslage in Afghanistan:

> „Die Taliban greifen zu einer hinterhältigen Strategie und nutzen immer häufiger Zivilisten als menschliche Schutzschilde. [...] Jüngstes Beispiel sind sieben Kinder, die bewusst von den Taliban in ihrer Stellung festgehalten wurden. Das ist heimtückisch. Die große Mehrheit der afghanischen Bevölkerung steht hinter den Einsätzen, die den Frieden sichern sollen. Die Bundeswehr leistet hier einen wichtigen Beitrag."[363]

---

358 Vgl. KRAUSE, Afghanistaneinsätze, S. 291.

359 Bundestag PlPr 16/91 vom 28. 02. 2007, S. 8128.

360 Vgl. CHIARI, B.: Grenzüberschreitende Sicherheit? ISAF, Afghanistan und Pakistan, in: Wegweiser zur Geschichte. Auslandseinsätze der Bundeswehr. Hg. im Auftrag des MGFA von B. Chiari u. M. Pahl. Paderborn 2010, S. 133–151, hier S. 133. Eine tabellarische Übersicht über schwere Sicherheitsvorfälle beim Bundeswehreinsatz in Afghanistan zwischen 2002 und 2009 findet sich in NACHTWEI, Afghanistaneinsatz, S. 217.

361 Vgl. NACHTWEI, Afghanistaneinsatz, S. 36.

362 Vgl. „Berliner Zeitung" vom 22. 5. 2007.

363 Wiesbadener Kurier vom 20. 6. 2007.

Verteidigungsminister Jung im Gespräch mit afghanischen Stammesführern

Beim Besuch von Bundeswehrsoldaten in Afghanistan

Verteidigungsminister Jung gemeinsam mit Generalinspekteur Schneiderhan in Kabul

Zum Einsatz der Bundeswehr im Süden Afghanistans erklärte der Minister: „Wir konzentrieren uns auf den Norden. Das bleibt unser Schwerpunkt. Freunde, die in Not sind, werden wir nicht im Stich lassen. Wir helfen im Süden mit Logistik und bei der Aufklärung."

Den Vorwurf Oskar Lafontaines (Linke), deutsche Einsatzkräfte würden dem Terrorismus Vorschub leisten, wies Jung mit aller Deutlichkeit zurück. Er nannte dessen Äußerungen „abscheulich und entsetzlich" sowie „verantwortungslos, schäbig und beleidigend."[364] Jung, den Wut und Trauer packten, wenn manche Politiker aus Selbstmordanschlägen auf deutsche Soldaten in Afghanistan politisches Kapital schlagen wollten, was er „schlimm und unwürdig" fand[365], zeigte hier klare Kante gegenüber den außen- und sicherheitspolitischen Positionen der Linkspartei. Wer, wie Lafontaine, deutsche Soldaten, die ihr Leben im Rahmen einer Stabilisierungs- und Friedensmission tagtäglich riskierten, derartig diffamierte und letztlich mit Terroristen gleichsetzte, hatte sich und seine Partei in den Augen Jungs für verantwortungsbewusste politische Aufgaben disqualifiziert.[366]

Jung, der bis dato sechs Mal in Afghanistan vor Ort gewesen war, äußerte sich im Juni 2008 in einem Interview mit dem „Wiesbadener Kurier" hinsichtlich der Sicherheitslage in Afghanistan allerdings dann doch noch recht ambivalent, indem er auch durchaus zu konstatierende Erfolge ansprach, denn natürlich bedurfte dieser Einsatz vor der deutschen Öffentlichkeit einer Legitimation:

> „Man kann die Veränderungen unmittelbar spüren. Was mir in letzter Zeit zum Beispiel aufgefallen ist, wie fröhlich die Mädchen aus den Schulen kamen. Das war unter der Talibanherrschaft gar nicht möglich. Damals gab es eine Million Kinder in den Schulen, heute sind es sieben Millionen. [...] 38 Prozent der Studenten [sind] Frauen. Auf der anderen Seite muss man fairerweise zugeben, dass sich die Sicherheitslage teilweise verschärft hat. *Ich habe nicht ohne Grund verfügt, dass wir in Afghanistan nur noch in geschützten Fahrzeugen unterwegs sind. [...]* „Unsere Soldaten müssen schützen, helfen, vermitteln, aber auch kämpfen. Das ist unsere Strategie der vernetzten Sicherheit. Wir müssen das Vertrauen der Bevölkerung gewinnen, das ist ganz entscheidend."[367]

Erstmals fiel hier der Begriff des Kämpfens, aus Sicht zahlreicher Soldaten mehr als überfällig. Spätestens ab 2008 wurden nämlich deren Wut über die Angriffe der Taliban und der Wunsch, diese zu vergelten und robuster vorgehen zu dürfen,

364 Ebda.

365 Interview mit Jung vom 6.10.2015.

366 Ebda.

367 Wiesbadener Kurier vom 14.6.2008.

immer deutlicher vor Ort zum Ausdruck gebracht.[368] Zwar hatte Jung den Einsatz der Dingos verfügt, dennoch äußerten viele Soldaten angesichts der seit 2008 gehäuften Raketenangriffe auf das PRT Kunduz den Wunsch, sich „mit einer feuerbereiten Panzerhaubitze endlich der Angriffe erwehren zu können."[369] Jedenfalls beabsichtigte er auch, die Anzahl der deutschen Soldaten zu erhöhen, da ab dem 1. Juli 2008 Deutschland von Norwegen das Kommando über die „Quick Reaction Force" (QRF) für die Nordregion Afghanistans übernahm.[370] Auch damit wurde zum einen auf die verschärfte Sicherheitslage reagiert und zum anderen die Bereitschaft signalisiert, sich wirksamer als bisher zu engagieren. Dieser Schritt beruhte allerdings nicht auf einem Beschluss des Bundestages, sondern wurde nur von der Bundesregierung entschieden, nachdem von Seiten der NATO aufgrund des Rückzugs Norwegens von dieser Aufgabe schon am 28. Januar 2008 eine entsprechende Bitte geäußert worden war.[371] Auch US-Verteidigungsminister Gates befürwortete zu Jahresbeginn in einem Brief an Jung diese Wünsche bzw. Forderungen: „Deshalb möchte ich Deutschland bitten, die Anpassung seines ISAF-Mandates in Betracht zu ziehen, um im Herbst die US-Marineinfanteriesoldaten im Regional Command South durch Einsatzgruppen zu ersetzen," war in der „Bildzeitung" unter dem Titel „The Germans to the Front" zu lesen.[372] Heftige Auseinandersetzungen in der Öffentlichkeit und in der Politik waren die Folge. Ursache für diesen Eskalationsschritt war die Kombination von militärischer Erfordernis und multilateralen Rahmenbedingungen in Form massiver Forderungen der Bündnispartner, v. a. der USA. Markus Kaim spricht in diesem Zusammenhang von der sogenannten „Multilateralismusfalle."[373] Die Bundesregierung war bemüht, durch einen kleinen Eskalationsschritt eine dauerhafte Entsendung von Bundeswehreinheiten in den Süden zu verhindern, um „ihre Fiktion vom ‚Nicht-Krieg' für die deutsche ISAF-Beteiligung aufrechterhalten zu können."[374] „Regierung und Parlament [...] schirmten den legitimationsbedürftigen Wandel des Einsatzes gegenüber einer – inzwischen sehr viel kritischer nachfragenden – Öffentlichkeit ab", konstatierte auch Klaus Naumann rückblickend.[375] In diesem Zu-

368 Vgl. MÜNCH, Bundeswehr in Afghanistan, S. 286–289.

369 Ebda., S. 290.

370 Vgl. KRAUSE, Afghanistaneinsätze, S. 292–294, NAUMANN, A Troubled Partnership, S. 56, NACHTWEI, Afghanistaneinsatz, S. 207, BUSKE, Kunduz, S. 160.

371 Vgl. KRAUSE, Afghanistaneinsätze, S. 292.

372 Bild-Online vom 2. 2. 2008.

373 Siehe KAIM, M.: Deutsche Einsätze in der Multilateralismusfalle?, in: MAIR, S. (Hg.): Auslandseinsätze der Bundeswehr. Leitfragen, Entscheidungsspielräume und Lehren. SWP-Studie 27, Berlin 2007, S. 43–49.

374 KRAUSE, Afghanistaneinsätze, S. 293.

375 NAUMANN, A Troubled Partnership, S. 56.

sammenhang beendete die Bundesregierung die Beteiligung der Bundeswehr an der OEF, u. a. mit der Begründung der Schwerpunktverlagerung von der OEF hin zu ISAF.[376] Die Hoffnungen der Bundesregierung, dass durch die oben skizzierten Maßnahmen das Drängen der Bündnispartner auf ein größeres deutsches Engagement auch bei Kampfeinsätzen abgewehrt sei – so betrachtete Jung die „NATO-interne Debatte über das Engagement Deutschlands in Afghanistan als abgeschlossen“[377] – erfüllten sich allerdings nicht.[378] Am 9. Februar 2008 erklärte vielmehr die amerikanische NATO-Botschafterin Victoria Nuland in der Berliner Zeitung: „Wir werden alle unsere Verbündeten, darunter Deutschland, auf dem NATO-Gipfel in Bukarest erneut dringend bitten, mit uns Soldat für Soldat, Euro für Dollar gleichzuziehen.“[379] Noch deutlicher wurde im Rahmen der Münchner Sicherheitskonferenz einen Tag später US-Verteidigungsminister Gates: „At the same time, in NATO, some allies ought not to have the luxury of opting only for stability and civilian operations, thus forcing other allies to bear a disproportionate share of the fighting and the dying.“[380] Dennoch wurde während dieser Konferenz die Forderung, deutsche Soldaten auch im Süden Afghanistans einzusetzen, nicht offiziell erhoben.[381] Ebenso waren die Aussagen Gates nicht explizit auf Deutschland bezogen. Es hätte ja auch keinen Sinn gemacht, die Bundeswehr aus der Region herauszuziehen, wo sie bis dato mit ihrem Konzept der Vernetzten Sicherheit durchaus eine erfolgreiche Stabilisierungspolitik betrieben und Anerkennung bei weiten Teilen der Bevölkerung gefunden hatte. Darauf wies Jung während der Sicherheitskonferenz auch hin, als er den von der NATO in Afghanistan nun praktizierten Ansatz des „Comprehensive Approachs“ lobte:

> „Es wird hier zu wenig zur Kenntnis genommen, dass wir [gemeint ist ISAF] 28 Millionen Menschen von der Terrorherrschaft der Taliban befreit haben, dass es dort eine Verfassung gibt, dass es dort ein gewähltes Parlament gibt […], dass es nur eine Million Kinder in den Schulen waren, mittlerweile bis zu sieben Millionen. 9000 Schulen sind dort wieder errichtet. 38 Prozent der Frauen sind wieder an den Universitäten. Ich brauche nicht darzustellen, dass das bei den Taliban alles nicht möglich war. Das Einkommen hat sich verdreifacht. Die Infrastruktur hat sich erheblich verbessert. 80 Prozent der medizinischen Grundversorgung sind wieder gewährleistet. Und was

376 KRAUSE, Afghanistaneinsätze, S. 296.
377 Süddeutsche Zeitung vom 8. 2. 2008.
378 KRAUSE, Afghanistaneinsätze, S. 293.
379 Berliner Zeitung vom 9. 2. 2008.
380 Zit. nach KRAUSE, Afghanistaneinsätze, S. 294. Siehe auch WEISS, Deutschland am Hindukusch, S. 8 f.
381 Vgl. CLEMENT, R.: Die Münchner Konferenz steht vor einer Zäsur, in: in: Europäische Sicherheit. Politik, Streitkräfte, Wirtschaft, Technik, Nr. 3, März 2008, S. 10–12, hier S. 10.

> viel zu oft vergessen wird, 4,7 Millionen Flüchtlinge sind in dieses Land wieder zurückgekehrt. [...] Deshalb gehört [...] der ‚Comprehensive Strategic Political Military Plan' zur entscheidenden Grundlage [...]. Und deshalb ist es richtig, wenn wir weiter das umsetzen, was wir Vernetzte Sicherheit nennen. Denn allein militärisch werden wir diesen Prozess nicht gewinnen."[382]

Als Ziel formulierte Jung eine sich selbst tragende Sicherheit in Afghanistan mittels ausgebildeter Streitkräfte und Polizei. Er wies in diesem Zusammenhang darauf hin, dass es den Taliban nicht gelungen sei, 2007 ihre angekündigten Frühjahrs- und Herbstoffensiven umzusetzen.[383] Bezüglich einer auf Nachhaltigkeit ausgerichteten Sicherheitslage war und ist allerdings auch eine funktionierende Vernetzung mit der lokalen Wirtschaft notwendig, denn ohne eine Berufsperspektive für die jungen Menschen lohnt sich deren ganze Schulausbildung nicht. Ein Aspekt, den der damalige Generalinspekteur Schneiderhan nicht nur heute, sondern schon damals auch gegenüber Jung betonte. „Hier müssen Sie Themen besetzen"[384], riet er dem Minister, der solche Aspekte auch im eigenen Haus noch hätte stärker provozieren können. Indem Jung z. B. gewarnt hätte, dass „alles vor die Hunde geht, wenn wir nicht die örtliche Justiz und Wirtschaft mit einbeziehen"[385], wäre es so eventuell möglich gewesen, derartige strategische und geopolitische Fragen im Leitungskreis intensiver zu diskutieren. Allerdings kamen vom Planungsstab diesbezüglich weder Impulse, noch erhielt Jung hierzu eine Rede. Auch war die Zeit dafür wohl noch nicht reif, und eine Entfernung von 6000 km war zu weit, um eine Betroffenheit der deutschen Gesellschaft zu erzeugen.[386] Afghanistan und seine innen- und gesellschaftspolitischen Herausforderungen waren für die deutsche Bevölkerung einfach zu weit weg.[387] So gelang es leider nicht ausreichend genug, die Frage der Nachhaltigkeit auf der Ebene verschiedener Komponenten zu implementieren.

Auch die militärische Führung vor Ort wies immer wieder auf derartige Probleme, wie die Beobachtungen von Brigadegeneral Dieter Warnecke, damals Kommandeur der Luftlandebrigade 31 in Oldenburg und von August 2007 bis Januar 2008 Commander Regional Command North der ISAF, verdeutlichen. Zwar sprach auch er sich für den Ansatz des „Comprehensive Approach" aus, konstatierte aber „noch eklatante Schwächen, die häufig in Korruption begründet" wa-

382 Rede Jungs auf der Münchner Sicherheitskonferenz, in: Europäische Sicherheit. Politik, Streitkräfte, Wirtschaft, Technik, Nr. 3, März 2008, S. 19–23, hier S. 20.

383 Ebda., S. 22.

384 Interview mit Wolfgang Schneiderhan vom 19. 2. 2016.

385 Ebda.

386 Ebda.

387 Ebda.

ren.[388] Faktisch, so der General, konkurrierten Präsident Karzai und die Taliban um die Gunst der afghanischen Bevölkerung. Von daher war es für die ISAF-Truppen und die afghanischen Sicherheitskräfte wichtig, das Vertrauen der Bevölkerung zu gewinnen, so wie es der Ansatz der Vernetzten Sicherheit ja vorsah. Auch wenn substantielle Erfolge deutscher sowie internationaler Entwicklungsorganisationen sowie ihrer afghanischen Partner sichtbar waren, so war damals Afghanistan weit davon entfernt gewesen, „flächendeckende sicherheitspolitische Voraussetzungen für eine umfassende, sich selbst tragende sozioökonomische Entwicklung zu bieten."[389] Trotz aller Bemühungen um die afghanische Bevölkerung nahm die Bedrohungslage in den kommenden Monaten weiter zu, worauf Jung auch schon während der Münchner Sicherheitskonferenz hingewiesen hatte, nämlich „dass wir auch beispielsweise in unserem Wiederaufbauteam in dem PRT Kunduz eine kritische Sicherheitslage haben, wo wir ebenfalls Verstärkung herbeiführen müssen."[390]

Er sollte mit seinen Aussagen Recht behalten, denn die schlimmen Nachrichten aus Afghanistan rissen nicht ab. So geriet am 27. August 2008 eine deutsche Patrouille in der Nähe von Kunduz in eine Sprengfalle, wobei Hauptfeldwebel Mischa Meier seinen sich dabei zugezogenen Verwundungen erlag und drei weitere Soldaten verletzt wurden. Und nur knapp zwei Monate später, Jung befand sich gerade für zwei Tage mit seiner Frau auf seinem wohlverdienten Wanderurlaub in Südtirol,[391] klingelte bei ihm am 20. Oktober sein Handy: Bei einem Sprengstoffanschlag wiederum in der Nähe von Kunduz hatte ein Selbstmordattentäter zwei Bundeswehrsoldaten, den Stabsunteroffizier Patrick Behlke und den Stabsgefreiten Roman Schmidt, mit in den Tod gerissen. Zudem kamen bei diesem perfiden Anschlag auch fünf in der Nähe spielende Kinder ums Leben.[392] Selbstverständlich brach Jung seinen Urlaub ab.

Als eine Reaktion auf die sich zuspitzende sicherheitspolitische Lage erhöhte die Bundesregierung im Oktober 2008 dann die Obergrenze des deutschen Kontingents auf 4500 Soldaten.[393] Nachdem Jung im März 2009 noch den ersten Spatenstich für die neue Start- und Landebahn des Flughafens von Mazar-i Sharif ge-

388 WARNECKE, D.: Kommandeur in Afghanistan. Erfahrungen eines Truppenführers 2007/2008, in: if. Zeitschrift für Innere Führung Nr. 1, 2008, S. 5–13, hier S. 12.

389 WEISS, Deutschland am Hindukusch, S. 14.

390 Rede Jungs auf der Münchner Sicherheitskonferenz, in: Europäische Sicherheit. Politik, Streitkräfte, Wirtschaft, Technik, Nr. 3, März 2008, S. 19–23, hier S. 22.

391 Interview mit Jung vom 6.10.2015.

392 Siehe dazu eine chronologische Übersicht in: http://www.fr-online.de/einsatz-in-afghanistan/bundeswehrsoldaten-die-gefallenen---eine-traurige-liste,1477334,2678456.html. Abgerufen am 24.11.2015.

393 Vgl. WEISS, Deutschland am Hindukusch, S. 10, Jahresbericht des Wehrbeauftragten 2009. Deutscher Bundestag, 17. Wahlperiode. Drucksache 17/900 (16.3.2010), S. 5.

Spatenstich für die neue Landebahn in Mazar-i-Sharif

tätigt hatte, wodurch der Umweg über Usbekistan entfiel, eskalierte ab April 2009 die Lage dann in einigen Teilen der deutschen Verantwortungsregion in Form kriegerischer Auseinandersetzungen (Gefechte, Guerillaaktivitäten u. ä.) weiter. Damit standen deutsche Soldaten erstmals in der Geschichte der Bundeswehr in massiven Bodenkämpfen. Sie fügten dem Gegner zwar erhebliche Verluste zu, hatten allerdings selbst eine zunehmende Zahl an Gefallenen und Verwundeten zu beklagen.[394] Im Rahmen dieser Gefechte kam es zum Einsatz des Schützenpanzers „Marder" und von Steilfeuerwaffen in Form von Mörsern.[395] Hinzu kam auch eine verstärkte Luftunterstützung mit Bombeneinsatz, aber nach wie vor mit

394 Siehe dazu beispielsweise CLAIR, J.: Vier Tage im November. Mein Kampfeinsatz in Afghanistan. Berlin 2014, BRINKMANN, S./HOPPE, J./SCHRÖDER, W. (Hg.): Feindkontakt. Gefechtsberichte aus Afghanistan. Hamburg, Berlin, Bonn ²2013, BUSKE, R.: Kunduz. Ein Erlebnisbericht über einen militärischen Einsatz der Bundeswehr in Afghanistan im Jahre 2008. Berlin 2015, S. 176–187. Ergänzend dazu Gespräche des Autors mit Afghanistan-Einsatzsoldaten.

395 Vgl. MÜNCH, Bundeswehr in Afghanistan, S. 283, 295.

dem Ziel, zivile Opfer möglichst zu vermeiden. Die zunehmenden Gefechtshandlungen führten hingegen zu weiteren Opfern auf deutscher Seite, wie beispielsweise am 23. Juni 2009. Die Hauptgefreiten Martin Brunn (23 Jahre), Oleg Meiling (21 Jahre) und Alexander Schleiernick 23 Jahre), Angehörige des Panzergrenadierbataillons 391 in Bad Salzungen und des Fallschirmjägerbataillons 263 in Zweibrücken, kamen während eines Feuergefechts mit den Taliban bei einem notwendigen Ausweichmanöver mit ihrem Transportpanzer „Fuchs" vom Weg ab und stürzten in einen tiefen Wassergraben. Das Fahrzeug blieb mit dem Dach nach unten im Wasser liegen. Dabei wurden zwei deutsche Soldaten getötet, der dritte erlag wenig später seinen schweren Verletzungen. In seiner Rede anlässlich der Trauerfeier am 2. Juli 2009 in Bad Salzungen fand Minister Jung angemessene und klare Worte hinsichtlich des Auftrags der Bundeswehr in Afghanistan:

> „Die drei Soldaten, um deren Verlust wir heute trauern, gehörten alle der Schutzkompanie in Afghanistan an, die das regionale Wiederaufbauteam in Kunduz unterstützt. [...] Die Hauptgefreiten [...] starben bei einem Auftrag, der das Leben anderer schützen sollte. Sie wurden mitten aus dem Leben gerissen: in der Folge eines hinterhältigen und verbrecherischen Anschlages! Ihr Tod reißt eine Lücke in unser Leben. Niemand kann Eltern und unmittelbare Angehörige über diesen Verlust hinwegtrösten. [...] Der gewaltsame Tod dieser drei jungen Menschen konfrontiert uns alle mit der Frage nach dem Sinn dieses Einsatzes in Afghanistan. Wir, die Mitglieder der Bundesregierung und die Mitglieder des Bundestages, haben die Soldaten nach Afghanistan geschickt. Wir tragen die Verantwortung, und wir sind Ihnen heute eine Antwort schuldig. Meine Antwort ist klar und eindeutig: Wir sind in Afghanistan, weil wir die Sicherheit der Bürgerinnen und Bürger Deutschlands schützen. Das ist unsere Pflicht und unser verfassungsmäßiger Auftrag. [...] In Afghanistan dienen wir dem Frieden der Welt, indem wir das Übel des Terrorismus an seiner Quelle bekämpfen. Wir haben es dabei mit einem zynischen und rücksichtslosen Gegner zu tun, für den Menschenleben nicht zählen. Sie missbrauchen die Zivilbevölkerung als menschliche Schutzschilde und schießen selbst auf Sanitäter. Und sie zielen darauf, die öffentliche Meinung in Deutschland zu beeinflussen, damit wir uns zurückziehen und sie ihr verbrecherisches Ziel erreichen. Das wird ihnen nicht gelingen. Leider verkennen einige auch bei uns diese Gefahr für unsere Sicherheit. [...] Afghanistan war das Ausbildungscamp und Domizil für den internationalen Terrorismus. Wir haben Afghanistan von dem terroristischen Regime der Taliban befreit. Wir helfen den Afghanen dabei, Stabilität zu erreichen und ihre Sicherheit wieder selbst in die Hand zu nehmen. [...] Diejenigen, die jetzt an Rückzug denken, würden Afghanistan wieder in die Hände der Taliban geben. Genau das ist es, was die Taliban erreichen wollen. Und das dürfen wir auch im Interesse unserer Sicherheit nicht zulassen. Wir werden daher in unserem Engagement nicht nachlassen und uns weiterhin Hand in Hand mit der internationalen Gemein-

> schaft und der afghanischen Armee und der afghanischen Polizei den Handlangern des Terrorismus entschieden in den Weg stellen. Das sind wir Martin Brunn, Alexander Schleiernick und Oleg Meiling schuldig! [...] Sie waren gute Soldaten und echte Patrioten! Kein Wort des Zuspruchs vermag in dieser schweren Stunde des Abschieds und der Trauer zu trösten. Wir sind hier alle zusammengekommen, um Ihnen, den Angehörigen, Freunden und Kameraden zu zeigen: Sie stehen in Ihrem Schmerz nicht allein. [...] Im Namen der Bundesrepublik Deutschland verneige ich mich in Dankbarkeit und Anerkennung vor Martin Brunn, Alexander Schleiernick und Oleg Meiling, die für unser Land gefallen sind. Mögen sie ruhen in Frieden."[396]

Trotz der schlimmen Schicksalsschläge für die Angehörigen von gefallenen und verwundeten Soldaten begründete Jung die eben erwähnte Aufstockung des deutschen Kontingents dann anschließend mit der Feststellung: „Wir brauchen ein Stück mehr Flexibilität, um auf Herausforderungen reagieren zu können."[397] 442 Bundestagsabgeordnete stimmten mit Ja, lediglich 96 mit Nein.

Die hier deutlich werdende „Auseinanderentwicklung von Politik und Militär" bzw. die „Spaltung zwischen Einsatzrealität und Auftragslage schlugen sich darin nieder, dass die internen Lern- und Anpassungsprozesse umso langwieriger verliefen."[398] Dieses Manko sollte beim Luftschlag von Kunduz am 4. September 2009 offensichtlich werden.

Befand sich die Bundeswehr nun doch im Krieg?[399] Nach den Kriterien des humanitären Völkerrechts handelte es sich um einen nichtinternationalen bewaffneten Konflikt, auch wenn dabei internationale Streitkräfte eine wesentliche Rolle spielten. Wie sah bzw. sieht dies nun Franz Josef Jung? Schon während seiner Amtszeit vermied er für den Afghanistan-Einsatz bewusst den Begriff „Krieg". Die Bundeswehr diente in seinen Augen vor allem der Bekämpfung des Terrorismus.[400] Das war mandatskonform und die ganze Zeit auch die offizielle Kanzlerin-

---

396 Rede des Bundesministers der Verteidigung, Dr. Franz Josef Jung, anlässlich der Trauerfeier in der Evangelischen Stadtkirche am 2. Juli 2009 in Bad Salzungen, aus: Reden, Artikel, Grußworte und Tagesbefehle des Bundesministers der Verteidigung, Dr. Franz Josef Jung, Juli 2009 – Oktober 2009 (zusammengestellt vom BMVg).

397 Zit. nach TENBERG, N.: Es ist Krieg und keiner schaut hin, in: taz vom 2. 2. 2009, S. 17.

398 NAUMANN, A Troubled Partnership, S. 56.

399 MÜNKLER, Kriegssplitter, spricht hier von Krieg, S. 8. Siehe dazu auch beispielsweise DAHL MARTINSEN, K.: Totgeschwiegen? Deutschland und die Gefallenen des Afghanistan-Einsatzes, in: APuZ. Aus Politik und Zeitgeschichte, Nr. 44/2013, S. 17–23, hier S. 18 ff., WEISS, Deutschland am Hindukusch, S. 10, „Der Spiegel" Nr. 27/2009, S. 26 f, „Der Spiegel" Nr. 31/ 2009, S. 34 f. Zahlreiche Afghanistan-Einsatzsoldaten, mit denen der Autor sprach, definierten ihren Einsatz schon frühzeitiger als Krieg.

400 VDAHL MARTINSEN, Totgeschwiegen, S. 18.

nen- bzw. Regierungsmeinung. Allerdings befanden sich die Bundesregierung und die Spitzen der Bundeswehr, so Münch, hier in „einem Spannungsverhältnis."[401] Einerseits hätten sie versucht, ihren Verpflichtungen innerhalb der NATO gerecht zu werde, andererseits aber, „getötete Soldaten und einen zu kriegerischen Eindruck zu vermeiden."[402] Hierin zeige sich, so Münch weiter, dass die politisch-militärischen Entscheidungsträger im Hinblick auf das „von ihnen wahrgenommene Legitimationsdefizit in der deutschen Bevölkerung versuchten, Gewalt möglichst zu vermeiden."[403] Schließlich ist Gewaltanwendung immer besonders legitimationsbedürftig. Jung ging es in dieser Diskussion, wie schon mehrfach angesprochen, insbesondere um das Thema der „Vernetzten Sicherheit", ein Konzept, das er ja im Weißbuch und in der NATO durchgesetzt hatte. Unter dem Motto „Ohne Sicherheit keine Entwicklung, ohne Entwicklung keine Sicherheit" war sein Ziel, dass nicht nur militärische Kräfte, sondern auch Vertreter von Polizei und verschiedenen zivilen Entwicklungshilfegruppen sich gemeinsam engagieren und so Vertrauen innerhalb der afghanischen Bevölkerung gewinnen sollten. Der Aufbau der Infrastruktur, der Bau von Schulen oder die Ausbildung ziviler und militärischer Kräfte, alles das, so Jung, macht man ja nicht in einem Krieg.[404] Natürlich hatte er auch erkannt, dass sich die Lage in Afghanistan im Laufe der Jahre massiv verschärft hatte; ebenso war ihm klar, dass sich in den Gefechtssituationen die Soldaten in kriegsähnlichen Momenten befanden. Dennoch betont er auch heute noch: „Krieg ist aber nur das Militärische, Vernetzte Sicherheit bedeutet aber mehr, eben nicht nur Krieg"[405] Viele Menschen hätten seine zwar Haltung kritisiert; sie haben aber wohl, so Jung, nicht verstanden, worum es ihm mit seinem Ansatz gegangen sei. Auch in einem Interview mit der „Frankfurter Rundschau" hatte er schon am 12. Mai 2009 betont:

> „Ich halte es für falsch, von einem Krieg zu sprechen. Es ist ein Stabilisierungseinsatz. Denn allein militärisch werden wir in Afghanistan keinen Erfolg haben. Ein Krieg wird nur militärisch geführt. Im Krieg findet kein Wiederaufbau statt, kein Bau von Schulen oder Krankenhäusern, im Krieg werden keine einheimischen Streitkräfte ausgebildet. In Afghanistan ist kein Krieg."[406]

---

401 MÜNCH, Bundeswehr in Afghanistan, S. 321.
402 Ebda.
403 Ebda., S. 322.
404 Interview mit Jung vom 6. 10. 2015.
405 Ebda.
406 http://www.fr-online.de/einsatz-in-afghanistan/interview-mit-franz-josef-jung--in-afghanistan-ist-kein-krieg-,1477334,2833894.html. Abgerufen am 24. 11. 2015.

Ein Fehler war für Jung allerdings, zunächst ohne klare Strategie in diesen Einsatz gegangen[407] und in den Augen der Bevölkerung möglicherweise als Besatzer erschienen zu sein; so wie die UdSSR von 1979 bis 1989 ihre Rolle in Afghanistan mit allen bekannten desaströsen Folgen definierte.[408] Für Jung war es von daher unumgänglich, das Vertrauen der Menschen zu gewinnen und ihnen zu signalisieren, dass die Bundeswehr einen Beitrag zum Aufbau leistet, da „wir ansonsten nicht erfolgreich sein werden."[409] Ein weiterer Fehler der Amerikaner und der damaligen Bundesregierung (2001) sei es auch gewesen, anfangs das westliche Modell nach Afghanistan transferieren zu wollen. Jung hielt das für den falschen Ansatz und betonte schon damals die geringen Erfolgsaussichten. „Unser Interesse musste und muss heißen Sicherheit, Afghanistan muss selbst für seine Sicherheit sorgen können."[410] Beim ISAF-Einsatz handelte es für den Minister also um einen Stabilisierungseinsatz, allerdings „um einen recht robusten [...], der Kampfhandlungen miteinschließt"[411], gepaart mit Elementen der vernetzten Sicherheit. Dieser Gedanke wird auch später noch im Kabinettsbeschluss der Bundesregierung zur Mandatsverlängerung in Afghanistan vom 18. November 2009 deutlich. Als Grundprinzipien des deutschen Engagements wurde neben einer afghanischen Eigenverantwortung das Konzept der vernetzten Sicherheit betont, denn „ohne nachhaltige Erfolge in allen Bereichen wird eine dauerhafte Stabilisierung des Landes nicht gelingen."[412]

Die derzeitige Umstellung zum „Ausbildungs- und Ausrüstungseinsatz" sei, so Jung, allerdings ein Prozess, der noch eine gewisse Zeit in Anspruch nehme. Dennoch müsse auf Dauer die afghanische Armee selbst für die Sicherheit vor Ort sorgen können.[413] Dass sein vielzitierter und medial auch häufig kritisierter Satz, die Bundeswehr leiste in Afghanistan einen Beitrag zur Stabilität und friedlichen

407 Interview mit Jung vom 8.12.2015. Zur Frage der Zielsetzung dieses Einsatzes siehe auch WEISS, Deutschland am Hindukusch, S. 10 f, MÜNCH, Bundeswehr in Afghanistan, S. 1–4.

408 Zur sowjetischen Besatzungszeit siehe: CHIARA, B.: Der sowjetische Einmarsch in Afghanistan und die Besatzung von 1979 bis 1989, in: Wegweiser zur Geschichte. Auslandseinsätze der Bundeswehr. Hg. im Auftrag des MGFA von B. Chiari u. M. Pahl. Paderborn 2010, S. 61–74.

409 Interview mit Jung vom 8.12.2015.

410 Ebda. Siehe zur Frage der afghanischen Sicherheit auch STANZEL, Versuch und Irrtum.

411 Zit. nach DAHL MARTINSEN, Totgeschwiegen?, S. 20.

412 Afghanistan. Auf dem Weg zur „Übergabe in Verantwortung". Ressortübergreifende Entscheidungsgrundlage zur Mandatsverlängerung und vor der internationalen Afghanistan Konferenz. Kabinettsbeschluss vom 18. November 2009. Hg. vom Presse- und Informationsamt der Bundesregierung. Berlin 2009, S. 12.

413 Interview mit Jung vom 8.12.2015.

Entwicklung auch seine Berechtigung hatte und nicht als reine Stereotype[414] verunglimpft werden sollte, dürfte hinreichend deutlich geworden sein.

Zu bedenken ist bei dieser Diskussion zudem neben versicherungsrechtlichen Belangen – besitzt z. B. eine Lebensversicherung von Soldaten im Krieg Gültigkeit? – auch, wie es auf die Bevölkerung von Afghanistan gewirkt hätte, wenn gesagt worden wäre, wir führen in eurem Land Krieg. Die Frage hätte dann lauten müssen: Gegen wen denn und in wessen Auftrag? Auf völkerrechtlicher Seite hätte das letztlich eine Aufwertung der Taliban als Kombattanten bedeutet. „Das ist genau das, was diese Verbrecher wollten, dass sie völkerrechtlich auf Augenhöhe als Kriegspartei dastehen. Wer aber Rot-Kreuz-Fahrzeuge sprengt, kann völkerrechtlich kein Kriegsgegner sein", betont Wolfgang Schneiderhan, der ebenfalls nicht von einem Krieg sprach, auch heute noch nicht.[415] Wenn pauschal von Kriegszustand gesprochen worden wäre, hätte dies eine zunehmende Verschärfung der militärischen Operationsführung von beiden Seiten bedeuten können, somit eine Abkehr vom Prinzip des comprehensive approach sowie den Rückzug von Entwicklungshelfern und nichtmilitärischen Ausbildern. Damit wäre dem Afghanistaneinsatz sicherlich ein gehöriges Maß an Legitimität abgesprochen und ihm die Perspektive genommen worden.

Von rechtlicher Seite[416] war dies alles nachvollziehbar, dennoch fühlten sich viele Soldaten von der unklaren politischen Bewertung ihres Einsatzes verunsichert und auch im Stich gelassen.[417] Sie waren es schließlich, die in ihrem Feldlager bei Raketenangriffen in die Unterstände eilten, sich auf Patrouillen durch Hinterhalte kämpfen mussten, in Gefechtssituationen gerieten und dies alles sehr wohl als Krieg empfanden. Dass diese Dinge dann auch beim Namen genannt wurden, ist aus soldatischen Sicht mehr als nachvollziehbar. Unter diesem Gesichtspunkt hätten Jung und Schneiderhan durchaus früher von „Krieg" sprechen müssen. Denn der Einsatz, der sicherlich auch geführt wurde, um der NATO zu zeigen: „Wir sind dabei", wurde zwangsläufig auf dem Rücken der Soldaten ausgetragen. Dass viele von ihnen sich dann von der Politik alleine gelassen fühlten, kann man ihnen nicht verdenken. Von einem „emotional aufgeladenen Sprachgebrauch", gegen den sich der damalige Parlamentarische Staatssekretär im Verteidigungsministerium, Christian Schmidt (CSU), wandte[418], kann also nicht die

414 So z. B. die Süddeutsche Zeitung vom 7. 9. 2009, S. 2.
415 Interview mit Wolfgang Schneiderhan vom 19. 2. 2016.
416 Siehe dazu auch DE LIBERO, Einsatzarmee und Erinnerung, S. 279 f.
417 Vgl. dazu stellvertretend die Aussagen des Kommandeurs des PRT Kunduz von 2008, Oberst Buske, in: BUSKE, R.: Kunduz, S. 63. Ähnlich äußerten sich im Gespräch mit dem Autor weitere Afghanistan-Einsatzsoldaten.
418 DE LIBERO, Einsatzarmee und Erinnerung, S. 280. Siehe zur Pressepolitik des BMVg auch MÜNCH, Bundeswehr in Afghanistan, S. 99.

Rede sein. Schließlich gilt es für die Vertreter der Politik auch, die Perspektive der betroffenen Soldaten vor Ort wahrzunehmen. Jung reagierte dann zwar spät, aber notwendigerweise zumindest in der Form darauf, dass ab Ende Oktober 2008 in der offiziellen Sprachregelung derjenige Soldat als „im Einsatz für den Frieden gefallen" gilt, der im Rahmen militärischer Einsätze durch Einwirkung eines Gegners getötet wird.[419] Allerdings war dies für den Minister ein nicht ganz einfacher Prozess. Hier trat vielleicht zunächst zu sehr der Jurist in den Vordergrund, wenn Jung sinngemäß argumentierte: „Wenn es keinen Krieg gibt, gibt es keinen Gefallenen."[420] Natürlich war dies juristisch gesehen ebenfalls nachvollziehbar, aber aus Sicht der Angehörigen? Es folgten längere Diskussionen zwischen dem Minister und seinem Generalinspekteur, dem es letztlich gelang, Jung, der auf dem Weg zu einer Trauerfeier war, in einem langen Autotelefonat davon zu überzeugen, gleich zu Beginn seiner Rede von Gefallenen zu sprechen:

> „Wenn es den Menschen, wenn es den Eltern hilft, dann würde ich von Gefallenen sprechen. Sagen sie das gleich zu Beginn in ihrer Rede, sonst warten nur alle darauf: Spricht er von Gefallenen oder nicht? Sagen Sie dies gleich zu Beginn, dann ist der Bann gebrochen und alle hören Ihnen dann zu."[421]

Für alle Beteiligten war die Frage der hier richtigen bzw. angemessenen Worte ein ernstes Problem. Auch Jung machte es sich nicht einfach. „Wir hatten schon kapiert, wie wichtig dies den Betroffenen ist, es ist ja etwas anderes als ein Verkehrsunfall. Vielleicht, ja wahrscheinlich haben wir aber zu lange gebraucht", so Schneiderhan rückblickend.[422] Später räumte auch Thomas de Maiziere, damals Bundeskanzleramtschef, ein, den Begriff „Krieg" vermieden zu haben, weil die Bundesregierung nicht gewollt habe, dass „das so gefährlich aussieht."[423]

Ebenfalls sei es auch nicht gut gelungen „in der Politik klarzumachen, dass wir die Operation in Afghanistan gar nicht führen."[424] Durch falsche Kommunikation und falsche Rhetorik wurde ein gegenteiliger Eindruck erweckt, nämlich dass die Bundeswehr, hier vor allem das Einsatzführungskommando in Potsdam, in Afghanistan die Chefrolle innehätte. Es führte aber die NATO den Einsatz, ihr unterstanden somit auch die deutschen Truppen. Somit unterlagen folgerichtig deutsche Generäle, was die operative und taktische Führung betraf, nicht der Be-

---

419 Zit. nach ebda. Siehe auch ENCKE, J.: Die Stimmen der Soldaten, in: Frankfurter Allgemeine Sonntagszeitung vom 13. 9. 2009.

420 Interview mit Wolfgang Schneiderhan vom 19. 2. 2016.

421 Ebda.

422 Ebda.

423 Zit. nach MÜNCH, Bundeswehr in Afghanistan, S. 294.

424 Interview mit Wolfgang Schneiderhan vom 19. 2. 2016.

fehlsgewalt der Bundesrepublik Deutschland, so z.B. auch nicht dem deutschen Verteidigungsausschuss.[425] Diese Abgabe von Führungsverantwortung auf taktischem und operativem Gebiet an die federführende NATO (Stichwort ISAF) hätte, so Schneiderhan, nach außen deutlicher gemacht werden müssen. Die Schwäche, dies nicht klar genug vermittelt zu haben, flog „uns dann im Fall Kunduz um die Ohren."[426] Wenden wir uns also nun diesem konkreten Ereignis zu, die aus deutscher Perspektive einen dramatischen Höhepunkt im gesamten Afghanistaneinsatz bilden sollte.

3.3.3.1 Kunduz

Der 4. September 2009 sollte zu einem Schicksalstag im Rahmen des deutschen Afghanistan-Einsatzes werden, nicht nur für Militärs vor Ort, sondern auch für Franz Josef Jung als deren obersten Dienstherren. Fassen wir zunächst die zentralen Ereignisse dieses Dramas kurz chronologisch zusammen:[427]

Taliban-Kämpfer hatten zwei Tanklaster entführt, die das Potential besaßen, als rollende Bomben u.a. gegen das deutsche Feldlager in Kunduz eingesetzt werden zu können. Oberst Georg Klein, der deutsche Kommandeur des PRT Kunduz und gleichzeitig Kommandeur der „Task Force 47", forderte am 4. September kurz nach Mitternacht amerikanische Luftunterstützung an. US-Kampfjets übertrugen dann per Live-Bilder das Geschehen rund um die im Kunduz-Fluss festgefahrenen LKWs in die Kommandozentrale der Task Force. Die Bilder zeigten gut 100 Menschen, die sich bei den Lastern aufhielten. Nach Informationen einer KSK-Einheit befanden sich darunter mehrere Talibanführer. Grundsätzlich war es ohnehin für die Soldaten schwer, ja zum Teil unmöglich, zwischen sogenannten Aufständischen, also Talibankämpfern, und Zivilisten zu unterscheiden, schließlich tragen die Taliban keine Uniformen, Hoheits- oder Rangabzeichen im herkömmlichen Sinne. Genau vor diesem Problem stand nun Oberst Klein. Sollte er abwarten, bis die Tankwagen aus dem Fluss gezogen waren und dann, wie schon angedeutet, als für zahlreichen deutsche Soldaten tödliche Waffe hätten eingesetzt werden können? Wer konnte garantieren, dass dem nicht so gewesen wäre? Ein Nichthandeln, verbunden mit deutschen Opfern, hätte in der Heimat sicher einen

425 Siehe zur Rolle des Einsatzführungskommandos auch MÜNCH, Bundeswehr in Afghanistan, S. 96. Er betont ebenfalls, dass die strategisch-operativen Befehle an das Einsatzkontingent von den multinationalen Kommandos kamen.

426 Interview mit Wolfgang Schneiderhan vom 19.2.2016.

427 Siehe dazu die Übersicht bei welt.de: http://www.welt.de/politik/article5349204/Franz-Josef-Jung-Schnellster-Ruecktritt-aller-Zeiten.html. Abgerufen am 27.2.2015. Siehe auch die FAZ vom 11.12.2009. Vgl. auch MÜNCH, Bundeswehr in Afghanistan, S. 304.

medialen Aufschrei zur Folge gehabt. Umgekehrt war nicht klar, wie viele Zivilisten sich zu diesem Zeitpunkt vor Ort aufhielten, unabhängig von der Frage, was um Mitternacht Nichtkombattanten in einem derartigen Kampfgebiet verloren haben. Natürlich lockte die Chance, Treibstoff abzuzapfen, allerdings verbunden mit einem hohen Risiko. Oberst Klein selbst ging nun auch ein hohes Risiko ein. Ihm war klar, dass es bei einem Luftangriff zivile Opfer geben könnte. Dennoch besaß er als Kommandeur selbstverständlich auch eine Schutz- und Fürsorgepflicht gegenüber den deutschen Soldaten im Feldlager Kunduz. Als militärischer Führer trug er hier die persönliche Last der Verantwortung für eine konkret zu treffende Abwägungsentscheidung. Klein entschied sich für ein Bombardement aus der Luft, denn er musste auch aus seinen geheimen Informationen davon ausgehen, dass „nach gewissenhafter immer wieder aktualisierter Prüfung aller [...] bekannten Fakten und Umstände [...] ausschließlich Aufständische vor Ort waren"[428], darunter zwei namentlich bekannte Talibanführer. Möglicherweise wollte er sich diese Gelegenheit, eine größere Zahl von Talibankämpfern samt Schlüsselkommandeur ausschalten zu können, sich nicht entgehen lassen.[429] Er traf diese Entscheidung im Rahmen der NATO-Kommandokette bzw. ihrer Kommandostrukturen und unterstand somit nicht originär dem Verteidigungsministerium oder dem Einsatzführungskommando[430], ein Sachverhalt, der in der anschließenden Diskussion mitten in der Hochphase des Bundestagswahlkampfes dann nur schwer vermittelbar war. Nach afghanischen Angaben hieß es dann kurz darauf, dass bei einem NATO-Luftangriff auf Anforderung der Bundeswehr mindestens 40 Menschen getötet worden seien. Der Polizeichef der Provinz Kunduz, Gulam Mohjuddin, erklärte, es seien zwei entführte Tanklastzüge nahe der tadschikischen Grenze getroffen worden. Die Bundeswehr teilte mit, bei dem Angriff seien 56 Aufständische getötet worden, Zivilpersonen hingegen jedoch nicht zu Schaden gekommen. Dennoch soll eine Nachricht über zivile Opfer schon am 4. September an das Einsatzführungskommando in Potsdam gegangen sein.

Verteidigungsminister Jung und Generalinspekteure Schneiderhan erfuhren von dem Ereignis am Wochenende.[431] Am Freitagmorgen hatte ein Vertreter aus dem Pressestab an „Schneiderhan vorbei direkt in Afghanistan angerufen und gefragt, was da los sei." Eine erste Stellungnahme für den Minister wurde daraufhin vorbereitet, die jedoch falsch war, da der Vertreter des Pressestabs mit einem Soldaten gesprochen hatte, der gar nichts mitbekommen konnte und hatte, da

428 FAZ vom 20.4.2010. Siehe auch Süddeutsche Zeitung vom 5./6.9.2009.
429 Vgl. MÜNCH, Bundeswehr in Afghanistan, S. 304.
430 Interview mit Wolfgang Schneiderhan vom 19.2.2016.
431 Siehe zu den folgenden Ausführungen die Darstellung Schneiderhans im Interview vom 19.2.2016.

dieser zum Zeitpunkt des Luftangriffs geschlafen hatte. Somit musste die Meldung korrigiert werden. Es ging dann sehr bald um die Frage, ob und wie viele Zivilisten beteiligt waren. „Der Eindruck entstand ganz schnell, man wüsste das schon alles, ohne es mittels Informationen abzusichern. Hier gilt jedoch der alte Grundsatz: Der Wahrheitsgehalt der Quelle und der Meldung sind zu prüfen!“[432] Nachdem daraufhin Franz Josef Jung mit Oberst Klein telefoniert und dessen Lagebeurteilung eingeholt hatte, bat dann auch Wolfgang Schneiderhan den Offizier um eine Meldung an ihn persönlich. „Darin erläuterte Klein, was er warum und wie gemacht hat; es handelte sich um einen sauberen und klar erläuternden Entschluss mit Begründung.“[433] Diese Meldung ließ Schneiderhan am Samstagabend per Fax dem Minister zukommen, der am gleichen Tag auch ein von ihm autorisiertes Interview mit der „Bild am Sonntag“ geführt hatte, das aber schon am Sonntag nicht mehr haltbar war. Es ging hier nämlich wieder um die beteiligten Zivilisten, und Jung ging nach wie vor aufgrund seines damaligen Kenntnisstandes davon aus, dass es sich bei den Opfern um Terroristen gehandelt habe. Von daher betonte er, dass „nach allen uns vorliegenden Informationen“ nur Taliban getötet worden seien.[434] Weiterhin erklärte er gegenüber der „Bild am Sonntag“: „Durch sehr detaillierte Aufklärung über mehrere Stunden durch unsere Kräfte hatten wir klare Hinweise darauf, dass die Taliban beide Tanklastzüge circa sechs Kilometer von unserem Lager entfernt in ihre Gewalt gebracht haben, um einen Anschlag auf unsere Soldaten in Kundus zu verüben.“[435] Gleichzeitig rechtfertigte er die Anforderung von Luftunterstützung im Kampf gegen die Taliban nachvollziehbarer Weise als notwendig. Sein Staatssekretär Thomas Kossendey sagte: „Wir gehen davon aus, dass die entführten zivilen Tanklaster in Richtung des Bundeswehrlagers gebracht werden sollten, um durch ein Selbstmordattentat größtmöglichen Schaden anzurichten.“[436] Aus Sicht der militärisch Verantwortlichen in Kunduz sei höchste Gefahr im Verzug gewesen, so dass Jung von daher betonte: „In diesem Fall war der Schlag dringend geboten.“[437] Den Satz, dass es sich bei den Opfern nur um Taliban gehandelt habe, so Schneiderhan, hätten allerdings „Pressesprecher und Planungsstab raushalten sollen, da es so wirkte, als ob Jung von Anfang an die Unwahrheit gesagt habe.“[438] US-General Stanley McChrystal, der damalige Oberbefehlshaber der ISAF-Truppen, erklärte hingegen

---

432 Ebda.
433 Ebda.
434 Zit. nach: http://www.welt.de/politik/article5349204/Franz-Josef-Jung-Schnellster-Ruecktritt-aller-Zeiten.html. Abgerufen am 27. 2. 2015.
435 Ebda.
436 Ebda.
437 Ebda.
438 Interview mit Wolfgang Schneiderhan vom 19. 2. 2016.

ebenfalls am Samstag, nachdem er persönlich die Stelle des Bombardements besichtigt hatte: „Für mich ist klar, dass es einige zivile Opfer gab."[439] Zwei Tage später berichtete die Bildzeitung wiederum, dass erstmals ein Dokument die Version der Bundeswehr bestätige. Afghanische Offizielle seien in einem Bericht an Präsident Hamid Karzai davon ausgegangen, dass es keine zivilen Opfer gegeben habe. Darin bedankten sich u.a. ein afghanischer Brigadekommandeur und der Provinzkommandeur für das Zuschlagen der Bundeswehr. Schneiderhan faxte den Bericht an Jung[440], der ihn als Bestätigung seiner Bewertung ansah und am Montagmorgen im Bundestag auf dieser Grundlage den Bombenangriff erneut rechtfertigte. Natürlich kann hier die Frage nach der Glaubwürdigkeit dieses Berichts der Afghanen gestellt werde. Jung blieb aber bei der Behauptung, dass „es alles Gangster waren und keine Unschuldigen zu Schaden gekommen seien."[441] Als Oberst Klein die Entscheidung getroffen habe, sei er folgerichtig von einer Bedrohung „auch und gerade" für die deutschen Soldaten ausgegangen. Der Verteidigungsausschuss des Bundestages forderte in einer Sondersitzung daraufhin eine lückenlose Aufklärung der Vorfälle, die dann auch Bundeskanzlerin Merkel versprach: „Ich stehe dafür ein, dass wir nichts beschönigen werden." Jung, dessen Grundsatz lautete: „Wer uns angreift, muss wissen, dass er bekämpft wird",[442] erklärte: „Wenn es hier zivile Opfer gegeben hat, fordert das unsere Anteilnahme und unser Mitgefühl."[443] Die Zahlen gingen jedenfalls alle hoffnungslos durcheinander.[444] Dennoch stellte sich Merkel in ihrer Regierungserklärung eindeutig und grundsätzlich hinter den Afghanistaneinsatz.

Inzwischen hatte sich McChrystal zur Lageunterrichtung mit Oberst Klein getroffen, allerdings in Begleitung eines Journalisten der „Washington Post", was er jedoch Klein verschwieg. „Dies war nicht anständig" und führte anschließend zu heftigen Verwerfungen zwischen dem Oberbefehlshaber und Schneiderhan sowie Jung, die ihm das auch deutlich machten.[445] „McChrystal war sauer, da mit Kleins Einsatz angeblich seine neue Strategie, beim Einsatz von Waffen oder Bomben stärker als bisher auf den Schutz der Zivilbevölkerung zu achten, kaputtgemacht worden sei. Es war eine Überreaktion und in erster Linie ein Revan-

---

439 Zit. nach FAZ vom 11.12.2009. Siehe Süddeutsche Zeitung vom 7.9.2016, Der Spiegel Nr. 49 vom 30.11.2009, S. 25.

440 Interview mit Wolfgang Schneiderhan vom 19.2.2016.

441 Ebda.

442 Zit. nach Frankfurter Allgemeine Sonntagszeitung vom 13.9.2009, S. 8.

443 Zit. nach: http://www.welt.de/politik/article5349204/Franz-Josef-Jung-Schnellster-Ruecktritt-aller-Zeiten.html. Abgerufen am 27.2.2015. So auch Schneiderhan, der darauf hinweist, dass Jung, nachdem Merkel vor Vorverurteilungen gewarnt hatte, dann etwas vorsichtiger mit Zahlen und Begriffen von zivilen Opfern und Zivilisten argumentierte.

444 Interview mit Wolfgang Schneiderhan vom 19.2.2016.

445 Ebda.

chefoul von McCrystal",[446] der „alles darangesetzt [hat], die Operation als Fehler erscheinen zu lassen und sich von ihr zu distanzieren", so auch Nikolaus Busse in der „Frankfurter Allgemeinen Sonntagszeitung."[447] Kurz darauf begann unter der Verantwortung der NATO die Untersuchung. Schneiderhan ist heute noch der Meinung, dass alles korrekt lief. Wie in solchen Fällen üblich, befindet sich in der Untersuchungskommission immer ein Vertreter der quasi „beschuldigten Nation", in diesem Fall war es der Rechtsberater des Einsatzführungskommandos, der für Deutschland beobachten und melden sollte. „Wir machen keine nationale Untersuchung", schlugen Wichert und Schneiderhan vor, „denn dann bringen wir die Dinge nicht nur durcheinander, sondern ziehen auch den Verdacht auf, es sei doch eine nationale Angelegenheit, was es eben nicht war, da es sich um NATO-Entscheidungsstrukturen handelte."[448] Zudem gab es auch noch eine Untersuchung des Roten Kreuzes, so dass Oberst Klein also drei sich überlappende Untersuchungskommissionen „am Hals hatte."[449] Im NATO-Untersuchungsteam von McChrystal befand sich auch der deutsche Feldjäger-Oberstleutnant Brenner, der keinen nationalen Auftrag oder entsprechende Befugnisse besaß. Dennoch verfasste er eine Meldung („German Eyes only"), obwohl die Aufgabe der Berichterstattung eindeutig der ISAF zugedacht war[450], die Schneiderhan dann über das Einsatzführungskommando erhielt. Dabei „regte er sich sehr über diesen Oberstleutnant auf, weil der Fragen gestellt hatte, die in einem viel zu frühen Vorfeld rein spekulativ waren und für Klein belastend sein konnten."[451] Da dieser Bericht also eine gewisse Brisanz besaß, beschloss er von daher: „Auf den setzte ich mich erstmal drauf."[452] Anschließend informierte er Jung darüber, legte ihm aber diesen Bericht nicht vor, sondern hielt nur einen Lagevortrag zur Unterrichtung (LVU). Weiterhin empfahl der Generalinspekteur dem Minister, den Feldjägerbericht an die NATO-Untersuchungskommission zurückzugeben, damit dieser in den Gesamtbericht der NATO eingehen. Schneiderhan hatte also nie die Absicht, wie der „Spiegel" behauptete, „den Bericht ganz unter den Tisch fallenzulassen."[453] Dass dieses Papier dann aber nicht einmal die Bedeutung einer Fußnote im NATO-Abschlussbericht erfuhr, unterstreicht eindrucksvoll die maßlose Überschätzung seiner Bedeutung durch zahlreiche Medienvertreter. Laut diesem NATO-Untersuchungsberichts vom 17. September, der sich auch auf die Ergebnisse einer vom

446 Ebda. Siehe auch „Süddeutsche Zeitung" vom 8. 9. 2009.
447 Frankfurter Allgemeine Sonntagszeitung vom 13. 9. 2009, S. 9.
448 Interview mit Wolfgang Schneiderhan vom 19. 2. 2016.
449 Ebda.
450 Siehe Frankfurter Allgemeine Zeitung vom 16. 12. 2009, S. 3.
451 Interview mit Wolfgang Schneiderhan vom 19. 2. 2016.
452 Ebda.
453 Der Spiegel Nr.49 vom 30. 11. 2009, S. 26.

afghanischen Präsidenten Karzai eingesetzten Untersuchungskommission stützte, sollen bei dem Luftangriff insgesamt 100 Menschen ums Leben gekommen sein, 30 davon Zivilisten. Die anderen 70 Toten ordnete die NATO der Meldung zufolge „feindlichen Kräften“ zu.

Dennoch verteidigte Bundeswehr-Generalinspekteur Schneiderhan aufgrund dieses Berichts den Luftangriff weiterhin als militärisch angemessen. Oberst Klein habe die Lage richtig beurteilt und sogar davon ausgehen können, dass keine Unbeteiligten durch den Luftschlag zu Schaden kommen würden.[454] Jedenfalls schien für ihn „die Luft raus zu sein.“, was er rückblickend als Fehler eingesteht. Hier habe ihn seine Einschätzung getrogen. Vielleicht, so Schneiderhan weiter, wäre es auch notwendig gewesen, dass Jung oder ein Staatssekretär eine Krisensitzung des Kollegiums angesetzt hätten, bestehend aus dem Minister, den Staatsekretären, dem Leiter Planungsstab und dem Generalinspekteur, da eine gemeinsame, einheitliche Bewertung des Vorfalls sicher sinnvoll gewesen wäre. „Wir haben aber nie zusammen getagt, es wurde kein Krisenstab eingerichtet, weder im Verteidigungsministerium noch im Auswärtigen Amt, ich wurde auch nicht ins Kanzleramt zum Vortrag einbestellt.“[455] Aus all diesen Versäumnissen entstand dann eine gewisse Fehlbeurteilung der Lage. Einen „Feldzug gegen die Wahrheit“, wie der „Spiegel“[456] Franz Josef Jung unterstellte, hat der Minister von Beginn an jedoch nie geführt. Wie beurteilt er nun selbst diese Ereignisse rückblickend?

> „Man muss sich in die Situation versetzen, in der wir damals waren. Vorher haben wir viele Soldaten verloren. Weiterhin gab es Hinweise, dass die Taliban einen größeren Angriff planten. Zwei Wochen vorher explodierte ja in Kabul ein Tanklaster mit 40 Toten. Nachts um halb zwei erhielt Oberst Klein die Nachricht, dass zwei Laster von Taliban überfallen worden seien, deren Fahrer umgebracht wurden und die Laster nun 6 km vom deutschen Feldlager Kunduz entfernt in er Furt des Kunduzflusses feststecken. Klein entschied sich für den Angriff auf die Laster, da er nur die Informationen hatte, dass nur Taliban vor Ort seien. Ich erhielt auch nur diese Information. Mir wurde dann mitgeteilt: ‚Schlag gegen die Taliban gelungen‘. Erst einen Tag später kamen plötzlich Gerüchte auf, dass es auch zivile Opfer gegeben habe. Ich hatte aber bis dato noch keine anderen Informationen über den Vorfall. Daraufhin wollte ich wissen, wie die Lage nun sei und rief am Samstag, den 5. September, von Stadtallendorf aus Oberst Klein an und fragte ihn nach einer Lagebeurteilung. Aus seiner Sicht waren es nur Taliban, wenn es zivile Opfer gegeben hätte, wären diese von den Taliban liegengelassen

454 Zit. nach: http://www.welt.de/politik/article5349204/Franz-Josef-Jung-Schnellster-Ruecktritt-aller-Zeiten.html. Abgerufen am 27. 2. 2015.
455 Interview mit Wolfgang Schneiderhan vom 19. 2. 2016.
456 Der Spiegel Nr. 49 vom 30. 11. 2009, S. 24.

> worden, um genau das zu demonstrieren. ‚Als wir hinkamen, war niemand mehr da'. Ich hatte auch Außenminister Steinmeier informiert, der aber auch keine anderen Infos hatte, außer dass es sich um Taliban gehandelt habe. Am Sonntag, den 6. September, kam die Meldung von General McChrystal, dass es doch zivile Opfer gegeben habe. Ich ging daraufhin am Sonntagmittag gegen 14.00 im Rahmen des Wahlkampfauftaktes der CDU in Düsseldorf vor die Presse und sprach mein Mitgefühl aus: ‚Wenn es zivile Opfer gegeben hat, so tut dies uns sehr leid'. Am Sonntag erschien allerdings parallel in der „Bild am Sonntag" ein Artikel, dass ich nur von Taliban rede, wobei es sich hier allerdings noch um meinen Kenntnisstand vom Samstag gehandelt hatte. Sonntagabend rief mich Generalinspekteur Schneiderhahn an: Es sei ein Fax aus Afghanistan vom Gouverneur, vom Präsidenten des Regionalrates, vom örtlichen Geheimdienst und von der örtlichen Polizei eingegangen, das besagte, dass es sich um 56 Tote – alles Taliban oder deren Verbündete – handele. Ich hatte schon am Sonntagmittag mit den verantwortlichen NATO-Generälen vor Ort vereinbart, dass nur eine NATO-Untersuchung durchgeführt werden würde. Ich wollte keine Untersuchung seitens der Bundeswehr alleine, um nicht Vorwürfen ausgesetzt zu sein, es handele sich um eine einseitige Untersuchung und es würde dabei getrickst. Die NATO-Untersuchung erfolgte: Es gab sehr unterschiedliche Positionen hinsichtlich der Toten. Es war eine hohe Spannbreite der Zahlen. Auch die Möglichkeit von zivilen Opfern wurde nun nicht ausgeschlossen. Trotz meiner Vereinbarung hatte ein Feldjäger parallel dazu einen weiteren Bericht angefertigt, den ich gar nicht kannte. Dieser Feldjägerbericht sollte auf meine Veranlassung dann direkt an die NATO gehen, um eine größtmöglichste Transparenz zu gewährleisten. Mir wurde daraufhin dann vorgeworfen, diesen Feldjägerbericht verschwiegen zu haben. Die NATO maß diesem Feldjägerbericht jedoch keinerlei Bedeutung bei, da er keine neuen Fakten enthalte. Sie stufte ihn vielmehr als uninteressant ein und warf ihn weg. Danach ist aber dann das entstanden, was entstanden ist. Die Bildzeitung sprach u. a. von Lügen und Vertuschungen. Dennoch sagte Genscher mir gegenüber: Jung, bleiben sie konsequent und hart."[457]

Auch Jung sieht, ähnlich wie Schneiderhan, in diesem Zusammenhang das Verhalten von US-General McChrystal eher kritisch. Dieser habe die Gelegenheit zu einer Retourkutsche genutzt[458], hatte Jung doch des Öfteren amerikanische Bombardements kritisiert, die zu zahlreiche zivilen Opfern geführt hatten, u. a. eine afghanische Hochzeitsgesellschaft. „Der Luftschlag", so Berthold Kohler in der FAZ, „passte nicht in das von den Amerikanern neu entdeckte, von der Bundeswehr aber von Anfang an praktizierte Konzept, bei der Bekämpfung der Taliban die Be-

457 Interview mit Jung vom 6. 10. 2015.
458 Interview mit Jung vom 8. 12. 2015.

völkerung so weit wie nur irgend möglich zu schonen."[459] In dieser Phase erfolgte nach der Bundestagwahl infolge der neuen schwarz-gelben Regierung auch ein Wechsel im Verteidigungsministerium. Jung übernahm das Arbeitsministerium, sein Nachfolger wurde Karl-Theodor zu Guttenberg von der CSU. Auch aus dessen Perspektive war der Luftschlag „militärisch angemessen". Es habe aber Verfahrensfehler durch Ausbildungsmängel und verwirrende Einsatzregeln gegeben. Dennoch zog er die Schlussfolgerung: „Selbst wenn es keine Verfahrensfehler gegeben hätte, hätte es zum Luftschlag kommen müssen."[460]

Bezüglich der Ermittlungen gegen Oberst Georg Klein und Hauptfeldwebel Wilhelm teilte die Bundesanwaltschaft am 19. April 2010 mit, dass diese eingestellt worden seien. Beide Soldaten haben nicht gegen das Völkerstrafgesetzbuch oder das Strafgesetzbuch verstoßen. Es habe keinerlei Anhaltspunkte für ein Kriegsverbrechen gegeben, der Angriffsbefehl war völkerrechtlich zulässig, auch wenn Klein trotz eines unvollständigen Lagebildes den Bombenabwurf befohlen hatte.[461] Vielmehr wurde somit die Feststellung getroffen, „dass in einem bewaffneten Konflikt eine Strafbarkeit des zum Kämpfen legitimierten Soldaten generell ausscheidet, solange er sich dabei an die Vorgaben des humanitären Völkerrechts für die Kampfführung hält. Die Erkenntnis, dass auch deutsche Soldaten berechtigt sind, militärische Gewalt in ihrem ursprünglichen Verständnis anzuwenden, brachte [...] für die betroffenen Soldaten die lange eingeforderte Rechtssicherheit."[462] Am 19. August stellte auch die Bundeswehr die disziplinarischen Vorermittlungen gegen Klein ein. Es hätten sich keine Anhaltspunkte für ein Dienstvergehen ergeben. Der damalige Wehrbeauftragte des Bundestags, Reinhold Robbe, erklärte in seinem Jahresbericht, einen Kommandeur erlebt zu haben, der „trotz der entstandenen Hektik und der eskalierenden Situation ruhig, professionell und besonnen seine Anweisungen gab."[463] Für Oberst Klein habe, betont auch Robbe zu Recht, „das Wohlergehen seiner ihm anbefohlenen Soldaten die allererste Priori-

---

459 KOHLER, B.: Dem Krieg ganz nahe, in FAZ vom 16. 11. 2009. Siehe auch „Der Spiegel", Nr. 27/2009, S. 27.

460 http://www.welt.de/politik/article5349204/Franz-Josef-Jung-Schnellster-Ruecktritt-aller-Zeiten.html; FAZ vom 11. 12. 2009.

461 FAZ vom 20. 4. 2010. Vgl. SELIGER, M.: Eine Fehlentscheidung, kein Verbrechen, in Loyal 11/2016, S. 33. Siehe dazu auch: BOHNERT, M.: Zur Notwendigkeit lagebezogener Einsatzregeln für Soldatinnen und Soldaten in Auslandsmissionen, in: F. Forster/S. Vugrin/L. Wessendorff (Hg.): Das Zeitalter der Einsatzarmee. Herausforderungen für Recht und Ethik. Berlin 2014, S. 131–140.

462 STÖHR, G.: Mit Recht kämpfen, in: S. Brinkmann/J. Hoppe/W. Schröder: Feindkontakte. Gefechtsberichte aus Afghanistan, Hamburg, Berlin, Bonn ²2013, S. 197–206, hier S. 197.

463 Jahresbericht des Wehrbeauftragten 2009. Deutscher Bundestag, 17. Wahlperiode. Drucksache 17/900 (16. 3. 2010), S. 5.

tät" gehabt.[464] Im gleichen Tenor äußert sich dazu auch ein Vertreter der Bundeswehr: „Das Festhalten am militärischen Führer durch Jung bezogen auf Oberst Klein war vollkommen richtig und die einzige Möglichkeit. Wer hätte in der Bundeswehr sonst noch freiwillig eine solche Verantwortung übernommen?" Oberst Klein war, so General Klink, der „Tyrannei der Umstände" ausgesetzt. Er hätte wohl ebenso entschieden aufgrund der Umstände. Jungs späterer Rücktritt und die Entlassung Schneiderhans waren, so Klink, völlig überzogene Reaktionen."[465]

Auch Franz Josef Jung unterstreicht noch heute: „Ich hätte die Entscheidung ganz genauso getroffen. Ein Minister, der Soldaten in einen gefährlichen Einsatz schickt, kann sich nicht wegducken, sondern muss an der Seite seiner Soldaten stehen. Das habe ich gemacht und da stehe ich auch heute noch zu."[466] Eine Aussage, die an Deutlichkeit nichts zu wünschen übrig lässt und für den standhaften Charakter Jungs spricht, der auch hier sich nicht scheute, Verantwortung zu übernehmen.

Das Skandalisierungspotential ziviler Opfer von militärischer Gewaltanwendung ist jedoch hoch und wird von Medien häufig überstrapaziert.[467] Die auch in diesem Fall oft verzerrende Berichterstattung mancher Medien über den Vorfall von Kunduz, die gegenüber Oberst Klein schon z. T. an Rufmord grenzten und Minister Jung ein Fehlverhalten unterstellten, war somit äußerst problematisch. Natürlich sind zivile Opfer immer tragisch und selbstverständlich zu bedauern. Ebenso gilt es aber auch, sich in die Rolle eines verantwortlichen Offiziers, wie in diesem Fall Oberst Klein, hineinzuversetzen. Als Vorgesetzter besitzt er u. a. eine Fürsorgepflicht gegenüber seinen Untergebenen. Ihm ging es darum, seine Soldaten vor einem Angriff zu schützen und gegenüber diesen in seiner befehlsgebenden Position ein entsprechendes Verantwortungsbewusstsein zu signalisieren. Wie wäre wohl die Reaktion mancher deutschen Pressevertreter ausgefallen, wenn die beiden Tanklaster als rollende Bomben gegen das deutsche Feldlager in Kunduz zum Einsatz gekommen und zahlreiche tote deutsche Soldaten zu beklagen gewesen wären?[468] Dann hätte von einem Versagen der militärischen Führung und Jungs als Minister gesprochen werden können, nicht aber in diesem

464 Ebda.

465 Interview mit Brigadegeneral Klink vom 7. 7. 2015. Auch Schneiderhan lobt Jungs Rückendeckung für Oberst Klein, Interview vom 19. 2. 2016.

466 Interview mit Jung vom 8. 12. 2015.

467 Vgl. dazu LÖWENSTEIN, S.: Fassungslosigkeit über die Heimatfront, in: FAZ vom 16. 9. 2009, KOHLER, Dem Krieg ganz nahe, WANNER, Mediale Darstellung, S. 187. Zur Rolle der Medien siehe auch KUTZ, Öffentlichkeitsarbeit im Krieg, S. 61–67, ROHDE, C.: Gezielte Krisenkommunikation im Spannungsfeld von medienökonomischen Zwängen und politischen Imperativen, in: T. Jäger/H. Viehrig (Hg.): Sicherheit und Medien. Wiesbaden 2009, S. 161–182.

468 Interview mit Jung vom 8. 12. 2015.

Falle. Ein Teil des Auftrags der Bundeswehr in Afghanistan lautete schließlich, Aufständische, also Taliban zu bekämpfen, um die Lage in dem Land zu stabilisieren. Der wesentliche Bestimmungszweck von Streitkräften ist nun einmal die Fähigkeit zur Anwendung von Gewalt. In derartigen und vergleichbaren Momenten, mit denen Oberst Klein konfrontiert wurde, haben Soldaten oft nur wenige Augenblicke Zeit, um eine Entscheidung zu treffen: Handeln, wenn ja, wie? Schießen – ja oder nein? Das sind die Fragen, mit denen Soldaten in einem Krieg oder bewaffneten Konflikt konfrontiert werden. Zudem war in einem derartigen Fall eine Unterscheidung von Taliban und Zivilisten kaum möglich, erstere trugen ja schließlich keine reguläre – dem Kriegsvölkerrecht entsprechend – Uniformen. In solchen Situationen stößt dieses klassische Kriegsvölkerrecht längst an seine Grenzen. Dürfen im Krieg Kombattanten gezielt getötet werden und müssen Zivilisten geschont werden, so sind in asymmetrischen Kriegen, wie in Afghanistan, Gegner und unbeteiligte Zivilpersonen kaum auseinanderzuhalten. Vielmehr nutz(t)en Terroristen, so auch die Taliban, die Zivilbevölkerung oft als Deckung und Schutzschilde. Damit nehmen sie den Tod dieser Unschuldigen billigend, ja bewusst in Kauf. Auch ein Rechtsstaat, und damit seine in Einsätzen verantwortlich handelnden Soldaten, müssen somit also manches Mal mit außergewöhnlichen Maßnahmen auf außergewöhnliche Bedrohungslagen und Attacken reagieren. Für Soldaten, die originär eben keine bewaffneten Entwicklungshelfer sind, gilt hier:

> „Die regelmäßig tödliche Wirkung auf Distanz ist das wesentliche definitorische Merkmal des Begriffs der militärischen Gewalt und unterscheidet sie damit grundlegend von der Polizeigewalt. […] Solange sich also der Soldat hinsichtlich seiner Kampfmittel und -methoden an die Vorgaben des humanitären Völkerrechts hält, ist er in ‚bewaffneten Konflikten' berechtigt, auch den gerade nicht an unmittelbaren Kampfhandlungen beteiligten Gegner mit tödlicher Gewalt zu bekämpfen. Und das gilt selbst dann, wenn nicht vermieden werden kann, dass dabei Unbeteiligte Gefahr laufen, getötet oder verletzt zu werden."[469]

Genau dieser Sachverhalt trifft auch auf den Luftschlag von Kunduz zu. Jeder Soldat operiert im Einsatz ja nicht aus Eigenmacht, sondern „ausschließlich kraft staatlicher Anordnung und in Wahrnehmung seines verfassungsmäßigen Auftrags."[470] Zivilisten verlieren laut humanitärem Völkerrecht dann ihren Schutzsta-

469 STÖHR, Mit Recht kämpfen, S. 197f. Siehe auch S. 201f. Ähnlich die Einschätzung von Afghanistan-Einsatzsoldaten, mit denen der Autor Gespräche führte.

470 STÖHR, Mit Recht kämpfen, S. 198. Siehe zum verfassungsrechtlichen Rahmen auch die S. 198–200.

tus, wenn ihr Verhalten eine Bedrohung darstellt, die die eigenen Truppen deutlich schädigen könnte. Sie werden dann zu legitimen Zielen, die bekämpft werden dürfen.[471]

> „Nach dieser Sicht ist auch der zwangsgepresste Kraftfahrer eines mit Sprengstoff beladenen Fahrzeugs kein schutzwürdiger Unbeteiligter mehr, sondern darf auch mit tödlicher Gewalt an der Ausführung des Attentats gehindert werden.“[472]

Im Oktober 2016 hat auch der Bundesgerichtshof entschieden, dass die Angehörigen der Opfer des Bombardements keinen Anspruch auf Schadensersatz haben, da u. a. das Völkerrecht auch in Kriegszeiten Einzelpersonen diesen gegenüber Staaten nicht gewähre.[473]

Der Luftangriff wurde übrigens auch von afghanischen Sicherheitskräften begrüßt und unterstützt. Schon Tage zuvor hatten sie für ein massiveres Auftreten und Vorgehen der Bundeswehr gegenüber den Taliban plädiert. Der damalige Gouverneur von Kunduz, Mohammed Omar, kritisierte beispielsweise wenige Wochen zuvor, die deutschen Soldaten seien „Hasenfüße […], die sich vor dem echten Kampf drücken […] und nicht bereit [seien], ernsthaft gegen die Taliban zu kämpfen.“[474] Es ging eben auch darum, das Vertrauen der afghanischen Kräfte gegenüber der Bundeswehr nicht aufs Spiel zu setzen. Zudem waren derartige Luftschläge in Afghanistan seitens der NATO keine Seltenheit, zwangsläufig auch leider auch mit zivilen Opfern verbunden. General Karl-Heinz Lather, damals Stabschef im Hauptquartier der NATO in Mons, erklärte dazu in der FAZ: „Verstehen Sie mich nicht falsch, aber der Luftangriff von Kunduz, das ist für uns hier eine Anekdote.“[475] Innerhalb des NATO-Einsatzes stellte „Kunduz“ lediglich eine kleine Operation dar, für General Lather war eine derartige Maßnahme gerechtfertigt, Oberst Klein habe ein Angriff auf ein „legitimes Ziel“ befohlen, da man sich schließlich in einem „kriegsähnlichen Zustand“ befunden habe.[476] Dass derartige Operationen militärisch sinnvoll und somit geboten waren, verdeutlicht auch die Tatsache, dass es seit dem Luftschlag vom 4. September und afghanisch-amerikanischer Operationen im Norden Afghanistans deutlich ruhiger wurde. „Die Bundeswehr“, so Reinhard Müller in der FAZ, „muss sich hier nichts vor-

471 Ebda., S. 202.

472 Ebda.

473 Siehe dazu die FAZ vom 7. 10. 2016, SELIGER, Eine Fehlentscheidung, S. 33.

474 „Der Spiegel“ Nr. 34/2009, S. 31 und S. 33. Siehe auch Frankfurter Allgemeine Sonntagszeitung vom 13. 9. 2009, S. 9. Philipp München weist ebenfalls auf eine große Zustimmung der Masse der Bundeswehrangehörigen hin. MÜNCH, Bundeswehr in Afghanistan, S. 306.

475 Zit. nach FAZ vom 17. 12. 2009.

476 Ebda.

werfen lassen. Sie hat es allerdings wie alle westlichen Armeen zunehmend mit Feinden zu tun, die deren menschenrechtsfreundliche Haltung gezielt ausnutzen. Wenn Kämpfer nicht mehr von Zivilisten zu unterscheiden sind und Krankenhäuser wie Kathedralen nicht mehr heilig, dann steht der Verlierer von vornherein fest."[477] Vielleicht sollten sich manche Medienvertreter daher, statt zu einseitige Kritik zu üben, vielmehr der von Sönke Neitzel und Harald Welzer diskutierten Frage widmen, „ob und unter welchen sozialen Bedingungen Menschen vom Töten ablassen können."[478] Denn „dann könnte man aufhören, jedes Mal, wenn sich Staaten dazu entscheiden, Krieg zu führen, in ostentative Erschütterung darüber zu verfallen, dass es dabei Verbrechen und Gewalt gegen Unbeteiligte gibt. Die gibt es deswegen, weil der Referenzrahmen ‚Krieg' Handlungen gebietet und Gelegenheitsstrukturen entwickelt, in denen Gewalt nicht oder nicht vollständig eingehegt und begrenzt werden kann. [...] Soldaten töten, weil das ihre Aufgabe ist."[479] Angesichts der Unvermeidlichkeit von Kollateraltötungen tragen in erster Linie die politisch Verantwortlichen die intellektuelle Pflicht,[480] sich bewusst zu machen, was es bedeutet, militärische Gewalt einzufordern.

477 MÜLLER, R.: Verteidigung des Rechts, in: FAZ vom 7. 10. 2016, S. 1.

478 NEITZEL, S./WELZER, H.: Soldaten. Protokolle vom Kämpfen, Töten und Sterben. Frankfurt ^{3}2011, S. 421.

479 Ebda., S. 421 f, vgl. auch MÜNCH, Bundeswehr in Afghanistan, S. 301 ff.

480 Siehe dazu grundlegend GRUNER, S., in: M. Gillner/V. Stümke (Hg.): Kollateralopfer. Die Tötung von Unschuldigen als rechtliches und moralisches Problem. Münster 2014.

4 Abschied aus dem Bundeskabinett

Die Bundestagswahl am 27. September 2009 gewann die CDU/CSU zwar, blieb aber mit 33,8 % doch hinter ihren Erwartungen zurück. Auch Franz Josef Jung konnte mit 345 Stimmen Vorsprung das Direktmandat in seinem für ihn neuen Wahlkreis Groß-Gerau erobern. Dank der 14,6 % für die FDP gab es aber doch eine knappe Mehrheit für die schwarz-gelbe Wunschpartnerschaft. In den sich anschließenden Koalitionsverhandlungen übernahm Jung auf Bitten Merkels den Vorsitz der Arbeitsgruppe zum Thema Sicherheit. Harte Auseinandersetzungen mit der FDP standen bevor. Jung[1] plädierte klar für Wehrpflicht, für die er immer eingetreten war. Verpflichteten sich doch viele Rekruten weiter und konnte so die Bundeswehr Soldaten gewinnen, die sie sonst nicht bekommen hätte.

Als Kompromisslösung wurde schließlich die Verkürzung des Wehrdienstes auf sechs Monate beschlossen. Jung bestand aber – auch nach Rücksprache mit Generalinspekteur Schneiderhan – auf eine effektive Ausbildung, d. h. drei Monate Allgemeine Grundausbildung und drei Monate sich anschließende Spezialausbildung ohne Urlaub. Sicher ein sehr weitgehendes Entgegenkommen von Jung, aber für ihn war der Erhalt der Wehrpflicht, auch wenn sie aus betriebswirtschaftlichen Argumenten möglicherweise nicht mehr zu rechtfertigen gewesen wäre, eine Art Herzensangelegenheit.

Die letzte wichtige Amtshandlung als Verteidigungsminister war seine Teilnahme an der NATO-Verteidigungsministerkonferenz am 23. Oktober in Bratislava. Natürlich war dieses Treffen auch von Spekulationen begleitet, ob Jung nun Verteidigungsminister bleibe oder nicht. Sein amerikanischer Kollege Bob Gates schlug mehr im Scherz vor: „Sollen wir nicht einen Beschluss fassen, dass Du Ver-

1 Interview mit Jung vom 6. 10. 2015. Schneiderhan betont ebenfalls die harten und zähen Verhandlungen mit der FDP hinsichtlich der Wehrpflicht, Interview vom 19. 2. 2016.

teidigungsminister bleibst?"[2] Daraus wurde allerdings nichts, denn am 28. Oktober wechselte Jung, nachdem er zuvor würdevoll mit dem Großen Zapfenstreich – u.a. war „It's time to say goodbye" eines seiner Liedwünsche[3] – verabschiedet worden war, in das Bundesministerium für Arbeit und Soziales. Für die Mitarbeiter im Ministerium, allen voran für Schneiderhan, war diese Personalentscheidung ein Hammer. „Dies haute mich quasi vom Hocker", so der General rückblickend, als Jung ihn anrief und mitteilte: „Ich komme nicht zurück ins Haus."[4] Vielmehr hatte er schon mit Staatssekretär Wichert zahlreiche Entwürfe vorbereitet, Planungen, Ideen, Konzepte und Personalvorschläge angedacht, so dass alles für Jung vorbereitet war. Aber nicht nur Schneiderhan kann bis heute nicht nachvollziehen, warum Jung von Merkel umgesetzt wurde. Auch damals sei kein Mensch im Ministerium auf die Idee gekommen, dass Jung nicht Verteidigungsminister bleibe, da er aus Sicht Wicherts, des Generalinspekteurs und vieler anderer Mitarbeiter eine gute Bilanz vorzuweisen hatte.[5] Auch Roland Koch bedauerte die personelle Veränderung: „Schade, dass Jung in der neuen Koalition aufgrund der Konstellation mit der CSU nicht Verteidigungsminister bleiben konnte." Vielleicht habe dies Merkel auch nicht gewollt, sie wollte aber auf alle Fälle, dass Jung Minister bleibt, da sie ihn vor allem aufgrund seiner Verlässlichkeit schätzte.[6]

Jung hatte sich recht schnell in seiner neuen Ministerrolle zurechtgefunden. Doch dann kochte die vermeintliche „Kunduz-Affäre" in Form eines reißerischen Artikels in der „Bildzeitung"[7], der sich auf den erwähnten Feldjägerberichtbericht (der im NATO-Gesamtbericht aufgrund seiner geringen Bedeutung ja keine Beachtung gefunden hatte) sowie ein Video des Luftangriffs berief, wieder hoch. Es ist bis heute unklar, wie der Feldjägerbericht zu diesem Zeitpunkt an die Öffentlichkeit kam. Hier gibt es viele Theorien, eventuell war auch Geld im Spiel.[8] Jedenfalls hieß es darin u.a., dass Jung viel früher aufgrund dieses angeblich geheimen Bundeswehrberichts über mögliche zivile Opfer hätte informiert sein müssen als bislang angenommen und dass dieser Bericht nicht an die Staatsanwaltschaft weitergeleitet worden sei. Jung konnte aber zu diesem Zeitpunkt, wie deutlich geworden ist, von zivilen Opfern überhaupt nichts gewusst haben.

Somit erfuhr aber auch Verteidigungsminister Guttenberg erst am 25. November, also knapp drei Monate nach dem Luftangriff, davon.[9] Während eines

2 Interview mit Jung vom 6.10.2015.
3 Ebda.
4 Interview mit Wolfgang Schneiderhan vom 19.2.2016.
5 Ebda.
6 Interview mit Roland Koch vom 15.2.2016.
7 Bildzeitung vom 26.11.2009.
8 Interview mit Wolfgang Schneiderhan vom 19.2.2016.
9 FAZ vom 11.12.2009.

Treffens der Arbeits- und Sozialministertreffen der Bundesländer in Berchtesgaden am selben Tag hatte Guttenberg vergeblich versucht, Jung auf dem Handy zu erreichen, der somit völlig ahnungslos war und von den weiteren Ereignissen dann überrascht wurde.[10] In Berlin zurück wurde Jung mit den überdimensionalen Schlagzeilen der „Bildzeitung" konfrontiert: „Was wusste Jung"?[11] Nur das, was schon ausführlich dargelegt wurde. Fast gleichzeitig erfuhr er per Telefon von General Schneiderhan, dass er sowie Staatsekretär Peter Wichert entlassen worden seien. Jung konnte es kaum fassen. Als Grund hatte Verteidigungsminister Guttenberg die Zurückhaltung von Informationen über das Bombardement, eben jenen Feldjägerbericht, angegeben, so dass er in die beiden Herren kein Vertrauen mehr habe. Der General hatte Guttenberg das Papier aber nur aus dem Grunde nicht vorgelegt, da es ja schon längst im NATO-Untersuchungsbericht eingegangen war, den der neue Verteidigungsminister nach eigenen Worten in der ersten Woche seiner Amtszeit sehr genau studiert habe, für Schneiderhan „eine reife Leistung."[12] Jedenfalls wies er Jung im besagten Telefongespräch nochmals auf den Feldjägerbericht hin und rief ihm in Erinnerung, „dass Sie ihn nicht gelesen haben und ihn nur durch Vortrag von mir kennen."[13] Während des Bundestagsplenums am 26. November wollte er daraufhin eine Erklärung abgeben, um die „Sache glatt zu rücken." Merkel bremste ihn allerdings aus: „Tu' mal langsam."[14] Es sollten erst alle Fakten vorliegen. Jung stellte dann am Abend die Dinge aus seiner Perspektive klar. Allerdings hatten sich die Medien – so folgte beispielsweise ein ZDF-Spezial „Jung in Not" – schon massiv auf den Bildzeitungsartikel gestürzt. Merkel rief daraufhin den Minister am Morgen des 27. November an, ob er kommen könnte, sie hatte nämlich Sorge, dass die Lage sich weiterentwickelt.[15] Auch wenn Jung der Auffassung war, dass an den Vorwürfen „nichts dran ist"[16] und er das durchstehen könne, zog er dennoch nach diesen geschilderten Vorwürfen einer angeblich gezielten Desinformation bezüglich der sogenannten „Kunduz-Affäre" die Konsequenzen und trat noch am selben Tag schweren Herzens nach nur 33 Tagen im Amt als Bundesarbeitsminister zurück. Dies geschah auch, da er die Bundeswehr aus dem Schussfeld nehmen wollte.[17] Er übernehme damit auch die volle Verant-

---

10 Interview mit Jung vom 6. 10. 2015.

11 Bildzeitung vom 26. 11. 2009.

12 Interview mit Wolfgang Schneiderhan vom 19. 2. 2016. Zu Schneiderhan siehe auch FREYTAG-LORINGHOVEN, K. v.: Wolfgang Schneiderhan. Der „GI", in: Loyal 12/2016, S. 94.

13 Ebda.

14 Interview mit Jung vom 6. 10. 2015.

15 Ebda.

16 Ebda.

17 Ebda.

wortung für die interne Informationspolitik des Verteidigungsministeriums nach dem Luftangriff am 4. September, unterstrich Jung an diesem Freitag in Berlin in seiner knapp zwei Minuten langen Erklärung, betonte aber ausdrücklich, dass er weiter zu seiner Erklärung vor dem Bundestag vom Vortag, dass er alle Informationen gemäß seines Kenntnisstandes weitergegeben habe, stehe.[18]

> „Nach reiflicher Überlegung und Handeln nach dem Grundsatz, dass man wichtige Entscheidungen erst eine Nacht überschläft, habe ich heute morgen die Bundeskanzlerin davon unterrichtet, dass ich mein Amt des Bundesministers für Arbeit und Soziales zur Verfügung stelle. Ich übernehme damit die politische Verantwortung für die interne Informationspolitik des Bundesverteidigungsministeriums gegenüber dem Minister bezüglich der Ereignisse vom 4. September in Kunduz. Ich habe meiner Erklärung von gestern im Deutschen Bundestag nichts hinzuzufügen. Ich habe sowohl die Öffentlichkeit als auch das Parlament über meinen Kenntnisstand korrekt unterrichtet. Ich stehe auch selbstverständlich für die weitere Aufklärung zur Verfügung. Durch meinen Schritt möchte ich meinen Beitrag dazu leisten, dass die Bundesregierung ihre erfolgreiche Arbeit uneingeschränkt fortsetzen kann und Schaden von der Bundeswehr abgewendet wird. Wie Sie wissen, war und ist es mir ein Herzensanliegen, die Soldatinnen und Soldaten in ihrem schweren Einsatz für Frieden und Freiheit unseres Vaterlandes zu unterstützen und sie vor unberechtigten Angriffen in Schutz zu nehmen. Haben Sie recht herzlichen Dank."[19]

Jungs Rücktritt war nach Äußerungen seines Nachfolgers Karl-Theodor zu Guttenberg, den Luftangriff neu beurteilen zu wollen, zuvor von der Opposition nachdrücklich gefordert worden.[20] Der hessische Regierungschef Koch äußerte sich betroffen über den Rücktritt Jungs:

> „Die Ereignisse der letzten 36 Stunden und insbesondere der Amtsverzicht meines Freundes Franz Josef Jung gehen mir auch persönlich sehr nahe. Natürlich gilt unser Mitgefühl in diesen schweren Stunden unserem Freund Franz Josef Jung, der mit Leib und Seele, mit großer Leidenschaft Bundesminister war. Und der bei weitem erfolgreicher in seinem Amt als Bundesverteidigungsminister war, als es die Kritiker dieser Tage wahrhaben wollen",

18 http://www.welt.de/politik/article5349204/Franz-Josef-Jung-Schnellster-Ruecktritt-aller-Zeiten.html; abgerufen am 27. 2. 2015.
19 Zit. nach ebda.
20 FAZ vom 11. 12. 2009.

betonte er.[21] In einem Kommentar der „Wirtschaftswoche“ hingegen war zum Rücktritt von Jung Folgendes zu lesen:

> „Jetzt geht er also doch. Am Freitagmittag hat Franz Josef Jung seinen Rücktritt vom Amt des Bundesarbeitsministers bekannt gegeben. Knapp zwei Minuten dauerte sein Statement, in dem Jung die volle Verantwortung für die Informationspannen nach einem Bombenangriff auf zwei Tanklaster in Afghanistan übernahm. Rückfragen waren nicht zugelassen, Jung verschwand stumm. Damit blieb er sich zumindest treu. In seiner kurzen Zeit als Arbeitsminister hatte Jung noch kein einziges Interview gegeben. In seine neue Rolle als Arbeitsminister wollte Franz Josef Jung sich erst hineinfinden, seine alte Rolle als Verteidigungsminister füllte er auch nach vier Jahren nicht aus.“[22]

Eine Aussage, die ähnlich wie der Kommentar in der „Süddeutschen Zeitung“ – „Erfolge waren in seiner Amtszeit selten. [...] Im Amt konnte Franz Josef Jung lange kein eigenes Profil gewinnen“[23] – dem Charakter und den Leistungen Jungs als Minister nicht gerecht wird. Einige Wochen nach seinem Rücktritt besuchte Jung Helmut Kohl in Oggersheim. Kohl fand „alles als völlig ungerecht“ und bestärkte Jung in seiner Haltung, dass er nicht hätte zurücktreten sollen.[24] Außenminister Steinmeier brachte während eines gemeinsamen Mittagessens gegenüber Jung, der insgesamt breite Solidarität bis hin in führende SPD-Kreise erfuhr, ebenfalls sein Bedauern zum Ausdruck.[25] Auch andere Zeitgenossen äußerten sich hinsichtlich seines Rücktritts mitfühlend. So auch der damalige DFB-Präsident Theo Zwanziger in einem persönlichen Brief an Jung:

> „Seit ich Sie kenne und Ihr politisches Wirken beobachte, schätze ich Sie ungemein. Ich habe immer gespürt, da ist eine Persönlichkeit, die Kompetenz, Loyalität und Verantwortungsgefühl sehr gut in Einklang bringen kann. Natürlich hat mir auch Ihre erkennbare Fußballleidenschaft immer sehr gut gefallen. Dies alles ist der Grund, dass ich in den letzten Tagen und Wochen etwas mehr mitgelitten habe, als dies sonst bei politischen Entscheidungen, auch wenn sie Personen betreffen, der Fall ist. Es tut mir sehr leid, lieber Herr Jung, dass Sie Ihr Amt aufgeben mussten. Sie sollen aber gleich-

---

21 Zit. nach http://www.welt.de/politik/article5349204/Franz-Josef-Jung-Schnellster-Ruecktritt-aller-Zeiten.html; abgerufen am 27. 2. 2015.

22 Cornelia Schmergal, 27. 11. 2009: Franz-Josef Jung tritt zurück: Krönung eines grandiosen Fehlstarts: http://www.wiwo.de/politik/deutschland/franz-josef-jung-tritt-zurueck-kroenung-eines-grandiosen-fehlstarts/5598236.html. Abgerufen am 27. 2. 2015.

23 http://www.sueddeutsche.de/politik/franz-josef-jung-der-ueberforderte-minister-1.36862-4. Abgerufen am12. 12. 2015.

24 Interview mit Jung vom 8. 12. 2015.

25 Ebda.

> zeitig wissen, dass die Wertschätzung des deutschen Fußballs und meine ganz persönlich für Sie ungeschmälert ist. Wir hatten und haben in Ihnen einen Freund, dessen Nähe wir auch weiterhin suchen möchten. Das Verteidigungsministerium ist offenbar wirklich ein Schleudersitz. Ohne selbst erkennbare Schuld zu tragen, für offenbar unterbliebene Informationen, so sehe ich es aus der Distanz, Verantwortung übernehmen zu müssen, ist hart. Aber unsere Demokratie ist halt kompliziert und trifft manchmal auch die Falschen. [...]“[26]

Auch aufgrund solcher zahlreichen unterstützenden Aussagen ist Jung nach wie vor mit seinem Verhalten im Rahmen des Kunduz-Vorfalls mit sich im Reinen.[27]

Heute steht fest, dass der NATO-Oberbefehlshaber McChrystal selbst gesagt hatte, er habe den Feldjägerbericht selbstverständlich nicht gelesen, da er irrelevant sei. Die ganze Aufregung war übertrieben, die Art der Vorwürfe, wofür Jung die Verantwortung übernommen hatte, war völlig unangemessen, sie war nur der Tatsache geschuldet, dass „Deutschland ein Land ist, das mit militärischen Konflikten umzugehen nicht gewohnt ist.“[28] Da Oberst Klein später auch General wurde, spricht nicht nur diese Tatsache dafür, dass es objektiv von heute aus betrachtet, keinen Grund für seinen Rücktritt gab.

Jedoch ist er mit den 33 Tagen Dienst als Arbeitsminister „Rekordhalter“, was die Kürze einer Amtszeit eines Bundesministers betrifft. Bisher war dies Lothar de Maizière (CDU) als Minister für besondere Aufgaben, er übte das Amt 77 Tage vom 3. Oktober bis zum 19. Dezember 1990 aus. Die SPD versuchte – allerdings vergeblich – aus dem Rücktritt Jungs eine Regierungskrise für die schwarz-gelbe Koalition zu konstruieren, da Bundeskanzlerin Merkel ein schlechtes Krisenmanagement betrieben und Jung einfach „weiter wurschteln“ gelassen habe, so die damalige SPD-Generalsekretärin Andrea Nahles.[29] Als Verteidigungsminister sei Jung „erkennbar überfordert“ gewesen, sei aber aus parteitaktischen Gründen von der Kanzlerin auch noch zum Arbeits- und Sozialminister berufen worden. Nahles betonte, mit Jungs Rücktritt seien die Vorfälle in Afghanistan nicht erledigt. Merkel und Verteidigungsminister Guttenberg müssten nun Klarheit über den Nato-Luftangriff schaffen. Die Grünen bezeichneten Jungs Rücktritt als „längst überfällig. Er war als Verteidigungsminister eine klare Fehlbesetzung“, so Grünen-Chefin Claudia Roth. „Vertuschen, Schweigen und Beschönigen statt klare Worte waren sein Markenzeichen“, kritisierte sie. Jung habe es „nicht ver-

26 Brief von Theo Zwanziger vom 1.12.2009 an Jung. Privatarchiv Linda Kreckel.

27 Interview mit Jung vom 6.10.2015.

28 Interview mit Roland Koch vom 15.2.2016.

29 http://www.welt.de/politik/article5349204/Franz-Josef-Jung-Schnellster-Ruecktritt-aller-Zeiten.html. Abgerufen am 27.2.2015.

mocht, in der Öffentlichkeit die Auslandseinsätze der Bundeswehr zu vermitteln."[30] Es sei bedauerlich, dass Jung bis zuletzt keinerlei eigenes Fehlverhalten eingestehen wolle. Auf welches Fehlverhalten die Politikerin hier anspielt, dürfte nach den bisher dargelegten Sachverhalten allerdings weiterhin ihr Geheimnis bleiben. Ebenso vermochte Jung es, u. a. durch dies von ihm entwickelte Strategie der vernetzten Sicherheit oder das Ehrenmal der Bundeswehr, die Öffentlichkeit intensiver für die Bedeutung und Folgen deutscher Auslandseinsätze zu sensibilisieren. Jedenfalls mahnte Roth, Jungs Rücktritt entlaste die Bundesregierung nicht davon, die Hintergründe des Luftangriffs vom 4. September in Afghanistan vollständig aufzuklären. Die bisherige „sture Rechtfertigungspolitik", auch durch den jetzigen Verteidigungsminister Guttenberg, müsse endlich ein Ende haben. Guttenberg müsse seine Einschätzung, dass der Angriff angemessen gewesen sei, schnell zurücknehmen.[31] Trotz des Rücktritts von Jung forderten SPD und Grüne im Bundestag einen Untersuchungsausschuss: „Wir wollen, dass diese Vorgänge lückenlos aufgeklärt werden und der Verteidigungsausschuss sich als Untersuchungsausschuss konstituiert", erklärten beispielsweise Renate Künast und Jürgen Trittin von den Grünen.

Die weitere Entwicklung sei an dieser Stelle nur kurz skizziert:[32] Die für ihre Führung unter Druck geratene Kanzlerin erklärte am 1. Dezember, den Fall um den Luftangriff „lückenlos aufzuklären". Einige Tage später kündigte die Bundesregierung eine Entschädigungszahlung an die Hinterbliebenen von zivilen Opfern des Bombardements an. Insgesamt wurden später 324 000 Euro von Seiten der Bundeswehr bereitgestellt. Am 21. Januar 2010 nahm der von der Opposition geforderte Untersuchungsausschuss des Bundestages zur Kunduz-Affäre seine Arbeit auf. Guttenberg erklärte in einem Interview am 9. März, er gehe nicht davon aus, dass ihm Unterlagen zu dem Bombardement „vorsätzlich" vorenthalten worden seien. Dies wurde allgemein als Abrücken von seinen vorherigen Aussagen interpretiert, wo er von unterschlagenen beziehungsweise vorenthaltenen Dokumenten gesprochen hatte. Einen Tag später wies er Vorwürfe zurück, er habe in dem Interview erneut frühere Aussagen relativiert: „Ich habe überhaupt nichts Neues gesagt." Er habe „nie den Vorwurf erhoben, dass irgendein strafrechtlich relevantes Handeln seitens der beiden Herren (Schneiderhan und Wichert) vorgelegen" habe.[33] Am 18. März sagte General Schneiderhan im Untersuchungsausschuss aus. Er beantwortete die Frage, ob er Guttenberg stets ausreichend informiert habe, mit „Ja". Guttenberg rechtfertigte einige Tage später vor dem Untersuchungsausschuss die

30 Ebda.
31 Ebda.
32 Ebda.
33 Ebda.

Entlassung von Schneiderhan und Wichert sowie die Änderung seiner Haltung zu dem Angriff. Bei seiner zweiten Vernehmung vor dem Ausschuss am 29. September verwahrte sich Schneiderhan gegen Vertuschungsvorwürfe. Er habe keine Informationen unterschlagen – weder gegenüber Jung noch gegenüber Guttenberg. Er räumt jedoch ein, dass er den umstrittenen, inhaltlich allerdings ja nicht weiterführenden Feldjägerbericht erst spät weitergeleitet habe. Jung dokumentierte vor dem Untersuchungsausschuss alles ihm Bekannte und erfuhr eine vollkommene Entlastung.[34]

Ziehen wir also hier schon einmal kurz Bilanz: Jung war ein Verteidigungsminister, vergleichbar mit Georg Leber, „der das Herz der Truppe erreichen konnte und dessen Herz von der Truppe erreicht wurde."[35] Für ihn bedeutete dieser Posten eine herausfordernde Aufgabe, in deren Rahmen die Bundewehr ihm viel bedeutete. Er musste also nicht erst „sein Herz für die Bundeswehr finden"[36], vielmehr hatten ihn schon früh Sicherheits- und Verteidigungspolitik interessiert, ebenso auch das soldatische Leben an sich.[37] Jung ging es aber primär nicht um die materielle oder mechanische Ausstattung der Bundeswehr, sondern um die politische Handlungsfähigkeit, die durch eine Armee mit geschützt wird. Das von ihm erheblich mitgestaltete Weißbuch ist in diesem Zusammenhang ein wichtiger Punkt, denn hier wurde die notwendige Verzahnung von Verteidigungsministerium und Auswärtigem Amt erstmals angestrebt. Allerdings war Jungs Amtszeit auch vom Nachteil gekennzeichnet, dass eine schon damals notwendige Debatte, die Bundeswehr könne personell und materiell zu stark reduziert werden, zu diesem Zeitpunkt nicht möglich war. So musste er mit Ressourcen auskommen, die objektiv zu klein waren und die immer wieder gebündelt werden mussten. Hier hätte er deutlich mehr Zeit benötigt, so dass er in den vier Jahren seiner Amtszeit über notwendige Ansätze nicht hinauskommen konnte. Manche seiner Maßnahmen wurden damals in den Medien und in der Öffentlichkeit jedoch viel zu wenig wahrgenommen und gewürdigt. Seien es seine Leistungen hinsichtlich einer notwendigen Erinnerungskultur (Stichwort Ehrenmal) oder insbesondere auch auf der sozialen Ebene, was z.B. die Versorgung von Einsatzsoldaten betrifft.[38] Jung besaß bei vielen Journalisten ein Image, das seiner Leistung nicht gerecht wird. Zum einen wirkte es so, als habe Roland Koch ihn als seinen „Statthalter" durchgedrückt und als seinen Vertrauensmann installiert. „Vielleicht hätte Koch

34 Interview mit Jung vom 8.12.2015. Siehe auch den Abschlussbericht des Untersuchungsausschusses unter: http://dip21.bundestag.de/dip21/btd/17/074/1707400.pdf. Abgerufen am 11.12.2015.

35 Interview mit Roland Koch vom 15.2.2016.

36 Interview mit Volker Bouffier vom 12.2.2016.

37 Ebda.

38 Interview mit Wolfgang Schneiderhan vom 19.2.2016.

den Eigenwert von Jung deutlicher machen müssen", äußert sich hierzu Volker Bouffier rückblickend.[39] So sei er ein bisschen in den „Geruch geraten, nicht wegen seiner zweifelsohne vorhandenen Kenntnisse und Fähigkeiten Minister geworden zu sein, sondern nur, damit Koch Ruhe gibt und die Merkel in Frieden lässt."[40] Zum anderen stand und steht er auch heute zu seinen Wurzeln. Aufgrund seiner Bodenständigkeit hob er nie ab, blieb immer ein Kind seiner Heimat, was er nie verleugnete. Diese authentische Haltung wurde ihm dann oft als etwas Provinzielles ausgelegt. Eine kurzfristige, auf Effekthascherei bedachte Showpolitik war ihm immer fremd. Vielmehr waren und sind ihm Treue sowie Loyalität wichtiger, als sich selbst ins Bild zu setzten. So gewann er in dem „hochkomplexen Laden Bundeswehr"[41] die allseitig notwendige und verdiente Anerkennung. Da Jung kein Mensch für die Politunterhaltungsindustrie ist, wurden er und so manche seiner wegweisenden Erfolge einem breiteren Publikum allerdings nicht bekannt. Dass Jung hier aber eine gewisse Strahlkraft a la Guttenberg aus den eben angeführten Gründen nicht entwickeln konnte, sollte ihm aber nicht zum Vorwurf gemacht werden. Entscheidend ist vielmehr, dass er seine Aufgaben mit großem Engagement verrichtete, die Umstrukturierung der Bundeswehr umsetzte und so seine Arbeit für die Truppe äußerst erfolgreich war. Der Grund seines Rücktritts stand jedenfalls in keinem Verhältnis zu seiner Leistung.

39 Interview mit Volker Bouffier vom 12. 2. 2016.
40 Ebda.
41 Ebda.

5 Das Leben geht weiter – als Abgeordneter im Bundestag

Nun, nach seinem Rücktritt als Minister, war Jung wieder „normaler" Abgeordneter. Wie nutzte er die jetzt wieder stärker zur Verfügung stehende Zeit? Wie gewohnt engagierte er sich auf vielfältige Weise. So wurde Jung im Parlament zum Mitglied im Bundestagsausschuss für die Wahl der Bundesrichter bestellt.

Weiterhin unterstützte er sich im italienischen Regionalwahlkampf im Februar 2010 den Kandidaten der italienischen Christdemokraten (DC) in Rom. Die DC hatte nämlich über die „Konrad-Adenauer-Stiftung" um Hilfe aus Deutschland gebeten, der Jung gerne nachkam. In Rom hielt er eine Rede und warb für christliche Werte in der italienischen Politik.[1] Im April ernannte die Bigband der Bundeswehr Franz Josef Jung, der dieses Aushängeschild der Streitkräfte ja intensiv gefördert hatte, zu ihrem Ehrenmitglied. Bis dato war diese Anerkennung nur Helmut Schmidt zuteil geworden. Für Jung bedeutet auch dies ein Zeichen der Wertschätzung und Solidarität nach seinem Rücktritt. Auch anlässlich des 50jährigens Jubiläums des Bundeswehrsozialwerks hielt er Kontakt zu seiner alten Wirkungsstätte. Noch als Verteidigungsminister hatte Jung für diesen Anlass den großen Zapfenstreich arrangiert, an dem er dann teilnahm. Insbesondere seine Frau Beate förderte und repräsentierte diese karitative Einrichtung aus voller Überzeugung und aus ihrem christlichen Menschenbild heraus. Das Bundeswehrsozialwerk, dessen Ehrenmitglied Jung übrigens ein Jahr später wurde, umfasst gut 116 000 Mitglieder und nimmt Aufgaben der sozialen, gesundheitlichen, sportlichen und kulturellen Fürsorge für Angehörige der Bundeswehr und deren Familien wahr. Hierzu unterhält es beispielsweise zahlreiche Hotels, Häuser, Ferienwohnungen und Campingplätze in Deutschland und angrenzenden Nachbarländern. Schwerpunkte sind verschieden Freizeiten für Senioren, Kinder, Jugendliche und deren Eltern sowie Sprachreisen und Kulturfahrten für Erwachsene.

1 Interview mit Jung vom 8. 12. 2015

Da Jung ja nun über mehr Zeit verfügte, hatte er sich schon im Dezember, also nur wenige Tage nach seinem Rücktritt, entschlossen, sein Buch „Die letzten Tage der Teilung" zu schreiben, das dann am 22. September 2010 unter Beisein von Altbundeskanzler Kohl im Hessischen Landtag einem interessierten Publikum vorgestellt wurde. Neben der gebührenden Anerkennung durch die Laudatio von Volker Bouffier, nach Roland Kochs Rücktritt neuer hessischer Ministerpräsident, würdigte vor allem Helmut Kohl in seiner bewegenden Rede die Verdienste Jungs um die deutsche Einheit.[2] Dabei hegte Jung die Hoffnung, dass es mit Kohl, der seit Februar 2008 nach einem Sturz an einem Schädel-Hirn-Trauma leidet und seitdem nur noch unter Mühen sprechen kann, „wieder aufwärts geht und er wieder der Alte ist."[3] Kohl betonte ihm gegenüber nämlich, wie er sich freue, dass Jung sich nach seinem Rücktritt „nicht in die Weinberge gesetzt habe, sondern dieses Buch geschrieben hat." Für Jung stellte diese Aussage ein Zeichen des gesundheitlichen Fortschrittes von Kohl dar, da er ihm gegenüber immer gerne Sätze wie „Ja, so gut wie Du möchte ich's mal haben. Jetzt kommst Du sicher gerade gutgelaunt aus dem Weinkeller" losgelassen hatte.[4] Ein schönes Zeichen einer langjährigen engen politischen, aber auch privaten Beziehungen dieser beiden Vollblutpolitiker. Jung besuchte anschließend mit Kohl die Frankfurter Buchmesse, wo er dessen Buch mit vorstellte. Auch anschließend trafen sich die beiden immer wieder[5], so beispielsweise im Herbst 2012 anlässlich des 30. Jahrestags der Kanzlerschaft Kohls. Dieses Jubiläum wurde im „Deidesheimer Hof", dem Stammlokal des Altbundeskanzlers, entsprechend gefeiert. Jung gehörte als enger Vertrauter Kohls mit zu den Ehrengästen. Im Mai 2013 besuchte Helmut Kohl Franz Josef Jung zu Hause im Rheingau. Sie saßen bei herrlichem Wetter auf der Terrasse. Nach gut zwei Stunden ließ Kohls Kondition aufgrund seines Gesundheitszustandes gewöhnlich nach. Jung hatte aber noch einen Besuch auf der Burg Schwarzenstein in Johannisberg geplant und überzeugte seinen Freund doch mitzukommen. Mit seiner Kämpfernatur biss er sich durch und genoss anschließend den herrlichen Blick über den Rheingau: „Ach, ist das schön hier", schwärmte er und machte Jung damit viel Freude.[6]

Im November erfolgte mit dem drittbesten Ergebnis Jungs Wiederwahl in den CDU-Bundesvorstand, was er als starkes Zeichen der Unterstützung seitens seiner Partei wertete. Dass ein erfolgreiches Politikerleben auch auf die Familie abfärben kann, stellte ein Jahr später Jungs Schwiegersohn unter Beweis, als er im

---

2 Vgl. den Artikel im „Rheingau-Echo" vom 30.9.2010.
3 Interview mit Jung vom 8.12.2015.
4 Ebda.
5 Ebda.
6 Ebda.

April mit 64, 2 % zum Bürgermeister in Nauheim bei Groß Gerau (im Wahlkreis von Jung) gewählt wurde. Im gleichen Monat hielt Jung an seiner alten Studienstätte, der Gutenberg-Universität Mainz, anlässlich der Promotionsfeier eine Rede. Eine derartige Feier sei sehr positiv, da eine stilvolle Zeremonie etwas Bedeutendes angesichts des Zeitaufwands für eine Promotion, durch die „man sich häufig quält", sei.[7] Nach erfolgreichem Abschluss gäbe es dann auch allen Grund für eine würdevolle Feier. Auch hier wird, wie in seiner Ministerzeit, Jungs Sinn für das Zeremonielle deutlich. In seiner Eigenschaft als Mitglied des ZDF-Fernsehrates sprach er sich für Thomas Bellut als neuen ZDF-Intendanten aus. Jung hatte ihn als politischen Journalisten und Programmdirektor des ZDF kennen und schätzen gelernt, und ihn, wie auch die Mehrheit im ZDF-Fernsehrat, für den besten Kandidaten gehalten.[8] Bellut wurde dann am 17. Juni zum Nachfolger von Markus Schächter gewählt.

Einer Privatinitiative des Honorarkonsuls der Malediven, Christian von Stetten, verdankte der „FC Bundestag" und somit auch Franz Josef Jung dann wenige Tage später noch ein tolles Erlebnis. Die deutsche Parlamentself trat am 21. Juni 2011 auf dem Inselstaat bei tropischer Hitze zum Duell gegen die einheimische Nationalmannschaft an. Das Event wurde dort auch im Fernsehen übertragen. Allerdings blieb dem fußballbegeisterten Politiker hier der Erfolg verwehrt. Da der Flug von den Abgeordneten selbst finanziert werden musste, war die Mannschaft etwas dezimiert und musste mit Touristen aufgefüllt werden. Dass die Niederlage mit 4:5 dann doch recht knapp ausfiel, war für Jung angesichts der Stimmung vor Ort nicht weiter tragisch. Zurück in Deutschland wurde es wieder ernst. Die Hessen-CDU schickte sich an, in der Opelstadt Rüsselsheim den Oberbürgermeistersessel zu erobern. Jung als erfahrener Wahlkämpfer und -organisator warf hier seine ganze Kompetenz in die Waagschale. Und es zahlte sich aus: In der Stichwahl am 18. September 2011 wurde Patrick Burghardt mit 50,4 % zum jüngsten Oberbürgermeister Hessens gewählt. Für Jung ein Fingerzeig in die Zukunft: „Wenn wir in Rüsselsheim gewinnen können, dann können wir das auch in anderen größeren Städten", so seine Argumentation.[9]

Dieser Monat bescherte ihm aber noch ein weiteres Highlight, nämlich den Gastauftritt von Papst Benedikt im Bundestag.[10] Dessen eindrucksvolle und Jung tief bewegende Rede zur Moral und Verantwortung von Politikern war für den

7 Ebda.
8 Ebda.
9 Ebda.
10 http://www.bundestag.de/kulturundgeschichte/geschichte/gastredner/benedict/rede/250244. Abgerufen am 10. 12. 2015.

Christdemokraten Höhepunkt einer „imposanten Begegnung." Der Papst führte u. a. Folgendes aus:

> „Dem Recht zu dienen und der Herrschaft des Unrechts zu wehren ist und bleibt die grundlegende Aufgabe des Politikers. In einer historischen Stunde, in der dem Menschen Macht zugefallen ist, die bisher nicht vorstellbar war, wird diese Aufgabe besonders dringlich. Der Mensch kann die Welt zerstören. Er kann sich selbst manipulieren. Er kann sozusagen Menschen machen und Menschen vom Menschsein ausschließen. Wie erkennen wir, was recht ist? Wie können wir zwischen Gut und Böse, zwischen wahrem Recht und Scheinrecht unterscheiden? Die salomonische Bitte bleibt die entscheidende Frage, vor der der Politiker und die Politik auch heute stehen."[11]

Für einen Juristen und überzeugten Christen wie Jung waren dies nachdenkliche und grundlegende Aussagen. Im April 2013 hielt Jung eine Rede zum NPD-Verbot.[12] Er war sich mit seiner Fraktion einig, Rechtsextremismus entschlossen zu bekämpfen, allerdings war er damals der Meinung, dass man sich hier auf politischer Ebene auseinandersetzen müsse, um nicht nochmal das Risiko einzugehen, eine erneute Niederlage vor dem Bundesverfassungsgericht zu erleiden. Sollten allerdings die Voraussetzungen für ein Verbot dieser Partei, wie es sich derzeit abzeichnet, günstig sein, so könne er ein Verbot heute nur begrüßen.[13]

Dass seine Fußballleidenschaft ihn nicht loslässt, liegt auf der Hand. So initiierte er nebenbei die Gründung des „Eintracht Frankfurt-Fanclubs" im Bundestag und ist bis heute dessen stellvertretender Vorsitzender. Und auch auf lokaler Ebene gab der Hobbykicker alles. Anlässlich des hundertjährigen Jubiläums des SV Erbach, seines Fußballclubs, wo er in der A-Jugend erste Meriten erwarb, spielten im September 2013 die Erbacher „Allstars" gegen die Elf des Hessischen Landtags. Jung trat logischerweise auf Seiten der Erbacher „Allstars" an. Ebenso auch seine beiden Neffen, die aber beide aufgrund von Verletzungen ausgewechselt werden mussten und Jung somit beim 2:0 Sieg als einziger aus der Familie durchhielt.[14]

Für die am 22. September anstehende Bundestagwahl[15] galt es dann wieder andere Kräfte zu mobilisieren. Jung wurde nämlich von der Hessen-CDU als Spitzenkandidat nominiert. Nicht nur die Christdemokraten gewannen die Wahl, sondern auch Franz Josef Jung seinen Wahlkreis in Groß Gerau, dieses Mal mit einem deutlichen Vorsprung von 5148 Stimmen (gegenüber 345 Stimmen 2009).

---

11 Ebda.
12 Siehe die Homepage von Jung.
13 Interview mit Jung vom 8. 12. 2015.
14 Ebda.
15 CDU/CSU 41,5 %, SPD 25,7 %.

Aber auch bei den parallel stattgefundenen Landtagswahlen in Hessen war die Union erfolgreich[16] Bei den sich anschließenden Sondierungs- und Koalitionsgesprächen in Hessen spielte Jung eine wichtige Rolle. Er führte zu großen Teilen in seiner Funktion als stellvertretender Landesvorsitzender die Verhandlungen mit den Grünen, da Volker Bouffier immer wieder in Berlin bei den Verhandlungen auf Bundesebene zugegen war, und trug entscheidend mit dazu bei für die künftige schwarz-grüne Koalition das notwendige Vertrauensverhältnis aufzubauen. Tarek Al Wazir, Vorsitzender der Grünen-Fraktion, kam mit Jung trotz aller politischen Kontroversen früherer Jahre, insgesamt nämlich recht gut aus und schätzte dessen Verlässlichkeit: „Wenn man was mit Franz Josef vereinbart hatte, konnte man sich darauf verlassen. Bei der SPD haben wir die Erfahrungen nicht immer gemacht."[17] Somit war es für Jung wichtig, vorher die Rahmenbedingungen für die Koalition festzulegen, die in seinen Augen bisher ganz erfolgreich agiert. Im Januar 2014 wurde er stellvertretender Vorsitzender des CDU/CSU Bundestagsfraktion für den Bereich Landwirtschaft und Petitionen und dann auch kirchen- und religionspolitischer Sprecher der Fraktion, womit er wieder im engsten CDU-Kreis vertreten war. So lag es für Jung nahe, inhaltlich und auch örtlich Prioritäten zu setzen. Es war dann keine so große Überraschung, dass er wenige Monate später am 10. Mai auf dem Landesparteitag nicht mehr als Stellvertretender Landesvorsitzender der Hessen-CDU kandidierte, nachdem er zwei Jahre zuvor hier mit dem besten Ergebnis wiedergewählt worden war. Nachfolger wurde Patrick Burghardt, der Oberbürgermeister von Rüsselsheim. Jung war der Auffassung, dass auch jüngere Politiker Verantwortung in der Landespolitik übernehmen müssen.[18] Im Bundestag sollte ihm ja nicht langweilig werden.

Spielte im Juni 2014 wieder einmal die Big Band der Bundeswehr auf Einladung ihres Ehrenvorsitzenden in Erbach auf und wirkte er nebenbei auch bei der Wahl der deutschen Weinkönigin mit, so setzte Jung in den politischen Debatten immer wieder auf der sozial- und gesellschaftspolitischen Ebene deutliche Akzente. In seiner Bundestagsrede während der Orientierungsdebatte zum Thema Sterbehilfe betonte er im November 2014 intensiv die Frage der Menschenwürde. Ein würdiges Sterben stehe jedem zu, aber eine gewerbsmäßige Sterbehilfe lehnte er aus christlich-moralischer Verantwortung ab. Immer wieder vertrat er bei den verschiedensten öffentlichen Anlässen seine christlich geprägten Wertevorstellungen. Sei es bei einem Fernsehgottesdienst des ZDF in Berlin, wo er die Frage von christlicher Verantwortung in der Politik klar bejahte, oder als er im Dezember

16 CDU 38,3 %, SPD 30,7 %, Grüne 11,1 %, FDP 5,0 %, Linke 5,2 %. http://www.statistik-hessen.de/l2013/SLand2.htm. Abgerufen am 10.12.2015.

17 Interview mit Jung vom 8.12.2015.

18 Ebda; Interview mit Volker Bouffier vom 12.2.2016.

2014 die Morgenandacht im Deutschen Bundestag hielt. Dabei erzählte er die Geschichte von den vier brennenden Kerzen am Adventskranz:

> „Vier Kerzen brannten am Adventskranz. So still, dass man hörte, wie die Kerzen zu reden begannen. Die erste Kerze seufzte und sagte: ‚Ich heiße Frieden. Mein Licht leuchtet, aber die Menschen halten keinen Frieden.' Ihr Licht wurde immer kleiner und verlosch schließlich ganz. Die zweite Kerze flackerte und sagte: ‚Ich heiße Glauben. Aber ich bin überflüssig. Die Menschen wollen von Gott nichts wissen. Es hat keinen Sinn mehr, dass ich brenne.' Ein Luftzug wehte durch den Raum, und die zweite Kerze war aus. Leise und traurig meldete sich nun die dritte Kerze zu Wort: ‚Ich heiße Liebe. Ich habe keine Kraft mehr zu brennen. Die Menschen stellen mich an die Seite. Sie sehen nur sich selbst und nicht die anderen, die sie lieb haben sollen.' Und mit einem letzten Aufflackern war auch dieses Licht ausgelöscht. Da kam ein Kind in das Zimmer. Es schaute die Kerzen an und sagte: ‚Aber, aber, Ihr sollt doch brennen und nicht aus sein!' Und fast fing es an zu weinen. Da meldete sich auch die vierte Kerze zu Wort. Sie sagte: ‚Hab keine Angst! Solange ich brenne, können wir auch die anderen Kerzen wieder anzünden. Ich heiße Hoffnung.' Mit einem Streichholz nahm das Kind Licht von dieser Kerze und zündete die anderen Lichter wieder an."[19]

Eine eindrucksvolle und das Werte- und somit auch Politikverständnis von Franz Josef Jung symbolisierende Parabel, die seinem tief empfundenen und praktizierten christlichen Glauben entspricht. Wenige Tag später, am 13. Dezember, verstarb überraschend Andreas Schockenhoff, der stellvertretende Vorsitzende der CDU/CSU – Bundestagsfraktion für die Bereiche Außen-, Verteidigungs- und Europapolitik. Jung wurde dessen Nachfolger, aufgrund seiner Erfahrungen als Verteidigungsminister war er prädestiniert für dieses Amt. Dennoch ist er auch weiterhin Sprecher für Kirchenfragen und führt in dieser Funktion auch den Dialog der Religionen. Jung sprach sich in diesem Kontext beispielsweise im Februar 2015 gegen ein Islamgesetz in Deutschland aus. Derartige Diskussionen kamen auf, nachdem kurz zuvor in Österreich ein solches Gesetz[20] verabschiedet worden war. Dieses stellt die Rechte und Pflichten der Muslime auf eine neue rechtliche Basis. Beispielsweise enthält es eine ausdrückliche Festlegung des Vorrangs des österreichischen Rechts vor den islamischen Glaubensvorschriften. Geregelt werden im dortigen Islamgesetz unter anderem auch der rechtliche Status der Organisationen und Moscheevereine. Weiterhin fixiert es erstmals das Recht von Muslimen auf religiöse Betreuung in Einrichtungen wie dem Bundesheer, in Justizanstalten sowie in Krankenhäusern und Pflegeheimen. Der Schutz islamischer Feiertage

19 Andacht von Franz Josef Jung vom 5. 12. 2014 im Deutschen Bundestag.
20 Siehe dazu: http://religion.orf.at/stories/2696523/. Abgerufen am 17. 12. 2015.

und die ausdrückliche Anerkennung islamischer Speisevorschriften, also auch das Schächten (!), sind weitere Aspekte, die dem Islam einen breiten Entfaltungsraum bieten. Allerdings ist auch geregelt ist, dass sich Muslime der heimischen Gesetzgebung unterzuordnen haben. Derartige Themen, so Jung, werden in Deutschland seit Jahren auf der „Deutschen Islam-Konferenz" besprochen, so dass es keinen Bedarf für ein derartiges Gesetz gebe.[21]

Der umtriebige Abgeordnete ist zudem noch stellvertretendes Mitglied im Rechts-, im Petitions-, im Verteidigungs- und im Auswärtigen Ausschuss des Deutschen Bundestages. Seit 2015 engagiert sich Jung als Vorstandmitglied des „Petersburger Dialogs." Hierbei handelt es sich um ein bilaterales Diskussionsforum von Deutschland und Russland, das die Verständigung sowie einen offenen Dialog zwischen allen Bereichen der Zivilgesellschaften beider Länder fördert.[22] Die wichtigste Veranstaltung ist die regelmäßig stattfindende Jahrestagung, Darüber hinaus treffen sich acht Arbeitsgruppen – „Politik", „Wirtschaft", „Zivilgesellschaft", „Bildung und Wissenschaft", „Kultur", „Medien", „Zukunftswerkstatt", „Kirchen in Europa" – zwischen den Jahrestagungen zur Erörterung aktueller Fragen und Initiierung konkreter Projekte im kleineren Rahmen. Der Petersburger Dialog wird von politischen und privaten Stiftungen, von deutschen und russischen Unternehmen sowie von den Regierungen beider Staaten unterstützt. Schirmherren des Gesprächsforums sind der amtierende deutsche Bundeskanzler und der amtierende russische Präsident. Seit November 2015 ist Jung auch Vorsitzender der „Bundesarbeitsgemeinschaft für Soldatenbetreuung"[23], für einen ehemaligen Verteidigungsminister eine Aufgabe, die ihm wie auf den Leib geschneidert ist.

In seiner Funktion als außenpolitischer Sprecher fand Jung zuletzt im April 2016 deutliche Worte. Es ging hierbei um das Gedenken an das Massaker an den Armeniern 1915, als über einer Million im Osmanischen Reich ermordet wurden. Die Überschrift des Entwurfs eines Entschließungsantrags der Koalitionsfraktionen lautete: „Erinnerung und Gedenken an die Vertreibungen und Massaker an den Armeniern vor 100 Jahren."[24] Jung ging das nicht weit genug. Er war der Auffassung, dass der Begriff des „Völkermords" an herausgehobener Stelle in dem Antrag verwendet werden solle.[25] „Wir werden jetzt eine Formulierung finden, die die Tatsache des Völkermords, der in der Türkei vor 100 Jahren stattgefunden hat, auch mit Namen nennt." Jung wies mögliche Proteste der türkischen Regierung

21 Siehe FAZ vom 28. 2. 2015.
22 Siehe dazu: http://www.petersburger-dialog.de/
23 Siehe die Homepage von Jung.
24 FAZ vom 16. 4. 2015.
25 Ebda.

zurück. „Wenn man eine Situation so beschreibt, wie sie war, dann ist das keine Provokation." Geschichtliche Aufarbeitung sei ein Beitrag zur Versöhnung. „Wir wollen, dass die Blockade der letzten Jahre überwunden wird und es zwischen Armeniern und der Türkei wieder zu einem Versöhnungsprozess kommt."[26] Aktuell engagiert er sich bei Themen wie IS, Fluchtursachen u.ä. Hier entwarf er für die Unionsfraktion ein Konzept und sprach sich für ein militärisches Vorgehen gegen den IS aus. Insbesondere hielt er die Ausbildung der irakischen Soldaten und die Unterstützung der Peschmerga durch die Bundeswehr für den richtigen Weg. Damit konnte er viele Mitglieder seiner Fraktion überzeugen und zur Zustimmung des Bundeswehreinsatzes bewegen.[27]

26 http://www.spiegel.de/politik/deutschland/bundestag-will-nun-doch-von-voelkermord-an-armeniern-reden-a-1029426.html. Abgerufen am 10. 12. 2015.

27 Interview mit Jung vom 8. 12. 2015.

46 Jahre in der Politik – eine Bilanz

6

Was bleibt vom Politiker und Minister Jung in Erinnerung? Sehr vieles.

Ein Mensch, der, wenn er Zeit hat, gerne Sport, vor allem Fußball, treibt, sich für Eintracht Frankfurt begeistern kann und den es interessiert, sich mit Kultur und Wein zu beschäftigten, scheint zunächst einmal nur wenig für eine Karriere in der Bundespolitik prädestiniert. Wie gelang Jung also der Sprung vom Lokal- zum Bundespolitiker, der dann vier Jahre lang auf globalem Parkett zu Hause war? Dazu gehören unter anderem Loyalität und Durchsetzungskraft, beides Markenzeichen von Jung, beide sind auch in seiner Biografie begründet. Mit 20 Jahren verlor er seinen Vater und musste sich deshalb mit seinem Bruder Ludwig um das Weingut kümmern, bis dieser es später alleine weiterführte. Prägende Jahre, die ihm den Stellenwert der Familie intensiv bewusst machten. Sie war und ist für Jung somit folgerichtig sein „größtes Glück." Er erfährt durch sie aber „nicht nur Nestwärme, sondern auch kritische Ratschläge."[1] Seiner Familie gegenüber war er immer dankbar, dass sie schon seit vielen Jahren so viel Verständnis für seine zeitraubende politische Tätigkeit aufbringt, was für Jung nicht selbstverständlich ist. Naheliegend, dass für ihn als ein von christlichen Werten, unter anderem infolge seiner kirchlichen Jugendarbeit, geprägter Familienmensch Hilfsbereitschaft und Menschlichkeit im Vordergrund stehen. So förderte er z. B. später als Verteidigungsminister den Einsatz der Bundeswehr Big Band für Spendenaktionen, übernahm eine Kinderpatenschaft im Kongo oder bereitete das Einsatz-Weiterverwendungsgesetz für ihm Einsatz verletzte Soldaten vor.

Ebenso liebt der bodenständige und natürlich gebliebene Politiker aus Leidenschaft seine Heimat, den Rheingau. Jung blieb sich seiner Herkunft immer bewusst, er „hob" nie ab, vielmehr hatte er auch für die lokalen Anliegen der

1 Siehe dazu einige Flugblätter der CDU zur hessischen Landtagswahl 1995 und 1999. Privatarchiv Linda Kreckel.

Menschen ein offenes Ohr. In seinem Heimatort Erbach war und ist Jung fest verwurzelt. Als Landtagsabgeordneter hatte er sich folgerichtig zum Ziel gesetzt, „das Beste für die Menschen in unserer Region" herauszuholen.[2] Sein Landtagsmandat war für ihn auch eine emotionale Aufgabe und stete Herausforderung. In den Jahren 1999 bis 2003 gelang es ihm als Landtagsabgeordneter allein an Landesmitteln als Spenden oder Zuschüsse für Vereine, Feuerwehren oder Verkehrsprojekte mehrere Millionen Euro in seinen Wahlkreis zu holen.[3]

So humorvoll und jovial der gelernte Jurist meistens ist, so knallhart konnte und kann Jung auch auftreten, wenn es um harte Fakten geht. Unvergessen bleibt, wie der „Politikmanager" z.B. den Auftritt von Helmut Kohl während des DDR-Wahlkampfes in Erfurt quasi inszenierte. Jung kann emotionalisieren, das wurde während des Wiedervereinigungsprozesses bei zahlreichen Großveranstaltungen der CDU mehr als deutlich, aber nicht aus taktischen Gründen heraus, sondern weil er dann von seinem Handeln überzeugt ist. Jung kann aber auch polarisieren und damit ebenfalls Dinge politisch um- bzw. durchsetzen, wie man an seiner gemeinsam mit Roland Koch initiierten Kampagne gegen die doppelte Staatbürgerschaft sehen konnte.

Seine Verdienste um die deutsche Einheit, gerade im Hinblick auf die von ihm in die Wege geleiteten und forcierten Kontakte zur thüringischen CDU und die Gründung der „Allianz für Deutschland", kennzeichnen ihn nicht nur als Instinktpolitiker, sondern auch als Pragmatiker und deutschen Patrioten. Hier war für Jung die Botschaft von Helmut Kohl wegweisend: Die deutsche Einheit und die europäische Integration sind zwei Seiten derselben Medaille. Das Eintreten für die Einheit unser Vaterlandes war für Jung Sinnbild eines positiven Nationalbewusstseins, analog beispielsweise zur Vorstellung von Charles de Gaulle, der bewusst Nationalismus (als ein vom Hass auf andere geprägtes Phänomen) vom Patriotismus (geprägt von der Liebe zum eigenen) abgrenzte. Dieses positive Nationalgefühl – eingebettet in die europäische Einigung – gelte es nach wie vor zu pflegen, da Europa die Grundlage für ein friedliches und freiheitliches Zusammenleben auch in Deutschland darstellt, betont Jung auch heute noch.[4] Für ihn bot hier das Fußballsommermärchen von 2006 ein gelungenes Beispiel. Die zahlreichen Deutschlandfahnen begeisterten ihn auch als Zeichen einer Normalisierung im Umgang mit dem eigenen Vaterland.

Dass der CDU-Spendenskandal bei Jung trotz aller politischen Robustheit auch auf der persönlichen und emotionalen Ebene Spuren hinterlassen würde, war nicht vermeidbar. Der größter Fehler war hier aus seiner Sicht, „anderen zu-

2 Flugblatt der CDU zum hessischen Landtagswahlkampf 1995. Privatarchiv Linda Kreckel.
3 Flugblatt der CDU zum hessischen Landtagswahlkampf 2003. Privatarchiv Linda Kreckel.
4 Interview mit Jung vom 1. 2. 2106.

viel zu vertrauen" und noch heute bringt es ihn „auf die Palme[...], wenn mich jemand hintergeht."[5] Dennoch lässt die Spendenaffäre der Hessen-CDU rückblickend insgesamt keine Zweifel an der Integrität Franz Josef Jungs aufkommen. Roland Koch bestätigte dies 2002 im Gespräch mit Hugo Müller-Vogg: „Ich kenne auch auf Seiten der Opposition eigentlich niemanden mehr, der unter vier Augen ernsthaft behaupten würde, er habe Zweifel an seiner Integrität."[6] Auch beim politischen Gegner hatte er kein Vertrauen eingebüßt. Es war allseits bekannt, dass man sich auf Jung verlassen konnte und kann. „Was der [Jung] zusagt, hält er immer. Er hat mich nie hinters Licht geführt", erklärte beispielsweise der frühere hessische Fraktionsvorsitzende der SPD, Jürgen Walter.[7] Jung betrieb und betreibt Politik immer im Team und hat sich dabei für andere oft stark zurückgenommen, ob in der Zusammenarbeit mit Walter Wallmann, Roland Koch oder auch Angela Merkel.

Von Beginn an seiner politischen Karriere war Jung aber auch ein vehementer Verteidiger der wehrhaften Demokratie, das wird in jungen Jahren an seiner Haltung gegenüber dem „Radikalenerlass" deutlich, später z. B. hinsichtlich seiner Positionen zum Einsatz der Bundeswehr im Inneren oder zum Luftsicherheitsgesetz.

Da eines seiner Anliegen schon immer war, wenn es in seiner Macht stünde, die Welt friedlicher und gerechter zu gestalten und er sich nicht mit der Ungerechtigkeit der Welt abfinden konnte und kann[8], war dies sicher auch ein Grund, das Amt des Verteidigungsministers zu übernehmen. Hier kann Franz Josef Jung als ein bedeutender Verteidigungsminister gewürdigt werden. Er kam in dieses Amt, als der Afghanistan-Einsatz an Schärfe zunahm und er rasch auf diese fortschreitende Bedrohungslage reagieren musste, so z. B. innerhalb kürzester Zeit für minensichere Fahrzeuge zu sorgen hatte, deren Kauf jedoch erst einmal nicht im Einklang mit dem Wehretat stand. Und dennoch handelte er in solchen Fällen so rasch, wie es möglich war, um den Bundeswehrkräften die notwendige Unterstützung zukommen zu lassen. Sein von ihm entwickeltes Konzept einer vernetzten Sicherheit prägen bis heute die nationalen Strukturen und Aufgabenbereiche der Bundeswehr im Katastrophenfall in Form der „Zivil-Militärischen Zusammenarbeit", die sich schon des Öfteren bewährt hatte, man denke nur an die „Jahrhunderthochwasser" an Elbe und Oder. Aber auch bezüglich der deutschen Außenpolitik in Krisenregionen, verbunden mit Auslandseinsätzen, ist diese auf

5 12 Fragen an Jung in „Blitz-Tip-Privat" vom 7. 5. 2003, Privatarchiv Linda Kreckel.
6 MÜLLER-VOGG, Beim Wort genommen, S. 81. Siehe auch das Interview mit Bernd Heidenreich vom 9. 2. 2016.
7 Zit. nach Handelsblatt vom 8. 11. 2005.
8 12 Fragen an Jung in „Blitz-Tip-Privat" vom 7. 5. 2003, Privatarchiv Linda Kreckel.

nachhaltige Entwicklung und „Nation-Building" setzende Strategie nach wie vor maßgebend und bis heute ein Grundprinzip von NATO-Operationen. In seiner vom zunehmend eskalierenden Afghanistaneinsatz geprägten Amtszeit setzte er zahlreiche notwendige und bis heute v.a. innerhalb der Bundeswehr hochgeschätzte Akzente. Die für Jung wesentlich Bedeutung öffentlicher Gelöbnisse, die Stiftung der Tapferkeitsmedaille und das Ehrenmal sind wichtige Elemente einer neuen Erinnerungs- und Anerkennungskultur für die Leistungen der deutschen Soldaten in ihren Einsätzen für die Werte und Interessen Deutschlands. Mit seinem „Sinn für das Zeremonielle"[9] leistete er als Verteidigungsminister einen wichtigen Beitrag für die Gedenkkultur – nicht nur im Zusammenhang mit gefallenen deutschen Soldaten –, sondern begründete hier auch den Beginn einer weiterzuentwickelnden Traditionspflege. All die genannten Maßnahmen sind für die Erfüllung des Auftrags der Streitkräfte, deren Würdigung sowie deren Ansehen in der Öffentlichkeit sicher bedeutendere Maßnahmen, als die Einrichtung von Ein-Mann-Stuben mit Kühlschrank und Fernsehen. Hier hat Franz Josef Jung hinsichtlich klassischer soldatischer Tugenden und Werte wesentliches bewirkt. Jungs patriotische Haltung wirkte sich auch auf diesem Feld für die Bundeswehr positiv aus. Sie war und ist für ihn eben kein beliebig einsetzbares Instrumentarium in Form einer Söldnertruppe ohne Prinzipien, Leitbilder und Orientierung. Nein, Streitkräfte sind für Jung ein wesentliches, ja unverzichtbares Element einer wehrhaften Demokratie, die ihre Staatsbürger schützen, aber auch ihre außenpolitischen Interessen verteidigen müssen. Dass die Soldaten als Staatsbürger in Uniform demokratische Werte zu verinnerlichen haben, war und ist für ihn von zentraler Bedeutung. Das Konzept der Inneren Führung lag ihm von daher immer am Herzen und umso mehr bedauerte er die Aussetzung der Wehrpflicht als eine für die Verankerung der Bundeswehr in der Gesellschaft und Öffentlichkeit wichtigen Dienstpflicht. Als Pragmatiker und Realpolitiker definierte er z.B. in Form des Weißbuchs angesichts neuer globaler Herausforderungen zentrale deutsche sicherheits- und außenpolitische Interessen wie den Schutz freier Handelswege und den Zugang zu Ressourcen. Aber auch die transatlantischen Beziehungen spielen für ihn in diesem Zusammenhang eine wichtige Rolle. „Wir verdanken Sicherheit und Freiheit den USA. Die Leistungen der USA im Rahmen der Berlin-Blockade 1948/49 oder in Form des Marshallplans dürfen nicht vergessen werden. Denn die Freundschaft zu den USA ist auch zukünftig ein ganz entscheidender Punkt für die Sicherheit und Freiheit in unserem Land."[10]

9 Gespräch mit Stöhr am 28. 4. 2015.
10 Interview mit Franz Josef Jung vom 2. 1. 2016.

Er zählt insgesamt zu den Verteidigungsministern, die mit die längste Amtszeit hatten. In dem „Moloch Verteidigungsministerium"[11] hat er sich trotz aller Widrigkeiten und auch Rückschläge sehr gut behauptet. Die Tatsache, dass Merkel ihn anschließend auch zum Arbeitsminister ernannt hatte, ist in diesem Zusammenhang ebenfalls positiv zu werten, denn diese Ämter erhält „man ja nicht ohne politische Fähigkeiten und Erfolge."[12] Sein unnötiger Rücktritt als Arbeitsminister erfolgte dann vor allem auch, um Druck von der Kanzlerin zu nehmen, was wieder seiner verinnerlichten Loyalität entspricht. „Jung hat seinen Job gut gemacht."[13], so sein Anwaltskollege Jochen Weckel.

In der Politik ist die Versuchung groß, Schlagzeilen zu produzieren, dies war und ist nicht Jungs Metier. Er ist vielmehr ein Politiker mit geradlinigem Charakter, der aufgrund seiner Bodenständig ehrlich, authentisch, aber auch hart seine Positionen vertrat und vertritt, sei es als Abgeordneter oder Minister. Diese herausragende menschliche Komponente stellt einen erheblichen Teil seiner Kompetenz dar. Eigenschaften wie Ausdauer und sein Interesse am Gemeinwohl sind weitere wesentliche Charaktereigenschaften des erfahrenen Politikstrategen. Er hatte sich schon immer gern für seine Mitmenschen eingesetzt, was Grundlage für sein politisches Engagement war und ist. Das Mitwirken an der Gestaltung der Gesellschaft war ihm immer ein zentrales Anliegen. Nicht nur als Minister pflegte Jung einen „positiven vertraulichen Umgang mit seinen Mitarbeitern und erwies ihnen jederzeit Respekt für ihre Arbeit."[14] Seine „ausgezeichnete persönliche Unterstützung, seine Verlässlichkeit und Treue gegenüber auch ehemaligen Mitarbeitern"[15] stellen ein weiteres Markenzeichen Jungs dar. „Jung schätzte jeden Mitarbeiter als Person und Persönlichkeit, er drückte z. B. jedem Kraftfahrer die Hand. Er pflegte einen ausgesprochen offenen und zugänglichen persönlichen Umgangsstil, eine sehr persönliche Art der Ansprache."[16] Allerdings ließ er, wenn „jemand nicht liefern konnte", dem Gegenüber spüren, das er dies nicht schätzte."[17] Für Jung ist ein stabiles Werte- und Koordinatensystem, basierend auf dem Grundgesetz und seinem Menschenbild, prägend. Sein christlicher Glauben war und ist für ihn ein großes Motiv Politik zu gestalten. Diese daraus resultierende Verantwortung hat man bei allen seinen politischen Ideen und Maßnahmen immer gespürt, denn Jung nimmt bis heute das „C" der CDU ernst. Grundlage ist

11 Jochen Weckel im Interview vom 7. 10. 2015, ähnlich MdL Petra Müller-Klepper im Interview vom 31. 8. 2015.
12 Ebda.
13 Ebda.
14 Interview mit Brigadegeneral Klink vom 7. 7. 2015.
15 Ebda.
16 Ebda.
17 Ebda.

für ihn der demokratische Rechtsstaat, in dem nicht das Recht des Stärkeren gilt, sondern vor allem auch der Schutz der Schwachen. Auch in Fragen der Familienpolitik legt Jung hierauf großen Wert, vor allem hinsichtlich des Engagements für Kinder in der Politik, was ihm manchmal zu kurz kommt. Anhand einer Festrede Jungs zum 60jährigen Jubiläum der CDU Oestrich-Winkel wird diese Haltung sehr deutlich:

> „Das christliche Menschenbild lehrt uns allerdings Demut und Realismus, weshalb wir bei aller Freude und Dankbarkeit auch zu unseren Schwächen stehen und nicht so tun sollten, als ob wir uns auf den Lorbeeren der Vergangenheit ausruhen könnten. Dankbarkeit und Achtung gegenüber dem, was gewesen ist, sind notwendig, aber der Blick muss in die Zukunft gerichtet werden, um deren Herausforderungen zu bewältigen. Das ist unsere Aufgabe, im Großen wie im Kleinen."[18]

Der Mainzer Bischof Karl Kardinal Lehmann betonte in seinem Glückwunschschreiben zu Jungs 60. Geburtstag daher nicht von ungefähr:

> „Sie haben sich […] immer auch von Ihrer Partei und für das Gesamtwohl in die Pflicht nehmen lassen und haben für andere manches Opfer gebracht. Um so mehr freut mich die Anerkennung, die Sie heute bei Ihrem schwierigen Ministeramt gefunden haben. Immer wieder höre ich dies auch aus dem Mund von Offizieren und Soldaten."[19]

Der von Teilen der Presse häufig erhobene Vorwurf, Jung sei als Verteidigungsminister überfordert gewesen, ja, dass „für die Bundeswehr […] die Jung-Jahre verlorene Jahre" gewesen seien, wie der „Spiegel"[20] in Unkenntnis der Leistungen und Verdienste Jungs formulierte, entbehrt somit jeglicher Grundlage. „Er war kein Mann, der seine Soldaten im Regen stehen ließ."[21] Die Sorge für die Soldaten stand bei Jung im Mittelpunkt, jeder Tote und Verletzte in Afghanistan ging ihm persönlich sehr nahe. „Ich habe noch kein kritisches Wort von Bürgern über meine Ministerzeit gehört"[22] lautet denn auch sein Fazit. Franz Josef Jung ist Politiker mit Leib und Seele, ein „Vollblut-Politiker." „Dabei ist er Mensch geblieben. Absolut verlässlich und loyal."[23]

18 Festrede zur Feierstunde 60 Jahre CDU Oestrich-Winkel von Bundesminister Dr. Franz Josef Jung am 11. 3. 2006.
19 Brief Kardinal Lehmanns an Jung vom 11. 3. 2009, Privatarchiv Linda Kreckel.
20 Der Spiegel Nr. 49 vom 30. 11. 2009, S. 26.
21 Interview mit Bernd Heidenreich vom 9. 2. 2016.
22 Interview mit Jung am 30. 3. 2015.
23 E-Mail-Interview mit Christine Lieberknecht vom 10. 2. 2016.

Verteidigungsminister Jung mit Bundeskanzlerin Angela Merkel bei der Fußballeuropameisterschaft 2008 in Wien

Quellen- und Literaturverzeichnis

Vorbemerkung: Die Einsatzdokumentation der Bundeswehr zu Afghanistan ist derzeit nur für den internen Gebrauch bestimmt. Zudem sind hier zahlreiche Quellen noch als VS (= Verschlusssache) eingestuft, d. h. sie konnten leider nicht eingesehen werden.

Ungedruckte Quellen

Interviews mit Dr. Franz Josef Jung am 30.3., 26.5., 21.7., 6.10., 8.12.2015, 1.2. u. 7.10.2016.

Interview mit Volker Bouffier, Hessischer Ministerpräsident, am 12.2.2016.

Interview mit Dr. Bernd Heidenreich, Direktor Hessische Landeszentrale für politische Bildung und ehemaliger persönlicher Referent von Franz Josef Jung, am 9.2.2016.

Interview mit Petra Müller-Klepper, MdL Hessen, am 31.8.2015.

Interview mit Brigadegeneral Eckart Klink, Kommandeur Landeskommando Hessen, am 7.7.2015.

Interview mit Roland Koch, ehemaliger Ministerpräsident von Hessen und ehemaliger Vorsitzender der Hessen-CDU, am 15.2.2016.

Interview mit General a. D. Wolfgang Schneiderhan, ehemaliger Generalinspekteur der Bundeswehr, am 19.2.2016.

Interview mit Rechtsanwalt und Notar Jochen Weckel am 7.10.2015.

Interview mit Matthias Wissmann, ehemaliger JU-Bundesvorsitzender und Bundesverkehrsminister, am 16. 3. 2016.

E-Mail-Interview mit Christine Lieberknecht, ehemalige Ministerpräsidentin von Thüringen, am 10. 2. 2016 und Telefongespräch am 19. 2. 2016.

Telefongespräch mit Brigadegeneral a. D. Alois Bach, ehemaliger Leiter des Zentrums Innere Führung der Bundeswehr in Koblenz, am 19. 2. 2016.

Gespräch mit Gerhard Stöhr, Leitender Regierungsdirektor und Leitdozent Recht an der Führungsakademie der Bundeswehr, Hamburg, am 28. 4. 2015.

Verschiedene Gespräche mit Bundeswehreinsatzsoldaten.

Printmedien

Das Parlament, Hamburger Abendblatt, Frankfurter Allgemeine Zeitung, Frankfurter Neue Presse, Frankfurter Rundschau, Rheingau-Echo, Der Spiegel, Süddeutsche Zeitung, taz, Wiesbadener Kurier.

Internetquellen

www.berliner-zeitung.de
www.bmvg.de
www.bundesregierung.de
www.faz-online.de
www.focus.de
www.handelblatt.com
www.spiegel.de
www.sueddeutsche.de
www.tagesspiegel.de
www.welt.de
www.zeit online
www.zeitgeschichte-online.de
www.kas.de/wf/de/191.552

Sonstige Quellen

Deutscher Bundestag: Drucksachen

Ministerialblatt von Nordrhein-Westfalen, 1972.

Privatarchiv Linda Kreckel, Eltville.

Afghanistan. Auf dem Weg zur „Übergabe in Verantwortung". Ressortübergreifende Entscheidungsgrundlage zur Mandatsverlängerung und vor der internationalen Afghanistan Konferenz. Kabinettsbeschluss vom 18. November 2009. Hg. vom Presse- und Informationsamt der Bundesregierung. Berlin 2009.

Bundeswehr im Einsatz. Katalog zur Ausstellung anlässlich des 15. Jahrestages der ersten Parlamentsmandatierung von bewaffneten Einsätzen der Bundeswehr im Ausland. Hg. vom BMVg. Berlin ²2009.

Das Ehrenmal der Bundeswehr. Dokumentation der Einweihung am 8. September 2009 in Berlin. Hg. vom BMVg. Berlin 2009.

Die Bundeswehr im Einsatz. Entstehung, Entwicklung, Überblick. Hg. vom BMVg. Berlin 2013.

DREGGER, A.: Der Vernunft eine Gasse. Politik für Deutschland. Reden und Aufsätze zusammengestellt von K. Hoff. München 1987.

DRESSLER, U./ADRIAN, U.: Hessische Kommunalverfassung. 17. Aufl. Wiesbaden 2005.

Ehrenzeichen und Einsatzmedaillen der Bundeswehr. Hg. Vom BMVg. Berlin 2009.

Einsätze der Bundeswehr im Ausland. Hg. vom BMVg. Berlin 2008.

Einsatzführungskommando der Bundeswehr J 1/InFü/Leit-FBZ, Druckschrift Einsatz Nr. 28. Einsatzbezogene Familieninformationen für Soldatinnen, Soldaten, Verwaltungspersonal im Zivilstatus und deren Angehörigen, Juli 2006.

Europäische Sicherheit. Politik, Streitkräfte, Wirtschaft, Technik, Nr. 3, März 2008.

Jahresbericht des Wehrbeauftragten 2009. Deutscher Bundestag, 17. Wahlperiode. Drucksache 17/900 (16.3.2010).

KOHL, H.: Erinnerungen 1982–1990, München 2005.

KOHL, H.: Vom Mauerfall zur Wiedervereinigung. Meine Erinnerungen. München Neuauflage 2014.

MÜLLER-VOGG, H.: Beim Wort genommen. Roland Koch im Gespräch mit Hugo Müller-Vogg. Frankfurt 2002.

Parteien im Aufbruch. Nichtkommunistische Parteien und politische Vereinigungen in der DDR vor der Volkskammerwahl am 18. März 1990. Hg. Im Auftrag der Konrad-Adenauer-Stiftung. St. Augustin 1990.

Presse- und Informationsamt der Bundesregierung (Hg.): Afghanistan. Auf dem Weg zur „Übergabe in Verantwortung." Kabinettsbeschluss vom 18. November 2009. Berlin 2009.

Reden, Artikel, Grußworte und Tagesbefehle des Bundesministers der Verteidigung, Dr. Franz Josef Jung, Juli 2009 – Oktober 2009 (zusammengestellt vom BMVg).

WALLMANN, W.: Im Lichte der Paulskirche. Memoiren eines Politischen. Potsdam 2002.

WALLMANN, W.: Für die Zukunft einer freiheitlichen Gesellschaft. Regierungserklärung vom 23. April 1987 vor dem Hessischen Landtag.

Weißbuch zur Sicherheit der Bundesrepublik Deutschland und zur Lage und Zukunft der Bundeswehr, hg. vom BMVg. Bonn 1994.

Weißbuch zur Sicherheitspolitik Deutschlands und zur Zukunft der Bundeswehr, hg. vom BMVg. Berlin 2006.

Y.Special. Magazin der Bundeswehr. Innere Führung. Immer im Einsatz. Nr. 6, 2008.

Zentrale Dienstvorschrift (ZDv) 10/1 Innere Führung. Selbstverständnis und Führungskultur der Bundeswehr. Bonn 2008.

Darstellungen

BERG-SCHLOSSER, D./NOETZEL, T.: Parteien und Wahlen in Hessen 1946–1994, Marburg. 1994.

BIEHL, H./SCHOEN, H. (Hg.): Sicherheitspolitik und Streitkräfte im Urteil der Bürger. Theorien, Methoden, Befunde. Wiesbaden 2015.

BOHNERT, M.: Zur Notwendigkeit lagebezogener Einsatzregeln für Soldatinnen und Soldaten in Auslandsmissionen, in: F. Forster/S. Vugrin/L. Wessendorff (Hg.): Das Zeitalter der Einsatzarmee. Herausforderungen für Recht und Ethik. Berlin 2014, S. 131–140.

BÖSCH, F.: Macht und Machtverlust. Die Geschichte der CDU. Stuttgart, München 2002.

BRANDES, K.: Hessen und Thüringen – Wege zur Partnerschaft. Das Aktionsprogramm 1989 bis 1994, hg. von N. Kartmann u. D. Schipanski. Frankfurt 2009.

BRAUNTHAL, G.: Politische Loyalität und Öffentlicher Dienst: der Radikalenerlass von 1972 und die Folgen. Marburg 1992.

BREITWIESER, T..: Friedensbemühungen der UNO, in: Wegweiser zur Geschichte. Demokratische Republik Kongo. Hg. im Auftrag des MGFA von B. Chiari u. D. Kollmer. Paderborn [3]2008, S. 117–125.

BREITWIESER, T.: Verfassungshistorische und verfassungsrechtliche Aspekte der Auslandseinsätze, in: Wegweiser zur Geschichte. Auslandseinsätze der Bundeswehr. Hg. im Auftrag des MGFA von B. Chiari u. M. Pahl. Paderborn 2010, S. 153–166.

BRINKMANN, S./HOPPE, J./SCHRÖDER, W. (Hg.): Feindkontakt. Gefechtsberichte aus Afghanistan. Hamburg, Berlin, Bonn ²2013.

BUCHSTAB, G. (Hg.): Brücke in eine neue Zeit. 60 Jahre CDU. Freiburg 2005.

BUSKE, R.: Kunduz. Ein Erlebnisbericht über einen militärischen Einsatz der Bundeswehr in Afghanistan im Jahre 2008. Berlin 2015.

CHIARI, B. (Hg.): Afghanistan. Wegweiser zur Geschichte. Hg. vom MGFA. Paderborn ³2009.

CHIARI, B.: Grenzüberschreitende Sicherheit? ISAF, Afghanistan und Pakistan, in: Wegweiser zur Geschichte. Auslandseinsätze der Bundeswehr. Hg. im Auftrag des MGFA von B. Chiari u. M. Pahl. Paderborn 2010, S. 133–151.

CHIARA, B.: Der sowjetische Einmarsch in Afghanistan und die Besatzung von 1979 bis 1989, in: Wegweiser zur Geschichte. Auslandseinsätze der Bundeswehr. Hg. im Auftrag des MGFA von B. Chiari u. M. Pahl. Paderborn 2010, S. 61–74.

CLAIR, J.: Vier Tage im November. Mein Kampfeinsatz in Afghanistan. Berlin 2014.

CLEMENT, R.: Die Münchner Konferenz steht vor einer Zäsur, in: in: Europäische Sicherheit. Politik, Streitkräfte, Wirtschaft, Technik, Nr. 3, März 2008, S. 10–12.

DAHL MARTINSEN, K.: Totgeschwiegen? Deutschland und die Gefallenen des Afghanistan-Einsatzes, in: APuZ. Aus Politik und Zeitgeschichte, Nr. 44/2013, S. 17–23.

DE LIBERO, L.: Einsatzarmee und Erinnerung: Gedenkkulturen in der Bundeswehr, in: Wegweiser zur Geschichte. Auslandseinsätze der Bundeswehr. Hg. im Auftrag des MGFA von B. Chiari u. M. Pahl. Paderborn 2010, S. 279–287.

„Der Fall Eltville". Eine Dokumentation zur jüngeren Geschichte des Rheingaus. Hg. vom „Verein zur Erhaltung des Eltviller Stadtbildes und der Eltviller Rheinuferlandschaft e. V." Eltville 2014.

DIEMER, G./KUHRT, E.: Kurze Chronik der Deutschen Frage. München ²1991.

Einsätze der Bundeswehr. Hg. vom BMVg, Berlin 2008.

ENCKE, J.: Die Stimmen der Soldaten, in: Frankfurter Allgemeine Sonntagszeitung vom 13. 9. 2009.

ENDRES, F./SCHOEN, H./RATTINGER, H.: Außen- und Sicherheitspolitik aus Sicht der Bürger. Theoretische Perspektiven und ein Überblick über den Forschungsstand, in: H. Biehl/H. Schoen (Hg.): Sicherheitspolitik und Streitkräfte im Urteil der Bürger. Theorien, Methoden, Befunde. Wiesbaden 201, S. 39–65.

FISCHER, J.: Unsichere Sicherheitskräfte. Die mediale Darstellung der Bundeswehr-Ausrüstungspolitik im Afghanistaneinsatz, in: T. Jäger/H. Viehrig (Hg.): Sicherheit und Medien. Wiesbaden 2009, S. 79–92.

FORSTER, F./VUGRIN, S./WESSENDORFF, L. (Hg.): Das Zeitalter der Einsatzarmee. Herausforderungen für Recht und Ethik. Berlin 2014.

FREYTAG-LORINGHOVEN, K. v.: Wolfgang Schneiderhan. Der „GI", in: Loyal 12/2016, S. 94.

GAUSTER, M.: Provincial Reconstruction Teams – ein innovatives Instrument des internationalen Krisenmanagements auf dem Prüfstand. Wien 2006.

GILLNER, M./STÜMKE, V. (Hg.): Kollateralopfer. Die Tötung von Unschuldigen als rechtliches und moralisches Problem. Münster 2014.

GÖRTEMAKER, M.: Die Berliner Republik. Wiedervereinigung und Neuorientierung. Berlin 2009.

GROOS, H.: Ein schöner Tag zum Sterben. Als Bundeswehrärztin in Afghanistan. Frankfurt 2009.

GRÜNBAUM, R.: Deutsche Einheit. Berlin 1999.

HAEMING, A.: Gebautes Gedenken, in: Das Parlament, Nr. 34/35 vom 23.8.2010.

HEIDENREICH,B.: Start in die Einheit. Der 9. November 1989 und der Beitrag der hessischen CDU, in: Frankfurt Magazin, Nr. 3, Oktober 2015, S. 6 f.

HEIDENREICH, B.: CDU Hessen – Vorreiter der Deutschen Einheit, in: B. Heidenreich/W. Wolf (Hg.): Der Weg zur stärksten Partei 1945–1995. 50 Jahre CDU Hessen. Köln 1995, S. 155–176.

HEIDENREICH, B./BÖHME, K. (Hg.): Hessen. Geschichte und Politik. Stuttgart, Berlin, Köln 2000.

HEIDENREICH, B./SCHACHT, K. (Hg.): Hessen. Eine politische Landeskunde. Stuttgart, Berlin, Köln 1993.

HEIDENREICH, B./WOLF, W. (Hg.): Der Weg zur stärksten Partei 1945–1995. 50 Jahre CDU Hessen. Köln 1995.

Hessisches Hauptstaatsarchiv (Hg.): Hessen und Thüringen – Nachbarn und Partner. Begleitheft. Ergänzender Beitrag zur Ausstellung „20 Jahre friedliche Revolution und deutsche Einheit." Wiesbaden ^{2}2009.

HISTOR, M.: Willy Brandts vergessene Opfer. Geschichte und Statistik der politischmotivierten Berufsverbote in Westdeutschland 1971–1988. Freiburg 1992.

HOSSEUS, L.D: Piraterie auf See als Herausforderung für die Internationale Gemeinschaft, in: Wegweiser zur Geschichte. Auslandseinsätze der Bundeswehr. Hg. im Auftrag des MGFA von B. Chiari u. M. Pahl. Paderborn 2010, S. 229–238.

JÄGER, W./WALTER, M.: Die Allianz für Deutschland. CDU, Demokratischer Aufbruch und Deutsche Soziale Union 1989/90. Köln 1998.

JÄGER, T/VIEHRIG, H. (Hg.): Sicherheit und Medien. Wiesbaden 2009.

JUNG, F. J.: Eine bewegte und bewegende Zeit, in: N. Kartmann/D. Schipanski (Hg.): Hessen und Thüringen. Umbruch und Neuanfang 1989/90. Frankfurt 2007, S. 103–110.

JUNG, F. J.: Die letzten Tage der Teilung. Wie die deutsche Einheit gelang, Freiburg 2010.

JUNG, F. J.: 25 Jahre deutsche Einheit. Eine beispiellose Erfolgsgeschichte, in: Hessenkurier vom Oktober 2015, S. 16–20.

KAIM, M.: Deutsche Einsätze in der Multilateralismusfalle?, in: Mair, S. (Hg.): Auslandseinsätze der Bundeswehr. Leitfragen, Entscheidungsspielräume und Lehren. SWP-Studie 27, Berlin 2007, S. 43–49.

KLÄRNER, A.: Aufstand der Ressentiments. Einwanderungsdiskurs, völkischer Nationalismus und die Kampagne der CDU/CSU gegen die doppelte Staatsbürgerschaft. Köln 2000.

Kleine Geschichte der CDU, hg. von der Konrad-Adenauer-Stiftung. Stuttgart 1995.

KLEINMANN, H.-O.: Geschichte der CDU 1945–1982. Stuttgart 1993.

KOHLER, B.: Dem Krieg ganz nahe, in FAZ vom 16. 11. 2009.

KRAUSE, U. v.: Die Afghanistaneinsätze der Bundeswehr. Politischer Entscheidungsprozess mit Eskalationsdynamik. Wiesbaden 2011.

KRECH, H.: Der Afghanistan-Konflikt 2001. Ein Handbuch, Berlin 2002.

KUTZ, M.-S.: Öffentlichkeitsarbeit in Kriegen. Legitimation von Kosovo-, Afghanistan- und Irakkrieg in Deutschland und den USA. Wiesbaden 2014.

LÖWENSTEIN, S.: Strippenzieher auf dem Schleudersitz. Warum die innere Kritik an Verteidigungsminister Jung wächst, in: FAZ vom 17. 3. 2006.

LÖWENSTEIN, S.: Unerhört neu, in: FAZ vom 6. 3. 2008.

LÖWENSTEIN, S.: Fassungslosigkeit über die Heimatfront, in: FAZ vom 16. 9. 2009.

MÄHLERT, U.: Kleine Geschichte der DDR. München 7. Aufl. 2010.

MADER, M.: Grundhaltungen zur Außen- und Sicherheitspolitik in Deutschland, in: H. Biehl/H. Schoen (Hg.): Sicherheitspolitik und Streitkräfte im Urteil der Bürger. Theorien, Methoden, Befunde. Wiesbaden 2015, S. 69–96.

MAIR, S. (Hg.): Auslandseinsätze der Bundeswehr. Leitfragen, Entscheidungsspielräume und Lehren. SWP-Studie 27, Berlin 2007.

MÜLLER, C. P.: Die Aufbauhilfe in Thüringen war nicht vergebens, in: FAZ vom 29. 9. 2015, S. 37.

MÜLLER, R.: Verteidigung des Rechts, in: FAZ vom 7. 10. 2016, S. 1.

MÜLLER-KINET, H.: Der schulpolitische Beitrag zur Profilbildung der Union in Hessen, in: B. Heidenreich/W. Wolf (Hg.): Der Weg zur stärksten Partei 1945–1995. 50 Jahre CDU Hessen. Köln 1995, S. 177–201.

MÜNCH, P.: Die Bundeswehr in Afghanistan. Militärische Handlungslogik in internationalen Interventionen. Freiburg/Berlin/Wien 2015. Zugl. Westfälische Wilhelms-Universität Münster, Philosophie Fakultät, Diss. 2014.

MÜNKLER, H.: Kriegssplitter. Die Evolution der Gewalt im 20. und 21. Jahrhundert. Berlin 2015.

NACHTWEI, W.: Der Afghanistaneinsatz der Bundeswehr: Von der Stabilisierung zur Aufstandsbekämpfung, in: C. Schetter/J. Klußmann (Hg.): Der Taliban-Komplex. Zwischen Aufstandsbewegung und Militäreinsatz. Frankfurt 2001, S. 203–227.

NACHTWEI, W.: Der Afghanistaneinsatz der Bundeswehr – Von der Friedenssicherung zur Aufstandsbekämpfung, in: Seiffert, A./Langer, P. C./Pietsch, C. (Hg.): Der Einsatz der Bundeswehr in Afghanistan. Sozial- und politikwissenschaftliche Perspektiven. Wiesbaden 2012, S. 33–48.

NACHTWEI, W.: Bundestag, Parlamentsarmee und Parteienstreit, in: Wegweiser zur Geschichte. Auslandseinsätze der Bundeswehr. Hg. im Auftrag des MGFA von B. Chiari u. M. Pahl. Paderborn 2010, S. 167–179.

NAUMANN, K.: A Troubled Partnership – Zum Verhältnis von Politik und Militär im Einsatz, in: Seiffert, A./Langer, P. C./Pietsch, C. (Hg.): Der Einsatz der Bundeswehr in Afghanistan. Sozial- und politikwissenschaftliche Perspektiven. Wiesbaden 2012, S. 49–63.

NAUMANN, K.: Der blinde Spiegel. Deutschland im afghanischen Transformationskrieg. Hamburg 2013.

NEITZEL, S./WELZER, H.: Soldaten. Protokolle vom Kämpfen, Töten und Sterben. Frankfurt [3]2011.

NEUMANN; A./SCHMID, J.: Die Hessen-CDU: Kampfverband und Regierungspartei, in: W. Schroeder (Hg.): Parteien und Parteiensystem in Hessen. Vom Vier- zum Fünfparteiensystem? Wiesbaden 2008, S. 107–141.

NOLTE, P.: Fremde Soldaten. Deutschlands Nichtverhältnis zu seiner Armee, in: Der Spiegel Nr. 48/2008, S. 184–186.

OPDENHÖVEL, P.: Neuer Aufbruch. Die CDU Hessen unter Manfred Kanther seit 1991, in: B. Heidenreich/W. Wolf (Hg.): Der Weg zur stärksten Partei 1945–1995. 50 Jahre CDU Hessen. Köln 1995, S. 125–154.

PAHL, M.: Die Beteiligung der Bundeswehr an der Operation EUFOR RD Congo, in: Wegweiser zur Geschichte. Auslandseinsätze der Bundeswehr. Hg. im Auftrag des MGFA von B. Chiari u. M. Pahl. Paderborn 2010, S. 109–120.

PETERSEN, B.: Einsatz am Hindukusch. Soldaten der Bundeswehr in Afghanistan. Freiburg 2005.

RAUCH, A. M.: Auslandseinsätze der Bundeswehr. Baden-Baden 2006.

REEB, H.-J.: Das pädagogische Konzept Baudissins. Innere Führung wirkt im Transformationsprozess, in: if. Zeitschrift für Innere Führung, Nr. 1 2007, S. 25–32.

RÖDDER, A.: Deutschland einig Vaterland. Die Geschichte der Wiedervereinigung. München 2009.

RÖDDER, A.: Geschichte der deutschen Wiedervereinigung. München 2011.

ROGERS, K.: Terror, in: Loyal 12/2016, S. 18–21.

ROHDE, C.: Gezielte Krisenkommunikation im Spannungsfeld von medienökonomischen Zwängen und politischen Imperativen, in: T. Jäger/H. Viehrig (Hg.): Sicherheit und Medien. Wiesbaden 2009, S. 161–182.

RUDLOFF, W.: Schulpolitik und Schulkämpfe in Hessen, in: W. Schroder (Hg.): Parteien und Parteiensystem in Hessen. Wiesbaden 2008, S. 332–360.

SALIGER, F.: Parteiengesetz und Strafrecht. Tübingen 2005.

SCHETTER, C.: Kleine Geschichte Afghanistans. München 2004.

SCHETTER, C./KLUSSMANN, J. (Hg.): Der Taliban-Komplex. Zwischen Aufstandsbewegung und Militäreinsatz. Frankfurt 2011.

SCHEUCH, E./SCHEUCH, U.: Die Spendenkrise – Parteien außer Kontrolle. Reinbek 2000.

SCHÖNBOHM, W.: Verfassungsfeinde als Beamte? Die Kontroverse um die streitbare Demokratie. München 1979.

SCHROEDER, W. (Hg.): Parteien und Parteiensystem in Hessen. Vom Vier- zum Fünfparteiensystem? Wiesbaden 2008.

SCHUMACHER, H.: Roland Koch. Verehrt und verachtet. Frankfurt 2004.

SCHWARZ, H.-P.: Helmut Kohl. Eine politische Biographie. München [3]2012.

SEIFFERT, A./LANGER, P. C./PIETSCH, C. (Hg.): Der Einsatz der Bundeswehr in Afghanistan. Sozial- und politikwissenschaftliche Perspektiven. Wiesbaden 2012.

SEIM, R.: Zwischen Medienfreiheit und Zensureingriffen – Eine medien- und rechtssoziologische Untersuchung zensorischer Einflußmaßnahmen auf bundesdeutsche Populärkultur, Diss. Münster, Münster 1997.

SELIGER, M.: Sterben für Kabul. Aufzeichnungen über einen verdrängten Krieg. Hamburg/Berlin/Bonn 2011.

SELIGER, M.: Eine Fehlentscheidung, kein Verbrechen, in Loyal 11/2016.

SPEICHER, S.: Die Namen der Toten, in: „Süddeutsche Zeitung" vom 8. 9. 2009.

STAHLHUT, B.: Innerer Kompass für das Handeln. Grundwerte des Staatsbürgers in Uniform, in: if. Zeitschrift für Innere Führung, Nr. 1 2008, S. 19–22.

STANZEL, V.: Versuch und Irrtum, in: FAZ, 5. 12. 2016, S. 6.

STEINFELD, T.: Die Qual der Toten, in: „Süddeutsche Zeitung" vom 8. 9. 2009.

STÖHR, G.: Mit Recht kämpfen, in: S. Brinkmann/J. Hoppe/W. Schröder: Feindkontakte. Gefechtsberichte aus Afghanistan, Hamburg, Berlin, Bonn [2]2013, S. 197–206.

TENBERG, N.: Es ist Krieg und keiner schaut hin, in: taz vom 2. 2. 2009, S. 17.

THEILER, O.: Die Eigendarstellung staatlicher Sicherheitsakteure in den Medien. Das Beispiel Bundeswehr, in: T. Jäger/H. Viehrig (Hg.): Sicherheit und Medien. Wiesbaden 2009, S. 25–34.

TULL, D.: Das Kriegsgeschehen im Kongo seit 1994, in: Wegweiser zur Geschichte. Demokratische Republik Kongo. Hg. im Auftrag des MGFA von B. Chiari u. D. Kollmer. Paderborn [3]2008, S. 71–77.

VOGEL, B./VOGEL, H.-J.: Deutschland aus der Vogelperspektive. Eine kleine Geschichte der Bundesrepublik Deutschland. Freiburg 2007.

WANNER, M.: Die mediale Darstellung der Bundeswehr, in: H. Biehl/H. Schoen (Hg.): Sicherheitspolitik und Streitkräfte im Urteil der Bürger. Theorien, Methoden, Befunde. Wiesbaden 2015, S. 179–205.

WARNECKE, D.: Kommandeur in Afghanistan. Erfahrungen eines Truppenführers 2007/2008, in: if. Zeitschrift für Innere Führung Nr. 1, 2008, S. 5–13.

WEBER, H.: DDR. Grundriß der Geschichte 1945–1990. Hannover 7. Aufl. 1991.

Wegweiser zur Geschichte. Horn von Afrika. Hg. im Auftrag des MGFA von D. Kollmer u. A. Mückusch. Paderborn 2007, hier v.a. Weiß, J.: Deutsche Interessen am Horn von Afrika, S. 117–126.

Wegweiser zur Geschichte. Auslandseinsätze der Bundeswehr. Hg. im Auftrag des MGFA von B. Chiari u. M. Pahl. Paderborn 2010.

Wegweiser zur Geschichte. Demokratische Republik Kongo. Hg. im Auftrag des MGFA von B. Chiari u. D. Kollmer. Paderborn ^{3}2008.

WEISS, D.: Deutschland am Hindukusch, in: APuZ. Aus Politik und Zeitgeschichte 43/2008, S. 6–14.

WIECZOREK, T.: Das Koch-Buch. Die unglaubliche Karriere des Roland Koch. München 2005.

WIEKER, V.: Afghanistan: Eine Bestandsaufnahme aus militärpolitischer Sicht – Ziele, Strategie und Perspektive des ISAF-Einsatzes, in: Seiffert, A./Langer, P.C./Pietsch, C. (Hg.): Der Einsatz der Bundeswehr in Afghanistan. Sozial- und politikwissenschaftliche Perspektiven. Wiesbaden 2012, S. 23–32.

WOLF, W.(Hg.): CDU Hessen 1945–1985. Politische Mitgestaltung und Kampf um die Mehrheit. Köln 1986.

Der Autor

Dr. Martin Grosch studierte in Marburg Geschichte und Geographie und promovierte zum Thema „Johann Victor Bredt – Konservative Politik zwischen Kaiserreich und Nationalsozialismus. Eine politische Biographie." Er unterrichtet an der Internatsschule Schloss Hansenberg, einem Oberstufengymnasium in Geisenheim (Rheingau), als Studiendirektor und Fachbereichsleiter die Fächer Geschichte, Politik und Wirtschaft sowie Erdkunde. Daneben veröffentlichte er zahlreiche Beiträge zu historischen Themen in diversen Fachzeitschriften. Er ist verheiratet, hat einen Sohn und lebt in Eltville.